Dietmar Franke / Burckhard Zicke / Frank Zils (Hrsg.)
Arbeits- und Übungsbuch Geprüfte Personalfachkaufleute

Dietmar Franke / Burckhard Zicke / Frank Zils (Hrsg.)

Geprüfte Personalfachkaufleute

Arbeits- und Übungsbuch

3., aktualisierte Auflage

Luchterhand Verlag

Bibliografische Information der Deutschen Nationalbibliothek
Die Deutsche Nationalbibliothek verzeichnet diese Publikation in der Deutschen Nationalbibliografie; detaillierte bibliografische Daten sind im Internet über http://dnb.dnb.de abrufbar.

ISBN 978-3-472-08553-9

www.wolterskluwer.de
www.personalwirtschaft.de

Alle Rechte vorbehalten.
Luchterhand – eine Marke der Wolters Kluwer Deutschland GmbH
© 2015 Wolters Kluwer Deutschland GmbH, Köln

Das Werk einschließlich aller seiner Teile ist urheberrechtlich geschützt. Jede Verwertung außerhalb der engen Grenzen des Urheberrechtsgesetzes ist ohne Zustimmung des Verlages unzulässig und strafbar. Das gilt insbesondere für Vervielfältigungen, Übersetzungen, Mikroverfilmungen und die Einspeicherung und Verarbeitung in elektronischen Systemen.

Herstellung: Tina Bauerfeind
Umschlaggestaltung: KD1, Köln
Cover-Illustration: Ute Helmbold, Essen
Satz: MainTypo, Frankfurt am Main
Druck: Williams Lea & Tag GmbH, München

Gedruckt auf säurefreiem, alterungsbeständigem und chlorfreiem Papier.

Vorwort

Wir freuen uns, Ihnen mit diesem Arbeits- und Übungsbuch eine hilfreiche Ergänzung zum »Lehrbuch Geprüfte Personalfachkaufleute« an die Hand zu geben. Es soll Sie dabei unterstützen, das erworbene Fachwissen sicher anzuwenden, den eigenen Kenntnisstand einzuschätzen und sich auf die Prüfungssituation einzustellen.

In der dritten Auflage haben wir zwei grundlegende strukturelle Änderungen vorgenommen: Zum einen wurden das einführende Kapitel zur Lern- und Arbeitsmethodik sowie das Kapitel zur Nutzung von Präsentationsmedien aus dem Lehrbuch in das Arbeits- und Übungsbuch übertragen. Zum anderen sind die Lösungsansätze zu den Übungsaufgaben nun nicht mehr direkt im Anschluss an die Aufgabenstellungen abgedruckt, sondern werden jeweils am Ende eines Unterkapitels vorgestellt. Das folgende Piktogramm weist Sie auf die Lösungsansätze hin: ☞

Außerdem haben wir zusätzliche Übungsaufgaben ergänzt und die neue Auflage an den aktuellen Rechtsstand angepasst.

An dieser Stelle ein Hinweis zu den Personenbezeichnungen in diesem Buch: Aus Gründen der besseren Lesbarkeit haben wir darauf verzichtet, Begrifflichkeiten durchgängig jeweils in der weiblichen und in der männlichen Form zu verwenden. Selbstverständlich sprechen wir stets beide Geschlechter gleichermaßen an.

Wir wünschen Ihnen viel Erfolg bei der Prüfungsvorbereitung und hoffen, dass Ihnen dieses Arbeits- und Übungsbuch dabei ein verlässlicher Begleiter ist. Ihr Feedback zur neuen Auflage ist sehr willkommen. Schreiben Sie uns; die E-Mail-Adressen der mitwirkenden Autorinnen und Autoren finden Sie im Autorenverzeichnis.

Im Januar 2015

Dietmar Franke, Burckhard Zicke und Frank Zils

Inhalt

Vorwort		5
Teil A Lern-, Arbeits- und Präsentationsmethodik		13
1	**Lern- und Arbeitsmethodik**	15
1.1	Lernen verstehen	15
1.2	Lernmethoden	20
1.3	Gedächtnistraining	28
1.4	Lerntypen und Lernstile	30
1.5	Lernmotivation	33
1.6	Lernen organisieren	38
1.7	Arbeitsplatz organisieren	39
1.8	Umgang mit Stress	43
2	**Präsentationsmedien einsetzen**	45
2.1	Vorbereitung und Aufbau einer Präsentation	45
2.2	Computergestütztes Präsentieren	48
2.3	Overheadprojektor	53
2.4	Flipchart	54
2.5	Whiteboard	56
Teil B Übungsaufgaben zu den vier Handlungsbereichen		59
1	**Personalarbeit organisieren und durchführen**	61
1.1	Personalbereich in die Gesamtorganisation des Unternehmens einbinden	61
1.2	Personalwirtschaftliches Dienstleistungsangebot gestalten	70
1.3	Prozesse im Personalwesen gestalten	74
1.4	Projekte planen und durchführen	82
1.5	Informationstechnologie im Personalbereich nutzen	96
1.6	Beraten und Fachgespräche führen	100
1.7	Präsentations- und Moderationstechniken einsetzen	109
1.8	Arbeitstechniken und Zeitmanagement anwenden	116
1.9	Situationsaufgaben zum Handlungsbereich 1	123
2	**Personalarbeit auf Grundlage rechtlicher Bestimmungen durchführen**	141
2.1	Individuelles und kollektives Arbeitsrecht anwenden	141
2.2	Rechtswege kennen und das Prozessrisiko einschätzen	160
2.3	Einkommens- und Vergütungssysteme umsetzen	163
2.4	Sozialversicherungsrecht anwenden	169
2.5	Sozialleistungen des Betriebes gestalten	180
2.6	Personalbeschaffung durchführen	188

2.7	Administrative Aufgaben einschließlich der Entgeltabrechnung bearbeiten..	197
2.8	Situationsaufgaben zum Handlungsbereich 2..	202
3	**Personalplanung, -marketing und -controlling gestalten und umsetzen**...	**217**
3.1	Konjunktur- und Beschäftigungspolitik bei der Personalplanung und beim Personalmarketing berücksichtigen...	217
3.2	Personalwirtschaftliche Ziele aus der strategischen Unternehmensplanung ableiten...	223
3.3	Beschäftigungsstrukturen und Personalbedarfe für Produktions- und Dienstleistungsprozesse analysieren und ermitteln...................................	230
3.4	Personalbedarfs- und Entwicklungsplanung durchführen..........................	236
3.5	Personalcontrolling gestalten und umsetzen..	246
3.6	Situationsaufgaben zum Handlungsbereich 3..	252
4	**Personal- und Organisationsentwicklung steuern**.................................	**267**
4.1	Mitarbeiter beurteilen, deren Potenziale erkennen und fördern.................	267
4.2	Konzepte für die Kompetenzentwicklung der Mitarbeiter sowie Qualifikationsanalysen und Qualifizierungsprogramme entwerfen und umsetzen	279
4.3	Zielgruppenspezifische Förderprogramme erarbeiten und umsetzen.........	291
4.4	Qualitätsmanagement in der Personal- und Organisationsentwicklung einsetzen...	297
4.5	Führungsmodelle und Führungsinstrumente anwenden, Führungskräfte beraten..	302
4.6	Betriebliche Arbeitsformen mitgestalten, Grundsätze moderner Arbeits- und Lernorganisation umsetzen	317
4.7	Situationsaufgaben zum Handlungsbereich 4..	326

Teil C Vorbereitung auf das situationsbezogene Fachgespräch.................... **343**

1	Vorgaben der Prüfungsordnung...	345
2	Themensuche und Gliederung..	346
3	Medieneinsatz	349
4	Fragen für das Prüfungsgespräch..	360
5	Beispielpräsentationen	360

Autorenverzeichnis 377

So nutzen Sie dieses Buch

Sie halten ein unterstützendes Arbeits- und Übungsbuch in den Händen, aber kein neues Lehrbuch. Sie werden sich mit einzelnen Fragen zu den vier Handlungsbereichen auseinandersetzen wie auch mit komplexen Fällen und Prüfungssimulationen – immer versehen mit Lösungsansätzen. Das letzte Kapitel zeigt Ihnen Wege auf, wie Sie das situationsbezogene Fachgespräch angehen. In diesem Teil finden Sie Beispiele für Präsentationen und zugehörige Fragen aus Prüfungsgesprächen.

Die Übereinstimmung mit dem Rahmenplan für die Aufstiegsfortbildung »Geprüfter Personalfachkaufmann/Geprüfte Personalfachkauffrau« ist beabsichtigt. Da sich auch unser Lehrbuch konsequent an diese Gliederung hält, werden Sie keine Probleme haben, vom Lehrbuch zum Arbeitsbuch und umgekehrt zu wechseln.

Wir haben uns auch von den bundeseinheitlichen Abschlussprüfungen leiten lassen, aber im Mittelpunkt stehen Fragen und Lösungsansätze zu den einzelnen Kapiteln der vier Handlungsbereiche. Hier setzen Ihre Arbeit und Ihre Übung an, und damit sollten Sie, wenn Sie einen Lehrgang besuchen, gleich vom ersten Tag an beginnen. Zeitnah vor Ihrer Prüfung haben Sie die Möglichkeit, Ihre Fähigkeiten und Kenntnisse wie in einer Abschlussprüfung unter Beweis zu stellen.

Sie arbeiten individuell mit diesem Buch, was nicht ausschließt, dass Sie auch in Lern- und Arbeitsgemeinschaften damit große Erfolge erzielen werden. Sie bestimmen Ihr eigenes Lerntempo und Sie verschaffen sich auch ein Feedback zu Ihrem immer größer werdenden Lernerfolg.

Zu den Fragen und Lösungsansätzen

Ihre Abschlussprüfung soll handlungsorientiert und praxisnah sein. Es kommt darauf an, immer wieder einen konkreten Bezug zur Personalarbeit und Personalpolitik in den Unternehmen herzustellen. Ohne Faktenwissen werden Sie keine Prüfung bestehen, ohne praktische Fertigkeiten und Kenntnisse die Prüfungsfragen nur unzureichend beantworten können. Beides ist notwendig! Versuchen Sie also immer, wo es geht, in Ihren Antworten – auch unaufgefordert – diesen Praxisbezug herzustellen.

Sie werden in diesem Buch vergeblich nach standardisierten »Musterlösungen« suchen. Je offener eine Frage formuliert ist, desto mehr Wege zu einer Lösung gibt es. Das ist auch in Ihrer Abschlussprüfung der Fall. Auch Sie werden mit unseren Lösungsansätzen nicht immer übereinstimmen. Aber darin liegt der Vorteil dieses Buches: Indem Sie jede Lösungsskizze kritisch analysieren, sich mit Teilen der Lösung identifizieren, sich andere Antworten nicht zu eigen machen, setzen Sie sich intensiv mit der Fragestellung und den Antwortalternativen auseinander. Merken und markieren Sie sich deshalb nur die Bestandteile einer Lösungsskizze, die Sie auch selbst verwenden würden. Und ergänzen Sie die Lösungsansätze im Buch unmittelbar mit Ihren eigenen Beiträgen.

So nutzen Sie dieses Buch

In einem entscheidenden Aspekt haben wir die Struktur der Abschlussprüfungen verlassen: In den Einzelfragen zu den Handlungsfeldern in den Handlungsbereichen 1 bis 4 fehlen Angaben zu den erreichbaren Punkten. Die Abschlussprüfungen am Ende eines jeden Handlungsbereiches enthalten jedoch Punktangaben und entsprechen damit wieder den bundeseinheitlichen Prüfungen. – Warum?

Die Abschlussprüfungen orientieren sich an einer bestimmten Taxonomie, die wiederum in Verbindung mit den erreichbaren Punkten Rückschlüsse auf den Schwierigkeitsgrad der Frage zulässt. Hinzu kommt, dass in vielen Fragen ein eindeutiger Hinweis auf die Zahl der erwarteten Antworten enthalten ist. »Nennen Sie drei Vorteile von … (6 Punkte)«, bedeutet, dass Sie für jede (richtige) Nennung 2 Punkte erhalten. Damit ist es Ihnen in der Prüfung möglich, zu erkennen, ob Sie die Frage umfassend genug beantwortet haben.

- »Nennen Sie …« heißt, dass Sie aufgefordert werden, stichwortartig oder in Kurzsätzen Wissen, Kenntnisse, Fakten wiederzugeben.
- »Beschreiben Sie …« bedeutet, dass Sie in ganzen Sätzen Sachverhalte niederschreiben, die von Ihnen nicht kommentiert oder begründet werden müssen.
- »Erläutern Sie …« ist in dieser einfachen Taxonomie die höchste Stufe. Auch hier werden Sie aufgefordert, in ganzen Sätzen (Aufsatzstil) zu antworten. Hinzu kommt, dass Ihre Antworten einen Praxisbezug erkennen lassen, dass sie – auch unaufgefordert – begründet werden und dass Sie mit Beispielen Ihre Antworten untermauern.

Nun kann man die gleiche Frage statt mit »Nennen Sie …« auch mit »Erläutern Sie …« beginnen. Wenn Sie die Abschlussprüfungen der vergangenen Jahre vergleichen, werden Sie feststellen, dass die Inhalte sich teilweise wiederholen, aber der Schwierigkeitsgrad differiert. Deswegen finden Sie in unseren Fragen – mit Ausnahme der simulierten Abschlussprüfungen – auch keine Punktangaben. Streben Sie deshalb immer Ihre individuelle Maximallösung an.

Aus dem gleichen Grund haben wir uns entschlossen, in unseren Lösungsskizzen teilweise auch dort stichwortartige Antworten zu geben, wo Sie aufgefordert werden, ganze Sätze zu formulieren. Das hat den Umfang dieses Arbeits- und Übungsbuches ganz erheblich gesenkt.

Offene Fragen – abweichende Antworten

Je offener eine Frage formuliert ist, desto mehr Lösungsansätze wird es geben. Dies gilt vor allem für Fragen, die von Ihnen eine Entscheidung für oder gegen etwas verlangen, oder für Antworten, in denen eine persönliche Meinung erwartet wird. Sie kennen das von den Fragen und Fällen aus dem zweiten Handlungsbereich (Arbeitsrecht). Halten Sie sich vor Augen, wie kontrovers in den einzelnen Instanzen der Arbeitsgerichtsbarkeit teilweise geurteilt wird. Von Ihnen wird nicht verlangt, dass Sie jedes Urteil eines Landes- oder des Bundesarbeitsgerichts kennen. Sofern Sie Ihre Meinung oder Entscheidung plausibel begründen, wird von den Prüfern auch Ihre Lösung akzeptiert werden müssen.

In den offiziellen Lösungsansätzen zu den Abschlussprüfungen steht dann immer der entscheidende Satz: »Jede andere zielführende Lösung des Prüflings muss akzeptiert werden!« Das sollte Ihre mögliche Angst oder Skepsis etwas reduzieren und Sie ermutigen, bei solchen Fragen auch Ihre eigene Meinung kundzutun oder kritisch zu werden, ohne sich bei jedem Satz zu fragen, ob der Prüfer diese Ansicht auch teilt.

Keine Fundstelle im Lehrbuch?

Abschlussprüfungen sind lehrbuchunabhängig gestaltet. Und das ist gut so, sonst müsste man Ihnen eine offizielle Literaturliste aushändigen. Auch unsere Fragen decken sich häufig nicht mit den entsprechenden Textstellen in unserem Lehrbuch aus demselben Verlag. Dieses Arbeitsbuch enthält zum Beispiel spannende Fragen zu Qualitätszirkeln, zu Balanced Scorecards, zu Employee Self Service und anderen Inhalten, die Sie nicht oder zumindest nicht vollumfänglich dargestellt in einem Lehrbuch finden. Das ist auch in den bundeseinheitlichen Abschlussprüfungen so. Und deswegen haben wir diese Fragen auch aufgenommen, um Sie zu ermutigen, sich damit näher auseinanderzusetzen. Wenn sie in Ihrem Lehrgang nicht thematisiert wurden, fragen Sie danach!

Die Simulation der Abschlussprüfungen

Am Ende eines jeden Kapitels zu den vier Handlungsbereichen finden Sie jeweils zwei komplette Abschlussprüfungen (Situationsaufgaben). Hier haben wir versucht, uns ganz eng an die bisherigen Prüfungen anzulehnen, was Taxonomie, Formulierungen, Punktevorgaben und Lösungsansätze betrifft. Nehmen Sie sich diese Situationsaufgaben erst vor, wenn Sie sich sicher sind, dass Sie alle Inhalte des Handlungsbereiches beherrschen. Gehen Sie dabei so vor, wie die Abschlussprüfung es von Ihnen verlangt, – sonst ist es keine Simulation des »Ernstfalls«. Dazu einige Tipps, die von Ihren Dozenten in den Lehrgängen sicher ergänzt werden.

- **Zeitmanagement**

Für die vier Handlungsbereiche haben Sie in der Abschlussprüfung unterschiedliche Bearbeitungszeiten zur Verfügung:

Handlungsbereich 1	120 Minuten
Handlungsbereich 2	150 Minuten
Handlungsbereich 3	150 Minuten
Handlungsbereich 4	150 Minuten

Beachten Sie, dass von diesen Zeiten »Einlesezeiten« abgehen, die bei manchen Prüfungen mit viel Text ganz erheblich sind. Eine einfache Faustregel besagt, dass jeder Punkt einer Minute Bearbeitungszeit entspricht. Dann haben Sie aber auch noch nach Abzug der Lesezeit eine gute Reserve.

- **Vorgehensweise**

Lesen Sie zunächst die vollständige Prüfung mit allen Aufgaben einschließlich der geschilderten Ausgangssituation im Überblick. Als Ergebnis legen Sie sich anschließend fest auf die Reihenfolge Ihrer Bearbeitung, d.h. die Aufgaben, die Sie am besten bearbeiten kön-

So nutzen Sie dieses Buch

nen, als Erstes usw. Sie verhindern damit, dass Sie sich gleich am Anfang festbeißen und so viel Zeit verlieren. Umgekehrt haben Sie schon nach relativ kurzer Zeit ein halbwegs sicheres Gefühl, die Mindestpunktzahl von 50 Punkten zum Bestehen erreicht zu haben.

Lesen Sie vor jeder Beantwortung die Aufgabe nochmals durch, mit dem Kugelschreiber oder dem Marker in der Hand, um ganz sicher zu sein, dass Sie alles beantworten werden. Bringen Sie auch gleich auf dem Aufgabenblatt Ihre persönlichen Bemerkungen an, teilweise in Stichworten schon wesentliche Inhalte Ihrer Lösung. Das fließt nicht in die Bewertung ein!

Beantworten Sie aber auf jeden Fall alle Aufgaben, auch wenn Sie nach hinten in Zeitnot geraten. Eine nicht beantwortete Aufgabe ergibt 0 Punkte, eine Aufgabe, die Sie nur noch ganz knapp stichwortartig beantworten konnten, bringt Ihnen Teilpunkte, die Noten-entscheidend sein können. Selbst Hinweise auf dem Konzeptpapier, das Ihnen zur Verfügung gestellt wird, werden in der Regel noch berücksichtigt.

Es kann in der Abschlussprüfung Fragen geben, zu denen Sie auch nach mehrmaligem Durchlesen keinen Zugang finden. Sie sitzen davor und wissen nicht, was man von Ihnen genau will. Bevor Sie gar nichts schreiben, beantworten Sie diese Frage einleitend z.B. mit: »Ich gehe davon aus, dass Gegenstand der Frage ... ist« oder »Im Folgenden gehe ich davon aus, dass in dem Betrieb ein Betriebsrat vorhanden ist«. Arbeiten Sie mit Annahmen, damit der Prüfer weiß, dass Sie mit dem Verständnis der Frageformulierung Ihre Probleme hatten, aber nach Ihren selbst geschaffenen Prämissen diese Frage beantwortet haben.

Verwenden Sie für jede Aufgabe ein neues Lösungsblatt bzw. eine neue Lösungsseite. Gerade wenn Sie Ihr Zeitmanagement eingehalten haben, ergeben sich für Sie gegen Ende der Bearbeitungszeit immer noch Möglichkeiten, Ihre Antworten zu ergänzen. Das sieht am saubersten aus, wenn Sie diese Ergänzungen (oder Streichungen) auf dem gleichen Blatt vornehmen können.

Ist Ihnen in der Aufgabe die Zahl der Lösungen vorgegeben, schreiben Sie nur die Anzahl der Lösungen nieder, die von Ihnen verlangt wird. Natürlich wissen Sie mehr, aber es gibt dafür keine Bonuspunkte.

Für den Fall, dass Ihnen das Formulieren nicht immer leichtfällt, hier noch ein Rat: Verwenden Sie kurze, einfache Sätze und versuchen Sie nicht, den Schreibstil in Ihrem Lehrbuch oder in diesem Arbeitsbuch wiederzugeben. Bei unserem gelingt das allein schon deshalb nicht, weil unterschiedliche Autoren auch unterschiedliche Stile prägen. Alles, was Sie in der Prüfungsvorbereitung selbst formuliert haben, wird auch langfristig in Ihrem Gedächtnis haften bleiben.

Teil A

Lern-, Arbeits- und Präsentationsmethodik

> Gesagt ist nicht gehört.
> Gehört ist nicht verstanden.
> Verstanden ist nicht einverstanden.
> Einverstanden ist nicht behalten.
> Behalten ist nicht angewandt.
> Angewandt ist nicht beibehalten.
> *Konrad Lorenz*

1 Lern- und Arbeitsmethodik

Die Ausbildung läuft, die Prüfung steht bevor und eine Menge Stoff ist zu lernen. Wie das am besten geht, zeigt ein Blick in die Welt der Lernpsychologie, Lernmethoden und Lernorganisation. Wer den Hintergrund für das Lernen und seine Lernziele kennt, für den bedeutet Lernen eine Menge Spaß und Vergnügen.

Lernen hat den Sinn, mit Veränderungen zurechtzukommen. Das kann ein verändertes Umfeld sein. Oder andere als bisher geforderte Fähigkeiten, um bisher unbekannte Aufgaben zu lösen. Oder es können von uns geforderte Verhaltensweisen sein, die uns helfen, unsere Ziele zu erreichen.

»Was Hänschen nicht lernt, lernt Hans nimmermehr«, das war einmal. Wissenschaftler gehen heute davon aus, dass sich das Wissen der Menschheit alle vier Jahre verdoppelt. Das bedeutet, dass wir uns in immer kürzerer Zeit neues Wissen aneignen müssen, und zwar nicht das »Wissen auf Vorrat«, wie wir es aus der Schule kennen. Auch nicht das objektive Wissen, das an jeder Ecke zu bekommen ist. Gefragt ist das Wissen, das in der Praxis sichtbar wird. Ausschlaggebend ist heute und morgen dieses individuell angewandte Wissen in Form von Können. Also das, was der Einzelne im Zusammenspiel seiner Interessen, Fähigkeiten und Erfahrungen aus objektivem Wissen macht.

Lernen ist eine sehr persönliche Tätigkeit, letztlich die Summe einer Reihe von Gewohnheiten. Um aus methodischen »Sackgassen« herauszukommen, kann dieses Kapitel wertvolle Anregungen geben.

1.1 Lernen verstehen

Was geschieht eigentlich beim Lernen? Wie gelingt es, in knapper Zeit möglichst viel Stoff aufzunehmen? Welche Leistungen muss der Kopf bringen? Wie funktioniert das Gedächtnis? Was kann einen Lernprozess behindern? Was ist Lernen überhaupt? Fragen über Fragen, die vor dem Hintergrund nüchterner Zahlen umso interessanter werden. Von den Informationen, die wir täglich aufnehmen, behalten wir 10 Prozent Gelesenes, 20 Prozent Gehörtes, 30 Prozent Gesehenes, 50 Prozent Gehörtes und Gesehenes, 70 Prozent selbst

1 Lern- und Arbeitsmethodik

Gesagtes und 90 Prozent selbst Getanes. Lernen geschieht also nicht auf Knopfdruck. Anscheinend gilt es, eine Reihe von Hindernissen zu überwinden. Sowohl Psychologie als auch Gehirnbiologie liefern uns dazu lehrreiche und spannende Antworten.

Psychologie des Lernens

Alle über unsere Sinne (Augen, Ohren, Nase, Mund, Haut) eintreffenden Eindrücke nimmt das Gehirn als elektrische Impulse wahr. Sind die Impulse zu schwach oder lassen sie sich nicht an bereits existierende Gedankenverbindungen anhängen, klingen sie nach 10 bis 20 Sekunden wieder ab. Erst wenn der Wahrnehmungsimpuls stark genug ist, kommt ein Lernvorgang zustande. Dabei faltet sich eine DNS-Spirale (Kerne unserer Nervenzellen) auseinander. Die auseinandergefalteten Stellen dienen als Matrize, an der sich Abdrücke bilden, die die Information damit im Kurzzeitgedächtnis speichern. Diese im Kurzzeitgedächtnis gespeicherten RNS-Abdrücke verknüpfen sich zu langen Proteinmolekülen. Auf diese Weise sind alle Informationen gespeichert und können rein theoretisch auch abgerufen werden. Das Problem: Manche dieser Informationen werden verschüttet und ein Zugriff unserer Erinnerung gelingt nicht mehr. Am besten funktioniert dieser Prozess des Speicherns, Erinnerns und Abrufens, wenn die Verankerung im Langzeitgedächtnis der ganzheitlichen und vernetzten Struktur unseres Gehirns entspricht. Beispielsweise lassen sich Bilder hervorragend ganzheitlich aufnehmen.

Lernpsychologen haben herausgefunden, wie Informationen idealerweise aufbereitet sein sollten, um sie gut zu lernen und zu behalten. Die Informationen sollten logisch und ganzheitlich, also in Text und Bildern oder Zahlen und Mustern abgebildet sein. Das gewährleistet die vielfältige Verknüpfung von Sprache, Bildern und Hierarchien. Darüber hinaus ist die besondere Art zu lernen bei jedem einzelnen Menschen abhängig davon, über welche Sinnesorgane er bevorzugt Informationen aufnimmt. Jeder Mensch unterscheidet dabei zwischen der Aufnahme über Auge, Ohr oder Anfassen (praktisches Ausüben). Wissenschaftler unterscheiden grundsätzlich in visuelle (Auge), auditive (Ohr) und sog. kinästhetische (Hand und Haut) Lerntypen (siehe dazu auch Kapitel 4). Für jeden Lerner ist es wichtig, sich seines bevorzugten »Lern- und Wahrnehmungskanals« bewusst zu werden. Denn während der eine durch Zuhören lernt, braucht ein anderer Bilder, Grafiken und Skizzen und ein Dritter wiederum muss die Dinge anfassen und sie spüren können, damit sie im Gedächtnis bleiben.

Abgesehen vom Lerntyp gelten zusätzlich psychologische Barrieren, die den Lernerfolg beeinflussen können. Einfach gesagt, kann es für das Selbstbild richtig gefährlich sein, etwas Neues zu lernen. Vor allem, wenn das Neue nicht gleich Wunder wirkt, andere das Neue ablehnen oder das Neue vielleicht sogar Angst macht.

Biologie des Lernens

Um Lernen besser zu verstehen und sich das Lernen so angenehm wie möglich zu machen, ist es hilfreich, die biologischen Grundlagen des Lernens kennenzulernen. Wer bei sich einen Lernprozess in Gang setzen möchte, muss sich zunächst einmal fragen, wie Lernen und Vergessen funktionieren. Erste Frage: Was ist eigentlich das Gedächtnis? Hier eine Antwort, die schon beim Lesen unser Gedächtnis fordert:

1.1 Lernen verstehen

> »Gedächtnis beschreibt die Tatsache, dass es in unserem Bewusstsein Vorgänge gibt, die Wissenschaftler als Nachwirkung bereits früher verlaufener Prozesse erklären. Zum Beispiel sind das Empfindungen. Sie werden von uns Menschen meist mit dem Bewusstsein erlebt, dass es sich um bereits gehabte Eindrücke handelt.«

Warum also vergessen wir manche Dinge und andere nicht? Eine Antwort auf diese Frage versuchen Gedächtnismodelle zu geben. Gedächtnismodelle sind Bilder, die sich Menschen machen, um das Gedächtnis zu verstehen. Die Modelle sind eben nur Modelle und damit ein vereinfachtes Abbild der dafür gehaltenen Wirklichkeit. Aber die Modelle sind hilfreich, Beobachtungen im Alltag sowie die Leistungen und Lücken des Gedächtnisses zu beschreiben.

Modelle unseres Gehirns

Richard Atkinson und Richard Shiffrin haben in den 1960er-Jahren ein Gedächtnismodell entwickelt, das aus drei Speichern besteht, das sog. **Multi-Speichermodell**:

- Der **sensorische Speicher**: Dieser nimmt eine Vielzahl von Sinneseindrücken auf, die im Alltag auf uns einströmen. Etwa, ob wir gerade sitzen oder sich eine Fliege auf unsere Hand setzt.
- Das **Kurzzeitgedächtnis**: Es speichert kurzzeitig, über einige Sekunden also, Informationen und koordiniert als sog. Arbeitsgedächtnis neue Informationen mit dem Wissen des Langzeitgedächtnisses.
- Das **Langzeitgedächtnis**: Es enthält alle Informationen, die wir im Laufe unseres Lebens gelernt haben.

Für das Lernen bedeutet dieses Modell, dass nur ins Langzeitgedächtnis kommt, was die Aufmerksamkeitsschwellen im sensorischen und Kurzzeitgedächtnis überwindet. Gleichzeitig führt das Arbeitsgedächtnis die Impulse des sensorischen Speichers mit den aus dem Langzeitgedächtnis erinnerten Informationen zusammen.

Allan Collins und Elizabeth Loftus gingen in den 1970er-Jahren mit ihrem **Netzwerkmodell** davon aus, dass Informationen des Langzeitgedächtnisses in Form eines Netzwerkes gespeichert sind. Dabei liegen Informationen einer Kategorie, z.B. Tiere und Blumen, eng zusammen und Dinge, die wenig miteinander zu tun haben, sind weit voneinander entfernt. Unsere Erinnerungsleistung wird beeinflusst durch die Nähe und Distanz der im Netzwerk gespeicherten Informationen. Dieses Modell zeigt vor allem, wie unser Gehirn neue und damit unbekannte Informationen an bestehende, bekannte Informationen anknüpft. Für das Lernen zeigt sich, wie nützlich es ist, neue Begriffe in bereits vorhandene Strukturen einzubetten, um so die Erinnerung von verschiedenen Begriffen ausgehend zu ermöglichen.

Wie viele Hälften hat das Gehirn? Die Frage sagt es schon: zwei. Und so geht das bekannteste Modell unseres Gehirns, das **Gehirnhälften-Modell**, von einer rechten und linken Gehirnhälfte aus. Die linke Gehirnhälfte kümmert sich um »harte«, die rechte um »weiche« Informationen. Während im herkömmlichen Schul- und Ausbildungssystem vor-

1 Lern- und Arbeitsmethodik

wiegend die linke Gehirnhälfte adressiert ist (Zahlen, Logik, Regeln), kommt die rechte Gehirnhälfte regelrecht zu kurz. Ganzheitliche Darstellungen, Gefühle, das emotionale Lernen mit Farben, Formen und Bildern widerspricht oft der rationalen Bildung, obwohl unser Gedächtnis vom ganzheitlichen Denken in Bildern, Assoziationen und Emotionen lebt.

Assoziationen stärken das Gedächtnis

Das Verknüpfen und Verbinden von Gedanken und Vorstellungen, sog. Assoziationen, sind der Schlüssel zu allen Gedächtnistechniken. Mit ihrer Hilfe lässt sich das Gedächtnisnetzwerk nutzen, und Informationen können wunderbar vom Kurz- in den Langzeitspeicher übertragen werden. Die Umgangssprache bezeichnet bewusst hergestellte assoziative Verknüpfungen als »Eselsbrücken«, die unsere Gedanken beschreiten können. Ähnlichkeiten in Klang, Aussehen, Kontext oder Inhalt dienen zur Verbindung von zwei an sich nicht verbundenen Inhalten.

Um gedächtnisgerechte Assoziationen herzustellen, hilft es, sich an die Erkenntnisse aus der Betrachtung der Gehirn- und Gedächtnismodelle zu erinnern. Hier die Regeln für erfolgreiche Verknüpfungen:

- Um Assoziationen herzustellen, muss die Aufmerksamkeit auf den Begriff oder Inhalt gerichtet sein. Die assoziative Verknüpfung benötigt Konzentration, Zeit und Anstrengung.
- Besonders »haltbare« Assoziationen greifen immer auf bereits bekannte, gut eingewobene Gedächtnisinhalte zurück. Je besser der neue Begriff mit dem bestehenden Netzwerk verknüpft wird, das heißt, je mehr Verbindungen zu anderen Begriffen bestehen, desto leichter fällt das Behalten und Erinnern.
- Besonders gut funktionieren Verknüpfungen, welche die rechte Gehirnhälfte aktivieren: Bilder, Gefühle, sinnliche Wahrnehmungen wie Berührungen, Klänge oder Gerüche. Am besten prägen sich fantasievolle und ungewöhnliche Bilder ein. Sie unterscheiden sich von anderen Gedächtnisinhalten. Lust, Spaß und Humor können dabei helfen.

Verbindungen müssen möglichst eindeutig sein. In mehrdeutigen Verbindungen kann uns das Gedächtnis zu leicht einen Streich spielen und Inhalte verwechseln.

1.1 Lernen verstehen

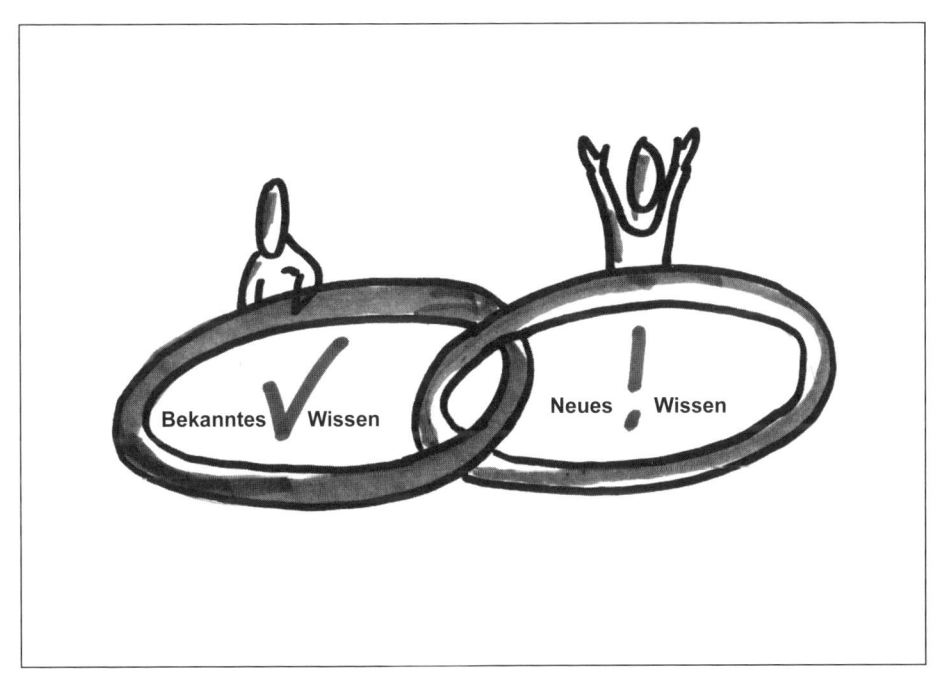

Abb. 1: Assoziationen als Verknüpfung von bekanntem mit unbekanntem Wissen stärken das Gedächtnis.

Modelle vom Lernen helfen beim Lernen

Egal ob beim Selbstlernen vor dem Computer, am Schreibtisch oder während einer Weiterbildungsveranstaltung, immer sind es drei Bereiche, in denen Lernen stattfindet. Zunächst dreht sich Lernen um Inhalte, also um die Wissensgebiete des Lernstoffes. Genauso wichtig ist aber auch der Prozess des Lernens, also die Vorgehensweise, wie der Lernstoff aufbereitet wird. Verschafft man sich erst einen Überblick oder beginnt man mit Details? Sammelt man erst praktische Erfahrungen, um hinterher die Theorie zu verstehen oder umgekehrt? Schließlich – und das ist nicht zu unterschätzen – lernen wir sehr stark auch voneinander. Da wir von früh an auf die Interpretation sozialer Signale geeicht sind, hilft es uns, den Lernstoff mit Kollegen zu diskutieren oder zu beobachten, wie andere mit neuem Wissen umgehen.

Letztlich geht es beim Lernen darum, wie man auf einer Treppe von einer Stufe zur nächsten gelangt. Jemand, der gar nicht weiß, dass er nichts weiß, steht noch auf der Stufe der unbewussten Inkompetenz. Oft schmerzlich, aber dadurch auch förderlich ist die nächste Stufe: Jemand weiß, was er nicht weiß. Lernen hilft dabei, die nächste Ebene zu erklimmen: die bewusste Kompetenz. Jetzt weiß jemand, was er weiß. Wer dieses Wissen und Können dann so weit »intus« hat, dass es ihm nicht mehr auffällt, der hat die hohe Stufe der unbewussten Kompetenz erreicht. Vielfach wird das Wissen und Können auf dieser Stufe auch als »blinder Fleck« bezeichnet. Es ist dem Wissenden gar nicht mehr bewusst, wie kompetent er in diesem Bereich ist.

1 Lern- und Arbeitsmethodik

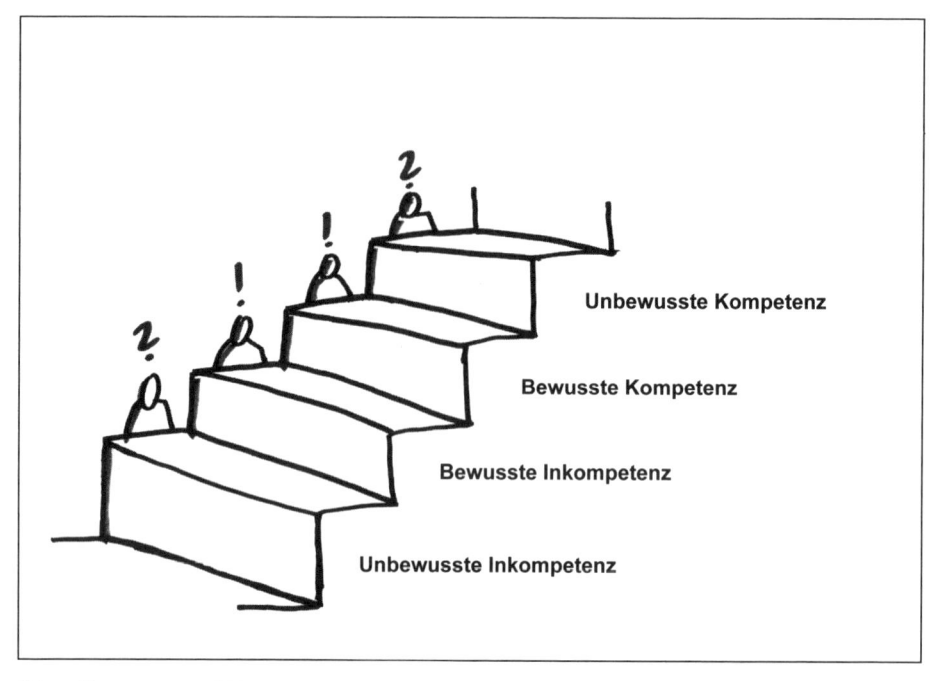

Abb. 2: Kompetenzentwicklung ist eine Treppe, die erklommen werden muss – von der Stufe der unbewussten Inkompetenz zur Stufe der unbewussten Kompetenz.

1.2 Lernmethoden

Um sich erfolgreich neues Wissen und Können anzueignen, helfen Lernmethoden und -techniken wie Wanderstöcke für die ersten Schritte bergan. Methoden sind nichts anderes als Muster oder Vorgehensweisen für das planmäßige Anstreben von Zielen, wie beispielsweise das Bewältigen eines bestimmten Lernstoffes. Einige in der Folge vorgestellte Methoden dienen als Anregung, sich ganz eigene Methoden zurechtzulegen.

Schnell-Lesemethoden

Wer lernen will, kommt schwer ohne Lesen aus. Und wer schnell lesen kann, kann sich schneller den Lernstoff aneignen. Grundvoraussetzung für diese Methode ist Ruhe. Für eine bessere Konzentration empfiehlt es sich, alle Störungen, wie klingelnde Telefone oder unangemeldete Besucher, abzustellen. Die gesamte Aufmerksamkeit gilt dem Text. Zu beachten sind folgende Regeln:

- nicht zurückblicken, eventuell bereits Gelesenes abdecken,
- Augen ruckartig und schnell bewegen, statt wie üblich fließend und langsam,
- das Mitsprechen abstellen,
- eher von oben nach unten als von links nach rechts, also vertikal statt horizontal lesen,
- sich vor dem Lesen zunächst einen Überblick über den Text oder Abschnitt verschaffen.

1.2 Lernmethoden

Abb. 3: Schnell-Lesen als Methode erfordert ein zügiges Überfliegen des Textes.

Methoden und Techniken für den Umgang mit Texten

Um Texte zu strukturieren, das Wesentliche herauszuziehen und parat zu haben, dient das handwerkliche Markieren von Textabschnitten. Aber Vorsicht: Das Markieren der Textstellen sollte erst beginnen, nachdem der Text einmal gelesen und ein Überblick zur Struktur vorhanden ist. Höchstens ein Drittel des Textes sollte angestrichen werden.

Die Entscheidung für Markierungen zwingt zur nochmaligen gründlichen Auseinandersetzung mit dem Text und ermöglicht gleichzeitig, relevante Textstellen später schnell wiederzufinden. Folgende Markierungsarten haben sich bewährt:

- Überstreichen mit einem Textmarker oder Unterstreichen von wichtigen Textstellen in verschiedenen Farben und mit unterschiedlichen Strichstarken und -arten,
- Hinzufügen von Randbemerkungen in Stichworten oder in Form von festgelegten Symbolen (»!« bedeutet wichtig, »–« bedeutet nachschlagen, ein »⚡« bedeutet Widerspruch),
- Erstellen von aussagekräftigen Überschriften für Absätze oder ganze Seiten,
- Auflisten wichtiger Seitenzahlen im Buchdeckel oder auf einem separaten Blatt mit Angabe von Schlagworten und Kernaussagen.

Zusätzlich eignen sich auf wichtige Seiten geklebte Post-its als farbige Merkzeichen, um wichtige Passagen in einem Buch oder Skript schnell wiederzufinden.

1 Lern- und Arbeitsmethodik

Abb. 4: Text-Bearbeitung heißt Arbeiten mit dem Text durch Markierungen und Notizen in den Unterlagen.

- **SQ3R-Methode zur Texterfassung**

Wenn man aus einem Text lernen will, so empfiehlt es sich, nicht sofort auf der ersten Seite des Buches mit der Lerntätigkeit zu beginnen. Vielleicht ist das Buch sehr schwierig zu verstehen oder die Inhalte sind gar nicht so relevant wie erwartet. Die SQ3R-Methode besteht deshalb aus den fünf Leseschritten:

- **Survey** (Überblick gewinnen): Verschaffen Sie sich, bevor Sie den eigentlichen Text zu lesen beginnen, einen ersten Eindruck. Finden Sie die Struktur eines Textes, indem Sie sich Klappentext, Inhaltsverzeichnis, Glossar, Literaturverzeichnis, Vorwort und Zusammenfassung genau ansehen. Überfliegen Sie den Gesamttext und schauen Sie sich Tabellen und Abbildungen an. So trennen Sie unwichtige von wichtigen Passagen und finden Gesuchtes schnell und ohne Schwierigkeiten wieder. Selten brauchen wir alle Informationen in einem Text. Die Struktur des Textes bietet Ihnen Abschnitte an, die Sie als Einheit lesen und lernen können.
- **Question** (Fragen stellen): Überlegen Sie sich, bevor Sie den Text lesen, Fragen zu den Abschnitten. Auch dies hilft, die Struktur eines Textes oder den roten Faden zu erarbeiten. Denn: Wer nicht weiß, welche Informationen er aus Texten ziehen möchte, liest vermutlich auch die Passagen sehr gründlich, die für sein Leseinteresse nebensächlich sind. Vorher formulierte Fragen führen zu einer zielgerichteten und zeitsparenden Auswertung von Texten.
- **Read** (gründliches Lesen): Passen Sie Ihre Lesegeschwindigkeit an die Schwierigkeit und den Komplexitätsgrad des Textes an. Nutzen Sie dabei die Vorstrukturierung durch die im vorherigen Schritt formulierten Fragen.
- **Recite** (Rekapitulieren): Nach der Erarbeitung eines Kapitels oder eines Sinnabschnitts sollten Sie sich von dem Text lösen und versuchen, den Inhalt zu rekapitulieren. Dies

kann durch Überdenken des Textes erfolgen, ratsamer sind jedoch aktivere Formen wie die stichwortartige Zusammenfassung des Gelesenen oder das laute Rezitieren.
- **Repeat** (Wiederholen): Am Ende steht die Gesamtwiederholung des gelesenen Textes. Hierbei ist besonderer Wert darauf zu legen, die Gesamtstruktur des Textes herauszuarbeiten und das Verständnis des Gelesenen zu überprüfen.

Abb. 5: Die SQR3-Methode erfordert ein strukturiertes Vorgehen beim Erfassen des Textes.

- **Exzerpiertechnik für Texte**

Sogenannte Exzerpte sind »Kondensate« von Texten mit den wichtigsten, zum Teil in eigenen Worten zusammengefassten Informationen. Was zählt, ist das Wesentliche in kurzer Form.

Meist sind Inhaltsverzeichnisse hervorragende Exzerpte von Büchern. Sie lassen sich kopieren und durch Stichworte ergänzen oder auch umstellen und umformulieren. Strukturexzerpte machen Gedankenverbindungen auf dem Papier deutlich. Dabei geht es nicht um die Darstellung der Textstruktur, sondern um die Nachbildung der zugrundeliegenden Gedanken und Ziele, die der Leser mit dem Text verbindet. Diese Elemente werden stichwortartig aufgeführt, hierarchisch angeordnet und durch Verbindungslinien miteinander verknüpft.

Ein Beziehungsexzerpt wiederum hilft, einen Überblick über verschiedene Quellen zu einem Thema zu gewinnen und Inhalte zu bestimmten Stichworten schnell und zuverlässig wiederzufinden. Das Ergebnis ist eine Art Inhaltsverzeichnis über mehrere Bücher. Zur Erstellung eines Beziehungsexzerpts eignet sich eine Tabelle. Vor den Zeilen steht der Buchtitel und über den Spalten stehen die Kapitel. So entsteht eine Matrix, in der sich für jedes Buch und jedes Kapitel ein Stichwort eintragen lässt. Gleiche Stichwörter in verschiedenen Büchern können auch durch dieselbe Farbe hervorgehoben werden.

1 Lern- und Arbeitsmethodik

- **Karteikartensysteme**

Bunte Karteikarten in unterschiedlicher Größe setzt man ein, um den Lernstoff auswendig zu lernen. Es lassen sich Frage- und Antwortkarten, Karten mit Stichworten, kurzen und langen Ausführungen herstellen, die überallhin mitgenommen werden können und die eine Wissensabfrage im Team erleichtern. Anhand von Karteikarten können Sie auch Exzerpte in übersichtlicher Form sammeln und ordnen. Bewährt hat sich hierfür eine Aufteilung der Karten in eine Autoren- und eine Schlagwortkartei: Während in der Autorenkartei Karten nach Verfasser geordnet sind (zusätzliche Informationen auf der Karte können beispielsweise sein: Titel, Lesedatum, inhaltliche Stichwörter), wird die Schlagwortkartei nach inhaltlichen Stichwörtern (Überschriften) sortiert – allerdings sollte auch hier der Verweis auf die entsprechende Quelle nicht fehlen.

Abb. 6: Ein Karteikasten-System dient zum Organisieren und Wiederholen des Lernstoffes.

Visualisierung von Informationen

Die Darstellung eines Textinhaltes in Form von Bildern hat zahlreiche Vorteile: Bilder unterstützen das Gedächtnis, Zusammenhänge und auch Widersprüche treten deutlich zutage und die dargestellten Informationen sind leicht und schnell auf einem Blatt Papier zugänglich, ohne dass der Text nochmals gelesen werden muss. Bei der Visualisierung von Gedanken und Informationen sollte die Darstellung nicht mit Informationen überladen sein.

- **Mindmapping – eine Landkarte der Gedanken zeichnen**

Mindmapping als Methode versucht in konsequenter Weise die »Netzstruktur« als Aufzeichnungsform zu entwickeln und ähnelt dadurch der Arbeitsweise des menschlichen Gehirns. Mindmaps (Geisteslandkarten) eignen sich zum Anfertigen von Aufzeichnungen jeglicher Art, besonders beim Lernen. Sie dienen dazu, Artikel oder Bücher zusammenzufassen oder direkt Vorträge mitzuschreiben. So kann später alles auf einen Blick erfasst und Zusammenhänge leicht erkannt werden. Haben Sie eine Mindmap von Ihrem Lernstoff angefertigt, können Sie diesen anhand der Mindmaps lernen und besser behalten. Des Weiteren können Sie das Gelernte überprüfen, indem Sie aus dem Gedächtnis Ihren Lernstoff in Form einer Mindmap rekapitulieren.

Mindmaps eignen sich bei allen anspruchsvollen Fragestellungen und zur Planung von neuen Projekten. Die nach allen Seiten offene Grundstruktur erleichtert es, neue Ideen zu finden und hinzuzufügen. Mittlerweile lassen sich mit Computerprogrammen übersichtliche und jederzeit veränderbare Mindmaps erstellen.

Und so geht es praktisch: Für das Mindmapping schreiben Sie zunächst die Überschrift des Themas, das Sie darstellen möchten, in die Mitte eines Blattes. Von hier aus ziehen Sie Einzellinien zu weiteren Begriffen, die sich in Form von Ästen immer mehr zu Unterbegriffen verzweigen können. Zusätzlich können Sie auch Verbindungslinien zwischen den einzelnen Begriffen (bzw. Ästen) ziehen. Es gelten folgende Regeln:

- Am besten benutzen Sie ein DIN-A3-Blatt, damit Sie mehr Platz haben, und legen es quer. Für Gesprächsnotizen oder Notizen während eines Vortrages genügen auch DIN-A4-Blätter im Querformat.
- Starten Sie immer in der Blattmitte mit dem Thema. In der Mitte steht das Zentralbild, das Ihr Thema möglichst vielfarbig, bildlich und mehrdimensional zeigen sollte.
- Vom Zentralbild aus werden Hauptäste für die Hauptthemen gezogen, die sich wieder und wieder verzweigen können. So haben Sie nicht nur einen Überblick über das gesamte Thema, sondern können auch tief in die Materie einsteigen. Die Hauptäste können mit Nummerierungen geordnet werden.
- Jeder Ast sollte nur ein Schlüsselwort enthalten. Verwenden Sie kurze, treffende Schlüsselwörter, die für Sie schlüssig sind und mit denen Sie das gesamte Unterthema assoziieren können. Die Länge der jeweiligen Linie sollte genauso lang wie das entsprechende Wort sein. Jedes Wort und jede Abbildung müssen auf einer eigenen Linie stehen.
- Schreiben Sie in Großbuchstaben und Druckschrift. Variieren Sie die Schrift, mal dick, mal dünn, mal groß, mal klein.
- Verwenden Sie Farben, um Betonungen zu setzen.
- Stellen Sie so viel wie möglich in kleinen Bildchen dar und verwenden Sie Codes, die für Sie persönlich immer die gleiche Bedeutung haben, z.B. Smileys, Pfeile, Fragezeichen und Ausrufezeichen.
- Setzen Sie alle Sinne ein. Benutzen Sie Betonung, Rhythmus und viel Raum als Unterstützung der rechten Gehirnhälfte.
- Denkblockaden lassen sich auflösen, indem Sie mehr Bilder einfügen, Fragen zusätzlich formulieren oder leere Zeilen in die Mindmap zeichnen.
- Versuchen Sie Ihren eigenen Stil zu entwickeln. Probieren Sie die unterschiedlichsten Gelegenheiten, um Mindmaps zu erstellen.

1 Lern- und Arbeitsmethodik

Abb. 7: Mindmaps helfen, Themen des Lernstoffes zu sammeln und Zusammenhänge aufzuzeigen.

- **Clustering – Haufenbildung von Themen und Begriffen**

Während das Mindmapping ideal ist, um große Stoffmengen zu gliedern, ist das Cluster besonders dann hilfreich, wenn es um möglichst konkrete Beispiele und Bilder zu einem Thema geht. Das lässt sich dadurch erreichen, dass zu jedem Wort immer nur ein weiterführender Begriff hinzugefügt wird. Zu diesem wiederum denkt sich der Ersteller eines Clusters einen nächsten Begriff aus, bis nach und nach ein »Haufen« entsteht. Cluster sind damit eine Anhäufung von Informationen, bei denen ein Begriff aus dem anderen folgt.

Und so wird›s gemacht: Notieren Sie das Ausgangswort in der Mitte Ihres Blattes oder auf der Tafel und zeichnen Sie um das Wort einen Kreis. Assoziieren Sie nun Begriffe darum herum: beispielsweise Medieneinsatz, Manuskript, Zielgruppe und Raum. Diese Begriffe schreiben Sie um das Zentrum herum – nicht ohne um jedes Wort einen Kreis zu ziehen, denn das macht Ihr Cluster übersichtlicher. Ausgehend von jedem dieser Wörter, bilden Sie nun eine Kette weiterer Assoziationen.

1.2 Lernmethoden

Abb. 8: Lernstoff lässt sich auch »haufenweise« in sog. Clustern organisieren.

- **Skizzen kombinieren und verknüpfen Informationen**

Weniger formalen Regeln unterworfen als Mindmaps und Cluster sind Skizzen. Sie helfen dabei, sich erste Gedanken zu machen, und können daher Vorstufen für Mindmaps oder Cluster sein. Oder sie beschreiben einen prozesshaften Ablauf, beispielsweise die zeitliche Planung für ein Projekt. Skizzen eignen sich insbesondere, um Informationen unstrukturiert, aber räumlich angeordnet, abzubilden. In Bildern kann das Potenzial von mehr als 1.000 Worten stecken. Vor allem, wenn sie selbst kreiert und gestaltet sind. Die hohe Kunst der Visualisierung schafft mit einigen grafischen Grundelementen die Chance, selbst komplexe Zusammenhänge darzustellen. Grundelement ist ein eiförmig geschlossener Kreis in unterschiedlichster Größe. Diese begrenzte Informationseinheit umschließt jeweils ein Inhaltsthema. Weitere Elemente sind Striche für Verbindungen und Pfeile für richtungszeigende Hinweise. Auch gilt es, Farben klar zuzuordnen. Schließlich trifft der Zeichner damit Aussagen. Es empfiehlt sich beispielsweise, Bezüge mit Pfeilen und Strichen eingängig rot zu halten. Die Kontinuität in der Gestaltung ist wichtig, denn sie bringt die Wirkung.

1 Lern- und Arbeitsmethodik

Abb. 9: Skizzen helfen schon beim Erstellen, Themen und Inhalte zu verstehen und zu erinnern.

- **Das Smartphone als Lernhelfer**

Bei der Ideensammlung, der Lernkontrolle oder der Vorbereitung auf eine Präsentation geraten die Möglichkeiten eines Smartphones oftmals ins Hintertreffen. Allerdings besteht der besondere Vorteil dieses Mediums bei der Ideensammlung darin, dass sich Gedanken schnell und direkt festhalten und wieder abrufen lassen. Die Audio- und Videofunktionen sind auch für Präsentationen zu verwenden: Sie können sie sich akustisch oder am Monitor in Ruhe selbst anhören oder ansehen und kritisch beurteilen. Oder Sie spielen Kollegen Ausschnitte vor und nutzen das Feedback für Ihre Verbesserung. Zur Lernkontrolle hat es sich bewährt, Lückentexte oder Fragen einschließlich der entsprechenden Antworten aufzunehmen. So lässt sich der Lernstoff an jedem Ort, bei Zugfahrten oder sogar im Liegestuhl wiederholen. Zudem erhöht das freie Vortragen von Lernstoff für Aufnahmezwecke sowohl Vortragsstress als auch Zeitdruck und dient dadurch als Übung für reale Prüfungssituationen.

1.3 Gedächtnistraining

Beim Lernen und Denken können wir immer wieder von Kindern lernen. Sie denken nicht in Begriffen, sondern überwiegend in Bildern. Sie haben ein fotografisches Gedächtnis, mit dem sie ganze Erfahrungskomplexe speichern. Mit dem Erlernen des Alphabets und der Schriftsprache verlieren Vorstellungskraft und bildhaftes Gedächtnis an Bedeutung. Aber die Fähigkeit geht nicht verloren. Sie kann durch die **Mnemotechnik** (griechisch *mneme;* Gedächtnis, Erinnerung) wieder aufleben. Dabei werden logische Elemente immer mit Bildern, aber auch sinnlichen Wahrnehmungen wie Gerüchen und Klängen verknüpft. Die Erinnerungen haften deshalb besser, weil sie über die rechte Gehirnhälfte bis ins Gefühlszentrum gelangen. Je positiver, heiterer und entspannter die Lernsituation ist, desto besser funktioniert das Gehirn.

1.3 Gedächtnistraining

Mnemotechnik: Begriffe einfach einhaken

Angenommen, Sie wollen sicherstellen, dass Sie während der Prüfung unbedingt fünf wesentliche Punkte einbringen – dann hilft Ihnen die folgende Technik weiter: Vorher festgelegte Schlüsselwörter dienen als »Haken« zum »Aufhängen« von Informationen. Hier ein Vorschlag für die Schlüsselwörter (vgl. Birkenbihl 2010):

- ☐ 1 = Kerze (länglich wie eine Eins)
- ☐ 2 = Schwan (Form ähnelt einer Zwei)
- ☐ 3 = Pyramide (aus Dreiecken)
- ☐ 4 = Koffer (Grundform ist ein Rechteck mit vier Ecken)
- ☐ 5 = Hand (fünf Finger)
- ☐ 6 = Elefant (der Rüssel ähnelt einer Sechs)
- ☐ 7 = Fahne (der Mast mit der Flagge sieht aus wie eine Sieben)
- ☐ 8 = Sanduhr (die Form ähnelt einer Acht)
- ☐ 9 = Golfschläger (in der Golftasche stehend erinnert er an die Neun)
- ☐ 10 = Geldschein (im Wert von zehn Euro)

Wenn Sie diese Liste einmal in Ihrer Gedankenwelt haben, dann können Sie später an jedem dieser Schlüsselbilder weitere Bilder aufhängen, welche die zu merkenden Informationen enthalten. Es entstehen paarweise Assoziationen. Die Mnemotechnik funktioniert auch bei abstrakten Zusammenhängen.

Abb. 10: Die sog. Mnemotechnik hakt Begriffe an Bildern an. Über die Bilder lassen sich die Begriffe sogar in der richtigen Reihenfolge wieder erinnern.

1 Lern- und Arbeitsmethodik

Drei-Schritte-Technik: Assoziieren von Namen und Begriffen

Fachbegriffe, Abkürzungen und Familiennamen lassen sich oft schlecht behalten. Denn meist werden die Wörter nur oberflächlich gelernt, aber nicht assoziiert. So gehen sie in der ständigen Informationsflut einfach sang- und klanglos unter. Hier eine einfache Technik für das Gedächtnistraining in drei Schritten:

1) Versuchen Sie, aus einem Namen ein Bild zu machen. Das klingt relativ einfach. Der Erfolg ist aber davon abhängig, ob Sie bereit sind, wie ein kleines Kind zu denken und zu fühlen – vor allem, wenn es um schwierige Namen geht.
2) Sie brauchen einen für Ihr Gehirn logischen Platz, wo Sie die Namen »ablegen« – wie in einem Briefkasten oder in einer Schublade.
3) Das Ganze sollte in einer Gefühlswelt geschehen, mit der Ihr Gehirn gut zurechtkommt. Jeder wird seine eigenen Geschichtchen erfinden, je nach Charakter in Bildern, Gefühlen, Gerüchen, Geschmäckern oder in Tönen.

Loci-Technik

Hier geht es darum, sich im Gedächtnis einen Tempel, einen Ort (lateinisch: *locus*) zu bauen. Jede Verknüpfungstechnik basiert auf der Tatsache, dass unser Gehirn assoziativ arbeitet. Das heißt: Eine Information, die in irgendeiner Weise mit einer anderen Information verknüpft werden kann, wird leichter gespeichert. Die Formulierung »in irgendeiner Weise« ist der Schlüssel, denn die Verknüpfung muss mit der zu merkenden Information in keinem logischen Zusammenhang stehen. Bei der Loci-Technik wählen wir als Verknüpfung Orte, zum Beispiel unsere Wohnung.

1.4 Lerntypen und Lernstile

Es existiert eine Vielzahl von Modellen und Typologien, um die komplexen Denkvorgänge im menschlichen Gehirn zu erklären. Neben der Sinneswahrnehmung (bevorzugter Wahrnehmungskanal) werden individuelle Lernstile sehr stark von der Art und Weise geprägt, in der wir Probleme lösen (bevorzugte Vorgehensweise). Und zu guter Letzt überlagert die Persönlichkeit, wie wir mit neuem Wissen umgehen und es auf unsere Situation anwenden.

Alle beschriebenen Typologien sind idealtypische Konstruktionen und damit ein verzerrtes Abbild der Wirklichkeit. Es wird kaum jemanden geben, der ausschließlich einen dieser Typen verkörpert. Vielmehr wird jeder Mensch Anteile aller Typen in sich tragen. Worauf es ankommt, ist, die unterschiedlich starken Ausprägungen je nach Situation oder persönlichem Zustand zu begreifen.

Bevorzugter Wahrnehmungskanal

Wir nehmen Informationen durch unsere Sinne auf. Damit wird der Lernkanal von dem Wahrnehmungskanal bestimmt, welcher dem jeweiligen Sinn zugeordnet ist. So zumin-

1.4 Lerntypen und Lernstile

dest beschreibt es Frederic Vesters (1975) in seinem Werk »Denken, Lernen, Vergessen«. Er führt modellhaft drei unterschiedliche Lerntypen auf:

- Der **visuelle Typ** nimmt Informationen überdurchschnittlich gut durch Sehen auf. Informationen, die über das Hören oder Fühlen kommen, versucht er, häufig mit Bildern zu verknüpfen, um sie so in sein eigenes System einzubinden.
- Der **auditive Typ** nimmt Informationen überdurchschnittlich gut durch Hören auf. Informationen, die über Sehen und Fühlen kommen, versucht er, häufig mit Gehörtem zu verknüpfen.
- Der **kinästhetische**, **haptische** oder **sensomotorische Typ** nimmt Informationen überdurchschnittlich durch Fühlen auf. Informationen, die über Sehen und Hören kommen, versucht er häufig mit Gefühltem zu verknüpfen.

Das Auge hat für die meisten Menschen eine zentrale Funktion bei der Aufnahme von Informationen. Deshalb ist es sinnvoll, Modelle, grafische Darstellungen und andere Visualisierungen für das Lernen zu verwenden. Auch das geschriebene Wort ist ein Mittel, abstrakte Inhalte über das Auge zugänglich zu machen. Und das Hören ist eine sehr ökonomische Form des Lernens. Die meisten Menschen behalten jedoch nur über das Ohr wahrgenommene Informationen weniger gut als visuell oder haptisch aufgenommene Informationen.

Die weitaus intensivste Form des Lernens ist Lernen durch Handeln. Hier kommen alle Wahrnehmungskanäle auf ihre Kosten: der kinästhetische, der visuelle und der akustische Kanal. Diese Art des Lernens hat jedoch den Nachteil, dass sie sehr viel Zeit in Anspruch nimmt.

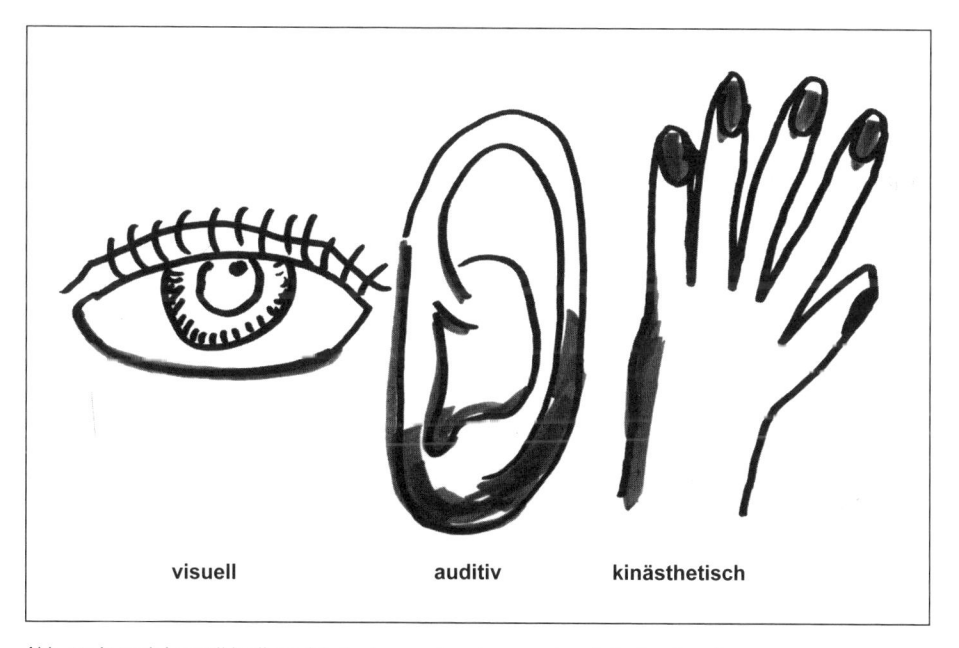

Abb. 11: Je nach Lernstil bedient sich der Lerner eines bevorzugten Aufnahmekanals.

Die Erklärungsmuster und Methoden, mit denen der Lernstoff vermittelt wird, müssen also mit unseren im Gehirn vorgeprägten Assoziationsmustern harmonieren – dann neh-

1 Lern- und Arbeitsmethodik

men wir sie leichter auf. Das heißt jedoch nicht, dass sich beispielsweise ein visueller Typ beim Lernen ausschließlich auf Bücher stützen sollte oder, wenn das nicht geht, Gehörtes immer mit Bildern im Kopf verknüpfen muss. Laut Vester ist es am besten, den bevorzugten Wahrnehmungskanal zwar verstärkt anzusprechen, gleichzeitig aber auch die anderen Kanäle zu nutzen. Denn je konsequenter wir beim Lernen mehrere Wahrnehmungskanäle ansprechen und trainieren, desto vielfältiger verankern wir unser Wissen. Und desto besser können wir es mit vorhandenem Wissen verknüpfen. Konsequenz: Es bleibt im Gedächtnis haften. Denn so wie man Probleme löst, so lernt man auch am besten.

Bevorzugte Vorgehensweise

Was das Lösen komplexer Probleme betrifft, legen neuere Erkenntnisse aus der kognitiven Psychologie drei Grundmuster nahe, aus denen Lerntypen hervorgehen:

- **Logisch-analytische Vorgehensweise:** Menschen, die Probleme logisch-analytisch angehen, sie also zunächst ganz nüchtern untersuchen, kommen beim Lernen am besten mit einem logisch strukturierten Inhalt und systematisch aufbereiteten Stoff zurecht, bei dem die inneren Zusammenhänge von vornherein deutlich werden. Dieser Lerntyp plant sein (Lern-)Verhalten in allen Einzelheiten vor. Er ist gut im Abstrahieren, sucht also gerne nach der passenden Theorie.
- **Intuitive Vorgehensweise:** Menschen dieses Typs »umkreisen« das Problem aus der Distanz, sehen es sich hier oder da etwas genauer an und haben dann plötzlich eine Eingebung, wie sie vorgehen wollen. Ein intuitiver Typ benötigt beim Lernen zunächst einen globalen Überblick, von dem aus er ganz nach seinen spontanen Eingebungen ins Detail gehen kann.
- **Experimentelle Vorgehensweise:** Dieser Typ experimentiert mehr oder weniger systematisch so lange, bis er den richtigen Weg gefunden hat. Ein zu Experimenten neigender Mensch lernt am leichtesten, wenn er sich seinen Stoff durch Versuch und Irrtum erarbeiten kann.

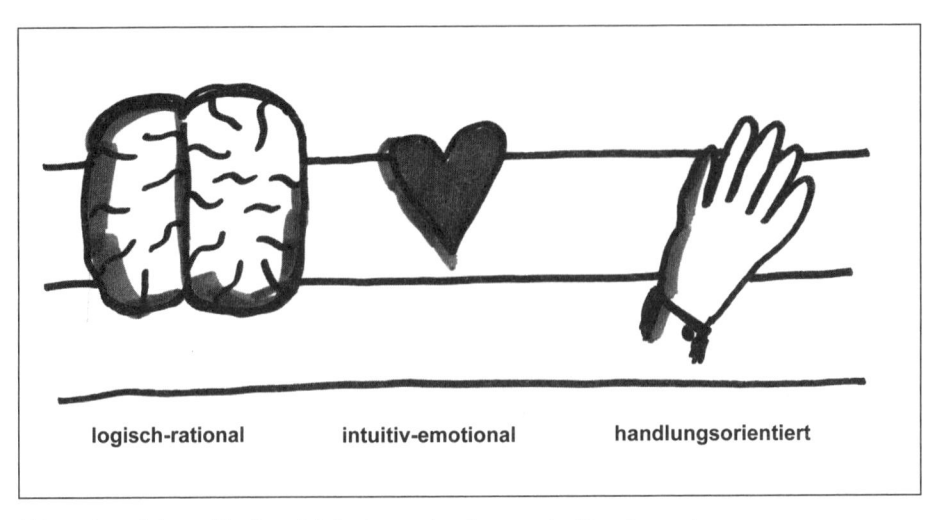

Abb. 12: Je nach Lernstil bedient sich der Lerner einer bevorzugten Vorgehensweise.

Bevorzugte Persönlichkeitsanteile

Last but not least spielt unsere Persönlichkeit beim Lernen eine zentrale Rolle. Laut Carl Gustav Jung, dem Begründer der analytischen Psychologie, gelten folgende, sich auf die Gesamtpersönlichkeit auswirkende Unterscheidungen:

- Bei der Informationsaufnahme: Ganzheit versus Einzelfakten
  Jemand, der sich an Einzelfakten orientiert, bevorzugt klar abgegrenzte Tatsachen und konkrete Details. Der Ganzheitsorientierte wendet sich eher Zusammenhängen und Möglichkeiten zu. Er benötigt zunächst einen großen Überblick.
- Bei der Informationsbeurteilung: Wertorientierung versus Sachorientierung
  Der Sachorientierte neigt zu sachlicher Analyse und Objektivität, der Wertorientierte macht eher seine eigenen Wertvorstellungen zur Grundlage seiner Entscheidungen.

Den Lernprozess fördern

Ganz gleich, welcher Lerntyp man ist: Lernen geschieht nicht auf Knopfdruck. Jeder Mensch benötigt viele unterschiedliche Aktivitäten und Anläufe, um Wissen zu verinnerlichen und sicher anzuwenden. Lernen besteht aus einer Aufnahme- und einer Aktivitätsphase. In der Aufnahmephase wird etwas verstanden und kognitiv verarbeitet – durch Zuhören, Lesen oder Beobachten und durch Einbindung der Informationen in schon vorhandenes Wissen. Erst in der aktiven Phase aber wird wirklich etwas gelernt – und zwar allein durch regelmäßiges, wiederholtes Üben. Damit ist für das Lernen die Anwendung des Lernstoffs, das Ausprobieren und Üben besonders wichtig.

1.5 Lernmotivation

Kein Lernen ohne Motivation. Motivation bezieht sich auf das In-Gang-Setzen, Steuern und Aufrechterhalten von körperlichen und psychischen Aktivitäten. Motiv bedeutet »Beweggrund für ein Verhalten«. **Motivation** ist das Zusammenspiel aller Motive in einer konkreten Situation und Motivieren (lateinisch: *movere;* bewegen) bedeutet schließlich »in Bewegung setzen«. Motivation ist immer auch Selbstmotivation und damit ebenso die Selbstverantwortung für einen inneren Zustand als auch eine äußere Umgebung, die beide motivierend wirken.

Faktoren für Motivation

Zugänge zum menschlichen Motivationspotenzial finden sich über einen Weg von außen und einen anderen Weg von innen. Bei der **extrinsischen Motivation** erfolgt eine Tätigkeit um ihrer Konsequenzen willen. Der »äußere« Anreiz ist beispielsweise ein Zertifikat, Lob, Anerkennung oder Geld. Diese Motivation ist stark abhängig von äußeren Rahmenbedingungen und wirkt eher kurzfristig. Ganz anders ist das bei der **intrinsischen Motivation**. Da erfolgt eine Tätigkeit um ihrer selbst willen. Der »innere« Anreiz geschieht zum Beispiel aus Interesse, Spaß oder zur Selbstbestätigung. Intrinsische Motivation ist beeinflussbar durch Autonomie, klare Zielsetzungen, Handlungsfreiräume oder Vielfalt in den Anforderungen. Diese Motivation hält länger an und übersteht auch äußerliche »Durststrecken«.

Zu motivierenden Faktoren zählen im Allgemeinen:

- selbstständige Tätigkeiten, die mit selbst gesetzten Zielen und Handlungen zu tun haben (im Vergleich zu »befohlenen« Tätigkeiten),
- Belohnung, wenn sie selbst gesetzt oder als Rückmeldung und Anerkennung für die eigene Leistung wahrgenommen wird,
- Erfolg und Anerkennung,
- Aufstiegs- und Entfaltungsmöglichkeiten,
- Verantwortung und höher qualifizierte, herausfordernde Arbeit,
- Vertrauen in die eigenen Fähigkeiten und Bewertung von Neuem als Herausforderung.

Der amerikanische Psychologe Abraham Maslow (1954) unterscheidet zwei Motivationsebenen, die auf unterschiedlichen Bedürfnissen beruhen:

- die **Mangelmotivation**, die darauf ausgerichtet ist, physische und psychische Bedürfnisse zu befriedigen und
- die **Wachstumsmotivation**, die auf Selbstverwirklichung oder darüber hinaus auf das Erreichen eines transzendentalen Zustandes ausgerichtet ist.

Maslow begreift die Bedürfnispyramide im Sinne einer Bedürfnishierarchie, in welcher die Bedürfnisse der ersten Stufe solange vorherrschend sind, wie sie nicht befriedigt werden. Eine Befriedigung der Bedürfnisse oberer Stufen wird erst dann angestrebt, wenn die Bedürfnisse der jeweils unteren Stufen im Großen und Ganzen befriedigt sind. Wenn also ein Lernender großen Hunger hat, oder das Bedürfnis sich zu bewegen, wird er solange weniger motiviert sein zu lernen, bis diese Bedürfnisse gestillt sind. Die oberste Regel für Selbstmotivation heißt, Demotivation zu vermeiden.

1.5 Lernmotivation

Abb. 13: Lernmotivation bedeutet, die Faktoren für bestehende Demotivation zu erkennen und umzuwandeln.

> Was genau muss geschehen, um Ihnen möglichst gründlich den Spaß und das Interesse am Lernen zu verderben? Tragen Sie alle Punkte untereinander links auf ein Blatt Papier. Wenn Sie genügend Punkte gefunden haben, fragen Sie sich nun: Was muss passieren, damit das Gegenteil passiert? Kehren Sie Ihre Punkte in positive Aussagen um, und tragen Sie diese auf der rechten Seite ein. Mit einem solchen »Stattplan« lässt sich schnell herausfinden, wie motivierende Lernbedingungen aussehen müssen.

Motivationsmethoden

Die folgenden Motivationsmethoden lassen sich je nach Lerntyp und Lernstil miteinander kombinieren.

- **Motivation durch Ressourcen**

In der Psychologie ist mit Ressource (laut Duden: Rohstoff) »Kraftquelle« gemeint. Ressourcen sind die Grundlage der Motivation, da sie »den Treibstoff« für alle Aktivitäten liefern. Der erste Schritt zur erfolgreichen Motivation ist es, die eigenen Ressourcen im Blick zu haben und sichtbar zu machen.

In folgenden Bereichen können Ressourcen zu finden sein: körperliche Fähigkeiten, persönliche Eigenschaften, Selbstwertgefühl, Entspannung, Partnerschaft, Familie, Freundschaften, Kontakte, Beruf(ung), Freizeitaktivitäten, Kreativität, Naturerlebnisse, Erinnerungen, Zukunftsperspektiven oder Spiritualität.

1 Lern- und Arbeitsmethodik

- **Motivation durch Reframing**

»Das schaffe ich nie!«, »Ich kann das nicht«, »Das können andere auch nicht«, »Ich habe keine Lust«, »Das klappt so nie«, »Ich habe Angst vor der Prüfung, weil ...«. Wer kennt diese Gedanken nicht? Leider vergessen wir zu oft, dass gerade solche Gedanken die Situation in unseren Augen nur negativ aussehen lassen. Sie demotivieren uns. Motivierende Gedanken sind: »Das schaffe ich!«, »Ich werde das jetzt ausprobieren«, »Ich werde der/die Erste sein, die es schafft«, »Wenn ich das jetzt mache, dann kann ich ...«, »Ich probiere es mal aus, Fehler macht jeder«, »Die Prüfung ist meine Chance, um ...«.

Die Motivation ist abhängig von der Bedeutung, die wir selbst einer Sache beimessen. So haben wir genauso die Möglichkeit, die Chance und das Positive in der Situation zu sehen, also die andere Seite der Medaille anzuschauen, um daraus Motivation zu gewinnen. Diese Umdeutung in eine positive Betrachtungsweise nennt man **Reframing**. Reframing bedeutet im wörtlichen Sinne »Neurahmung«. Es bezeichnet den Prozess, durch den als problematisch empfundene Gedanken, Verhaltensweisen, Ereignisse und Empfindungen umgedeutet werden, indem sie in einem neuen Bezugsrahmen betrachtet werden. Um diesen neuen Bezugsrahmen zu schaffen, kann nach Fähigkeiten, positiven Absichten und positiven Effekten gesucht werden, die sich beispielsweise hinter einem »Problemverhalten« verbergen. So können wiederum neue oder andere Bewertungen, Bedeutungen und damit verbunden, neue Empfindungen und Handlungen entstehen.

Abb. 14: Ein neuer »Rahmen« für Aufgaben und Tätigkeiten kann durchaus neue Motivation erzeugen.

- **Motivation durch Ziele**

Die Festsetzung konkreter Ziele ist nicht nur im beruflichen Umfeld erforderlich. Auch während der Prüfungsvorbereitung ist es wichtig, sich realistische Ziele zu setzen. Denn Ziele motivieren uns, sie zeigen, wohin wir wollen und in welche Richtung es weiter gehen kann und soll. Beim Formulieren von Zielen sind einige Zielregeln zu beachten, zusammengefasst in der **SMART-Formel**:

☐ Spezifisch: Formulieren Sie Ziele eindeutig und konkret. Aus der Formulierung sollte hervorgehen, was genau Sie tun müssen, um das Ziel zu erreichen.

1.5 Lernmotivation

- Messbar: Formulieren Sie Ziele so, dass sie messbar werden. Woran werden Sie und andere Personen merken, dass Sie Ihr Ziel erreicht haben? Welche Kriterien lassen sich zur Prüfung der Zielerreichung heranziehen?
- Aktiv erreichbar: Mit welchen Aktivitäten erreichen Sie den angestrebten Endzustand. Was können Sie aktiv dazu beitragen? Formulieren Sie Ziele so, dass Sie durch Ihre eigenen Handlungen erreicht werden können und nicht durch die Handlungen Ihrer Mitmenschen.
- Realistisch: Ziele sind dann realistisch, wenn sie eher klein als groß und kurz- bis mittelfristig angelegt sind. Langfristige Ziele gelten als Orientierung, als Richtungsangabe, und müssen immer wieder in realistische Teilziele unterteilt werden.
- Terminiert: Terminieren Sie den Zeitpunkt der Zielerreichung.
- Aus den genannten Motivationsmethoden sind hier einige Punkte zusammengefasst, die Lernen zu einer angenehmen Beschäftigung machen:
- Schaffen Sie sich Freiraum. Die Chance, jederzeit aufzuhören oder Pausen zu machen, beflügelt Ihre Motivation. Planen Sie dazu auch genügend Zeit und Pufferzeit für das Lernen ein und vergessen Sie das Pauken auf den »letzten Drücker«.
- Beschaffen Sie sich Materialien und Unterlagen, mit denen Sie etwas anfangen können. Dazu gehört auch, dass sie sich gut anfühlen und sich sehen lassen können.
- Sehen Sie die Atmosphäre als Spiegel. Wenn Sie »gut drauf« sind, werden Sie auch um sich herum eine Atmosphäre schaffen, die Lernen fördert.
- Überprüfen Sie Ihre Sichtweise. Lernen lässt sich als persönliche Bereicherung und Schritt zu mehr Lebensqualität verstehen. Lernen kann ein kreativ-künstlerischer Prozess sein, indem Sie etwas Bekanntes mit etwas Unbekanntem und völlig Neuem verknüpfen.

S	SPECIFIC (präzise)		RICHTIGE ZIELE	C	CHALLENGING (herausfordernd)
M	MEASURABLE (messbar)	P	POSITIVELY STATED (positiv formuliert)	L	LEGAL (legal)
A	ATTAINABLE (erreichbar)	U	UNDERSTOOD (verständlich)	E	ENVIRONMENTALLY SOUND (umweltverträglich)
R	REALISTIC (realistisch)	R	RELEVANT (relevant)	A	AGREED (vereinbart)
T	TIME PHASED (zeitlich planbar)	E	ETHICAL (ethisch korrekt)	R	RECORDED (protokolliert)

Abb. 15: Motivation mit Zielen gelingt nur, wenn die richtigen Ziele auch richtig formuliert sind.

1 Lern- und Arbeitsmethodik

1.6 Lernen organisieren

Ordnung und Organisation sind Grundvoraussetzungen für nachhaltige Lernprozesse. Dabei geht es nicht etwa um pingeliges Sortieren von Bleistiften auf der Tischplatte, sondern vielmehr um die Ordnung, die der Einzelne braucht, um sich wohl und entspannt zu fühlen.

Lernstoff organisieren

Höchstleistungen geschehen beim Lernen aus der Entspannung heraus. Deshalb ist es sinnvoll, die persönliche Lernumgebung zu organisieren:

- Häufig und in kurzen Blöcken zu lernen ist besser als einmal und nie wieder. Einen Großteil des Lernstoffes haben wir innerhalb der ersten fünf Tage wieder vergessen. Was nach 30 Tagen immer noch im Gedächtnis ist, bleibt hingegen für den Rest des Lebens beinahe vollständig präsent. Verteilen Sie daher den Lernstoff auf mehrere Tage und lernen Sie in kurzen Blöcken. Sie gewinnen dadurch doppelt Zeit: kurzfristig durch eine konzentriertere Wissensaufnahme und langfristig durch ein dauerhafteres Behalten.
- Sofern der Lernstoff nicht logisch aufgebaut und streng strukturiert ist, sehen Sie sich zunächst das gesamte Material durch und verschaffen Sie sich einen Überblick. Untersuchungen belegen die Vorteile dieses ganzheitlichen Verfahrens: Unser Gehirn ist darauf ausgelegt, sinnvolle Beziehungen und übergeordnete Zusammenhänge herzustellen. Das Lernen und Behalten fällt leichter als beim strikten Pauken isolierter Einzelfakten.
- Gönnen Sie sich nach dem Lernen Ruhe. Besser noch: Verlegen Sie Ihre Lernphasen in die Abendstunden. Hektische Aktivitäten im Anschluss ans Lernen fördern das Vergessen, weil das Gelernte von neuen Eindrücken verdrängt wird.

Lernprozesse anstoßen

Lernprozesse lassen sich nachhaltig wie folgt unterstützen:

- **1. Schritt**: Werden Sie sich über Ihr Informationsinteresse und Ihre Lernmotive klar. Stellen Sie einen möglichst konkreten Bezug zwischen dem Lernstoff und Ihrer persönlichen Situation her. Welchen Vorteil, welchen Mehrwert, welchen Nutzen bringt Ihnen das neu erlernte Wissen? Nehmen Sie das Ergebnis vor Ihrem geistigen Auge vorweg.
- **2. Schritt**: Verschaffen Sie sich einen Überblick über das gesamte Lernmaterial, das Ihnen zur Verfügung steht. Filtern Sie dann den Lernstoff hinsichtlich seiner Passung auf Ihre bevorzugte Weise der Informationsaufnahme und Ihren Lerntyp. Konzentrieren Sie sich auf Lernmaterialien, die Ihnen in diesem Sinne entgegenkommen.
- **3. Schritt**: Verschaffen Sie sich einen Überblick über den gesamten Prüfungsstoff und prüfen Sie, wie viel Zeit Ihnen zur Bewältigung des Materials zur Verfügung steht. Teilen Sie den Lernstoff dann in kleinere Lernblöcke ein. Damit gehen Sie sicher, dass Sie wirklich den gesamten Prüfungsstoff bewältigen können.

- **4. Schritt**: Schaffen Sie Assoziationen zwischen dem Lernstoff und Ihren eigenen Erfahrungen. Stellen Sie Bezüge zu bereits Bekanntem her und scheuen Sie sich nicht vor einem kritischen Vergleich. Der innere Diskurs ist wichtig, um das neue Wissen zu durchdringen und damit auf verschiedenen Verarbeitungsebenen langfristig im Gedächtnis zu verankern. Über den Diskurs erschließen Sie sich neben dem kognitiven auch einen emotionalen Zugang zum Lernstoff, was die Wahrscheinlichkeit des Behaltens wesentlich erhöht.
- **5. Schritt**: Stress, schlechte Laune und Ablenkung blockieren die dauerhafte Verankerung des Gelernten im Gehirn. Sorgen Sie daher für eine angenehme Lernatmosphäre, die ihren Bedürfnissen entspricht und konzentriertes, ungestörtes Arbeiten erlaubt. Jede Lernphase sollte mit einem kleinen persönlichen Erfolgserlebnis oder einer Selbstbelohnung abschließen. Sollte Ihre Stimmung einmal auf dem Nullpunkt sein, verzichten Sie auf das Lernen, anstatt durch krampfhaftes »Müssen« Ihre Lernmotivation abzuwürgen.
- **6. Schritt**: Bevor Sie das neu Gelernte aktiv einsetzen wollen, rufen Sie sich Ihr angeeignetes Wissen noch einmal bewusst in Erinnerung. Je nach bevorzugtem Wahrnehmungstyp und Lerninhalt können Sie dabei auf innere Bilder, geführte Diskussionen oder auch Bewegungsabläufe zurückgreifen, die Sie als Trockenübung absolvieren. Dadurch trainieren Sie Ihr Gedächtnis und aktivieren Ihr Gehirn, nach vergessen geglaubten Details zu suchen.
- **7. Schritt**: Geben Sie das erinnerte Wissen mit Ihren eigenen Worten, Grafiken, Darstellungen, Modellen etc. wieder. Geeignet sind beispielsweise Zeichnungen, Mindmaps, Kurzgeschichten. Haben Sie Mut, das Gelernte in einen neuen Kontext zu stellen. Nur dann merken Sie, ob Sie es wirklich verstanden haben. Gehen Sie möglichst kreative Wege, um rechts- und linkshemisphärisches Denken zu synchronisieren. Somit wird das zu erwerbende Wissen abstrahierbar und lässt sich flexibel auf andere Probleme und Situationen übertragen.
- **8. Schritt**: Probieren Sie das Gelernte an einer konkreten Aufgabe aus, die einer möglichst realistischen Problemstellung entspricht. Das können Simulationen, Plan- oder Rollenspiele sein. Nutzen Sie die Zusammenarbeit und den Austausch in der Gruppe, um unterschiedliche Perspektiven und Erfahrungen kennenzulernen.
- **9. Schritt**: Setzen Sie das Gelernte in der Praxis um und automatisieren Sie es durch ständiges Wiederholen. Somit wird Ihr Kopf allmählich frei, und Sie können Ihr Knowhow weiter vertiefen. Holen Sie sich dazu ab und an ein Feedback von einem »Könner« ein. So werden auch Sie recht schnell vom »Kenner« zum »Könner« und später zum »Experten«.

1.7 Arbeitsplatz organisieren

Letztlich spielt der physische Arbeitsplatz eine große Rolle für den Lernerfolg. Denn ohne das richtige Betriebsklima, die richtigen Materialien und Werkzeuge lassen sich keine Ergebnisse schaffen.

Finden Sie Ihren **Arbeitsplatz**. Denken Sie dabei auch an andere Orte als den Schreibtisch. Gestalten Sie Ihren Arbeitsplatz so, dass Sie sich dort wohlfühlen. Lärm als störenden Faktor sollten Sie so weit als möglich reduzieren. Weiter geht es mit dem **Arbeitsklima**. Wie sieht die Beleuchtung aus? Arbeitsplatzmediziner empfehlen Lichtstärken von

1 Lern- und Arbeitsmethodik

500 bis 1000 Lux, eine blendfreie Allgemeinbeleuchtung und Strahler für den Arbeitsplatz. Die Temperatur sollte nicht zu warm und nicht zu kalt zwischen 18 Grad Celsius und 21 Grad Celsius liegen. Eine Luftfeuchtigkeit zwischen 50 und 70 Prozent ist angemessen. Am Arbeitsplatz selbst sollten Sie auf das richtige **Mobiliar** achten. Vor allem die ergonomische Gestaltung von Stuhl, Tisch und Stehpult entscheidet, wie lange sie ohne Rückenschmerzen arbeiten können. Organisieren Sie den Arbeitsplatz auch so, dass Sie einen Kernarbeitsbereich haben und wichtige **Materialien** in Griffweite liegen. Legen Sie verschiedene Schreibgeräte in verschiedenen Farben bereit. Stellen Sie auch Geräte und Hilfsmittel wie Diktiergerät, Karteikarten oder Ihr Zeitplanbuch bereit.

Abb. 16: Eine Voraussetzung für effektives Lernen ist ein ordentlicher, nach persönlichen Bedürfnissen eingerichteter Arbeitsplatz.

Checkliste Rahmenbedingungen

Sie möchten wissen, wie Ihre Umgebung aussehen soll, damit Sie lernfähig sein können? Sie sind sich nicht sicher, ob Sie momentan in der Lage sind, mit Spaß bei der Sache zu sein? Dann machen Sie den folgenden Test: Kreuzen Sie alle Aussagen an, die für Sie zutreffen. Je mehr Aussagen Sie bejahen, desto besser sind die Voraussetzungen für Ihren Lernerfolg.

- **Äußere Voraussetzungen**

  ☐ Sie haben mindestens eine Stunde Zeit.
  ☐ Ihre Kollegen wissen, dass Sie nicht gestört werden dürfen.
  ☐ Das Telefon ist ausgeschaltet.
  ☐ Sie haben alle noch zu erledigenden Arbeiten beiseite geräumt oder Ihren normalen Arbeitsplatz ganz verlassen.

☐ Sie haben dafür gesorgt, dass Ihnen die Atmosphäre im Raum gefällt: indem Sie Platz schaffen, das Licht dämpfen oder im Hintergrund Ihre Lieblingsmusik laufen lassen.
☐ Sie haben etwas bereitgelegt, durch das Sie sich inspiriert und in einen guten Zustand gebracht fühlen: beispielsweise bunte Stifte, ein Foto oder ein Maskottchen.

- **Innere Voraussetzungen**

☐ Sie sind über das Thema, zu dem Sie etwas wissen möchten, mit Materialien versorgt.
☐ Sie finden Ihre Lernaufgabe interessant.
☐ Sie freuen sich darauf, mal aus der Routine auszubrechen und sich auf etwas Neues einzulassen.
☐ Sie haben einen Zeitpunkt gewählt, zu dem Sie sich besonders leistungsfähig fühlen.
☐ Sie stehen nicht unter Zeit- oder Erfolgsdruck.
☐ Sie fühlen sich entspannt.

Manchmal werden Sie nicht alle Punkte erfüllen können. Das ist ganz normal. Es hindert Sie aber niemand daran, ihre Lernumgebung für Sie förderlich umzugestalten.

Zeitmanagement und Umgang mit Stress

Zeit ist das wertvollste Gut, das wir besitzen und das häufigste benutzte Hauptwort. Zeit ist mehr wert als Geld, und darum müssen wir unser Zeitkapital sorgfältig anlegen.

> »Es ist nicht wenig Zeit, die wir haben, sondern es ist viel Zeit, die wir nicht nutzen.« (Lucius Annaeus Seneca)

Die meiste Energie und Zeit verpuffen, weil klare Ziele, Planung, Prioritäten und Übersicht fehlen. Eine bessere Nutzung der so wertvollen Zeit lässt sich nur durch bewusstes Selbstmanagement erzielen. Das bedeutet, die eigene Zeit und Arbeit zu gestalten, statt sich von ihr gestalten zu lassen. Selbstmanagement zeigt gerade für die Zeit der Prüfungsvorbereitung Wege auf, wie Sie es schaffen

- mehr Übersicht über anstehende Aktivitäten zu gewinnen,
- konsequent Prioritäten zu setzen,
- mehr Freiraum für Kreativität zu erhalten,
- Stress bewusst zu bewältigen, abzubauen und zu vermeiden,
- mehr Freizeit zu gewinnen und
- den eigenen Visionen näherzukommen.

Wenn klare Ziele und eine sorgfältige Planung fehlen, kann jeder Mensch weniger als die Hälfte seines eigentlichen Potenzials entfalten. Selbstmanagement bedeutet eine bewusste Planung des persönlichen Zeitkapitals und hilft, Ziele ohne Stress zu erreichen und Freiraum für Freizeit und Kreativität zu gewinnen. Sinnvoll mit der Zeit umzugehen, bedeutet, sich sinnvolle Zeiten für Lernen, Arbeiten und Freizeit auszuwählen. Fragen Sie sich, wann die jeweils beste Zeit für eine Tätigkeit ist.

1 Lern- und Arbeitsmethodik

Das Richtige im richtigen Moment

Es ist viel schwieriger, das Richtige im richtigen Moment zu erledigen, als etwas richtig zu erledigen! Und damit es leichter fällt, bietet es sich an, die tägliche Leistungs- und Störkurve zu berücksichtigen. Am Vormittag sind die meisten Menschen am leistungsfähigsten. Gegen Mittag lässt die Leistung nach, weil die meisten Menschen bis dahin bereits etliche Stunden gearbeitet haben. Außerdem schlägt sich das langsam einsetzende Hungergefühl nicht gerade förderlich auf die Konzentration nieder. Nach dem Mittagessen folgt das berüchtigte »Spaghetti-Koma«, wenn die Verdauung alle Aufmerksamkeit des Körpers erfordert. Gegen Ende des Arbeitstages steigt die Leistungskurve wieder an, erreicht aber nicht mehr die morgendliche Intensität. Bei Nachtmenschen kann auch am späten Abend noch mal die Leistungsfähigkeit ansteigen. Dinge, die tagsüber zu erledigen sind, lassen sich aufteilen in:

- Routineangelegenheiten und
- komplexe und kreative Aufgaben wie das Lernen.

Wo wären diese Arbeiten zeitlich zu platzieren? Die meisten Menschen packen analog ihrer Leistungskurve die komplexen, kreativen Aufgaben in den Vormittag. Routineaufgaben kommen in die Lücken oder in die müderen Phasen des Tages. Allerdings gilt es zu berücksichtigen, dass die meisten Störungen genau dann auftreten, wenn Menschen ihre Leistungshochs haben. Was hier hilft, sind sog. Zeitschutzzonen, die Raum und Zeit für Lernen und Konzentration schaffen. Informieren Sie ihre Umgebung, soweit nötig, dass Sie in den von Ihnen festgelegten Zeitfenstern nicht erreichbar sind und nur gestört werden dürfen, wenn wirklich Gefahren auftreten. Seien sie konsequent!

Arbeitstechniken gegen »Aufschieberitis«

Sie wissen Bescheid über ihre Tagesleistungskurve. Sie haben Zeitschutzzonen eingerichtet. Jetzt müssen sie nur noch mit der »Aufschieberitis« fertigwerden. Einen behutsamen Einstieg in den Arbeitstag bietet das sog. **3-2-1-Programm**. Sie beginnen mit drei Kleinigkeiten, schließen daran zwei Routinetätigkeiten an und widmen sich dann der wichtigsten Lernsache des Tages (Top-Priorität). Die Kleinigkeiten verschaffen kleine Erfolgserlebnisse und das Gefühl, bereits etwas geschafft zu haben.

Ein Vorteil des 3-2-1-Programms liegt in der frühen Bearbeitung von zumindest zwei Routineaufgaben bezüglich des Lernstoffes wie etwa Wiederholungen oder Auswendiglernen. Sie sind besonders gefährdet, was das Aufschieben betrifft. Die große Aufgabe des Tages fordert geistige Frische und einen größeren Zeitblock, möglichst ohne Unterbrechungen. Achten Sie darauf, dass die drei Kleinigkeiten und zwei Routinetätigkeiten nicht allzu viel Zeit in Anspruch nehmen, damit Sie baldmöglichst zur Tagespriorität vorstoßen können.

Checkliste für den Arbeitsstart

Sie wissen Bescheid über ihre Tagesleistungskurve. Sie haben Zeitschutzzonen eingerichtet. Sie haben ein Rezept gegen »Aufschieberitis«. Sie müssen jetzt nur noch anfangen.

Aber wie? Hier eine Checkliste für den Start:

☐ Ist der Schreibtisch aufgeräumt?
☐ Stehen die Aktivitäten fest?
☐ Was ist in welcher Reihenfolge zu tun?
☐ Mit welcher Tätigkeit wird begonnen?
☐ Sind alle notwendigen Unterlagen und Materialien verfügbar? Was gilt es, noch zu beschaffen?
☐ Sind noch Telefongespräche zu führen?
☐ Müssen noch mit anderen Menschen Gespräche geführt werden?
☐ Ist das Ziel noch genauso eindeutig wie ursprünglich gesehen oder wie gestern?
☐ Ist es klar, wie lange die einzelnen Aufgaben dauern?
☐ In wie viele Arbeitsetappen (bei größeren Vorgängen) muss die Aufgabe zerlegt werden?
☐ Wie viele Stunden oder Minuten muss der wichtigste, ungestörte Zeitblock umfassen, damit eine Gesamtübersicht entsteht?
☐ Wann sollen die Aufgaben beendet sein?
☐ Wo sind Reservezeiten eingebaut?
☐ Wie werden unvorhergesehene Störungen behandelt?
☐ Wann spätestens erfolgt nach einer Störung ein Neustart?

1.8 Umgang mit Stress

Stress entsteht sowohl vor als auch während einer Prüfungssituation. Beide Stressarten wollen ernst genommen werden und brauchen unterschiedliche Maßnahmen zur Stressbewältigung.

Prüfungsvorbereitung – was tun?

Um Stress in der Prüfungsvorbereitung zu vermeiden, ist es unumgänglich, die täglichen Ziele und täglichen Aufgaben zusammenzustellen und schriftlich zu fixieren. Stress entsteht immer dann, wenn wir versuchen mehr in einer Zeiteinheit zu schaffen, als in dieser Zeiteinheit eben zu schaffen ist. Hier nun einige Hinweise, die helfen sollen, Stress von vornherein zu vermeiden:

☐ Machen Sie sich einen realistischen Zeitplan, in dem Sie den Prüfungsstoff, den Sie bewältigen wollen, auf die einzelnen Tage verteilen.
☐ Tun Sie die Arbeit, die Sie gerade tun wollen, mit voller Konzentration.
☐ Lassen Sie sich nicht ablenken. Schalten Sie Störungen aus.
☐ Machen Sie Pausen, sorgen Sie für frische Luft und Bewegung.
☐ Vermeiden Sie Unordnung. Damit ersparen Sie sich Stress und Panik durch unnötige Suchzeiten.
☐ Organisieren Sie Schreibtisch, Ablage und Materialien so, dass Sie sich wohl fühlen.
☐ Akzeptieren Sie Ihren inneren Perfektionisten genauso wie Ihren inneren Chaoten.
☐ Sagen Sie öfter nein. Auch wenn es schwer fällt und andere Sie von Ihrer Arbeit ablenken wollen, bleiben Sie bei Ihren Tageszielen. Wenn Sie es gelernt haben, in bestimmten Situationen nein zu sagen, werden Ihnen viele Störungen und viel zeitaufwendiger Kleinkram erspart bleiben.

1 Lern- und Arbeitsmethodik

- ☐ Schieben Sie unangenehme Dinge nicht auf. Irgendwann werden der Leidensdruck und der Stress so groß, dass Sie die Angelegenheit mit großem Aufwand durchführen müssen. Es sollte Ihnen eine Herausforderung sein, unangenehme Dinge schnell zu erledigen.
- ☐ Schaffen Sie sich Belohnungen. Wenn Sie mit einer geplanten Aufgabe fertig sind, gönnen Sie sich eine Pause, gefüllt mit einer freudigen Tätigkeit.
- ☐ Sorgen Sie für Tiefenentspannung.

Prüfung und Lampenfieber – was nun?

Um Angst zu überwinden, muss sie erst einmal als normales Gefühl akzeptiert sein. Angst und das dadurch verursachte Lampenfieber lässt sich in sinnvolle Energie verwandeln. Als Trick für eine Prüfung gilt auch das vorherige Aufwärmen. Bringen Sie Ihre Stimme in Schwung, bevor Sie in die Prüfung gehen. Sprechen Sie bereits vorher laut oder referieren Sie zu einem Thema. Und nehmen Sie dann noch einige aufbauende Gedanken in die Prüfungssituation mit hinein:

- ☐ Die Prüfer wollen Ihren Erfolg.
- ☐ Die Prüfer sind auch nur Menschen.
- ☐ Sie als Prüfling sind in einer einflussreichen Position, wenn Sie das Wort haben.
- ☐ Sie sind höchstwahrscheinlich besser, als Sie denken.
- ☐ Sie sind weniger nervös, wenn Sie sich auf die Bedürfnisse der Prüfer konzentrieren. Sagen Sie den Prüfern, was sie hören wollen.
- ☐ Nehmen Sie es sportlich. Sie können die Erwartungen der Prüfer auch übertreffen.

Denken Sie daran: Selten hört Ihnen jemand so aufmerksam zu wie bei einer Prüfung. Nutzen Sie diese Chance für sich mit Erfolg!

Quellen

Birkenbihl, V.: Das »neue« Stroh im Kopf – Vom Gehirn-Besitzer zum Gehirn-Benutzer, 50. Aufl., Landsberg am Lech 2010.
Hofmann, E./Löhle, M.: Erfolgreich Lernen – Effiziente Lern- und Arbeitsstrategien für Schule, Studium und Beruf, 2. Aufl., Göttingen 2012.
Jensen, B.: Einfachheit – Besser, schneller und effektiver arbeiten, München 2000.
Kehr, M. H.: Souveränes Selbstmanagement: Ein wirksames Konzept zur Förderung von Motivation und Willensstärke, Weinheim/Basel 2002.
Mühleisen, S./Oberhuber, N.: Karrierefaktor Soft Skills, München 2005.
Svantesson, I.: Mind Mapping und Gedächtnistraining, 5. Aufl., Offenbach 1998.
Vester, F.: Denken, Lernen, Vergessen: Was geht in unserem Kopf vor, wie lernt das Gehirn, und wann lässt es uns im Stich?, 27. Aufl., München 2000.

2 Präsentationsmedien einsetzen

2.1 Vorbereitung und Aufbau einer Präsentation

> **Präsentation**: Eine oder mehrere Personen stellen für eine konkrete Zielgruppe ausgewählte Inhalte, also Sachaussagen oder Produkte, dar. Ziel ist es, diese Zielgruppe zu informieren oder zu überzeugen. Die Darstellung wird unterstützt durch bildhafte Mittel. An die Darstellung schließt sich eine Fragerunde oder Diskussion an.

Präsentationen als Chance

Präsentationen sind aus dem betrieblichen Alltag nicht mehr wegzudenken. Immer wieder eröffnet sich die Möglichkeit, andere über neue Gedanken zu informieren, Kollegen über den Stand des eigenen Projektes in Kenntnis zu setzen, Vorgesetzte auf konkrete Verbesserungsmöglichkeiten aufmerksam zu machen oder Kunden vom Nutzen eines Produktes oder einer verbesserten Dienstleistung zu überzeugen. Präsentationen bieten die einmalige Chance, andere so zu informieren, dass sie sich »glücklich« fühlen: »Endlich hat uns mal einer erklärt, wozu ...« oder »Ganz toll, dass Sie mich darüber informiert haben ...«. Präsentationen bieten ebenso die Chance, andere von einer Sache zu überzeugen, d.h. anderen etwas zu »verkaufen«. Und noch etwas kommt hinzu. In einer Präsentation »präsentieren« Sie immer auch sich selbst. Egal, worum es inhaltlich geht: Durch die Art, wie Sie auftreten, wie Sie mit den Medien umgehen, wie Sie Inhalte für Ihr Publikum aufbereitet haben, machen Sie immer Aussagen über Ihre eigene Person. Sie können sich beispielsweise als informiert, kompetent, offen, freundlich, klar in der Sache, kreativ, oder absolut zuverlässig darstellen.

Was läuft in der Praxis häufig falsch?

Für viele Menschen scheint eine Präsentation mehr Last als Lust zu sein. Sie wissen häufig nicht, wie sie sich optimal vorbereiten können, wie sie ihre Rede gliedern oder wie sie mit den Medien umgehen sollen. Und diese Unsicherheit erzeugt vielfach Angst, etwas falsch zu machen oder sich zu blamieren. Wenn keiner im Unternehmen wirklich Lust hat, ein Thema sorgfältig vorbereitet vor Kollegen, Kunden oder Lieferanten zu präsentieren, wird es auch nicht gelernt und von den anderen ausdrücklich erwartet. Und wenn dann etwas vor einem Publikum vorgestellt werden soll, z.B. vor den eigenen Kollegen in der montäglichen Abteilungsbesprechung, dann geschieht das häufig lieblos und ohne gezielte Vorbereitung. Man erzählt dann »einfach mal so«, wie der Stand des Projektes ist, oder was man bei einer Schulung Neues gelernt hat. Hier wird eine große Chance vertan, sich selbst gut darzustellen und den anderen etwas so zu vermitteln, dass es auch lange im Gedächtnis bleibt.

2 Präsentationsmedien einsetzen

Tipps für die Vorbereitung einer ersten eigenen Präsentation:

- ☐ Überlegen Sie einmal in aller Ruhe – und am besten zusammen mit einem guten Freund, Kollegen, Vorgesetzten – zu welchem Thema, über welche Ideen, Vorhaben, Verbesserungen, Probleme und erste Lösungsideen Sie etwas zu sagen haben. Überlegen Sie aber gleichzeitig auch, welches der gefundenen Themen andere in der Abteilung oder im Unternehmen interessieren oder ihnen von Nutzen sind.
- ☐ Fragen Sie sich, in welchem Rahmen Ihre Präsentation stattfinden könnte. Dabei kann es sich um die wöchentlich stattfindende Abteilungsbesprechung handeln, um ein kurzfristig einberufenes informelles Meeting, um eine Leitungssitzung, bei der Sie auftreten könnten. Sorgen Sie dafür, dass Sie an einem bestimmten Datum etwas Zeit für Ihre Präsentation bekommen.
- ☐ Werden Sie zum Maßschneider: Mit Ihrer Präsentation wollen Sie die Menschen erreichen, die vor Ihnen sitzen werden. Sie müssen sich also Gedanken über Ihr Publikum machen und daraufhin Ihre Inhalte auswählen und aufbereiten.

> **Fragen an das Publikum bei der Vorbereitung Ihrer Präsentation**
>
> - Welches Vorwissen bringen Ihre Teilnehmer mit, was müssen Sie unbedingt ansprechen und was können Sie weglassen?
> - An welchen Inhalten sind Ihre Zuhörer besonders interessiert, welche Inhalte müssen also in die Präsentation? Welche Inhalte haben für Ihr Publikum einen besonderen Nutzen und wirken besonders attraktiv und überzeugend? Auch diese Inhalte müssen in die Präsentation.
> - Welchen Nutzen bringt den Zuhörern die Teilnahme an der Präsentation? Was haben sie davon, wenn sie Ihnen aufmerksam zuhören?
> - Und eine weitere zentrale Frage: Wie viel Zeit haben Sie maximal zur Verfügung und was können Sie in dieser (meist knappen) Zeit überhaupt darstellen?

- ☐ Bereiten Sie Ihre Präsentation zielgerichtet und adressatenorientiert vor: Jede Präsentation braucht ein Ziel. Formulieren Sie in einem ersten Schritt Antworten auf folgende Fragen:
  – Wenn ich meine Präsentation beendet habe und meine Teilnehmer und Teilnehmerinnen verlassen den Raum, was genau sollen diese Menschen dann wissen, begriffen haben, verstehen?
  – Was sollen sie tun, wie demnächst handeln, wie sich in Zukunft verhalten?
  – Worüber will ich sie informieren, sodass sie genau diese Punkte nicht wieder vergessen bzw. darüber selbst reden können?
  – Wovon will ich sie überzeugen, sodass sie anschließend dementsprechend handeln?
- ☐ Notieren Sie sich Ihr konkretes Ziel auf jeden Fall schriftlich!

Der Aufbau Ihrer Präsentation

- **Begrüßung und namentliche Vorstellung**

Gestalten Sie die Begrüßung freundlich und sympathieerweckend. Nutzen Sie die hohe Anfangsaufmerksamkeit im Publikum und wenden Sie sich ihm mit Körperhaltung,

Blickkontakt, freundlicher Mimik ganz zu. Nennen Sie Ihren Namen (wenn nicht bekannt) und berichten Sie kurz, was Sie persönlich mit Ihrem Thema verbindet: »seit einem Jahr beschäftige ich mich ...«, »hatte in der Ausbildung Gelegenheit, bei der Vorbereitung ...«. Sie erzählen so »nebenbei«, warum bei diesem Thema, Produkt oder Projektbericht gerade Ihnen zugehört werden sollte.

- **Thema der Präsentation, Ablauf und Ziel**

Nennen Sie nun das Thema der Präsentation und stellen Sie den geplanten Ablauf vor. Geben Sie dabei auch die zeitliche Dauer der Veranstaltung und eventuelle Pausen an. Weisen Sie auf die Möglichkeit hin, im Anschluss an Ihre Präsentation Fragen zu stellen und zu diskutieren. Nennen Sie unbedingt das Ziel Ihrer Präsentation. Sie können dabei auf die Zielformulierung aus der Vorbereitung zurückgreifen. Sie sagen unmissverständlich, worum es Ihnen in den nächsten Minuten geht: »Ich möchte Sie so informieren, dass Sie anschließend entscheiden können, ob das Projekt in der nächsten Woche ...« Jetzt weiß Ihr Publikum genau, was die ganze Veranstaltung soll und warum es wichtig ist, aufmerksam zuzuhören. Und Sie wirken als eine Person, die genau weiß, was sie vorhat. Sie wirken zielgerichtet, eine Eigenschaft, die fast jeder für sich in Anspruch nimmt, aber häufig nicht einzulösen in der Lage ist. Tipp: Visualisieren Sie sowohl Ihre Ziele als auch die Agenda.

- **Hauptteil: Die Reihenfolge Ihrer Aussagen und Argumente**

In der Vorbereitung legen Sie auch den Aufbau Ihrer Argumente fest. Wählen Sie eine Form, die Ihrem Ziel, den Erwartungen oder Interessen Ihres Publikums, aber auch der inneren Logik Ihres Themas nahekommt.

- **Zusammenfassung**

Die Zusammenfassung soll erreichen, dass die zentralen Aussagen Ihrer Präsentation, z.B. die Argumente, die für den Kauf eines Produktes sprechen, noch einmal gehört werden und so länger im Gedächtnis verankert bleiben.

- **Schlussappell**

Mit dem Schlussappell fordern Sie Ihre Teilnehmer auf, aktiv zu werden, z.B.: »Ich möchte Sie bitten, diesem Vorschlag zuzustimmen.« Dazu gehört dann auch die Aufforderung zu Fragen: »Welche Fragen kann ich Ihnen jetzt beantworten?«

- **Schlusswort**

Dies könnte ein Dankeschön sein. Aber nur, wenn Sie sich auch wirklich bedanken wollen. Sagen Sie beispielsweise mit Blickkontakt und freundlichem Lächeln: »Ich möchte mich für die Zeit bedanken, die Sie mir für die Vorstellung unserer Produktveränderung gegeben haben.«

2.2 Computergestütztes Präsentieren

Seit Ende der 1980er-Jahre ist die Projektion von Computerbildschirm-Inhalten über ein LCD-Aufsatzdisplay und einen besonders lichtstarken Overheadprojektor möglich. Jetzt verstauben die damals sehr teuren Geräte zusammen mit den OHPs in den Kellern der Unternehmen, während Laptops und Projektoren (Beamer) immer kleiner, leistungsfähiger, leichter, lichtstärker und relativ zu diesen Leistungen auch preiswerter werden.

Einsatzmerkmale und Einsatzstärken

Die besonderen Leistungen der computergestützten Präsentation liegen auf der Hand:

- Eine schnelle Erweiterung der Inhalte, z.B. die Integration aktueller Zahlen in Grafiken, ist jederzeit möglich.
- Durch einen Mix von Standbildern (wie bei den klassischen Folien), Ton und Videosequenzen kann eine lebendige und abwechslungsreiche Darstellung erzielt werden.
- Mit zunehmender Weiterentwicklung der Projektoren lassen sich eine brillante Bildqualität und kontrastreiche Helligkeit erzielen.
- Präsentationen können schnell durch die ganze Welt geschickt, von anderen Personen verwendet oder weiterentwickelt werden. Sie können beispielsweise von Köln nach Dresden gemailt und dort in einem Besprechungsraum projiziert und vom Rhein aus per Videokonferenz erläutert werden.
- Als Handout kann die Präsentation entweder schnell ausgedruckt, auf Datenträger ausgegeben oder als Mail verschickt werden.
- Per Speichermedien wie dem USB-Stick kann die Präsentation auch von »fremden Rechnern« aus gestartet werden.
- Die animierte »Stück für Stück«-Vorstellung von Charts bedeutet eine gelenkte Informationsaufnahme für das Publikum.

Empfehlungen für bestimmte Geräte oder gar eine bestimmte Hardware-Konfiguration gibt es an dieser Stelle nicht. Denn was heute als technische Spitzenleistung beschrieben wird, ist zu dem Zeitpunkt, an dem Leserinnen und Leser diese Zeilen lesen, sicherlich »Schnee von gestern«. Daher eine allgemeine Empfehlung: Gönnen Sie sich ausreichend Informationszeit, studieren Sie die Fachzeitschriften, die Kataloge der Fachanbieter und fragen Sie vor allem die Erfahrungen anderer Nutzerinnen und Nutzer in den zahlreichen Internetforen ab.

Unabhängig davon einige grundsätzliche Empfehlungen:

☐ Wenn Sie Ihren Computer an einen fremden Projektor anschließen, sollten Sie ausreichend Zeit für mögliche (gelegentlich immer noch auftretende) Abstimmungsprobleme zwischen den Geräten vorsehen.
☐ Beachten Sie die Leistungsfähigkeit des Displays oder des Projektors. Für ein großes Publikum (über 50 Personen) benötigen Sie besonders leistungsstarke Projektoren. Das gilt auch für den Ton! Viele Beamer haben nur Hilfslautsprecher, mit denen Sie einen größeren Raum nicht bespielen können. Dann benötigen Sie ein gesondertes Tonequipment.
☐ Prüfen Sie in jedem Fall Gewicht und Volumen der Projektionsgeräte, wenn Sie an wechselnden Standorten präsentieren oder das Flugzeug als Reisemittel nutzen.

2.2 Computergestütztes Präsentieren

- Setzen Sie als Fernbedienung die sog. Presenter-Mouse ein, die alle Steuerbefehle, wie »Chart vor/zurück«, »Videosequenz starten«, oder »Bildschirm schwarz schalten«, per Funk zum Laptop überträgt. So können Sie im Raum den für Sie optimalen Standort einnehmen.
- Achten Sie auf einen leistungsstarken Laptop, der die Presenter-Mouse-Befehle oder die Direkteingaben über die Tastatur möglichst verzögerungsfrei ausführt.

Besondere Handhabungshinweise

- Auch für die Computerpräsentation gilt: Der Computer und seine Datenprojektionsgeräte haben ausschließlich die Funktion, den Präsentierenden zu unterstützen. Eine noch so tolle Hightech-Anlage ersetzt nicht den Dialog mit dem Publikum. Es sind immer Sie persönlich, die oder der für den Erfolg Ihres Auftritts maßgebend ist. Im Mittelpunkt stehen Ihre Zuhörer, nicht Ihr nagelneuer Hochleistungslaptop.
- Beim Umgang mit den computergestützten Präsentationshilfsmitteln gelten dieselben Grundregeln wie beim Overheadprojektor oder dem Flipchart: Reden Sie zum Publikum und nicht zur Leinwand oder zum Bildschirm.
- Sie sollten die Technik perfekt beherrschen. Beim Vor- und Zurückblättern – »Tolle Idee, können Sie mir noch mal das viertletzte Bild zeigen, das mit den Kosten für die Prospekte?« – nicht lange am Bildschirm herumsuchen, mit der Maus herumfahren oder auf der Tastatur herumhämmern. Und es wirkt nicht gerade versiert, wenn man mehrmals aus dem Präsentationsprogramm fliegt und auf der Leinwand immer wieder die Benutzer-Oberfläche zu sehen ist, sich das Virenscanprogramm einblendet oder ankommende Mails obskurer Herkunft angezeigt werden.
- Was den Seitenwechsel mit dem PC angeht, können Sie das jeweils folgende Bild von rechts oder links, von oben oder unten hereinflattern lassen. Die Programme bieten in Sachen »Animation« natürlich noch mehr Überraschungseffekte. Unser Tipp: Entscheiden Sie sich für eine Möglichkeit des Bildaufbaus und setzen Sie diese durchgängig ein. So vermeiden Sie Unruhe, Hektik oder Ablenkung von den Inhalten durch immer neue visuelle Überraschungen. Und verzichten Sie auch darauf, jede neue Zeile einzeln, z.B. mit dem Ton eines quietschenden Rennwagens, einfliegen zu lassen. Es sei denn, Sie präsentieren vor einer für solche Spielereien geeigneten Zielgruppe.
- Zum Seitenaufbau: Beim Overheadprojektor wurde gelegentlich die ganze Folie abgedeckt und dann Zeile für Zeile wieder aufgedeckt, um Schritt für Schritt die eigenen Gedanken zu erläutern. PowerPoint hat dieses Vorgehen übernommen, indem man nun Zeile für Zeile auf die Folie einfliegen lassen kann. Wir warnen vor diesem zu stark »gestückelten« Zeigen eines Textcharts. Es kostet außerordentlich viel Zeit, erzeugt in der Regel Langeweile und zwingt den Redner dazu, sich nur auf einen einzigen Punkt zu beschränken. Das führt häufig zu einem eingeschränkten Aufzählen der einzelnen Punkte. Textfolien sollten der Erfahrung nach nur als Ganzes aufgerufen werden oder – wo es geht – in zwei Portionen, z.B. wenn Sie eine tabellarische Textanordnung haben wie etwa der Vergleich Alt/Neu. Das gibt dem Redner mehr Freiheiten im Umgang mit den Inhalten auf einem Textchart, z.B.: »Auf diesem Chart sehen Sie die einzelnen Etappen unseres Vorgehens beim Verkauf der neuen Datenbank. (Lesen lassen und kurz schweigen.) Nach der Diskussion, die wir zu Beginn meiner Ausführungen hatten, möchte ich an dieser Stelle besonders den Schritt vier unseres Vorgehens vorstellen und dabei aufzeigen, ...«

2 Präsentationsmedien einsetzen

- Dagegen können Bilder oder Schaubilder auf sehr spannende Weise entwickelt werden, indem beispielsweise ein Grundprozess mit einem Klick um weitere darübergelegte farbige Varianten ergänzt wird.
- Der Bildwechsel mit dem PC erfolgt annähernd unbemerkt, im Gegensatz zum unübersehbaren und unüberhörbaren Folienwechsel oder gar zum Umblättern einer Flipchart-Seite. Das Publikum muss daher auf diesen Bildwechsel – besonders wenn es sich um Textgrafiken handelt – extra hingewiesen werden, z.B.: »Als Nächstes möchte ich auf die Kosten unserer neuen Werbekampagne für die Datenbank eingehen. Die Zahlen, die Sie hier sehen können, zeigen besonders deutlich ...«, oder: »Wir von der Projektgruppe zur Vermarktung der Datenbank Pandorra wurden häufig gefragt ... Dazu habe ich Ihnen folgende Argumente aufbereitet ...«
- Und noch etwas spricht für solch einen eleganten Seitenwechsel. Die meisten Beamer-Präsentierenden wechseln die Seiten immer nach ein und demselben Muster: Klicken – die neue Seite erscheint – der Präsentierende schaut auf die Seite und erläutert dann die Visualisierung. Dieses Vorgehen wiederholt sich während der gesamten Präsentation gebetsmühlenartig und wirkt eintönig und langweilig. Variieren Sie Ihr Verhalten: Kündigen Sie die neue Seite, das neue Bild, Ihre nächste These vor dem Umblättern an. Das erzeugt Spannung und Sie erscheinen als jemand, der die Präsentation aktiv lenkt, den Gang der Gedanken und Thesen bewusst vorantreibt und nicht einer vorgefertigten Seitenabfolge lediglich hinterherläuft. Also: Während das vorherige Bild noch zu sehen ist, wird die neue Visualisierung inhaltlich angekündigt: »Was bedeutet der durch die Geschäftsleitung vorgegebene Kostenrahmen für die Überarbeitung? Drei wichtige Konsequenzen haben sich daraus ergeben ...!« – Jetzt die neue Visualisierung erscheinen lassen, kurze Pause machen (1 bis 3 Sekunden!), Blickkontakt zum Publikum aufnehmen und dann weitersprechen: »Zum ersten wollen wir ...«
- Achten Sie auf ausreichende Redepausen bei der computergestützten Präsentation. Wenn manche Redner schon mit dem normalen Overheadprojektor ein regelrechtes Folienfeuerwerk veranstalten konnten, ist diese Gefahr beim Computer noch viel größer. Man muss ja nur klicken, und schon kommt die nächste Zeile oder das nächste Chart angeflogen. Fünf bis zehn Text-Folien oder Charts in der Minute kann kein Mensch verarbeiten, es bleibt nichts im Gedächtnis.

Exkurs: PowerPoint – Anmerkungen zur aktuellen Debatte

In den letzten Jahren hat sich das Programm PowerPoint zunehmend zum Maß aller Präsentationen entwickelt. In vielen Unternehmen wird als Präsentation selbstverständlich eine PowerPoint-Präsentation erwartet – und so werden täglich Millionen von Charts gestaltet, an die Wand geworfen, erläutert, abgelesen oder auch als Vorlage für die lebendige Schilderung eines wichtigen Vorgangs genutzt. Die Verwendung dieses Programms, ja sogar das Programm selbst, trifft jedoch nicht nur auf Begeisterung, sondern auch auf harsche Kritik.

»Bullet outlines can make us stupid« (Tufte 2006), wie ein Zitat des emeritierten amerikanischen Yale-Professors Edward R. Tufte lautet. Dieser hatte 2003 in einer kleinen Schrift PowerPoint kritisch analysiert und kommt zu einem ähnlichen Ergebnis wie sicherlich viele tausend Teilnehmer langweiliger Veranstaltungen auch: Viele PowerPoint-Präsentationen bestehen ausschließlich aus Textfolien, die wiederum wenige Stichworte enthalten, sog. Bullet Points. Die Stichworte sind meist allgemein gehalten und passen daher auch für die nächste Präsentation eines verwandten Themas. Das Aneinanderreihen von bloßen Schlagworten lässt jegliche Beziehungen, Entwicklungen und Zusammenhänge innerhalb komplexer Themen außer Acht. Es gibt nur noch Aufzählungen, keine Geschichten mehr. Und so bleibt die Spannung auf der Strecke, verstecken sich Gefühle hinter Floskeln, verdorrt alles Lebendige auf dem Feld abstrakter Begriffe. Und die Informationen? Der Informationsgehalt von PowerPoint-Präsentationen, so Tufte (2006), ist außerordentlich gering: »The rate of information transfer is asymptotically approaching zero.«

Nachdem auch die deutschsprachige Presse viel über Tuftes Kritik berichtet hatte, gingen natürlich die Fans des Programms in die Offensive. Sie machten deutlich, dass es sich bei PowerPoint lediglich um ein leistungsstarkes Handwerkszeug handele. Und dieses könne man doch bitte nicht für schlechte und langweilige Präsentationen verantwortlich machen. Dem würde der Kritiker Edward Tufte jedoch nur bedingt zustimmen. Auch er hält PowerPoint grundsätzlich für ein Produkt, das einen gewissen Nutzen hat: »PowerPoint is a competent slide manager and projector for low-resolutions materials.« Aber anders als die uneingeschränkten Befürworter glaubt er, dass die dem Programm innewohnende Logik und die Art, wie es sich dem Nutzer anbietet, im Widerspruch zu ernsthaftem Denken steht sowie das Erstellen von aussagearmen Folien begünstigt: »PP has a distinctive, definite, well-enforced, and widely-practiced cognitive style that is contrary to serious thinking. PP actively facilitates the making of lightweight presentations."

- **Konsequenzen für die alltägliche Praxis**

Wer die Vorbereitung einer Präsentation damit beginnt (!), PowerPoint-Charts zu erstellen, wird in der Regel seine Gedanken als Stichworte in Charts stecken, beginnend vielleicht mit einer Agenda, dann dem Thema eins, folglich Thema zwei usw. So entstehen viele Textcharts. Damit jeder alles lesen kann, wird zusätzlich eine relativ große Schrift gewählt – mit der Folge, dass nur wenige Zeilen pro Seite Platz finden. Und damit die Präsentation zügig vonstattengeht, werden außerdem keine langen wohlüberlegten Sätze formuliert, sondern nur Stichworte – mit der Folge, dass sich auf vielen Charts nur noch Überschriften tummeln. Da es sich mittlerweile herumgesprochen hat, dass Charts mit Bildern bestückt sein sollten, werden zu guter Letzt noch Illustrationen, ClipArts oder bunte Bilder zur Auflockerung der Textmengen eingefügt und fertig ist das Meisterwerk. Dumm, wie Tufte in seiner These »Bullet outlines can make us stupid« befürchtet, dürften die Zuhörer durch diese Art der Präsentation zwar nicht werden, gelangweilt und halbherzig aufgeklärt zurückbleiben aber wahrscheinlich schon.

Wo liegen mögliche Ursachen für dieses Verständnis von Präsentation und Präsentationsvorbereitung? Viele Präsentierende halten stichwortgefüllte Textcharts für Visualisierungen. »Andere machen es ja auch«, und die Zahl der Vorbilder, die es schaffen, mit Bildern oder eigens erstellten Grafiken komplexe Zusammenhänge zum Leben zu erwecken, ist gering. Hinzu kommt der Zeitdruck, der die zeitsparende Vorbereitungsvariante, also das Aneinanderreihen von Textaussagen, begünstigt. Wie gesagt: »Die anderen tun es ja auch.« Es kostet einfach Zeit, sich für die Kernaussagen einer Präsentation maßgeschneiderte und überzeugende Visualisierungen auszudenken und diese zu erstellen – was natürlich mit PowerPoint machbar ist, schließlich bietet das Programm so viele Möglichkeiten. Aber sehr viele Menschen, die Präsentationen erstellen, tun dies nicht täglich, sondern präsentieren einmal, manchmal auch zweimal oder vielleicht sogar dreimal im Jahr. Sie sind Sachbearbeiter, die über die Auswirkungen eines Verbesserungsvorschlages berichten sollen. Sie sind Ingenieure, die einen Projektzwischenstand präsentieren müssen. Sie sind Logistiker, die über die Folgen einer neuen Transportkette informieren wollen, oder Einkäufer, die der Geschäftsführung einen neuen Lieferanten vorstellen müssen. Alle werden sie wahrscheinlich PowerPoint benutzen, jedoch kaum Zeit finden, sich in die Feinheiten des Programms oder Updates einzuarbeiten – das ist wohl auch nicht ihre Aufgabe. So wird es das werden, was PowerPoint auf dem ersten Blick anbietet, ein Textchart mit wenigen Zeilen und Stichworten und natürlich das eine oder andere Bild. Alles wie gehabt also!

»Die Leute müssten sich nur richtig mit PowerPoint beschäftigen, dann kämen schon gute Präsentationen heraus«, so das berechtigte Argument – nur, lohnt sich der Aufwand für ein bis zwei Präsentationen im Jahr? Und muss man alles kennen, was PowerPoint, der Anbieter Microsoft oder die Profis (siehe z.B. www.ppt-user.de) anbieten? Viel davon fasziniert und ist für professionelle Designer von großem Nutzen. Für den täglichen Gebrauch kann man allerdings leicht auf 80 Prozent der Features verzichten und dennoch überzeugende Visualisierungen erstellen. Nachdenklich sollte die Kritik an PowerPoint in jedem Fall machen. Schnell geraten auch die Autoren selbst in das Texten von Allerweltstichworten, die auf einem Chart für alles oder auch nichts stehen können und im besten Fall vom Zuhörer hinterfragt werden: »Was wollen Sie uns eigentlich genau sagen?« Edward Tufte (2006) warnt vor allem vor PowerPoint-Entwurfsvorlagen und Auto-Assistenten: »Never use PP templates for arraying words or numbers. Avoid elaborate hierarchies of bullet lists. Never read aloud from slides. Never use PP templates to format paper reports or webscreens. Use PP as a projector for showing low-resolution color images, graphics, and videos that cannot be reproduced as printed handouts at a presentation.«

- **Ein paar Hinweise zum Umgang mit PowerPoint**

Die Vorbereitung einer Präsentation sollte niemals mit der Erstellung eines PowerPoint-Charts beginnen. Stattdessen stehen andere Fragen am Anfang jeder Vorbereitung. Hier eine Auswahl:
- Warum findet die Präsentation statt, wie lautet das Thema?
- Wer sitzt im Publikum?
- Welche Interessen haben die Anwesenden am Thema, welchen konkreten Nutzen von den Inhalten der Präsentation?
- Welches Ziel verfolgt der Redner mit seiner Präsentation, was soll sich beim Publikum durch die Präsentation ändern?
- Welche Inhalte, Kernaussagen, Gedanken sind notwendig, um die Ziele des Präsentierenden zu erreichen und das Publikum »glücklich« zu machen?
- Es ist sinnvoll, die Antworten auf diese Fragen auf einem einfachen Blatt Papier zu notieren, das zwingt zur Klarheit im Denken!
- Wenn Ziele und Inhalte feststehen, geht es an die Dramaturgie, den Aufbau der Argumente. Wie einsteigen, wie voranschreiten und wie aufhören? Und natürlich: Wie sind die Kernargumente zu strukturieren, wie ein Spannungsbogen aufzubauen, eine Geschichte zu erzählen?
- Die Frage der Visualisierung: Wie lassen sich die Inhalte der Präsentation, die Aussagen, Gedanken, Geschichten, Kernpunkte – also all das, worum es dem Redner

geht – in Bilder, Grafiken, Schaubilder, Videosequenzen übersetzen, dass diese Inhalte »unvergesslich« werden, dass sie leicht und auf einem Blick verstanden werden, dass die gesamte Komplexität der klugen Gedanken vermittelt wird und dass sie die Gefühle transportieren, die ausgedrückt werden sollen?
- Die Charts sollten Bilder zeigen, Fotos von Produkten, technischen Einzelheiten oder kleine Videosequenzen, die die Funktionsweise einer Konstruktion zeigen. Die Charts können auch Diagramme enthalten, Kurven, Balken, die komplexe Zusammenhänge nicht simplifizieren, sondern diese Komplexität klug und einfühlsam vermitteln. »Nicht mehr als sieben Informationen pro Chart« – das kann schon einmal passen, führt aber häufig zu einer oberflächlichen Vereinfachung und wird dem Thema nicht gerecht. Manchmal ist nicht die Reduktion von Komplexität das Ziel, sondern das gekonnte Vermitteln von Komplexität.
- PowerPoint-Präsentationen sollten mit so wenigen Textfolien wie nur möglich auskommen. Vor allem auf das bloße Auflisten von Stichworten sollte – wo immer dies möglich ist   verzichtet werden.
- Übrigens: Eine Präsentation ist nicht auch gleichzeitig eine PowerPoint-Präsentation. Es gibt Präsentationen, die ganz ohne Stromanschluss gehalten werden und das Publikum begeistern und mitreißen. Nach fünf PowerPoint-Präsentationen bleibt die im Gedächtnis, die anders ist.
- Es ist sinnvoll, nicht mehr nur von »PowerPoint-Präsentationen« zu sprechen, sondern von Präsentationen und Visualisierungen, die das Ziel dieser Präsentation unterstützen. PowerPoint kann dabei eine sinnvolle, unterstützende Rolle spielen – nicht mehr, aber auch nicht weniger.

2.3 Overheadprojektor

Es soll sie ja noch geben, gelegentlich jedenfalls, die belichteten Glasplatten des Arbeitsprojektors oder Tageslichtprojektors, wie das Gerät auch genannt wird. Auf diese Glasplatten haben Generationen von Präsentierenden beschriftete Durchsichtfolien (OHP-Folien, Transparentfolien) gelegt und auf eine Leinwand projiziert. Eine Raumverdunklung ist häufig nicht notwendig. Der Overheadprojektor (OHP) kann dann plötzlich zum Einsatz kommen, wenn der Laptop oder der Beamer unerwartet ausfallen, und der kluge – vielleicht auch vorgewarnte – Präsentator sich für eine besonders wichtige Präsentation die PowerPoint Charts zuvor auf Transparentfolie ausgedruckt hat! Es kommt zwar immer seltener vor, aber immerhin.

Ein OHP ist für Präsentationen vor bis zu 200 Teilnehmern einsetzbar, wenn die Lichtstärke, Folienqualität und die Größe der Projektionsfläche stimmen. Die Visualisierungen können schnell und flexibel eingesetzt werden. Durch das Übereinanderlegen von mehreren Folien lassen sich komplexe Darstellungen schaffen. Die Inhalte der Folien lassen sich leicht als Papierausdruck produzieren und können für das Protokoll oder als Unterlage verwendet werden. Folien können in einer Präsentation in beliebiger Reihenfolge und Auswahl schnell und unkompliziert gezeigt werden. Die Wiederverwendung der Folien ist möglich.

2 Präsentationsmedien einsetzen

Besondere Handhabungshinweise

- Halten Sie während der Präsentation mit Folien möglichst viel Blickkontakt zum Publikum. Sprechen Sie zu den Anwesenden, nicht zur Leinwand.
- Wenn der Projektor nicht benötigt wird, stellen Sie ihn aus oder decken ihn ab.
- So wenig Folien wie möglich, nur so viel wie nötig. Faustformel: maximal eine Folie pro zwei Minuten Präsentation.
- Führen Sie durch die Visualisierung, z.B. mit einem spitzen Stift auf der Folie, mit einem Zeigestock auf der Leinwand oder mit einem Laserpointer.
- Nummerieren Sie die Folien: So finden sich in einer Diskussion auch schnell jene Visualisierungen, die schon vor einigen Minuten gezeigt wurden.
- Je mehr Platz auf dem Präsentationstisch neben dem OHP vorhanden ist, desto übersichtlicher kann man aktuelle und schon gezeigte Folien auseinanderhalten und sorgfältig ablegen.
- Folien gehören in Folienhüllen (Flipframes). Das schont die Folien für wiederholte Einsätze. Gleichzeitig erhält die gesamte Visualisierung klare Konturen und auf den Seitenstreifen der Flipframes können Stichworte vermerkt werden.

Eine besondere Herausforderung ist der Folienwechsel. Folgende Alternativen sorgen für einen abwechslungsreichen und eleganten Übergang:

- Nehmen Sie die alte Folie zügig weg, legen Sie die neue Folie auf und sprechen dabei nicht. Nehmen Sie Blickkontakt zum Publikum auf, schweigen Sie und lassen Sie den Inhalt kurz wirken. Dann erläutern Sie, was auf der Folie zu sehen ist.
- Nehmen Sie zügig die alte Folie weg, nehmen die neue Folie in die Hand, reden Sie dabei nicht und nehmen Blickkontakt zum Publikum auf. Dann kündigen Sie die neue Folie vor dem Auflegen an, legen sie auf, lassen sie kurz wirken und fahren dann mit der Rede, bei gleichzeitigem Blickkontakt zum Publikum, fort.

2.4 Flipchart

Das Flipchart besteht aus einem Flipchartständer, auf dessen Auflagefläche das Flipchart-Papier aufgehängt werden kann. Auf diesem Papier kann mit Filzstiften in breiter Strichstärke geschrieben werden. Das Flipchart kann insbesondere für Präsentationen in kleineren Gruppen bis ungefähr 20 Teilnehmern eingesetzt werden. Visualisierungen auf dem Flipchart eignen sich besonders für Kernaussagen, wichtige Übersichten, Inhaltsverzeichnisse, Ablaufdarstellungen sowie für das Mitschreiben von Teilnehmerbeiträgen und -fragen. Komplexe Gedanken können während einer Präsentation am Flipchart mit Symbolen und Stichworten entwickelt werden und in der Diskussion mit dem Publikum um dessen Anregungen ergänzt werden. Derartige Arbeitsprozesse bleiben allen Beteiligten besonders lange im Gedächtnis – ein Vorteil, der viele erfahrene Präsentatoren dazu anregt, gelegentlich das Flipchart dem Beamer und dem Projektor vorzuziehen. Visualisierte Informationen bekommen eine hohe plakative Wirkung. Die visualisierten Informationen können durch drehbuchartiges Vor- und Zurückblättern sofort wieder aktualisiert werden. Wichtige und während einer Präsentation häufig eingesetzte Darstellungen können auf dem Flipchart-Blatt an die Wand gehängt werden. Sie werden dadurch dauerhaft für alle sichtbar und lassen die Entwicklung von Inhalten erkennen.

2.4 Flipchart

Besondere Handhabungshinweise

- Die Lesbarkeit der Handschrift ist oberstes Gebot. Daher empfiehlt sich liniertes Flipchart-Papier und ein wenig Übung, um leserlich und zügig vor Publikum schreiben zu können.
- Arbeiten Sie mit Stichworten und sehr knappen Sätzen. Schreiben Sie so groß, dass die letzte Reihe im Raum den Text noch gut lesen kann.
- Arbeiten Sie nicht bloß mit einer Farbe. Unterschiedliche Farben suggerieren unterschiedlichen Sinn. Das kann am Flipchart genutzt werden: Rot für Hervorhebungen, Grün für positive Entwicklungen, Wünsche, Erfolge etc., Blau für Text und Schwarz etwa für Linien, Tabellen, Bilder.
- Schreiben Sie nicht nur Texte. Die Stärke des Mediums besteht darin, mit kleinen Skizzen, Grafiken oder Bildern komplexe Strukturen oder anspruchsvolle Prozesse überzeugend und nachhaltig verständlich zu machen.

Abb. 17: Tipps zum Schreiben auf dem Flipchart oder Whiteboard

Das Arbeiten mit einem Flipchart will geübt sein. Leichter ist es, vorgefertigte Folien oder Seiten auf dem Laptop auf eine Leinwand zu projizieren. Auf der anderen Seite erlebt man

2 Präsentationsmedien einsetzen

immer wieder Präsentierende, die einen Ausschnitt aus Ihrer Präsentation am Flipchart entwickeln, mit einfachen Bildern, passenden Symbolen und leserlicher Schrift. Und es sind häufig diese Teile der Präsentation, die den Zuschauern noch lange im Gedächtnis bleiben. Sie wurden vor ihren Augen entwickelt, sie sind plakativ und bleiben noch an der Wand hängen, können also immer wieder reflektiert werden, selbst dann noch, wenn alle Beamer ausgeschaltet sind.

2.5 Whiteboard

Whiteboard heißt wörtlich aus dem Englischen übersetzt »weißes Brett« – gemeint ist eine Weißwandtafel. Das Whiteboard ist quasi die konsequente Weiterentwicklung der guten alten Tafel aus Schul- und Universitätszeiten, auf die mit weißer Kreide (später auch in bunt) geschrieben wurde. Eine Whiteboard ist eine (meist) weiße Tafel mit speziallackierter, glatter Oberfläche. Die Größen variieren – es gibt keine einheitlichen Formate. In den meisten Fällen sind die Whiteboards breiter als höher und so finden sich Formate von 90 x 120 cm oder auch 100 x 200 cm – auch Spezialformate passend für eine bestimmte Wand sind denkbar. Man schreibt auf dieser Tafel mit speziellen Stiften, den sog. Whiteboard-Markern, erhältlich in vielen Farben und Strichstärken. Das Geschriebene lässt sich leicht mit einem Trockenschwamm wegwischen.

Eignungsmerkmale und Einsatzstärken

Auf dem Whiteboard können Sie spontan und variantenreich Abläufe, Prozesse, Notizen, Skizzen – einfache Tafelbilder – entstehen lassen. Das mündlich Vorgetragene lässt sich anschaulich für alle gut sichtbar an der Wand entwickeln. Sie können zudem im Dialog mit den Anwesenden Gedanken visualisieren und das Publikum dabei beteiligen: »Wenn Sie einmal nach vorne kommen wollen und mit dem grünen Stift Ihren Prozess dagegen zeichnen können!«

- Whiteboards eignen sich für Gruppengrößen bis zu 20 Personen. Bewegliche Whiteboards können flexibel und nahe bei den Anwesenden zum Einsatz gebracht werden.
- Das auf dem Whiteboard Geschriebene kann »sehr prominent« weiter auf das Publikum wirken, da Sie es stehenlassen können.
- Mit dem Schwamm können Teile des Geschriebenen unkompliziert »ausradiert« werden. Das Bild kann beliebig verändert, ergänzt, komplettiert werden.
- Es wird kein Papier benötigt und als Altpapier entsorgt.
- Das Whiteboard ist (meist) magnetisch. So können vorgefertigte Symbole – beispielsweise Teile eines elektrischen Schaltkreises – verwendet werden, die ergänzt mit Ihren Zeichnungen immer wieder neue Visualisierungen ergeben.

2.5 Whiteboard

Besondere Handhabungsweise

- ☐ Hinterlassen Sie keine Romane auf dem Whiteboard und stellen Sie Ihr Publikum nicht auf die Geduldsprobe, indem Sie wunderschöne, aber zeitaufwendige Grafiken entstehen lassen. Die Idee des Whiteboards ist: »Keep it simple!«
- ☐ Die mit runder Spitze versehenen Whiteboard-Stifte verführen zum schnellen Schreiben und zum Gebrauch einer – meist schwer zu entziffernden – Handschrift. Bemühen Sie sich, wie auch beim Flipchart, um eine gut lesbare Schrift (siehe auch Abbildung 17).
- ☐ Reinigen Sie das Whiteboard gründlich mit einem Spray vor Ihrer Präsentation, um eine wirklich weiße Fläche zu erhalten.
- ☐ Stehen Sie als Rechtshänder deutlich links vom angesetzten Stift, damit das Publikum vor allem beim Erstellen von Zeichnungen die einzelnen Schritte gut verfolgen kann (vice versa für Linkshänder).
- ☐ Weißes Hemd und Whiteboard bilden mit ihrem Weiß auf Weiß eine gelegentlich verstörende Einheit. Tragen Sie deshalb wenn möglich eine andere Farbe als die Farbe des Whiteboards.
- ☐ Überprüfen Sie das Licht im Raum. Stellen Sie sicher, dass es keine Blendung auf dem Whiteboard gibt. Achten Sie auf Sonnenlicht, Deckenlampen oder Strahler. Stellen Sie sicher, dass Sie jederzeit optimale Lichtverhältnisse herstellen können (Lichtdimmer, Vorhänge). Sorgen Sie auch dafür, dass das Whiteboard von jedem Platz im Raum aus gut gesehen werden kann.
- ☐ Verwenden Sie kontrastreiche Farben. Die optimalen Farben sind hier Schwarz, Blau, Grün und ein kräftiges Rot. Vermeiden Sie Farben wie Orange und Gelb, da sie für den Betrachter sehr schwer zu erkennen sind. Reservieren Sie Rot als Signalfarbe für »besondere Anlässe«: einen wirklich wichtigen Punkt oder eine Gefährdung oder Fehler.
- ☐ Achten Sie darauf, dass das Publikum Sie beim Entwickeln Ihrer Gedanken gut hören kann. Drehen Sie sich bei längeren Whiteboard-Phasen in kurzen Abständen immer wieder mit dem Blick zu allen Teilnehmern um. So spürt das Publikum, dass Sie da vorne etwas für die Anwesenden tun und den Kontakt zu den Zuhörern nicht abreißen lassen wollen.

Das digitale Whiteboard

Das digitale Whiteboard firmiert unter diversen Namen, z.B. als Interaktive Tafel, Interactive Whiteboard oder Smart Board. Die Technik ist noch vergleichsweise teuer und kann nur fest in einem Besprechungsraum installiert werden. Viele Firmen verzichten auf diese Investition und setzen dagegen eher auf die flexible Kombination von Laptop und Beamer.

Das digitale Whiteboard lässt sich je nach Ausführung als »Vermählung« von Projektionswand und Whiteboard oder auch als sehr großer interaktiver Laptop- bzw. Tablet-Bildschirm beschreiben. Auf dem digitalen Whiteboard können Sie mit dem Finger oder einem Stift verschiedene Aktionen ausführen sowie Programme bedienen, PowerPoint-Charts präsentieren oder vor den Augen des Publikums Inhalte auf dem Bildschirm erstellen. So können Sie beispielsweise mit einem besonderen tintenlosen Stift auf das digitale Whiteboard schreiben oder mit den Fingern Inhalte und Gegenstände darauf bewegen.

Der besondere Vorteil eines digitalen Whiteboards ist die Möglichkeit der Medienintegration. Sie können also jedes durch den Computer generierte Bild (PowerPoint-Chart, Foto, Filmsequenz, Tabelle, Textchart etc.) mit handschriftlichen Notizen übermalen, ergänzen und je nach Programm auch inhaltlich verändern. Beispielsweise kann eine komplexe Kostentabelle über das digitale Whiteboard als Ausgangschart projiziert werden. Mit der Hand können dann während der Diskussion mit dem Publikum einzelne Werte/Variablen verändert werden. Das Programm berechnet automatisch die neue Kostenvariante und erstellt eine neue Tabelle. Die (Zwischen-)Ergebnisse können gespeichert und verschickt (z.B. als PDF-Dokument) oder ausgedruckt werden. So bildet das interaktive Whiteboard eine Plattform, mit der vielfältiger, als dies bei Flipchart und normalem Whiteboard der Fall ist, interaktiv agiert werden kann. Dieser Teil der Präsentation sollte natürlich genauso sorgfältig vorbereitet und in den Gesamtablauf integriert werden wie die Anwendung des Flipcharts. Die schier unendlichen Anwendungsmöglichkeiten kosten Zeit, die im Sinne eines aufmerksamen Publikums gut investiert sein will. Die zehnte interaktiv erstellte Veränderung einer Kostentabelle kann sehr zeitaufwendig sein und genauso langweilig wirken wie zehn Zahlentabellen, die hintereinander projiziert werden.

Quellen

Hartmann, M./Funk, R./Nietmann, H.: Präsentieren – Präsentationen: zielgerichtet und adressatenorientiert, Weinheim 2012.
Hartmann, M./Funk, R./Zoll, A.: Kompetent und erfolgreich im Beruf: Professionell organisieren, kommunizieren, auftreten und überzeugen, Weinheim 2014.
Tufte, E. R.: The Cognitive Style of PowerPoint: Pitching out Corrupts within, Cheshire 2006.
Weidenmann, B.: 100 Tipps & Tricks für Pinnwand und Flipchart, Weinheim 2008.
Kürsteiner P./Schlieszeit, J.: Interaktive Whiteboards. Das Methodenbuch für Trainer, Dozenten und Führungskräfte, Weinheim 2011.
Zelazny, G.: Wie aus Zahlen Bilder werden: Der Weg zur visuellen Kommunikation. Daten überzeugend präsentieren, Heidelberg 2006.

Anregungen

Roam, D.: Auf der Serviette erklärt: Mit ein paar Strichen schnell überzeugen statt lange präsentieren, München 2009.
Wortmann, M.: Visual Tools – visualisieren leicht gemacht! Die Kraft der Bilder für Menschen im Wirtschaftsleben, Berlin 2010.
Rachow, A.: Sichtbar: Die besten Visualisierungs-Tipps für Präsentation und Training, Bonn 2009.

Teil B

Übungsaufgaben zu den vier Handlungsbereichen

1 Personalarbeit organisieren und durchführen

1.1 Personalbereich in die Gesamtorganisation des Unternehmens einbinden

Aufgabe 1

Eine kürzlich durchgeführte Organisations- und Prozessanalyse in Ihrem Unternehmen hat erhebliche Schwachstellen im Personalbereich identifiziert, so zum Beispiel:

- fehlende Gesamtübersicht der Mitarbeiter über den Personalbereich,
- mangelnde Zuständigkeitsregelungen der Personalsachbearbeiter untereinander,
- Überlastung der Personalleitungsfunktion,
- lange Entscheidungs- und Kommunikationswege sowohl top-down als auch bottom-up,
- fehlender Bezug des Personalbereiches zur »Basis«,
- Ressortdenken und Kostenvernachlässigung.

a) Welche Form der Aufbauorganisation ist mit großer Wahrscheinlichkeit Ursache für diese Schwachstellen?

b) Nennen Sie drei Gestaltungsformen für den Personalbereich, von denen Sie eine Verbesserung erwarten können.

c) Erläutern Sie, welche Vorteile das Referentensystem gegenüber der bisherigen Gestaltungsform bringt.

1 Personalarbeit organisieren und durchführen

Aufgabe 2

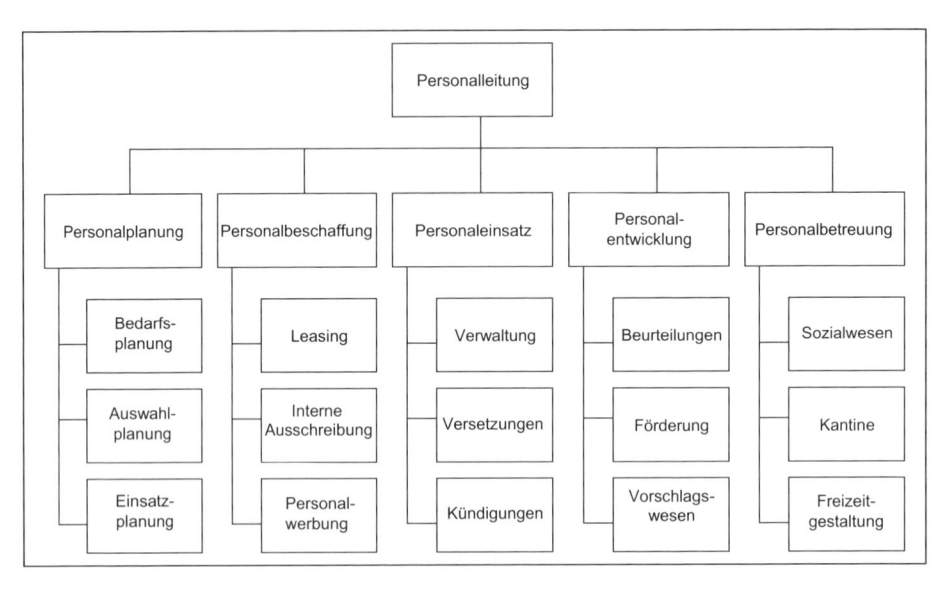

```
                              Personalleitung
        ┌────────────────┬────────────┬────────────────┬────────────────┐
  Personalplanung  Personalbeschaffung  Personaleinsatz  Personal-        Personalbetreuung
                                                        entwicklung
    Bedarfs-          Leasing           Verwaltung      Beurteilungen    Sozialwesen
    planung
    Auswahl-          Interne           Versetzungen    Förderung        Kantine
    planung           Ausschreibung
    Einsatz-          Personal-         Kündigungen     Vorschlags-      Freizeit-
    planung           werbung                           wesen            gestaltung
```

Abb. 18: Organisationsplan Ihres Unternehmens

Der Organisationsplan (Organigramm) für den Personalbereich Ihres Unternehmens hat die dargestellte Struktur.

a) Beschreiben Sie, welche Informationen für die Aufbau- und Ablauforganisation dieser Organisationsplan enthält.

b) Erläutern Sie, nach welchem Grundprinzip dieses Organigramm erstellt wurde.

c) Erläutern Sie, welche Vor- und Nachteile diese Organisation für den Personalbereich haben kann.

Aufgabe 3

Das Personalreferentensystem soll die Zusammenarbeit des Personalbereichs mit den Führungskräften fördern. Dabei ist eine sinnvolle Aufgabenteilung zwischen Referent und Führungskraft zweckmäßig. Beschreiben Sie, wie diese Aufgabenteilung aus Ihrer Sicht vorgenommen werden kann.

Aufgabe 4

Der Personalbereich Ihres Unternehmens umfasst insgesamt 40 Mitarbeiter und ist funktional gegliedert. Die Unternehmensleitung möchte auch im Personalbereich Qualitätszirkel bilden.

1.1 Personalbereich in die Gesamtorganisation des Unternehmens einbinden

a) Erläutern Sie das Grundprinzip von Qualitätszirkelarbeit.
b) Nennen Sie Aufgabengebiete im Personalbereich, die durch die Arbeit von Qualitätszirkeln verbessert werden können.
c) Erläutern Sie fünf Vorteile, wenn die bestehende formale Organisation langfristig durch Qualitätszirkel ergänzt wird.

Aufgabe 5

Ein mittelständisches Unternehmen, die Modulbau GmbH, produziert an vier verschiedenen Standorten in der Bundesrepublik Deutschland Zubehörteile und Baugruppen für die Automobilbranche, in:

Nürnberg	Autositze und Armaturenbretter	240 MA
Flensburg	Lichtmaschinen und Anlasser	190 MA
Aachen	Dachgepäck- und Fahrradträger	230 MA
Dresden	Scheinwerfer und Rücklichter	320 MA

Der Firmensitz und die Geschäftsleitung befinden sich mit den zentral gesteuerten Abteilungen Marketing, Finanzen und Personal in Hannover. Dort sind insgesamt 120 Mitarbeiter im kaufmännischen Bereich tätig.

Das Organigramm der Personalabteilung der Modulbau GmbH enthält folgende Stellen und Instanzen:

1 Sachbearbeiter	Abrechnung AT-Angestellte
2 Sachbearbeiter	Interne Weiterbildung
1 Sachbearbeiter	Personalaktenführung
1 Sachbearbeiter	Personalbedarfsplanung
3 Sachbearbeiter	Gehaltsempfänger
1 Bereichsleiter	Personalentwicklung
1 Sachbearbeiter	Personaleinsatzplanung
1 Sachbearbeiter	Assessment Center
1 Bereichsleiter	Personalplanung
1 Abteilungsleiter	Personal- und Sozialwesen
1 Bereichsleiter	Löhne und Gehälter
1 Sachbearbeiter	Freiwillige Sozialleistungen
1 Sachbearbeiter	Personaleinführungsplanung →

1 Personalarbeit organisieren und durchführen

2 Sachbearbeiter	Betriebliche Ausbildung
1 Bereichsleiter	Personalverwaltung
1 Sachbearbeiter	Betriebsrenten
1 Sachbearbeiter	Führungskräftetraining
2 Sachbearbeiter	Personalkorrespondenz
1 Sachbearbeiter	Personalstammdatenpflege
1 Sachbearbeiter	Personalbeschaffungsplanung
2 Sachbearbeiter	Abrechnung Lohnempfänger
1 Bereichsleiter	Sozialwesen

Zusätzlich sind Stellen eingerichtet für:

- Tarifpolitik (Personalleitung)
- Arbeitsrecht (Personalleitung)
- Projektleitung Outsourcing (Personalplanung),

die beratend für die in den Klammern angegebenen Stellen tätig sind.

a) Zeichnen Sie das Organigramm der Personalabteilung der Modulbau GmbH.

b) Vor einem Jahr hat eine Unternehmensberatung eine Betriebsklimaanalyse durchgeführt und der Geschäftsleitung einen Mängelkatalog überreicht, der u.a. folgende Punkte enthält:
   - lange, umständliche Informationswege von Hannover zu den anderen Standorten und umgekehrt,
   - mangelnde Betreuung der Mitarbeiter an den Standorten aufgrund der räumlichen Entfernung von der Zentrale und der damit verbundenen Anonymität der Kollegen in Hannover,
   - zu wenig Kompetenzen bei der regionalen Personalplanung und -beschaffung,
   - häufige personelle Engpässe wegen geringer Flexibilität in der Personalplanung und Personalbeschaffung,
   - zu viele Ausfälle von Mitarbeiterfortbildungen wegen zu geringer Beteiligung der einzelnen Standorte

Erarbeiten Sie einen Vorschlag zur Reorganisation des Personal- und Sozialwesens, der geeignet ist, diese Mängel zu beseitigen.

Lösungsansätze zu Kapitel 1.1

Zu Aufgabe 1

a) Schwachstellen

In der Aufgabe sind typische Schwachstellen eines Personalbereichs beschrieben, der als Ein-Linien-System organisiert ist.

b) Organisationsformen

Ansätze zu einer Verbesserung bieten insgesamt alle Formen der divisionalen Organisation, wie z.B.:

- Referentensystem,
- Spartenorganisation,
- Matrixorganisation,
- Projektorganisation.

Von diesen Formen der Aufbauorganisation geht die größte Wirkung aus.

c) Vorteile des Referentensystems

Das Referentensystem ist die Umsetzung der Spartenorganisation im Personalbereich. Durch diese Gestaltungsform wird vor allem der Dienstleistungsgedanke gegenüber den Mitarbeitern berücksichtigt. Die Betreuung der Mitarbeiter von zusammengehörenden Betriebsteilen, die in der Hand eines Referenten liegt, erstreckt sich auf die gesamte Palette der herkömmlichen Personalarbeit von der Anwerbung bis zum Ausscheiden des Mitarbeiters. Der Referent betreut damit einen abgegrenzten, überschaubaren Personenkreis, der je nach dem Betreuungsquotienten zwischen 100 und 500 Mitarbeitern liegen dürfte. Dieser Quotient hängt davon ab, ob der Referent Routineaufgaben z.B. mithilfe eines leistungsfähigen Personalinformationssystems erledigen kann bzw. ob zeitraubende Arbeiten wie die Lohn- und Gehaltsabrechnung dezentralisiert werden können.

Der Referent ist häufig durch die verschiedenartigen Aufgabenstellungen gleichmäßiger ausgelastet. Der Wirkungsgrad der Personalarbeit nimmt erheblich zu, weil die vielschichtigen Probleme jeweils durch eine Person in ihrer Gesamtheit behandelt und nicht als Teilaufgaben von verschiedenen Sachbearbeitern wahrgenommen werden.

Optimale personelle Entscheidungen bei Disziplinarfragen, Kündigungen, Beförderungen, Versetzungen und Fragen der Personalentwicklung sind möglich durch Kenntnis der individuellen Hintergründe des Arbeits- und Leistungsverhaltens der betreuten Mitarbeiter und durch die Zusammenarbeit mit dem direkten Vorgesetzten.

1 Personalarbeit organisieren und durchführen

Die Personalarbeit wird durch Verkürzung der Informationswege rationeller abgewickelt.

Die Organisation des Personalwesens lässt sich durch Vergrößerung, Verkleinerung oder Zusammenlegung der Referate bei gleichbleibender Qualität flexibler gestalten.

Zu Aufgabe 2

a) Informationen

Dieser Organisationsplan enthält im Einzelnen Hinweise auf:

- die Festlegung der Teilaufgaben in Stellen,
- die Stellengliederung und ihre Zusammenfassung zu Abteilungen,
- die Rangordnung der Stellen und Instanzen,
- das Gestaltungsprinzip, in diesem Falle die Funktionsgliederung,
- das System der vertikalen Kommunikationswege (Dienstwege, Anordnungswege),
- die Instanzentiefe und Instanzenbreite,
- die Kommunikationsstruktur.

b) Grundprinzip

Das zugrundeliegende Gestaltungsprinzip ist das Verrichtungsprinzip oder die Gliederung nach Funktionen (Funktionalorganisation).

Hierbei werden die Tätigkeiten nach ihrer Art gegliedert. Dies ermöglicht einen hohen Grad an Spezialisierung und die Erteilung von Anweisungen nach dem Prinzip der Einheit der Auftragserteilung.

c) Vor- und Nachteile

Die Vorteile des Ein-Linien-Systems liegen darin, dass die Funktionsträger durch einen einheitlichen Instanzenweg miteinander verbunden sind, also durch eine einheitliche Linie der Auftragserteilung. Der Dienstweg ist nicht nur top-down, sondern auch bottom-up einzuhalten. Das ergibt insgesamt die straffste denkbare Form der Aufbauorganisation. Es sind klare Zuständigkeiten gegeben, Kontrollen sind relativ einfach durchzuführen.

Nachteile dieser Form bestehen in einer häufigen Überlastung der Leitungsspitze und in der fehlenden direkten Abstimmung zwischen gleichrangigen Instanzen. Den unteren Instanzen und Stellen fehlt in der Regel die Gesamtübersicht über den Personalbereich. Die Entscheidungswege sind häufig zu lang, insbesondere bei einer großen Instanzentiefe. Diese Form führt nicht selten zu einer Überbetonung hierarchischen Denkens und begünstigt den Hang zur autoritären Führung.

Zu Aufgabe 3

Verantwortung der Führungskräfte

Der Vorgesetzte ist Verantwortlicher für Personalfragen. Zu seinem unmittelbaren Verantwortungsbereich gehört u.a.:

- der Mitarbeitereinsatz,
- die Entscheidung für die jeweilige Aufgabenstellung der Mitarbeiter,
- die Durchführung von Zielvereinbarungen,
- das Führen von Mitarbeitergesprächen,
- die Information und Kommunikation der Mitarbeiter.

Die Verantwortung des Personalbereichs

Der Personalreferent versteht seine Aufgabe als Berater der Führungskräfte. Ihm obliegt:

- die Betreuung der Mitarbeiter,
- die Zusammenarbeit mit dem Betriebsrat,
- das (dezentrale) Personal-Controlling,
- die Personalverwaltung.

In Fragen

- der Bedarfsplanung,
- der Mitarbeiterauswahl und
- der Mitarbeiterentwicklung

ist eine Zusammenarbeit und damit gemeinsame Verantwortung unerlässlich.

Zu Aufgabe 4

a) Grundprinzip

Qualitätszirkel stellen als Ergänzung der formalen Organisation ein situatives Organisationsmodell dar. Durch die Einbeziehung von Mitarbeitern in die Lösung von Problemen aus dem Arbeitsablauf, der Arbeitsumgebung oder der Arbeitsumwelt soll die Leistungsbereitschaft oder -fähigkeit erhöht und ein Beitrag zur Qualitätssicherung erreicht werden. Organisatorisch betrachtet stellen Qualitätszirkel die Institutionalisierung von Gruppenprozessen in die betriebliche Formalorganisation dar. Die Themen der Qualitätszirkelarbeit sollen den Arbeitsbereich von Gruppen berühren. Der Qualitätszirkel soll vorwiegend Schwachstellenanalysen im eigenen Arbeitsbereich durchführen, Entwicklungsvorschläge aus dem eigenen Bereich bearbeiten und Schnittstellenprobleme zu benachbarten Bereichen erkennen und lösen.

1 Personalarbeit organisieren und durchführen

b) Aufgaben für Qualitätszirkel

Personalarbeit unter Einsatz von Qualitätszirkeln lässt sich insbesondere auf folgenden Gebieten verwirklichen:

- Formularwesen,
- Fehlzeiten- und Fluktuationsbeeinflussung,
- Informationswesen, Mitarbeitergespräche,
- Aus- und Weiterbildung, Mitarbeiterförderung,
- Vorschlagswesen,
- innerbetriebliche Zusammenarbeit, Konfliktmanagement,
- Organisationsentwicklung, Betriebsänderungen,
- Personalbedarfsplanung.

c) Vorteile

Als Ergänzung zur formalen Organisation haben Qualitätszirkel längerfristig entscheidende Vorteile, z.B. in:

- der Steigerung der Informationsqualität,
- der Verbesserung des Arbeitsklimas,
- der Verbesserung der Leistungsfähigkeit des Unternehmens,
- der Steigerung der Motivation der Mitarbeiter,
- der Persönlichkeitsbildung der Mitarbeiter.

☞ Zu Aufgabe 5

a) Organisationsplan

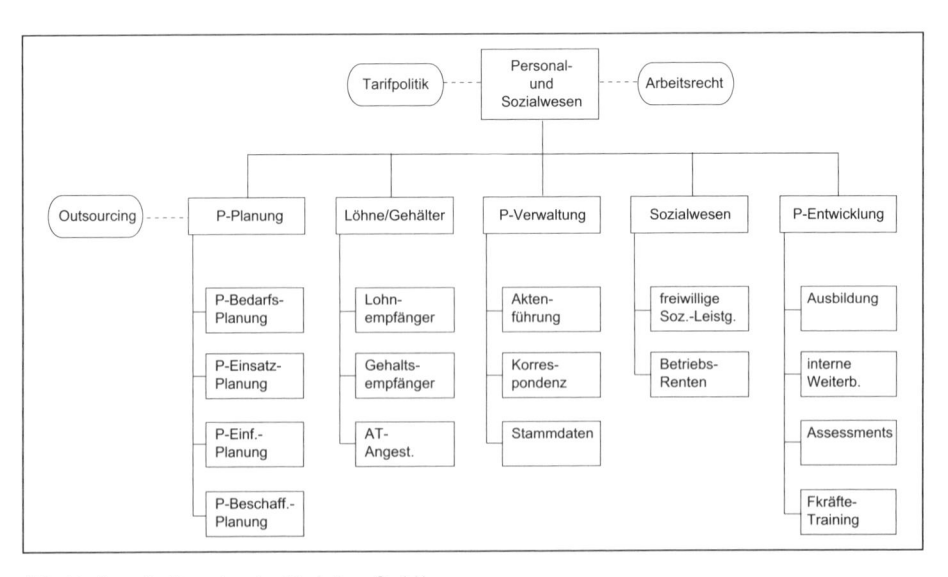

	P-Planung	Löhne/Gehälter	P-Verwaltung	Sozialwesen	P-Entwicklung
Outsourcing	P-Bedarfs-Planung	Lohn-empfänger	Akten-führung	freiwillige Soz.-Leistg.	Ausbildung
	P-Einsatz-Planung	Gehalts-empfänger	Korres-pondenz	Betriebs-Renten	interne Weiterb.
	P-Einf.-Planung	AT-Angest.	Stammdaten		Assessments
	P-Beschaff.-Planung				Fkräfte-Training

Übergeordnet: Personal- und Sozialwesen (mit Tarifpolitik und Arbeitsrecht)

Abb. 19: Organisationsplan der Modulbau GmbH

b) Reorganisation des Personalbereiches

Der Personalbereich sollte grundlegend reorganisiert werden. Dabei muss entschieden werden, welche Funktionsbereiche in Hannover zentralisiert bleiben.

Dazu gehört insbesondere

- die Abrechnung von Löhnen und Gehältern, um Kosten und Personal durch die Nutzung eines leistungsfähigen Personalinformationssystems einzusparen. Die benötigten Daten können problemlos online aus den vier Standorten nach Hannover übermittelt werden.
- die Personalentwicklung, die einer der kostenträchtigsten Funktionsbereiche ist. Durch die Zentralisierung ist eine optimale Auslastung in den Veranstaltungen gegeben, das Trainingspersonal kann günstiger eingekauft werden, die Veranstaltungen können jedoch – Auslastung vorausgesetzt – auch an den einzelnen Standorten stattfinden.
- das Sozialwesen, um eine gerechte Verteilung der betrieblichen Sozialleistungen vornehmen und ggf. über ein Cafeteriasystem Kosteneinsparungen erzielen zu können.
- die Personalverwaltung, um den Schriftverkehr einheitlich abwickeln zu können, ein einheitliches Corporate Image aufrechtzuerhalten und ggf. über eine Digitalisierung der Personalakten dennoch standortspezifische Aufgaben schneller bearbeiten zu können.

An den einzelnen Standorten sollte

- jeweils ein Referent vor allem die Aufgaben im Bereich der Personalplanung und -beschaffung in Absprache mit der Zentrale in Hannover standortspezifisch gestalten. Die regionalen Arbeitsmärkte und die Anforderungen an das benötigte Personal können so besser berücksichtigt werden.
- der Referent auch die Betreuung der Mitarbeiter besser wahrnehmen können. Der Referent kennt seine Kollegen, und die Kollegen kennen den Referenten, während die Mitarbeiter in der Zentrale weitgehend anonym bleiben. Der Referent kann in Abstimmung mit der Zentrale so auch bessere und schnellere Entscheidungen treffen, d.h. die Informationswege werden deutlich verkürzt, Schnittstellenprobleme reduziert.
- In enger Zusammenarbeit mit den Vorgesetzten können Engpassprobleme vor Ort schneller und effizienter gelöst werden, da am Standort der Referent bessere Kenntnis von der Struktur und Zusammensetzung der Beschaffungsmärkte besitzt.

1 Personalarbeit organisieren und durchführen

1.2 Personalwirtschaftliches Dienstleistungsangebot gestalten

Aufgabe 1

Nennen Sie fünf Kunden des Personalbereiches und erläutern Sie an je einem Beispiel die Funktion des Personalbereiches als Dienstleister.

Aufgabe 2

Die Effizienz und Effektivität der Personalarbeit können an der Dienstleistungsqualität einerseits und der Servicequalität andererseits gemessen werden. Erläutern Sie an je zwei Beispielen, was Sie darunter verstehen.

Aufgabe 3

Sie wollen die Zufriedenheit von Mitarbeitern und Führungskräften mit dem Personalbereich messen. Nennen Sie für beide Zielgruppen je fünf Kriterien, die Gegenstand einer einfachen schriftlichen Befragung sein können.

Aufgabe 4

In vielen Unternehmen wird die Frage gestellt, welchen Beitrag das Personalmanagement zur Wertschöpfung des Unternehmens leistet. In großen Unternehmen besteht die Möglichkeit der Einrichtung eines eigenen Profit-Centers.

a) Erläutern Sie, welche strategischen Überlegungen mit der Bildung eines Profit-Centers bzw. Wertschöpfungscenters verbunden sein können.

b) Beschreiben Sie drei Vorteile, die ein Profit-Center »Personal« bietet.

Lösungsansätze zu Kapitel 1.2

Zu Aufgabe 1

- Die Geschäftsleitung ist Abnehmer von Daten und Informationen aus dem Personalbereich, für die dieser die Instrumente (Personalinformationssystem, Lohn- und Gehaltsabrechnung, Personalakten usw.) bereitstellt.
- Die Führungskräfte sind auf die Beratung durch die Mitarbeiter im Personalbereich angewiesen, wenn es um Daten und Informationen ihrer Mitarbeiter geht, desgleichen ist die Personalabteilung für die Planung, Steuerung und Kontrolle von Personalentwicklungsmaßnahmen verantwortlich.
- Die Mitarbeiter sind Kunden, weil die Personalabteilung eine Informationspflicht und Beratungsfunktion in allen Fragen, wie z.B. der Lohn- und Gehaltsabrechnung oder der Sozialleistungen hat.
- Der Betriebsrat ist Kunde des Personalbereiches aufgrund gesetzlicher Vorschriften (BetrVG) und kann seine Aufgaben ohne die Informationen aus dem Personalbereich nicht wahrnehmen.
- Die Kollegen im Personalbereich sind gleichzeitig Kunden, weil es natürliche Schnittstellen zwischen den Funktionsbereichen gibt und jeder auf die Zuarbeit durch seine Vorgänger angewiesen ist, um selbst erfolgreich zu sein.

Zu Aufgabe 2

Dienstleistungsqualität

- Unternehmensleitung, Führungskräfte und Mitarbeiter erwarten von der Personalarbeit, dass sie innovativ ist, z.B. für ein Anwesenheitsmanagement die nötigen Instrumente und Methoden bereitstellt oder für die Entwicklung eines Innovationsmanagements ein zeitgemäßes Konzept vorlegt.
- Es werden Dienstleistungsqualitäten im Bereich der Koordination erwartet, z.B. zwischen Führungskräften und dem Personalbereich in disziplinarischen und arbeitsrechtlichen Fragen oder in Angelegenheiten der Personalentwicklung.

Weitere Kriterien für Dienstleistungsqualität sind z.B.:

- Planungskompetenz: Prognosen, Bedarfe, Strategien,
- Konflikthandhabung: Interessensausgleich, Schlichtung, Moderation,
- Repräsentation: Vertretung nach außen, PR-Arbeit.

1 Personalarbeit organisieren und durchführen

Servicequalität

Dazu gehören elementare Kompetenzen wie z.B.:

- Höflichkeit: Den Mitarbeitern des Personalbereiches wird mitunter Überheblichkeit vorgeworfen und dies mit der Nähe zur Unternehmensleitung begründet. Freundlichkeit und Aufmerksamkeit bei aller notwendigen Verbindlichkeit sind Indikatoren für ein Selbstverständnis als Dienstleister.
- Kommunikation: Es wird eine offene Kommunikation erwartet. Das schließt nicht aus, dass es sensible Bereiche gibt, die nicht kommuniziert werden können oder dürfen. Aber die Bereitschaft und Fähigkeit, die Mitarbeiter mit den nötigen Informationen zu versorgen, ist ein Element der Servicequalität.

Weitere Kriterien sind z.B.:

- Reaktionsfähigkeit   Schnelligkeit, Termineinhaltung, Unmittelbarkeit bei Anfragen aus der Belegschaft,
- Verlässlichkeit   Richtigkeit und Glaubwürdigkeit in allen personellen Angelegenheiten,
- Verständnis   für die individuellen Bedürfnisse der Mitarbeiter.

Zu Aufgabe 3

Kriterien für die Mitarbeiterbefragung sind z.B.:

- persönliche Beratung,
- Erreichbarkeit der Personalabteilung,
- fachliche Beratung,
- zeitliche Abwicklung der Mitarbeiteranfragen,
- Informationsfluss Personalabteilung – Mitarbeiter,
- Einsatz für die Interessen der Mitarbeiter,
- Umgangsformen,
- vertrauliche Behandlung der Anliegen der Mitarbeiter,
- Bereitstellung von Fortbildungsangeboten,
- Konfliktlösungen.

Kriterien für die Führungskräftebefragung sind z.B.:

- rechtliches Know-how der Ansprechpartner im Personalbereich,
- Personalbeschaffung für die Führungskräfte,
- Bereitstellung von Kennzahlen und Statistiken,
- Termintreue,
- Kostenbewusstsein,
- Umsetzung von gemeinsam erarbeiteten Zielen,
- Wahrung der Vertraulichkeit,
- Sensibilität,
- Empathie.

Zu Aufgabe 4

a) Strategische Überlegungen

Ein Profit-Center ist eine selbstständige Organisationseinheit, die für ihre Dienstleistungen auch die Verantwortung für Kosten und Erfolg übernimmt. Neben Leistungen und Service muss demzufolge auch der Preis für die Dienstleistungen stimmen. Dieser Preis wird marktgerecht gestaltet und ist nach Angebot und Nachfrage anhand der Wünsche der internen Kunden ermittelt.

Dabei steht der Personalbereich im Wettbewerb mit anderen Anbietern, z.B. Unternehmensberatungen, freiberuflichen Trainern und Dozenten, gewerbsmäßigen Abrechnern usw. Sollte der Preis überhöht sein und/oder nicht leistungsgerecht aus der Sicht der Kunden ausfallen, haben diese das Recht, auf andere externe Anbieter auszuweichen.

Bei dieser Organisationsform muss sich die Personalabteilung strukturieren wie ein Unternehmen im Unternehmen – oder muss komplett outgesourct werden. Zusätzlich zu der Geschäftsführungsfunktion muss also ein Rechnungswesen vorhanden sein, was meistens der Fall ist. Neu sind die Funktionen Marketing und Vertrieb für die angebotenen Dienstleistungen.

b) Vorteile

Vorteile der Personalabteilung als Profit-Center sind z.B.:

- Die Dienstleistungen können auch für externe Kunden angeboten werden.
- Die Personaler üben sich in unternehmerischem Denken, vor allem im Kostenbewusstsein.
- Durch den ständigen Kontakt und die Akquisitionsbemühungen wird das Dienstleistungsangebot verbessert und erneuert.
- Es werden Gewinne erwirtschaftet, was in dem klassischen Selbstverständnis des Personalbereichs nicht möglich ist.
- Als Profit-Center kann und muss die Personalabteilung schneller auf individuelle Kundenwünsche reagieren.
- Durch Kostentransparenz und Preisgestaltung lassen sich Einsparpotenziale erzielen.

1 Personalarbeit organisieren und durchführen

1.3 Prozesse im Personalwesen gestalten

Aufgabe 1

Mit der Einführung des Dienstleistungsgedankens in einem Unternehmen wird ein ständiger Prozess von Planung, Umsetzung und Evaluation in Gang gesetzt. Stellen Sie diesen Vorgang als einfachen Prozess dar.

Aufgabe 2

Sie haben im letzten Jahr erfolgreich ein Referentensystem eingeführt. Nunmehr beschließen Sie, auch Ihre Geschäftsprozesse im Personalbereich zu überprüfen mit dem Ziel der Einführung eines Prozessmanagements.

a) Erläutern Sie, welche Fortschritte Sie sich in Ihrer Personalarbeit durch ein Prozessmanagement versprechen.

b) Erläutern Sie den Führungskräften in Ihrem Unternehmen am Beispiel des Geschäftsprozesses »Bewerbungsmanagement« die einzelnen Phasen der Prozessgestaltung.

Aufgabe 3

Neben der vollständigen und realistischen Bestandsaufnahme, bestehend aus Erhebung und Dokumentation der aktuellen Prozesse, ist die Analyse des erhobenen Materials eine Schlüsselstelle für ein erfolgreiches Prozessdesign. Nennen Sie fünf Analysetechniken, die dafür infrage kommen.

Aufgabe 4

Für eine erfolgreiche Prozessdurchführung ist es wichtig, dass die Prozesse präzise beschrieben werden. Sie werden gebeten, für die betrieblichen Ausbilder Ihres Unternehmens beispielhaft eine solche Prozessbeschreibung zu erarbeiten. Als Muster dient die Prozessbeschreibung »Gestaltung des ersten Ausbildungstages für einen neuen Auszubildenden«.

1.3 Prozesse im Personalwesen gestalten

Aufgabe 5

Nachdem der Personalbereich Ihres Unternehmens zum Profit-Center umorganisiert wurde, ist es eine vorrangige Aufgabe, Zielmärkte und Kundengruppen festzulegen, um daraus resultierend Geschäftsprozesse und Leistungen abzuleiten, die den Kunden am ehesten gerecht werden. Welche Fragen sind in diesem Zusammenhang für Sie relevant?

Aufgabe 6

Beschreiben Sie, welche Aufgaben der Prozesseigner bzw. sein Team erfüllen.

Aufgabe 7

Erläutern Sie den Teilprozess »Personaltrennung« in seinen möglichen Prozessschritten. Nennen Sie für jeden Prozessschritt einen typischen Output und zwei sinnvolle Dokumente oder Unterlagen. Mit welchen Standards oder Kennzahlen kann der jeweilige Teilprozess kontrolliert werden?

Aufgabe 8

Eine Mitarbeiterin hat Sie über die Geburt ihres Kindes informiert. Sie will für zwölf Monate die Elternzeit in Anspruch nehmen und im Anschluss ihre Beschäftigung wieder aufnehmen. Erstellen Sie einen dreistufigen, terminierten Phasenplan (Prozess) bis zur Wiedereingliederung nach der Elternzeit.

Aufgabe 9

In Ihrem Unternehmen soll ein systematisches IT-gestütztes Beurteilungswesen eingeführt werden. Erläutern Sie notwendige Prozessschritte von der Idee bis zur erfolgreichen Einführung.

1 Personalarbeit organisieren und durchführen

Lösungsansätze zu Kapitel 1.3

Zu Aufgabe 1

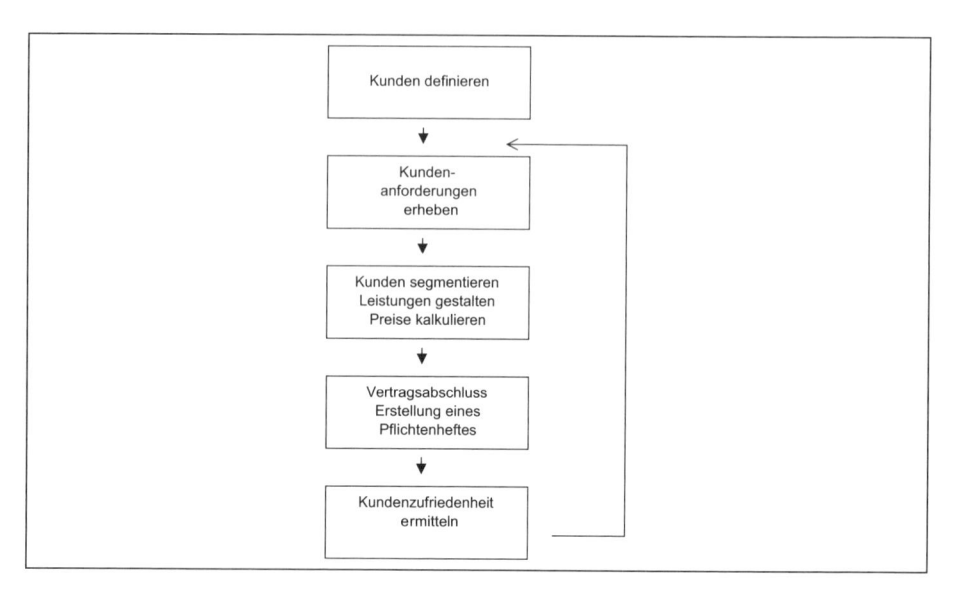

```
Kunden definieren
      ↓
Kunden-
anforderungen  ←──┐
erheben            │
      ↓            │
Kunden segmentieren│
Leistungen gestalten│
Preise kalkulieren │
      ↓            │
Vertragsabschluss  │
Erstellung eines   │
Pflichtenheftes    │
      ↓            │
Kundenzufriedenheit┘
ermitteln
```

Abb. 20: Schematische Darstellung des Dienstleistungsprozesses

Zu Aufgabe 2

a) Fortschritte der Personalarbeit

Durch die Neugestaltung von Prozessen im Personalmanagement werden finanzielle, personelle und zeitliche Ressourcen frei, die überwiegend im administrativen Bereich der Personalarbeit gebunden waren und daher nicht als wertschöpfend angesehen werden konnten. Fortschritte können z.B. sein:

- Schaffung von Transparenzen hinsichtlich der Zuständigkeit der Mitarbeiter,
- Vermeidung von hohen Liege- und Durchlaufzeiten von Personalangelegenheiten,
- Koordination der Tätigkeiten in unterschiedlichen Organisationseinheiten,
- Vermeidung der Wiederholung von bereits erledigten Aufgaben,
- Vermeidung von unnötigen Transportwegen,
- Vermeidung von Mehrfachdatenerhebungen,
- Reduzierung von Kosten,
- Erhöhung der Kundenorientierung.

b) Prozessgestaltung

1. Phase: Prozessdefinition

In dieser Phase machen sich alle am Bewerbermanagement Beteiligten Gedanken über den inhaltlichen Umfang dieses Prozesses, definieren dessen Anfang, Ende und Ziele.

2. Phase: Prozessstrukturierung

Der vorher definierte Prozess »Auswahl von geeigneten Bewerbern auf eine Stellenanzeige« wird in einzelne Teilprozesse zerlegt, z.B.:

- Filtern aller Bewerbungen, die nicht die Mindestanforderungen erfüllen,
- Überprüfung des Bewerberanschreibens auf identifizierende Merkmale mit der Anzeige,
- Durchführung einer Lebenslaufanalyse anhand von vorgegebenen Kriterien usw.

Diese Teilprozesse werden zeitlich erfasst, dadurch ergibt sich später die Durchlaufzeit des Gesamtprozesses.

Zu dieser Phase gehört vor allem eine Analyse von Stärken und Schwächen im bisherigen Ablauf der Bewerberauswahl, zum Beispiel auf Schnittstellenprobleme hin.

Für die neuen Teilprozesse werden Messgrößen festgelegt, die ein Prozesscontrolling ermöglichen, z.B. Bearbeitungszeiten für eine Lebenslaufanalyse oder Fristen für den Versand aller Absagen.

Als letzter Schritt in dieser Phase müssen die Verantwortlichen für die Teilprozesse benannt werden und ein Verantwortlicher für den Gesamtprozess.

3. Phase: Prozessdurchführung

Der neu gestaltete Prozess wird offiziell freigegeben oder eingeführt. Dazu gehört eine Information aller Beteiligten und ggf. eine entsprechende Schulung. In der Anfangsphase wird es notwendig sein, den Prozess zu begleiten, um auftretende Schwachstellen sofort zu entdecken und abzustellen. Das Bewerbermanagement wird praktiziert.

4. Phase: Prozessverbesserung

Dazu gehören nach einer vorher festgelegten Erprobungszeit eine Beurteilung von allen Prozessbeteiligten und die Evaluation der bisherigen Prozesseinführung mit der Maßgabe der Wiedereinstiegs in die Phase 1 bis 3, wo erforderlich.

1 Personalarbeit organisieren und durchführen

☞ Zu Aufgabe 3

Als Techniken kommen u.a. infrage:

- ABC-Analyse,
- Mengen-, Zeit- und Kostenanalyse,
- Prozessportfolio,
- Prozess-Datenfluss-Analyse,
- systematische Problemanalyse (SWOT-Analyse),
- Szenariotechniken,
- Supervision,
- Risikoanalyse,
- Benchmarking, Branchenvergleiche,
- Analyse von Prozesskennzahlen,
- Entscheidungsbaumtechnik (Ishikawa-Diagramm).

☞ Zu Aufgabe 4

Prozessaufgabe:	Gestaltung des ersten Ausbildungstages für einen neuen Auszubildenden
Prozessanstoß:	Meldung des Auszubildenden am Empfang
Prozessquelle:	Abschluss eines Berufsausbildungsvertrages mit dem neuen Auszubildenden
Anfangsaktivität:	Begrüßung und Empfang durch den Ausbildungsleiter im Eingangsbereich
Endaktivität:	Auszubildender verlässt am Nachmittag den Betrieb und stempelt sich aus (Zeiterfassung).
Hauptaktivitäten:	• verwaltungstechnische Eintrittsformalitäten • Vorstellung der für den ersten Ausbildungsabschnitt verantwortlichen Ausbilder • Bekanntmachen mit den Mitarbeitern und anderen Auszubildenden • Sicherheitsbelehrungen
Prozessziele:	Der Auszubildende erhält die notwendigen ersten Informationen. Der Auszubildende soll in den Kreis der für ihn Verantwortlichen aufgenommen werden.

Lösungsansätze zu Kapitel 1.3

Zu Aufgabe 5

Mit folgenden Fragen können Sie dieses Problem aufschlüsseln:

- Wer sind die Kunden unseres Profit-Centers, interne und externe?
- Auf welche Kundengruppen wollen wir uns in Zukunft konzentrieren?
- Welche Leistungen erwarten unsere Kunden heute und in Zukunft?
- Welche Leistungen können wir unseren Kunden derzeit anbieten?
- Welche Leistungen sollen zusätzlich angeboten werden?
- Wie zufrieden sind unsere Kunden mit den heute angebotenen Leistungen?
- Was sind die kritischen Erfolgsfaktoren und die kritischen Prozesse bei unseren Kunden?
- Welche Probleme beschäftigen unsere Kunden am meisten, und wie kann unser Profit-Center bei der Problemlösung helfen?

Zu Aufgabe 6

Aufgaben des Prozesseigners und seines Teams:

- Unterhalt und Optimierung des zugeteilten Prozesse in Abstimmung mit den Prozessverantwortlichen,
- Festlegen der Prozessziele und Prozesskennzahlen,
- Messung der Prozesse,
- Beurteilung der Prozessfähigkeit,
- Information über Prozessveränderungen,
- Entscheidungen über Mitteleinsatz im Rahmen des Budgets,
- Einleitung und Überwachung von Verbesserungsmaßnahmen in den Prozessen, u.a. auf der Basis von Audits,
- Prozessdesign und Antrag auf Freigabe der neuen, geänderten Prozesse.

1 Personalarbeit organisieren und durchführen

Zu Aufgabe 7

Der Teilprozess »Personaltrennung« im Überblick

Prozessschritt	Output, Dokumente, Unterlagen	Standards, Kennzahlen
Start		
Austritt aus folgenden Gründen: • Kündigung AN/AG • Pensionierung • Invalidität • Todesfall	Kündigungsbestätigung Information im Intranet Checkliste Austritt	Kündigung nach max. drei Tagen bestätigen Kosten Abfindungen
Austritt vorbereiten	Austrittsgespräch bei Kündigungen terminieren Zeugnis erstellen Ausgleichsquittung Urlaubsanspruch	Fluktuationsquote
Austrittsgespräch führen	Checkliste Austrittsgespräch Beurteilungen	Anzahl der durchgeführten Gespräche
Letzter Arbeitstag	Arbeitszeugnis aushändigen Rückgabe Schlüssel usw. Offizielle Verabschiedung	Einsprüche gegen Zeugnisformulierung
Ende		

Lösungsansätze zu Kapitel 1.3

Zu Aufgabe 8

Phase 1: Vorbereitung

Gespräch mit der Mitarbeiterin über

- berufliche Zukunftsperspektiven,
- die Kommunikation und Information während der Elternzeit,
- den Prozess der Eingliederung durch Paten oder Mentor,
- die Erstellung eines Einarbeitungsplanes.

Phase 2: Während der Elternzeit

- Mitarbeiterin über Angebote und Entwicklungen im Unternehmen informieren,
- Festlegen eines Paten oder Mentors für Rückfragen der Mitarbeiterin,
- Unterbreitung von Angeboten zu bedarfsorientierten Maßnahmen, z.B. Seminare, E-Learning-Angebote, um die beruflichen Qualifikation während der Elternzeit zu erhalten.

Phase 3: Rückkehr

- Gespräche mit der Mitarbeiterin über einen Eingliederungsplan inklusive gezielter Personalentwicklungsmaßnahmen,
- gemeinsame Umsetzung des Einarbeitungsplanes,
- Betreuung durch die Führungskraft bzw. Kolleginnen und Kollegen.

Zu Aufgabe 9

Prozessschritte zur Einführung eines IT-gestützten Beurteilungswesens:

- Entscheidung durch die Geschäftsleitung und Information aller Beteiligten im Intranet,
- Analyse von möglichen vorhandenen Beurteilungsansätzen,
- Entscheidung für ein Beurteilungssystem, z.B. freie oder gebundene Jahresmitarbeitergespräche, 360-Grad-Feedback,
- Auswahl und Definition von Bewertungskriterien,
- Anpassung an einen geeigneten Bewertungsmaßstab (Dezimalsystem, Skalen usw.),
- Ausarbeitung eines Gesprächsleitfadens bei der Entscheidung für ein Jahresmitarbeitergespräch oder Beurteilungsgespräche,
- Testlauf und Roll-out des neuen Systems,
- Schulung von Führungskräften im Umgang mit dem neuen System,
- Information der Mitarbeiter über das neue System mit den für sie relevanten Folgen,
- Evaluation nach der ersten durchgeführten Beurteilung,
- Anpassung und Redesign der Prozesse.

1 Personalarbeit organisieren und durchführen

1.4 Projekte planen und durchführen

Das Kapitel Projektmanagement bietet sich wie kein anderes dafür an, einmal in Abkehr von der traditionellen Gestaltung von Prüfungsfragen Kompetenzen wie Handlungsorientierung, Umgang mit komplexen Situationen, Analytisches Denken und Handeln oder Selbstmanagement zu hinterfragen. Da Sie auch hierbei nicht allein gelassen werden und Ihre Lösungsansätze mit denen des Autors vergleichen können, sollten Sie sich diesen »Abstecher« gönnen.

Situationsbeschreibung

Die Metall AG hat rund 6.000 Mitarbeiter und ist ein metallverarbeitendes Unternehmen. Im gewerblichen Bereich, d.h. in der Produktion, arbeiten rund 3.400 Mitarbeiter in einer nicht mehr zeitgemäßen Form der Fertigungsorganisation. In diesem Bereich sollen Fertigungsinseln mit Gruppenarbeit eingerichtet werden. Diese Einführung von Gruppenarbeit bedeutet:

- den Wechsel von einer verrichtungsorientierten/funktionalen Arbeitsorganisation (d.h. einer Unterteilung in Abteilungen, die ausschließlich eine einzige Technologie bearbeiten, z.B. Drehen, Bohren, Fräsen) hin zu einer produktbezogenen Arbeitsorganisation, d.h. der Komplett-Fertigung eines Teils/eines Bauteils/einer Produktgruppe,
- die Einführung von Fertigungsinseln, d.h. die komplette technisch-organisatorische Neustrukturierung der Fertigung,
- die Übertragung von neuen Aufgaben und neuen Verantwortlichkeiten an die Gruppenmitglieder (Werkerselbstkontrolle, Urlaubsplanung, Personaleinsatzplanung etc.) und somit
- eine neue hierarchische Aufgabenverteilung zwischen den Gruppenmitgliedern und ihrem Produktionsmeister sowie auch
- eine neue horizontale Aufgabenverteilung in der Zusammenarbeit mit den Fachabteilungen wie Qualität, Logistik etc.,
- ein neues Entlohnungsmodell, das statt individueller Leistung auch gruppenbezogene Leistung im variablen Entgeltbestandteil honoriert.

Die folgenden drei Aufgaben wurden leicht überarbeitet übernommen aus Vahs, D./Weiand, A.: Workbook Change Management, Methoden und Techniken, Stuttgart 2010, S. 23-26, S. 147-148, S. 138-141.

Aufgabe 1

Ein gutes Projektmanagement startet mit einem Projektauftrag. Bei der Metall AG soll anhand des im Lehrbuch vorgeschlagenen Musters (siehe Lehrbuch Geprüfte Personalfachkaufleute, Kapitel 1.4.3, S. 78-80, Abb. 49) ein Projektauftrag erstellt werden. Diskutieren Sie die folgenden Aspekte des Projektauftrags.

1.4 Projekte planen und durchführen

Projektauftrag

- Einführung von Gruppenarbeit im gewerblichen Bereich der Metall AG

Problembeschreibung

- Schlechte Produktivität in der Produktion, unterdurchschnittliche Auslastung von Maschinen und Anlagen.
- Steigender Kostendruck durch ausländische Wettbewerber mit Skalenvorteilen.
- Kein umfassendes Produktionskonzept oder Produktionssystem; Teilsysteme wie z.B. neue Qualitäts- (Werkerselbstkontrolle) oder Logistikstrategien (Kanban) müssen miteinander vernetzt werden.
- Premium-Strategie als möglicher Ausweg aus dem Kostendruck; aber die Qualität der Produkte ist derzeit nicht ausreichend, um Premiumpreise zu rechtfertigen.
- Starre Hierarchien insbesondere in der Produktion; sehr niedriger Anteil an Verbesserungsvorschlägen durch die Mitarbeiter.

Auftraggeber

Hermann Röthi, Mitglied des Vorstands, Bereichsleiter Produktion

Projektleiter

Dr. Hermann Fischer, ein Mitarbeiter aus der Arbeitsvorbereitung

Zielsetzung

- Verbesserung der Produktivität des gewerblichen Bereichs.
- Die Qualität der Produkte muss steigen.
- Erhöhung der Mitarbeiterzufriedenheit im gewerblichen Bereich.

Aufgabe 2

Bei diesem komplexen Thema wird es viele beteiligte Interessengruppen geben. Bitte zählen Sie die möglichen Stakeholder mit ihren (vermuteten) Interessen auf.

Aufgabe 3

Projekte sind dann erfolgreich, wenn bereits im Vorfeld mögliche Risiken entdeckt und entsprechende Gegenmaßnahmen zielgerichtet ergriffen werden. Welche Risiken könnte es bei diesem Projekt geben? Erstellen Sie eine Risikoanalyse, indem Sie die wichtigsten von Ihnen identifizierten Risiken nach Eintrittswahrscheinlichkeit und Risikoauswirkung eingliedern.

1 Personalarbeit organisieren und durchführen

Lösungsansätze zu Kapitel 1.4

Zu Aufgabe 1

Projektauftrag: Einführung von Gruppenarbeit im gewerblichen Bereich der Metall AG

Wichtig bei diesem Punkt ist: Geht es ausschließlich um die Einführung von Gruppenarbeit oder gehört nicht die Entwicklung eines für die Metall AG passenden Konzepts in den Projektauftrag hinzu?

Problembeschreibung

- Schlechte Produktivität in der Produktion, unterdurchschnittliche Auslastung von Maschinen und Anlagen.
- Steigender Kostendruck durch ausländische Wettbewerber mit Skalenvorteilen.
- Kein umfassendes Produktionskonzept oder Produktionssystem; Teilsysteme wie z.B. neue Qualitäts- (Werkerselbstkontrolle) oder Logistikstrategien (Kanban) müssen miteinander vernetzt werden.
- Premium-Strategie als möglicher Ausweg aus dem Kostendruck; aber die Qualität der Produkte ist derzeit nicht ausreichend, um Premiumpreise zu rechtfertigen.
- Starre Hierarchien insbesondere in der Produktion; sehr niedriger Anteil an Verbesserungsvorschlägen durch die Mitarbeiter.

Es ist wichtig, alle relevanten Probleme aufzulisten, da sie den Fokus des Veränderungsprojekts bestimmen werden. Wird beispielsweise zusätzlich noch das Problem, »*Das bestehende Lohnsystem ist ›ausgereizt‹ (d.h. es bietet den gewerblichen Mitarbeitern wenige Anreize zu Produktivitätssteigerung) und außerdem ist es nicht gruppenbezogen.*«, genannt, dann muss mit Sicherheit im Zuge der Einführung von Gruppenarbeit auch ein neues adäquates Lohnsystem entwickelt werden.

Auftraggeber

Hermann Röthi ist Bereichsleiter Produktion, aber zugleich Mitglied des Vorstands. Wird er ausreichend Kapazitäten haben, dieses Projekt selbst zu beauftragen und als Auftraggeber zu begleiten, oder wird er das Projekt delegieren und dann nur pro forma als Auftraggeber fungieren, sodass der Projektleiter keinen richtigen Ansprechpartner hat?

Projektleiter

In diesem Fall kommt der Projektleiter aus einem anderen Funktionsbereich (der Arbeitsvorbereitung) als die Führungskräfte, bei denen Gruppenarbeit eingeführt werden soll (der Produktion). Dies ist gerade bei größeren Veränderungsprojekten oft der Fall. Damit ergeben sich aber viele Fragen, die der Auftraggeber mit allen Beteiligten abklären muss:

Lösungsansätze zu Kapitel 1.4

Wie sind die Kompetenzen zwischen dem Projektleiter und den Linienvorgesetzten in Bezug auf das Veränderungsprojekt abgestimmt? Ist klar, welche Rolle der Projektleiter übernimmt (Verantwortlicher, Konzeptentwickler, Coach, Schnittstelle zum externen Berater, Verhandlungspartner des Betriebsrats)?

Zudem ist der direkte Vorgesetzte des Projektleiters nicht der Auftraggeber. Spielt sein direkter Vorgesetzter eine wichtige Rolle als Neben-Auftraggeber? Wie sind die Kompetenzen der beiden Führungskräfte abgestimmt in Bezug auf den Einsatz des Projektleiters?

Eine weitere wichtige Frage betrifft den Projektauftrag selbst: Ist der vorliegende Entwurf für den Projektauftrag mit dem Projektleiter abgestimmt worden?

Zielsetzung

- Verbesserung der Produktivität des gewerblichen Bereichs.
- Die Qualität der Produkte muss steigen.
- Erhöhung der Mitarbeiterzufriedenheit im gewerblichen Bereich.

Bei diesem Punkt werden die meisten Fehler gemacht. Im vorliegenden Fall scheinen diese Zielsetzungen eindeutig und wichtig zu sein. Wie aber wird »Produktivität« exakt gemessen? Weiterhin ist noch festzulegen: Um welchen Prozentsatz soll die Produktivität steigen? Zudem ist unklar, bis zu welchem Zeitpunkt eine Steigerung der Produktivität erreicht werden soll. In diesem Beispiel fehlt eindeutig die wichtige Quantifizierung der Zielsetzungen.

Zudem wird nicht ausreichend differenziert zwischen den Zielen für das Projekt und den persönlichen Zielen für den Projektleiter. Bei den Zielen für den Projektleiter muss in diesem Beispiel überlegt werden, welchen direkten Einfluss der Projektleiter beispielsweise auf die Erhöhung der Produktivität wirklich hat. In der Regel haben die direkten Vorgesetzten einen wesentlich höheren Einfluss, zudem gibt es immer noch den großen Einfluss des technisch-organisatorischen Umfelds. Deshalb sollte der Projektleiter genau überlegen, auf welche Faktoren er mit diesem spezifischen Projekt einwirken kann und welche Ziele spezifisch für ihn sind. Dies könnten beispielsweise sein:

- Beteiligung der betroffenen Mitarbeiter, sodass konsensual ein neues Modell von Zusammenarbeit entwickelt wird,
- Berücksichtigung aller betroffenen Themenbereiche wie Fabrik-Layout, Qualität, Logistik und Produktionstechnologien,
- Systematisierung der erfolgreichen Ansätze bei der Konzeptentwicklung, sodass Standardlösungen im Bereich Produktion erarbeitet werden.

Der Auftraggeber sollte die oben genannten Ziele für dieses Veränderungsprojekt allerdings nicht aus den Augen verlieren, wird doch ihretwegen das Projekt gestartet. Will man diese Ziele erreichen, dann bietet es sich in diesem Beispiel an, die direkt verantwortlichen Linienmanager über eine Zielvereinbarung einzubinden.

An diesem Beispiel der Zielsetzungen für das Veränderungsprojekt fällt sofort auf, dass der Projektauftrag nicht nur mit dem Projektleiter alleine abgesprochen werden muss, sondern dass der Auftraggeber unbedingt die Linienvorgesetzten einbinden muss.

1 Personalarbeit organisieren und durchführen

Aufgabenstellungen

Wegen der Komplexität des Projekts werden die Aufgabenstellungen hier nur exemplarisch ausgeführt, z.B.:

- Entwickeln eines konkreten Projektfahrplans mit Teilprojekten.
- Aufbau einer Projektorganisation mit Einbindung aller Betroffenen.
- Schaffen der technisch-strukturellen Voraussetzungen für die Einführung von Gruppenarbeit und Planung der entsprechenden Maßnahmen; Kostenkalkulation, z.B. für notwendig werdende Umzüge von Maschinen und Anlagen.
- Schaffen der organisatorisch-strukturellen Rahmenbedingungen und Entwicklung eines Konzepts von Gruppenarbeit (z.B. Gruppengröße, Aufgaben der Gruppenmitglieder, Stellung und Aufgaben des Gruppensprechers, Stellung und Aufgaben des Meisters als direktem Vorgesetzten).
- Auswahl eines externen Beraters/Trainers zur Begleitung von Konzeption und Einführung.
- Organisation der Zusammenarbeit mit dem Betriebsrat (Abschluss von Betriebsvereinbarungen zum Start von Gruppenarbeit oder zu einem neuen Entlohnungsmodell).
- Entwickeln eines Schulungskonzepts und dessen Umsetzung (Bestimmung von Zielgruppen, Inhalten, Lehr- und Lernmethoden, Dauer der Schulungen; Festlegung des Zeitpunkts der Schulungen; Einbindung des Betriebsrates in die Schulungen etc.).
- Entwickeln eines neuen Entlohnungsmodells, das auf dem alten Prämienlohnsystem basiert; dieses neue System muss mit den tarifvertraglichen Regelungen konform gehen und mit dem Betriebsrat verhandelt werden.
- Entwickeln einer für dieses Projekt spezifischen Erfolgskontrolle mit Kennzahlen und einem regelmäßigen Reporting für den Auftraggeber.
- Entscheidung über den Start eines Pilotprojekts oder eine flächendeckende Einführung, d.h. Entscheidung für ein Design zur Einführung von Gruppenarbeit.
- Vorschlag für das weitere Vorgehen mit eventuell notwendiger Anpassung des Konzepts etc.

In der Regel hilft bei der Sammlung und der Ordnung der Aufgabenstellungen ein Projektstrukturplan oder die Nachfrage bei erfahrenen Kollegen.

(Zwischen-)Ergebnisse

Wegen der Komplexität des Projekts werden die Zwischenergebnisse hier nur exemplarisch ausgeführt, z.B.:

- ausgearbeiteter Projektfahrplan für das erste Jahr,
- Projektorganisation,
- Berichtswege und -inhalte,
- Machbarkeitsstudie zu den notwendigen technisch-strukturellen Maßnahmen inkl. Kostenabschätzung,
- Schulungskonzept mit Inhalten, Trainer und Kostenabschätzung,
- eine mit dem Betriebsrat abgeschlossene Betriebsvereinbarung zum Start der Einführung von Gruppenarbeit,
- Controlling-System mit spezifischen Kennzahlen (z.B. Produktivität von Bereichen mit Gruppenarbeit versus Produktivität von »normalen« Bereichen, Qualifikation und Qualifikationsmatrix etc.),

Lösungsansätze zu Kapitel 1.4

- Zwischenbericht nach einem Jahr Projekterfahrungen mit Empfehlungen zum weiteren Vorgehen.

Termine/Meilensteine

Im Projektverlauf noch zu detaillieren; spätestens bei der Vorlage des Projektfahrplans für das erste Jahr.

Budget/Ressourcen

- Ein Projektleiter, der für zwei Jahre von der Arbeit freigestellt wird und nur für die Projektbearbeitung zuständig ist.
- Technisch-strukturelle Voraussetzungen: keine neuen Maschinen und Anlagen speziell für die Einführung von Gruppenarbeit; Kosten für die Umzüge von Maschinen und Anlagen müssen aus den Bereichs- und Abteilungsbudgets beglichen werden; Kosten für Maßnahmen zur ständigen Verbesserung ebenso.
- Budget für den externen Berater: 1 Tag/Woche mit jeweils rund 1.800,00 EUR, d.h. rund 70.000,00 EUR pro Jahr.
- Die Kosten für das Schulungskonzept sind noch zu erarbeiten und werden separat freigegeben.

Gehören zu den benötigten Ressourcen nicht auch die regelmäßigen Sitzungen des Lenkungsausschusses alle zwei Wochen mit mindestens zwei Stunden hinzu, bei denen der Bereichsleiter Produktion den Vorsitz hat? Weiterhin wichtig sind auch die regelmäßigen Sitzungen des Projektteams mit der entsprechenden Zuarbeit der Fachbereiche. Definiert werden muss noch, ob diese Zuarbeit der Fachbereiche unternehmensintern kontiert und damit auch verrechnet wird oder nicht.

Randbedingungen

- Der Auftraggeber sowie der Vorsitzende der Geschäftsführung stehen für alle Beteiligten, insbesondere für die beteiligten Bereichs- und Abteilungsleiter, sichtbar hinter dem Projekt und dem Projektleiter und verschaffen ihm die notwendige »politische« Rückendeckung.
- Der Betriebsrat ist konstruktiv und blockiert dieses wichtige Projekt nicht.
- Die primär betroffenen Führungskräfte können involviert werden, d.h. die Betriebsleiter und die Meister.
- Die betroffenen Bereichsleiter (z.B. Leiter Materialwirtschaft) sind konstruktiv und stellen entsprechende Ressourcen zur Verfügung.
- Es gibt keinen äußeren Zwang, z.B. einen dramatischen Umsatzeinbruch, der zu harten Restrukturierungsmaßnahmen führen würde. Dies würde mit den einhergehenden Kündigungen das Veränderungsprojekt definitiv scheitern lassen.

Dieser Punkt wird in der Regel wegen der Sensibilität der personenbezogenen Informationen nur mit dem Auftraggeber besprochen werden. Einzelne Punkte, wie beispielsweise die Einstellung des Betriebsrates gegenüber dem Veränderungsprojekt, sollten noch in einer Stakeholder-Analyse und in einer Risiko-Analyse weiter untersucht werden.

1 Personalarbeit organisieren und durchführen

Nicht durch das Projekt zu erbringende Leistungen

- Die Optimierung der Hierarchieebenen in der Produktion sowie der Leitungsspanne der Produktionsmeister sind nicht Gegenstand des Projekts, sondern Aufgaben der Linienverantwortlichen.
- Die Neuorganisation der Aufsicht während der Spät- und Nachtschicht in der Produktion ist ebenfalls kein Gegenstand dieses Veränderungsprojekts.
- Die Einführung eines neuen Führungsstils in der Produktion im Sinne eines kooperativen Führungsverständnisses kann vom Projekt ebenfalls nicht geleistet werden.

Der Projektleiter formuliert hier Themen, die mit seinem Projekt »irgendwie« zusammenhängen, aber im Rahmen des Projekts definitiv nicht von ihm bearbeitet werden können. So wird späteren Diskussionen um Zuständigkeiten und nicht abgearbeiteten Themen der Nährboden entzogen.

Lösungsansätze zu Kapitel 1.4

Zu Aufgabe 2

Auch dieses Beispiel beruht – ebenso wie das Beispiel zum Projektauftrag – auf der Einführung von Gruppenarbeit bei der Metall AG. Diese Stakeholder-Analyse wurde vom Projektleiter vor dem Start des Projekts erstellt, um einen Überblick zu bekommen über die Einstellungen der Beteiligten gegenüber dem Projekt. Bei vielen Beteiligten konnte der Projektleiter die Einstellung der Betroffenen nur abschätzen, weshalb diese Stakeholder-Analyse nur ein erstes und ungenaues Bild ergab. Auch wichen die Einschätzungen des Projektleiters und die Einschätzungen des Auftraggebers manchmal voneinander ab. Dennoch erwies sich diese Analyse als wertvoll, da in der nachfolgenden strukturierten Diskussion um Einstellungen und Einfluss der Beteiligten konkrete Aktionen geplant wurden.

Stakeholder-Analyse für die Metall AG

	Stellung zum Projekt	Einfluss auf das Projekt 1 = gering 5 = hoch	Bemerkungen
Vorsitzender des Vorstands	Befürworter	5	Hat die Gesamtverantwortung für das Unternehmen und sieht Handlungsdruck. Gibt das Budget frei.
Bereichsleiter Produktion	Initiator	4	Sieht den Handlungsbedarf; ist aber kein »Politiker«, da oft zu direkt.
Bereichsleiter Materialwirtschaft	unentschlossen	3	Ist wichtigster Lieferant der Produktion.
Abteilungsleiter Qualität	positiv	2	
Abteilungsleiter Arbeitsvorbereitung	unentschlossen, abwartend	3	Muss als direkter Vorgesetzter des Projektleiters unbedingt eingebunden werden.
Bereichsleiter Personal	positiv	3	Sieht die Notwendigkeit für das Projekt; sieht aber schwierige Verhandlungen mit dem Betriebsrat. →

1 Personalarbeit organisieren und durchführen

	Stellung zum Projekt	Einfluss auf das Projekt 1 = gering 5 = hoch	Bemerkungen
Betriebsrat	unentschlossen je nach zu behandelndem Thema unterschiedlich sensibel (z.B. neues Entgeltsystem oder die Einführung von Gruppengesprächen)	5	Ungewisser Erfolg des Projekts aus Sicht des Betriebsrats. Sucht »politische« Rückendeckung und Unterstützung durch Gewerkschaft. Angst vor möglicher Rationalisierung und dadurch Ärger mit seiner Wahlklientel. Angst vor Verlust des Monopols auf Vertretung der Interessen der Mitarbeiter wegen der Installierung von Gruppensprechern. Neues Entlohnungsmodell als heikles Thema.
Betriebsleiter	positiv bis unentschlossen	3	Hoher täglicher Produktionsdruck. Bisher wenig (Prozess-)Innovationen. Hoher Altersdurchschnitt. Keine einheitliche Meinung.
Meister	positiv bis gegnerisch	2	Angst vor Verlust an Macht gegenüber Mitarbeitern. Wenig Führungskompetenz vorhanden.
Gewerbliche Mitarbeiter	unentschlossen, da bisher zu wenig informiert	2	Im ersten Schritt sind auch nicht alle gewerblichen Mitarbeiter betroffen, sondern nur die Mitarbeiter des Pilotprojekts.
Mitarbeiter aus den beteiligten Fachbereichen	unentschlossen, da bisher zu wenig informiert	1	Schwer zu bestimmen bei der großen Anzahl an Mitarbeitern, die unterschiedlich stark in das Projekt involviert werden.

Auffällig bei dieser Analyse war der Betriebsrat, der als einer der betrieblichen Akteure mit dem größten Einfluss, aber einer unklaren Positionierung in Bezug auf das Veränderungsprojekt eingestuft wurde. Deshalb war es ein wichtiger Entschluss, mit dem Betriebsrat bereits im Vorfeld des Veränderungsprojekts Gespräche über die Notwendigkeit der Einführung von Gruppenarbeit zu suchen.

Unklar und schwierig einzuschätzen war zudem die Einstellung von zwei wichtigen Gruppen: Betriebsleiter und Meister. Hier sollten vorbereitende Meetings dafür sorgen, dass beide Gruppen im ersten Angang ausreichend Informationen zum geplanten Veränderungsprojekt erhielten. Noch offen war allerdings, inwieweit man beide Gruppen einbeziehen sollte in die konkrete Planung des Veränderungsprojekts.

Projektleiter und Auftraggeber beschlossen, sechs Monate nach Projektstart eine weitere Stakeholder-Analyse zu machen, um erneut die Einstellung der Betroffenen zu überprüfen und gegebenenfalls weitere Maßnahmen planen zu können.

Zu Aufgabe 3

Im vorliegenden Beispiel wurde vom Projektmanager eine Risikoanalyse vor dem Start des Veränderungsprojekts erstellt. Dabei orientierte sich der Projektmanager an dem im Lehrbuch vorgestellten Gliederungsschema (siehe Lehrbuch Geprüfte Personalfachkaufleute, Kapitel 1.4.5, S. 83-85, Abb. 52 und 53) und fand Risiken in Bezug auf Kosten, Technik, Termine und Personen. Diese vier Kriterien waren nicht trennscharf, da beispielsweise technische Risiken auch Auswirkungen auf Kosten oder Termine haben würden. Als ein erstes Raster für die Suche nach Risiken erfüllten diese Kriterien allerdings ihren Zweck.

Beurteilung der Kostenrisiken

1.1: Die Kosten für die technische Neugestaltung der Produktion (z.B. Veränderungen beim Layout der Fabrik oder Änderungen an den Maschinen und Anlagen) sind im Vorhinein nicht exakt kalkulierbar.

1.2: Der Nutzen dieser technischen Neugestaltung der Produktion (z.B. kürzere Durchlaufzeiten oder weniger Qualitätsfehler) ist im Vorhinein nicht exakt kalkulierbar.

1.3: Die Effekte eines neuen Lohnsystems auf die Gesamtlohnkosten (z.B. Steigerung der Gesamtlohnkosten um zwei Prozent) sind im Vorhinein nicht exakt kalkulierbar.

Beurteilung der technischen Risiken

2.1: Schwierigkeiten bei der technischen Einrichtung der Fertigungsinseln sind wahrscheinlich; die Auswirkungen der Einführung von Gruppenarbeit (z.B. auf die Produktqualität oder interne Materialflüsse) sind unklar.

Beurteilung der Terminrisiken

3.1: Eine Vereinbarung über den Start von Pilotprojekten (Pilotinseln) kommt zu spät für den planmäßigen Start des Projekts.

3.2: Eine generelle Betriebsvereinbarung zum Start von Gruppenarbeit kommt nicht oder später als geplant zustande.

3.3: Eine Vereinbarung zu einem neuen Lohnsystem kommt zu spät für den geplanten flächendeckenden Start von Gruppenarbeit.

1 Personalarbeit organisieren und durchführen

Beurteilung der personenbezogenen Risiken

4.1: Es gibt generell keine konstruktive Mitarbeit des Betriebsrats; Vereinbarungen werden verschleppt oder kommen nicht zustande (siehe die oben genannten Einzelrisiken 3.1, 3.2., 3.3); die neue Form der Arbeitsorganisation wird nicht unterstützt.

4.2: Es gibt keine Akzeptanz des wichtigen externen Beraters beim Betriebsrat.

4.3: Die Stellung der IG Metall als verantwortlicher Gewerkschaft diesem Veränderungsprojekt gegenüber ist unklar.

4.4: Es gibt keine Akzeptanz des Veränderungsprojekts bei den direkt betroffenen Schlüsselgruppen (Betriebsleiter und Meister).

4.5: Es gibt keine Akzeptanz des Veränderungsprojektes bei den betroffenen Fachabteilungen wie Qualität, Materialwirtschaft und Arbeitsvorbereitung.

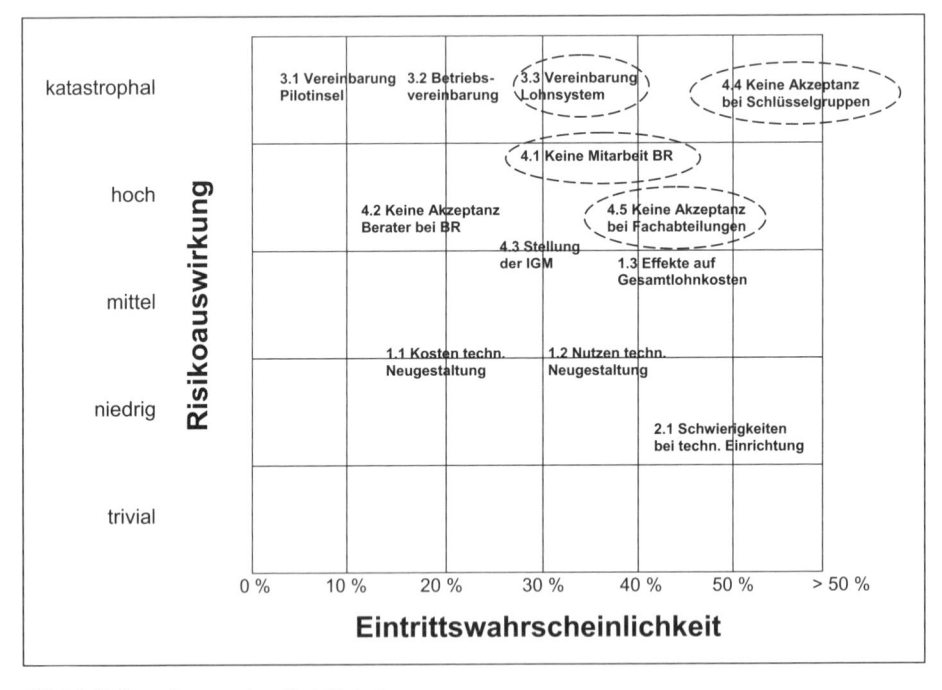

Abb. 21: Risikoanalyse vor dem Projektstart

Für den Projektleiter ergaben sich aus dieser Risikoanalyse vier prioritär zu bearbeitende Themenfelder, die alle im oberen rechten Feld der Risikomatrix lagen:

- die Sicherstellung der Akzeptanz bei den Schlüsselgruppen (Nr. 4.4),
- die Sicherstellung der konstruktiven Mitarbeit des Betriebsrats (Nr. 4.1 und Nr. 3.3) sowie
- die Sicherstellung der Akzeptanz des Projekts bei den beteiligten Fachabteilungen (Nr. 4.5).

Lösungsansätze zu Kapitel 1.4

Auffällig bei dieser Risiko-Analyse war, dass bei diesem Veränderungsprojekt vom Projektleiter wie vom Auftraggeber die technischen Risiken als eher weniger kritisch angesehen wurden. Die hoch priorisierten Risiken kamen alle aus dem personenbezogenen/zwischenmenschlichen Bereich.

Für das Risiko »Unzureichende Akzeptanz des Veränderungsprojekts bei Betriebsleitern und Meistern als den betroffenen Schlüsselgruppen« wurde der Projektleiter vom Auftraggeber aufgefordert, sich Gedanken über Risikovermeidung bzw. -eingrenzung zu machen. Der Projektleiter arbeitete dazu folgende Unterlage aus:

Ausarbeitung eines Risikos und Ableitung von Gegenmaßnahmen

Risikotyp (technisch, terminlich, finanziell, personenbezogen)	Personenbezogenes Risiko
Worin genau besteht das Risiko?	• Das Veränderungsprojekt wird von den betrieblichen Schlüsselgruppen der Betriebsleiter und der Meister nicht akzeptiert und erfährt keinerlei Unterstützung. • Die Mitarbeiter dieser Vorgesetzten werden das Veränderungsprojekt wegen der fehlenden Vorbildwirkung ihrer Führungskräfte ebenfalls nicht unterstützen.
Unter welcher Bedingung tritt das Risiko ein?	• Die Schlüsselgruppen werden im Vorfeld und im Projektverlauf nicht ausreichend informiert durch den Projektleiter oder ihren Linienvorgesetzten. (Faktor »Wissen«) • Die Vorgesetzten leisten Widerstand aufgrund des von ihnen als wahrscheinlich eingeschätzten Verlusts von Macht/Status/Ansehen. Die Informationen sind vorhanden, aufgrund von Vorurteilen oder Gewohnheiten werden sie aber nicht adäquat wahrgenommen. (Faktor »Wollen«) • Die Schlüsselgruppen können den bestehenden Freiraum nicht nutzen, da ihnen grundlegende Kenntnisse (etwa zu Gruppenarbeit oder ihren Freiräumen innerhalb des Projekts) und Fähigkeiten (etwa zum Führen von Teams) fehlen. (Faktor »Können«) • Die Schlüsselgruppen können den bestehenden Freiraum nicht nutzen, da betriebliche Regelungen ein anderes Verhalten belohnen (z.B. Kriterien zur Leistungsbeurteilung der Führungskräfte oder der Gruppenmitglieder) oder Engagement sogar verhindern (z.B. einengende Verfahrensvorschriften). (Faktor »Dürfen«)

→

1 Personalarbeit organisieren und durchführen

Risikotyp (technisch, terminlich, finanziell, personenbezogen)	Personenbezogenes Risiko
Mit welcher Wahrscheinlichkeit tritt das Risiko ein?	> 50 Prozent
Mit welchen Wirkungen tritt das Risiko ein? Wie nachhaltig ist der Schaden? Welche Schadenshöhe könnte entstehen?	• Eine geringe Akzeptanz des Veränderungsprojekts bei den Schlüsselgruppen Betriebsleiter und Meister wird dazu führen, dass das Projekt wahrscheinlich scheitert, da es damit von den Linienvorgesetzten nicht unterstützt wird. • Deren Mitarbeiter werden die fehlende Unterstützung ihrer Führungskräfte bemerken und sich ebenfalls neutral verhalten oder gegebenenfalls gegen das Projekt arbeiten. • Der Betriebsrat wird sich in nächster Konsequenz auch gegen das Veränderungsprojekt stellen, da sowohl Führungskräfte als auch Mitarbeiter gegen das Veränderungsprojekt sind. • Von den Schlüsselgruppen wird es keinen wichtigen Input zur Anpassung des Konzepts an die betrieblichen Gegebenheiten geben. • Ein Schaden liegt in der fehlinvestierten firmeninternen Arbeitszeit und den Honoraren der externen Berater. • Ein weiterer Schaden liegt in den entgangenen Produktivitätssteigerungen. • Der Projektleiter selbst ist in der Organisation diskreditiert. • Nach dem Scheitern dieses Veränderungsprojekts wird es in absehbarer Zeit keinen zweiten Anlauf zur Einführung von Gruppenarbeit mehr geben; das Projekt ist »verbrannt«.
Voraussetzungen für Maßnahmen	• Auftraggeber wie Projektleiter müssen »den Puls fühlen« in Bezug auf die Stimmungslage bei den Führungskräften und eventuell zusätzliche Kommunikationsschleifen einbauen. Aufbau eines Projektcontrollings, auch in Bezug auf die eher »weichen« Faktoren wie Commitment und Arbeitszufriedenheit bei den Schlüsselgruppen. • Einplanen von ausreichend Zeit für die persönliche Kommunikation des Auftraggebers (und nicht nur des Projektleiters!) mit den Schlüsselgruppen. • Berücksichtigung von zeitlichem und finanziellem Puffer bei der Projektplanung. →

Lösungsansätze zu Kapitel 1.4

Risikotyp (technisch, terminlich, finanziell, personenbezogen)	Personenbezogenes Risiko
Maßnahmen zur Vermeidung	• Umfangreiche Information der beiden Schlüsselgruppen im Vorfeld zur Notwendigkeit der Einführung von Gruppenarbeit, zur Projektplanung und zu ihren Aufgaben im Veränderungsprozess. • Kontinuierliche Information der Schlüsselgruppen; kontinuierlicher offener Dialog mit den Schlüsselgruppen. • Einbezug von Betriebsleitern und Meistern in die Ausarbeitung des Konzepts. • Die Projektorganisation wird klein gehalten, sodass die betrieblichen Vorgesetzten das Veränderungsprojekt als ihre eigene Führungsaufgabe verstehen. Der Projektleiter versteht sich als Dienstleister der Linienvorgesetzten und nicht als alleiniger Verantwortlicher mit umfangreichen Rechten den Linienvorgesetzten gegenüber.
Maßnahmen zur Beherrschung	• Die erfolgreiche Einführung von Gruppenarbeit wird entgeltrelevanter Bestandteil der jährlichen Zielvereinbarungen mit den Betriebsleitern. • Führungskräfte, die offensichtlich gegen das Projekt arbeiten, werden versetzt oder gegebenenfalls sogar abgemahnt, sodass alle Führungskräfte die hohe Bedeutung des Veränderungsprojekts erkennen.
Ergebnisse der Maßnahmen	• Die Schlüsselgruppen beteiligen sich aktiv am Veränderungsprozess. • Informationen werden über die Linienorganisation weitergegeben.

1 Personalarbeit organisieren und durchführen

1.5 Informationstechnologie im Personalbereich nutzen

Aufgabe 1

In Ihrem Unternehmen sind IT- Systeme bisher nur in den Bereichen Personalverwaltung und Abrechnung zum Einsatz gekommen. Die mittlerweile veraltete Software soll ersetzt werden durch ein Paket, das modular aufgebaut und erweiterbar ist. In der nächsten Zeit sollen vor allem für Aufgaben in

- der Personalbedarfsplanung,
- der Aus- und Weiterbildung,
- der Personalstatistik,

IT-Lösungen gefunden werden. Erläutern Sie zu jedem Aufgabenbereich drei für Sie wichtige Umsetzungsbeispiele.

Aufgabe 2

Erläutern Sie beispielhaft, was Sie unter ESS (Employee Self Service) verstehen.

Aufgabe 3

Erläutern Sie vier Aufgaben des Datenschutzbeauftragten näher.

Aufgabe 4

Zur technischen und organisatorischen Datensicherung gehören zuverlässige Kontroll- und Sicherungsmaßnahmen. Erläutern Sie drei Kontrollmaßnahmen und die dazugehörigen Sicherungsmaßnahmen.

Aufgabe 5

Sie wollen Ihre bisherige Standardsoftware durch ein zeitgemäßes Programmpaket ersetzen. Ihnen liegen zahlreiche Angebote vor, die Sie vergleichen müssen. Erläutern Sie fünf Auswahlkriterien näher.

Lösungsansätze zu Kapitel 1.5

Zu Aufgabe 1

Personalbedarfsplanung

- Stellenpläne und Stellenbesetzungspläne
- Zugangs-/Abgangstabellen
- Personalbestandslisten
- Schichtpläne
- Arbeitsrichtwerte
- Stellenbeschreibungen
- Anforderungsprofile

Aus- und Weiterbildung

- Laufbahn- und Nachfolgepläne
- Beurteilungssysteme
- Ausbildungspläne
- Angebotsvergleiche von Weiterbildungsanbietern
- Kostenkalkulationsprogramme

Personalstatistik

- Urlaubsplanung
- Krankheitsstatistik
- Personalstrukturstatistik
- Unfallstatistik
- Kennzahlensysteme

Zu Aufgabe 2

Wörtlich übersetzt heißt ESS (Employee Self-Service) »Mitarbeiter – Selbstbedienung«. Das bedeutet, dass Mitarbeiter und Manager einen Teil der personenbezogenen Daten in den Grenzen des Bundesdatenschutzgesetzes und anderer Rechtsnormen selbst verwalten und pflegen.

Im Wesentlichen erstreckt sich ESS auf die Datenerfassung durch die Mitarbeiter, weil hier die größte Kompetenz vorhanden ist. Der Mitarbeiter kann z.B. geänderte Adressen oder einen neuen Familienstatus oder Geburten von Kindern selbst eingeben, anstatt wie bisher über Meldezettel u.Ä. damit den Personalbereich zu beauftragen. Dies führt bei geringem Schulungsbedarf für die Mitarbeiter zu einer Entlastung der Personalarbeit.

Darüber hinaus ermöglicht ESS den Abruf von Informationen z.B. über Weiterbildungsangebote oder innerbetriebliche Stellenausschreibungen oder Änderungen im Cafeteria-System per Internet oder Intranet von jeder Stelle und von jedem Ort aus – auch von zu Hause.

Die Anmeldungen zu Seminaren oder das Ausfüllen von Formularen und Bescheinigungen geschehen online unter Papierverzicht.

Urlaubsanmeldungen und -genehmigungen können auf elektronischem Wege erfolgen, und zwar durch Weiterleitung des Vorgangs per Workflow und elektronische Unterschrift.

ESS kann Zeiterfassungssysteme und betriebliche Ausweiskontrollen überflüssig machen. Die Mitarbeiter können sich jederzeit einen Überblick und einen Ausdruck ihrer Arbeitszeitkonten verschaffen.

Zu Aufgabe 3

Zu den wesentlichen Aufgaben des Datenschutzbeauftragten gehören

- das Erstellen und Pflegen einer Liste über alle Dateien mit personenbezogenen Daten unter Angabe der Inhalte und Empfänger der dort gespeicherten Daten,
- die Überwachungspflicht, die Einhaltung aller Schutzbestimmungen bei Eingabe, Speicherung und Verarbeitung personenbezogener Daten,
- die Überwachung bei Berichtigung, Sperrung und Löschung von personenbezogenen Daten,
- die Überwachung einer ordnungsgemäßen Nutzung vorhandener Programme, hier insbesondere die Zugriffmöglichkeiten auf Personaldaten,
- die Belehrung der mit der Verarbeitung von Personalarbeit beschäftigten Mitarbeiter über einschlägige Datenschutzbestimmungen,
- die Verpflichtung und Überwachung der Mitarbeiter hinsichtlich des Datengeheimnisses.

Lösungsansätze zu Kapitel 1.5

Zu Aufgabe 4

Kontrollmaßnahmen	Sicherungsmaßnahmen
Zugangskontrolle Unbefugten den Zugang zu Anlagen mit personenbezogenen Daten verwehren	Closed-Shop-Betrieb Sicherungszonen schaffen Zutritt nach Ausweiskontrolle
Speicherkontrolle Unbefugte Eingabe, Kenntnisnahme, Veränderung oder Löschung gespeicherter Personaldaten verhindern	Benutzerpasswort Dateipasswort
Zugriffskontrolle Systembenutzungsberechtigte dürfen nur zu jenen Daten Zugriff haben, die für ihre Arbeit erforderlich sind.	Dateipasswörter Zugriffsprotokoll Zugriffsbeschränkungen auf bestimmte Terminals
Eingabekontrolle Es muss feststellbar sein, durch wen und wann Personaldaten eingegeben worden sind.	Terminaljournale
Transportkontrolle Es ist zu verhindern, dass Personaldaten beim Transport oder der Übermittlung gelesen, verändert oder gelöscht werden können.	Chiffrierung der Übertragungsdaten Abschirmung der Übertragungsleitungen Strenge Personalauswahl bei persönlichem Transport

Zu Aufgabe 5

Auswahlkriterien können sein:

- Kosten der Software einschließlich einer nötigen Beratung dazu,
- Zeitbedarf für die Einrichtung der Software in dem Unternehmen,
- Vergleich des Leistungsspektrums der neuen Softwareangebote,
- Kosten für die Qualifizierung der Mitarbeiter,
- Kosten für die technische Bereitstellung,
- Serviceleistungen der Anbieter (Erweiterungspakete),
- Möglichkeit der Anpassung der Standardsoftware an die individuellen Anforderungen,
- Schnittstellen zu anderen, bereits vorhandenen Systemen,
- Kosten für die Übernahme von vorhandenen Daten,
- Einrichtung von Datensicherungsinstrumenten für die neue Software.

1 Personalarbeit organisieren und durchführen

1.6 Beraten und Fachgespräche führen

Aufgabe 1

Erläutern Sie fünf Arten und Ursachen von betrieblichen Konflikten.

Aufgabe 2

Konflikte stören ganz erheblich jede Art von Teamarbeit. Nennen Sie je fünf äußere Indikatoren für Konflikte in der Gruppenarbeit, auf die Sie als Teamleiter achten.

Aufgabe 3

Erläutern Sie an einem Beispiel den Prozess einer Konfliktentstehung.

Aufgabe 4

Als Personalreferent wird von Ihnen Konfliktlösungskompetenz verlangt. Ob und wie betriebliche Konflikte gelöst werden können, hängt zum einen davon ab, in welcher Stufe der Eskalation sich ein Konflikt befindet, zum anderen davon, welche Konfliktlösungsstrategie Sie verfolgen wollen.

a) Erläutern Sie ein Modell der Eigendynamik von Konflikteskalationen.

b) Beschreiben Sie fünf Konfliktlösungsstrategien.

Aufgabe 5

Nennen Sie fünf positive Funktionen, die Konflikte erfüllen.

Aufgabe 6

Sie sind Leiter eines Projektteams, in dem sich zwei Mitarbeiter offenbar in einem heftigen Beziehungskonflikt befinden. Beide sind für das Projekt unverzichtbar, stören aber durch ihr Verhalten die Teambesprechungen ganz erheblich. Als von den übrigen Projektmitarbeitern Proteste laut werden, entschließen Sie sich, den beiden Mitarbeitern

1.6 Beraten und Fachgespräche führen

das Angebot zu einem Gespräch unter sechs Augen zu machen, auf das sich die beiden einlassen.

Erläutern Sie Ihre Schritte zu einer Konfliktlösung.

Aufgabe 7

Ihr Unternehmen trägt sich mit der Absicht, ein Wissensmanagement einzuführen. In einem Gespräch sollen Sie der Geschäftsführung die Ziele und Vorteile erläutern. Erläutern Sie, auf welche Eckpunkte Sie Ihren Fokus legen.

Aufgabe 8

Bei der Betrachtung des Krankenstandes in Ihrem Unternehmen vermuten Sie einen hohen Anteil von nicht krankheitsbedingten Fehlzeiten. Sie wollen deshalb in Ihrem Bereich verhaltensbedingte Mitarbeitergespräche führen und bereiten sich auf die Gespräche vor. Welche Aspekte stellen Sie in den Mittelpunkt Ihrer Gesprächsführung?

Aufgabe 9

Ihr Unternehmen bildet zum ersten Mal aus. Zwei Auszubildende haben gerade ihre Zwischenprüfung abgelegt. Beide haben mangelhafte Ergebnisse erzielt. Sie sind verantwortlicher Ausbilder und versuchen, die Gründe für das schlechte Abschneiden zu analysieren. Für die anstehenden Gespräche mit den Auszubildenden, den Fachkräften, den Berufsschullehrern und dem Betriebsrat entwerfen Sie einen Leitfaden mit einer Reihe von zielführenden Fragen.

Aufgabe 10

In Ihrem Unternehmen hat es eine größere Umstrukturierung gegeben. Die damit verbundene Reduzierung der Mitarbeiterzahl führt zu einer Qualifizierungsoffensive, um die verbleibenden Mitarbeiter auf ihre neuen Aufgaben vorzubereiten. Leider gibt es bei einigen Mitarbeitern Widerstände gegen eine Weiterbildung. Aus diesem Grunde wollen Sie Motivierungsgespräche führen. Erläutern Sie vier Möglichkeiten, wie Sie diese Mitarbeiter doch noch für eine Teilnahme an den Qualifizierungsmaßnahmen gewinnen können.

1 Personalarbeit organisieren und durchführen

Lösungsansätze zu Kapitel 1.6

Zu Aufgabe 1

Zielkonflikte sind dann gegeben, wenn Personen verschiedene Absichten haben. Häufige Ursachen für Zielkonflikte sind:

- mangelnde Absprachen und
- mangelnde Koordination.

In Beurteilungs- oder Wahrnehmungskonflikten interpretiert jede Partei die Sachlage aus ihrem persönlichen Blickwinkel. Der Blickwinkel selbst hängt davon ab, wo und auf wessen Seite man steht und über welche Informationen man verfügt. Häufige Ursachen für diese Konfliktart sind:

- mangelnde Information,
- unterschiedlicher Kenntnisstand,
- unterschiedliche Einstellungen,
- mangelnde Fähigkeit, sich in andere hineinversetzen zu können.

Verteilungskonflikte ergeben sich häufig aufgrund der subjektiv als ungerecht empfundenen Zuteilung von Ressourcen (Mitteln). Auch bei Verteilungskonflikten geht es meist nur nach außen um die Sache. Der innere Konfliktauslöser ist in der Regel die mangelnde psychologische Zuwendung. Im Arbeitsleben wird oft die Höhe des Gehaltes als Gradmesser der beruflichen Wertschätzung und Anerkennung gesehen. Ursachen für Verteilungskonflikte sind:

- mangelnde Ressourcen,
- ungerechte Verteilung,
- fehlende psychologische Zuwendung.

Die meisten Menschen gehören einer Vielzahl von Gruppen an: Familie, Paar-Beziehung, Arbeitsgruppe, Vereine, Freundes- und Bekanntenkreis. Gruppen bieten ihren Mitgliedern Orientierung und Identität. Gleichzeitig wird von jedem Gruppenangehörigen ein bestimmtes Rollenverhalten erwartet. Dies kann leicht zu inneren Konflikten führen. Ursachen für **Rollenkonflikte** sind:

- häufig wechselnde Rollenübernahme,
- Rollenunsicherheit und
- das Unvermögen, sich in verschiedene Rollen hineinbegeben zu können.

Lösungsansätze zu Kapitel 1.6

Beziehungskonflikte ergeben sich aus Antipathien und Kommunikationsstörungen. Die häufigsten Ursachen sind außerdem:

- Verstimmungen,
- vorausgegangene Konflikte,
- unterschiedliche Wertesysteme.

Zu Aufgabe 2

Indikatoren in der Kommunikation

- aggressiver Kommunikationsstil
- verhärtete Diskussionen
- Killerphrasen, Schlagworte
- Themen zerreden
- ständig aneinander vorbeireden
- Information ist unzureichend oder bewusst irreführend
- keine Kompromissbereitschaft
- Schuldzuweisungen

Indikatoren im Verhalten

- sich zurückziehen
- Weigerung, Arbeiten zu übernehmen
- Abwesenheit
- Unaufmerksamkeit, Passivität
- Vermeidung von Augenkontakt
- Flucht in andere Arbeiten
- Aggressionen

Hinweis: Die Gliederung in »Kommunikation« und »Verhalten« ist bei der Antwort hilfreich, aber nicht nötig, da sie in der Fragestellung nicht ausdrücklich verlangt wird!

Zu Aufgabe 3

1. Phase – Konfliktentfachung

Ein Konflikt entsteht häufig aus nichtigen Ursachen, aus persönlichen Animositäten, aus Machtansprüchen oder aus einer Interessensverteidigung heraus.

Beispielsituation: Mitarbeiter A. aus der Lohnabrechnung erfährt auf einer Betriebsversammlung von der geplanten Einführung eines Personalinformationssystems, zu dem die Mitarbeiter des Personalbereichs durch Inhouse-Schulungen qualifiziert werden sollen.

1 Personalarbeit organisieren und durchführen

2. Phase – Konfliktwahrnehmung

Ob man einen Konflikt bagatellisiert, realistisch sieht oder ihn aufbauscht: Die Ursache für eine verzerrte Konfliktwahrnehmung liegt stets in der Persönlichkeitsstruktur des vom Konflikt Betroffenen.

Beispiel: Mitarbeiter A. ist 58 Jahre alt und hat sich bisher immer erfolgreich um Schulungen im EDV-Bereich gedrückt, weil er Angst vor der neuen Technik hat und seinen Arbeitsplatz bedroht sieht.

3. Phase – Konfliktanalyse

Wenn ein Konflikt bzw. dessen Ursache falsch analysiert wird, kann auch keine optimale Entscheidung zu dessen Bewältigung getroffen werden.

Beispiel: Mitarbeiter A. stellt ungerechtfertigt einen kausalen Zusammenhang her, der verzerrt so aussieht: »Die Einführung eines PIS bedeutet Wegrationalisierung meiner Stelle.« Jede weitere Informationsbeschaffung und Auseinandersetzung lehnt A. daher innerlich ab.

4. Phase – Konfliktreaktion

Wie ein Betroffener auf einen Konflikt reagiert, hängt vom Verlauf der vorangegangenen Phase ab und von der Reife des oder der Beteiligten, vor allem, wenn sie Führungsverantwortung haben.

Beispiel: Die Chance eines Fördergespräches nimmt A. nicht wahr. Als die ersten Trainings anstehen, meldet er sich regelmäßig mit einer Arbeitsunfähigkeitsbescheinigung krank.

Zu Aufgabe 4

a) Konflikteskalation

1. Phase – Verstimmung

Eine Begebenheit wie zum Beispiel Tuscheln mit einer Kollegin oder eine überzogene Mittagspause bewirkt eine atmosphärische Störung

2. Phase – Diskussion

Der Konflikt kommt zur Sprache. Aber man ignoriert die Existenz des Konfliktes.

3. Phase – Kontaktabbruch

Die Konfliktpartner gehen sich aus dem Weg. Sofern keine räumliche oder organisatorische Lösung möglich ist, vergrößern sich die Spannungen.

Lösungsansätze zu Kapitel 1.6

4. Phase – Soziale Ausweitung

Andere Personen werden in den Konflikt mit einbezogen. Jeder sucht offen oder verdeckt nach Bestätigung durch andere.

5. Phase – Strategiesuche

Es werden Möglichkeiten entwickelt, wie man den Anderen ausschalten oder unter Druck setzen kann.

6. Phase – Anwendung von psychischem Druck

Die Konfliktbeteiligten beschäftigen sich vorrangig mit ihrem Konflikt, ignorieren und behindern sich gegenseitig, anstatt zu kooperieren

7. Phase – Regelbruch

Die negativen Wahrnehmungen verschärfen sich. Eine Verschlechterung der eigenen Situation wird sofort der anderen Seite angelastet.

8. Phase – Angriffe

Es erfolgen massive Angriffe und offene Behinderungen des Gegners und seiner Verbündeten.

9. Phase – Totale Konfrontation

Es besteht der Wunsch, den anderen tatsächlich zu zerstören, seine berufliche Laufbahn, sein gesellschaftlichen Ansehen.

Im Lösungsansatz dargestellt wurde das Modell von Glasl. In der Prüfung wird man von Ihnen nicht verlangen können, dieses Modell mit seinen neun Stufen exakt zu beschreiben, wohl aber ein sinnvoll gestuftes, nachvollziehbares Modell mit weniger Stufen.

b) Konfliktlösungsstrategien

Es gibt grundsätzlich zwei Ausprägungen bei Konfliktlösungsstrategien: die Orientierung an den eigenen Zielen und Bedürfnissen und die Orientierung an den Zielen und Bedürfnissen des anderen.

Nachgeben	sich unterwerfen, eigene Ziele aufgeben, Meinungsverschiedenheiten nicht hochspielen
Konsens	gemeinsames Problem lösen, kreative Zusammenarbeit, eine beiderseits optimale Lösung finden wollen
Kompromiss	Jeder weicht von seinen Maximalforderungen ein Stück ab.
Flucht	Rückzug, Vermeidung, gar nichts tun, Konflikte ja nicht aufrühren
Durchsetzen	erzwingen, Ich-oder-Du, Drohungen und Macht einsetzen

1 Personalarbeit organisieren und durchführen

Zu Aufgabe 5

Konflikte

- weisen auf Probleme hin,
- fördern Innovationen,
- erfordern Kommunikation,
- verhindern Stagnation,
- regen Interesse an,
- lösen Veränderungen aus,
- stimulieren Kreativität,
- festigen Gruppen,
- führen zu Selbsterkenntnissen,
- verlangen nach Lösungen.

Zu Aufgabe 6

1. Das Problem wird erkannt und definiert

- Offenlegung der unterschiedlichen Standpunkte
- Beleuchtung durch die Konfliktpartner
- Anerkennung der Lösungsbedürftigkeit

2. Alternative Lösungen werden entwickelt

- Vorschlag möglicher Lösungen
- gemeinsame Suche nach Alternativen
- Entgegennahme aller Vorschläge ohne Kritik, Bewertung und Selektion

3. Bewertung der alternativen Lösungen

- offene, ehrliche Begutachtung durch die Konfliktpartner
- gemeinsame Überprüfung auf ihre Funktionsfähigkeit

4. Die Entscheidung wird getroffen

- Überprüfung auf ihre allseitige Akzeptanz
- Zustimmung der Konfliktpartner zur Lösung wird festgestellt.
- Die Lösung wird keiner Seite aufgezwungen.

5. Die Entscheidung wird durchgeführt

- Maßnahmen zur Realisierung werden festgehalten.
- Wer hat was wann zu tun?

6. Abschließende Bewertung der Lösung

- Revision der getroffenen Entscheidung ist in beiderseitigem Einverständnis möglich.

Zu Aufgabe 7

Erwartet werden Erläuterungen zu Zielen und Vorteilen, z.B.:

- Sicherung des Know-hows beim Ausscheiden von qualifizierten Mitarbeitern,
- Kommunikation von schon vorhandenen Problemlösungen innerhalb der Firma,
- Optimierung der Geschäftsprozesse und ggf. des Projektmanagements,
- Wissensweitergabe über Generationen hinweg,
- Aufbau neuer Geschäftsfelder,
- Kompetenzentwicklung der Mitarbeiter,
- Mitarbeiter besser motivieren,
- Verbesserungsideen schneller umsetzen.

Zu Aufgabe 8

Erwartet werden Erläuterungen wie:

Definition des Krankenstandes

- Entwicklung des Krankenstandes in der letzten Zeit
- Verteilung der Fehlzeiten auf Abteilungen und Betriebsteile
- Entwicklung der Folgekosten von Fehlzeiten
- kritische Gruppen identifizieren (Alter, Geschlecht usw.)

Folgen von Fehlzeiten

- Mehrbelastung der Kollegen durch Überstunden
- Schwierigkeiten in der Urlaubsplanung
- Probleme beim Personaleinsatz
- Einarbeitung von Aushilfen
- Qualitätsverlust

Instrumente zum Fehlzeitenmanagement

- informelle Maßnahmen
- disziplinarische Maßnahmen
- belohnende Maßnahmen für Anwesenheit
- Präventivmaßnahmen (Gesundheitsmanagement)

1 Personalarbeit organisieren und durchführen

Stufung der Gespräche nach der individuellen Quote

- Hinweis auf bisherige Fehlzeiten
- Auswirkungen auf den Arbeitsplatz
- Angebot von Hilfestellungen
- Hinweise auf Fehlzeitenmuster
- Informationen über das Krankheitsbild einholen
- Darstellung der entstandenen Kosten
- Hinweise auf arbeitsrechtliche Konsequenzen

Zu Aufgabe 9

Erwartet werden Fragen wie:

- Welche Gründe sehen die beiden Auszubildenden selbst für das Abschneiden?
- Welche Gründe führen die Fachkräfte für das schlechte Ergebnis an?
- Welche Ursachen sehen die Berufsschullehrer?
- Wurden die individuellen Ausbildungspläne eingehalten?
- Hat die Berufsschule den Rahmenlehrplan eingehalten?
- Welche Inhalte wurden bis zur Zwischenprüfung erarbeitet?
- Waren die Auszubildenden aufgrund des bisherigen Ausbildungsverlaufs in der Lage, die Zwischenprüfung zu bestehen?
- Wie beurteilen die Auszubildenden den bisherigen Ausbildungserfolg?
- Welche Lernschwierigkeiten sind in der Ausbildung bisher aufgetreten?
- Sind die individuellen Vorkenntnisse der beiden Auszubildenden bei den Unterweisungen berücksichtigt worden?
- Waren die Ausbildungsmethoden dem Kenntnisstand und den Lerntypen angemessen?
- Welche Ergebnisse wurden in den einzelnen Fächern in der Berufsschule erzielt?
- Welche Konsequenzen wurden aus den Ergebnissen gezogen?

Zu Aufgabe 10

Erwartet werden Erläuterungen zu Möglichkeiten wie:

- Unterstützung im Weiterbildungsprozess anbieten,
- Angst vor unbezahlter Mehrarbeit nehmen,
- Vereinbarkeit von Privatleben mit der Weiterbildung verdeutlichen,
- Angst vor einer Leistungsbeurteilung nehmen,
- umfassende Informationen zum Ablauf der Weiterbildung verschaffen,
- zielgruppengerechte Methoden in der Qualifizierung anwenden,
- Nutzen der Weiterbildung verdeutlichen,
- Einbindung der Mitarbeiter bei der Erstellung des Qualifizierungskonzeptes.

1.7 Präsentations- und Moderationstechniken einsetzen

Die letzte Ihrer Prüfungsleistungen wird das situationsbezogene Fachgespräch sein, welches die Präsentation eines selbst gewählten Themas beinhaltet. Wir haben dem situationsbezogenen Fachgespräch an anderer Stelle ein eigenes Kapitel gewidmet (siehe Teil C diese Buches) und dort Beispiel-Präsentationen mit aufgenommen, die wesentliche Merkmale eines gekonnten Vortrags veranschaulichen. Detaillierte Informationen zur Präsentationsmethodik finden Sie außerdem in Teil A (Präsentationsmedien nutzen).

Aufgabe 1

Mit der Umstellung auf das Referentensystem in Ihrem Personalbereich haben Sie und Ihre Kollegen beschlossen, wöchentlich eine Teambesprechung zu realisieren, die abwechselnd von einem der Referenten moderiert werden soll. Da Sie derjenige sind, der als Erster für die Moderation verantwortlich ist, überlegen Sie sich, was die Stärken der Methode ausmacht. Erläutern Sie drei dieser Stärken näher.

Aufgabe 2

In einem eintägigen Workshop sollen einige Führungskräfte eine Qualifizierung zum Moderator erhalten und diese erworbenen Kompetenzen als Multiplikatoren an andere Führungskräfte per Coaching weitergeben. Nachdem einleitend die Grundsätze der Moderation erläutert wurden, soll nun jeder Teilnehmer Erfolgskriterien für ein Moderatorenprofil zusammentragen. Nennen Sie zehn Kriterien für ein Profil.

Aufgabe 3

Ihr Unternehmen denkt darüber nach, die Kreativität und die Ideen seiner Mitarbeiter in Zukunft systematisch zu fördern, zu sammeln und zu nutzen. Eine konkrete Vorstellung in Richtung Vorschlagswesen, Ideenmanagement oder Wissensmanagement existiert noch nicht. In einer von Ihnen zu moderierenden Sitzung von Führungskräften soll ein Vorschlag erarbeitet werden. Erläutern Sie, wie Sie sich den Ablauf dieser moderierten Sitzung vorstellen.

1 Personalarbeit organisieren und durchführen

Aufgabe 4

Sie wollen mit Ihrem Team erstmalig ein Brainstorming zum Thema »Bessere Vermarktung unserer Personalarbeit« durchführen. Dafür sind Sie als Moderator vorgesehen. Schildern Sie Ihre Vorgehensweise. Gehen Sie dabei insbesondere auf die Regeln in einer Brainstorming-Sitzung ein.

Aufgabe 5

Sie haben den Auftrag, die Ergebnisse einer Mitarbeiterbefragung zu präsentieren.

a) Erläutern Sie fünf Vorteile der Visualisierung.

b) Nennen Sie drei Regeln der Visualisierung in Präsentationen, die Sie beachten.

Aufgabe 6

Sie hatten den Auftrag der Geschäftsleitung, sich Gedanken über die Umwandlung des herkömmlichen betrieblichen Vorschlagswesens in ein modernes Ideenmanagement zu machen. Die Präsentation Ihrer Ergebnisse wird die Entscheidung der Geschäftsleitung und Führungskräfte maßgeblich beeinflussen. Sie wollen deshalb einen optimalen Aufbau der Präsentation realisieren und über die Dramaturgie die erhoffte Wirkung erzielen. Erläutern Sie entsprechende Schritte in diese Richtung.

Aufgabe 7

Einige Ihrer jüngeren Kollegen haben während der Führungskreissitzungen Probleme im Umgang mit den Fragen der übrigen Führungskräfte. Sie haben sich daher vorgenommen, eine Liste mit Tipps zum Umgang mit Fragen zu entwerfen, mithilfe derer Ihre Kollegen in Zukunft ihre Sachkompetenz und Souveränität in ihren Beiträgen unter Beweis stellen können. Erarbeiten Sie Vorschläge für diese Liste.

Lösungsansätze zu Kapitel 1.7

Zu Aufgabe 1

- Die Kompetenzen, das Wissen und die Kreativität aller in der Gruppe werden in der Moderation genutzt.
- Diese Synergie erhöht, wie in jeder gut aufgestellten Gruppe, gleichzeitig die Qualität des Ergebnisses, wobei
- ein hierarchiefreies Klima, hier im Kreise gleichberechtigter Referenten, die Motivation zur Mitarbeit erhöht.
- Störungen und Konflikte werden versachlicht und thematisiert, um die Leistungsfähigkeit der Gruppe zu erhalten.
- Gemeinsam erarbeitete Ergebnisse finden in der Gruppe hohe Akzeptanz, dadurch steigt die Chance auf eine erfolgreiche Umsetzung.

Zu Aufgabe 2

Ein Moderator soll u.a.:

- kreative Ideen beitragen,
- Klärungsfragen stellen können,
- Zeitgefühl haben,
- Zusammenhänge erkennen,
- aktiv zuhören können,
- Ideen unterstützen und weiterführen können.
- zusammenfassen können,
- andere begeistern, motivieren können,
- erreichbare Ergebnisse erkennen können,
- Ziele hinterfragen können,
- erkennen, wann Diskussionen beendet werden müssen,
- die Bedeutung von Informationen erkennen können,
- Realitätssinn haben,
- Mut zur Konfrontation zeigen,
- Entschlusskraft besitzen.

1 Personalarbeit organisieren und durchführen

Zu Aufgabe 3

1. Schritt: Klärung des Ziels der moderierten Sitzung

- Was soll am Ende der Sitzung erreicht sein?
- Wie soll das Ergebnis aussehen?
- In welcher Form soll das Ergebnis vorliegen?

2. Schritt: Analyse der Teilnehmer (Zielgruppe)

- Wer sind die Teilnehmer der Sitzung?
- Welche Funktion, Stellung, Entscheidungskompetenz haben sie?
- Wie sind die Interessen, Einstellungen und Erwartungen zum Thema?
- Welche Konflikte könnten auftreten?

3. Schritt: Auftrag klären und Ziele vereinbaren

- Regeln einer moderierten Sitzung vereinbaren.
- Wozu tun wir das? (Sinn und Zweck)
- Für wen tun wir das? (Kunde)
- Was soll bis zum Ende der Sitzung erreicht sein? (Ergebnis)
- Woran wollen wir das Ergebnis messen? (Erfolgskriterien)

4. Schritt: Zusammentragen von Informationen zum Ideenmanagement

- Fakten
- Ideen
- Ressourcen
- Risiken
- Alternativen

5. Schritt: Arbeitsphase

- Arbeitsschritte auflisten
- Arbeitspakete schnüren
- Prioritätenliste erstellen
- Teilergebnisse zusammentragen

6. Schritt: Abschluss der moderierten Sitzung

- kritische Betrachtung des Ergebnisses
- Soll-Ist-Vergleich
- Was war hilfreich, was war hinderlich in der Zusammenarbeit?
- Verabredungen für die weitere Zusammenarbeit

Diese Lösung wird eine von vielen Möglichkeiten sein, die akzeptiert werden. Denkbar wäre auch ein Lösungsvorschlag, der einem Projektstrukturplan ähnelt oder eine allgemeine Lösung wie Ist-Aufnahme, kritische Analyse, Alternativensammlung, Soll-Konzept, Realisierung, Evaluation.

Lösungsansätze zu Kapitel 1.7

Zu Aufgabe 4

1. Phase

Sich vertraut machen mit der Methode, Beispiele für erfolgreiches Brainstorming schildern, Regeln erläutern und für alle sichtbar aufhängen, Lockerheit erzielen durch ein oder zwei Durchläufe mit Spaßcharakter.

2. Phase

Den Auftrag, die Frage oder das Problem nennen, erörtern und klären.

3. Phase

Regeln nochmals erklären und verbindlich machen:

- Jede Idee ist willkommen und wird notiert.
- Es erfolgt keine Kritik oder Bewertung der Beiträge anderer während des Brainstormings.
- Jede Idee eines anderen ist Allgemeingut und darf aufgegriffen werden.
- »Spinnen«, d.h. unkonventionelle Ideen zu äußern, ist ausdrücklich erwünscht.
- Masse geht vor Klasse, auf die Vielzahl der Ideen kommt es an.

4. Phase

Zeit vereinbaren: Für die erste Runde reichen zehn bis fünfzehn Minuten, je nach Zahl der Teilnehmer. Danach kann nach einer Pause noch eine weitere Runde von fünf Minuten angebracht sein. Dann sollte das Brainstorming beendet werden.

5. Phase

Die Weiterverarbeitung der gesammelten Ideen erfolgt

- durch die Gruppe selbst oder
- durch Experten.

Zu Aufgabe 5

a) Vorteile der Visualisierung

Visualisierung

- nutzt den dominanten Kanal bei der Informationsaufnahme (Bild schlägt Ton),
- spricht die unterschiedlichen Funktionsweisen der beiden Gehirnhälften an,
- verkürzt den Redeaufwand,
- liefert einen roten Faden für den Vortrag,
- setzt Schwerpunkte,
- verbessert die »Haftfähigkeit« der Information bei den Zuhörern.

1 Personalarbeit organisieren und durchführen

b) Regeln

Bei der Visualisierung sollten Sie u.a. folgende Punkte beachten:

- Jede Information, die mehr als drei bis fünf Minuten in Anspruch nimmt, sollte visualisiert werden.
- Sie muss auch auf fünf bis acht Meter Entfernung noch wahrnehmbar sein.
- Visualisieren Sie nur die Kerninformation.
- Streben Sie eine saubere Gliederung an.
- Verwenden Sie nur Stichworte, keine ganzen Sätze.
- Die grafische Qualität, Farben und Animation sind eher sekundär.

Die Visualisierung hat die Funktion, den Präsentierenden zu unterstützen, der Präsentierende hat nicht die Funktion, die Visualisierung zu unterstützen!

Zu Aufgabe 6

- Aufmerksamkeit herstellen: einen zündenden Anfang finden, eine förderliche Atmosphäre und Aufmerksamkeit für das Thema herstellen.
- Orientierung geben: Ziel der Präsentation, roten Faden oder Agenda aufzeigen, Organisatorisches, Überleitung zum Hauptteil.
- Informieren und faszinieren: Nutzen darstellen, Problemlösungen bieten und immer wieder auflockern.
- Verständnis absichern: kurze Zusammenfassungen, Wichtiges hervorheben, Kontrollfragen einbauen.
- Herausforderungen formulieren: Was erwarten Sie von den Zuhörern? Wissen die Zuhörer, was von ihnen erwartet wird?
- Abschluss: überleiten in andere Aktivitäten, einen originellen Schlusspunkt setzen.

Zu Aufgabe 7

Erwartet werden Tipps wie:

- Nehmen Sie Fragesteller und Fragen ernst.
- Hören Sie bis zum Schluss aufmerksam zu.
- Wenn die Beantwortung passt, antworten Sie! Wenn nicht, stellen Sie die Antwort zurück. Ziehen Sie, wenn Sie es für sinnvoll erachten, das Thema vor.
- Notieren Sie für alle sichtbar die noch offenen Fragen auf Flip-Chart oder Pinnwand. Damit machen Sie deutlich, dass Sie tatsächlich darauf zurückkommen werden.
- Falls Sie die Frage eigentlich schon beantwortet haben, nehmen Sie an, Sie hätten es nicht für alle verständlich getan.
- Mit dem Wiederholen der Frage gewinnen Sie Zeit zum Nachdenken und stellen sicher, dass Sie die Frage richtig verstanden haben.
- Bei Unklarheiten: Fragen Sie nach!

- Falls Sie etwas nicht wissen, geben Sie dies ruhig zu: Sie gewinnen an Glaubwürdigkeit, es sei denn, Sie hätten es wissen müssen.
- Wenn Sie nicht gleich antworten können, versprechen Sie, die Antwort nachzuliefern und tun Sie das dann auch wirklich.
- Beantworten Sie die Frage so, dass der Fragende nicht sein Gesicht verliert.
- Vergewissern Sie sich, dass die Frage zufriedenstellend beantwortet wurde.
- Lassen Sie sich nicht provozieren, verlieren Sie nie die Fassung.
- Verlegen Sie Einzeldiskussionen, die für die Mehrheit der Zuhörer nicht interessant sind, auf die Zeit nach der Präsentation.

1 Personalarbeit organisieren und durchführen

1.8 Arbeitstechniken und Zeitmanagement anwenden

Aufgabe 1

Sie beobachten seit einiger Zeit bei Mitarbeitern, dass diese offenbar Probleme mit ihrer Arbeitseinteilung haben. Einerseits stellen Sie fest, dass von der Arbeitszeit ein nicht unwesentlicher Teil auf rein private Aktivitäten während des Dienstes entfällt, andererseits klagen die Mitarbeiter über Stresssymptome, Termine werden nicht eingehalten, Kundenbeschwerden über Verzögerungen u.v.m. häufen sich. Sie beschließen, in einem ersten Schritt, dieses Zeitproblem durch eine Ist-Aufnahme anzugehen und zunächst einen Fragebogen zur Selbstbeobachtung und Selbstaufschreibung zu entwickeln, der anonym ausgefüllt werden soll.

Erarbeiten Sie exemplarisch einen Fragebogen mit zehn Symptomen für Zeitprobleme.

Aufgabe 2

Eine Standardmethode auf dem Wege zu einer systematischen Zeitplanung ist die ALPEN-Methode. Sie überlegen, ob diese Methode Ihren Mitarbeitern helfen könnte, ihre individuelle Zeitplanung erfolgreicher zu gestalten.

a) Nennen Sie die fünf Schritte, die zur Bezeichnung der Methode geführt haben.

b) Erläutern Sie mit je zwei Beispielen, welche Aktivitäten bei jedem Schritt erforderlich sind.

c) Erläutern Sie, warum bei dieser Methode die Schriftform – auch bei Verwendung von elektronischen Zeitplansystemen – unverzichtbar ist.

Aufgabe 3

An der Wand gegenüber Ihrem Schreibtisch hängt ein Motivationskalender mit dem heutigen Spruch: »Lebenswichtige wenige Probleme vor den nebensächlichen vielen Problemen in Angriff nehmen!« Erläutern Sie einem Mitarbeiter, welches Prinzip sich dahinter verbirgt.

1.8 Arbeitstechniken und Zeitmanagement anwenden

Aufgabe 4

In Zeiten der elektronischen Datenverarbeitung, des papierlosen Büros und der Verwendung von Workflow-Systemen und ESS sind Protokolltechniken teilweise aus der Mode gekommen. Dennoch gibt es auch heute noch viele Anlässe, bei denen Protokolle sinnvoll und notwendig erscheinen.

a) Erläutern Sie dies an zwei Beispielen näher.

b) Welche Formen der Protokolltechnik sind heute gebräuchlich? Nennen Sie zwei Techniken.

Aufgabe 5

Am Ende eines Workshops zum Thema »Zeit- und Selbstmanagement« beschließen Sie mit Ihrer Gruppe fünf Regeln zum Umgang mit Zeitfressern zu formulieren und an jedem Schreibtisch zur Erinnerung plakativ anzubringen. Nennen Sie fünf Regeln, die Ihnen am wichtigsten erscheinen.

Aufgabe 6

Arbeitsunterlagen dienen der Vorbereitung, Begleitung und Nachbereitung von vielen Lernformen, z.B. Seminare, Lehrgänge, Tagungen oder Gruppenarbeiten. Sie enthalten Lernziele und Fachinformationen, sollen die Lernmotivation fördern oder Transferprobleme ansprechen sowie Lerninhalte aufbereiten. Erläutern Sie wichtige Regeln für den Umgang mit Arbeitsunterlagen.

Aufgabe 7

Ein zentraler Begriff für optimale Lern- und Arbeitstechniken ist »Nachhaltigkeit«. Erläutern Sie einige Prinzipien, wie Sie eine tiefe Verarbeitung von Lerninhalten erreichen.

Aufgabe 8

Als Führungskraft sollten Sie über Kompetenzen im Zeit- und Selbstmanagement verfügen. Beschreiben Sie, woran Sie in der Praxis eine Führungskraft erkennen, die über diese Kompetenzen verfügt.

1 Personalarbeit organisieren und durchführen

Lösungsansätze zu Kapitel 1.8

Zu Aufgabe 1

In diesem Fragebogen erfasste Symptome für Zeitprobleme könnten sein:

- keine Zielsetzung vorhanden,
- kein täglicher Plan,
- unklare oder wechselnde Prioritäten,
- keine selbst gesetzten Termine,
- zu viel anfangen, unrealistische Zeitsetzungen,
- Dinge mehrfach tun,
- unklare Verantwortlichkeiten,
- gefangen in Routinedetails,
- Mangel an Motivation,
- telefonische Unterbrechungen,
- unerwartete Besucher,
- Unfähigkeit, nein zu sagen,
- unvollständige Informationen,
- Perfektionismus,
- alles wissen wollen,
- Unentschlossenheit, aufschieben von Arbeiten.

Alle Symptome können bei ihrem Vorhandensein von jedem Mitarbeiter bei selbstkritischer Reflexion beobachtet werden. Der Fragebogen muss nicht fremd ausgewertet werden, sondern sollte eher als Anstoß für den Mitarbeiter verstanden werden, etwas gegen seine Zeitprobleme zu tun.

Bei Verwendung einer Skalentechnik könnte man zwei wichtige Ausprägungen erfahren:

Relevanz des Problems						**Häufigkeit**				
1 = großes Problem für mich 4 = kein Problem für mich						1 = nie 4 = immer				
	1	2	3	4	**Symptome**		1	2	3	4
	☐	☐	☐	☐	keine Zielsetzung kein täglicher Plan usw.		☐	☐	☐	☐
	☐	☐	☐	☐			☐	☐	☐	☐

Lösungsansätze zu Kapitel 1.8

Zu Aufgabe 2

a) Die fünf Schritte sind:

Aufgaben zusammenstellen.
Länge der Tätigkeiten schätzen.
Pufferzeiten für Unvorhergesehenes reservieren.
Entscheidungen über Prioritäten, Kürzungen und Delegation treffen.
Nachkontrolle – Unerledigtes übertragen.

b) Aktivitäten

1. Schritt

- Vorgesehene Aufgaben notieren.
- Unerledigtes vom Vortag übertragen.
- Regelmäßige Termine eintragen.

2. Schritt

- Hinter jede Aufgabe den geschätzten Zeitbedarf eintragen.
- Der Zwang zur Zeiteinhaltung zwingt zu systematischer Arbeit.

3. Schritt

- Nur 60 Prozent der Zeit verplanen – 40 Prozent für Unvorhergesehenes reservieren.
- Freizeiten auch in die Zeitplanung eintragen.

4. Schritt

- Prioritäten setzen (z.B. mit Hilfe einer ABC-Analyse).
- Jede Tätigkeit überprüfen auf die Möglichkeit der Delegation.

5. Schritt

- Nicht Erledigtes auf die nächsten Tage je nach Priorität übertragen.
- Nach mehrfachem Übertragen: Aufgabe endlich erledigen oder streichen.

c) Prinzip Schriftform

- Bei Tagesplänen, die man nur im Kopf hat, verliert man den Überblick.
- Schriftliche Pläne entlasten das Gehirn.
- Ein schriftlich fixierter Plan hat den Effekt der Selbstmotivation.
- Schriftliche Pläne fördern die Konzentration auf das Wesentliche.
- Durch die Kontrolle der Tagesereignisse und -ergebnisse geht das Unerledigte nicht verloren.
- Der Planungserfolg wird gesteigert, weil der Zeitbedarf besser eingeschätzt werden kann und realistische Pufferzeiten eingeplant werden können.

1 Personalarbeit organisieren und durchführen

Zu Aufgabe 3

Es handelt sich um das Pareto-Prinzip oder die 80-zu-20-Regel. Übertragen auf das Zeitmanagement heißt dies, dass bereits 20 Prozent Ihrer Aktivitäten 80 Prozent Erfolg oder Nutzen bringen; umgekehrt jedoch, dass man mit den restlichen 80 Prozent Einsatz nur noch die restlichen 20 Prozent am Gesamtnutzen einfährt.

Die Praxis sollte also so aussehen, dass man jede Tätigkeit, bevor man sie aufnimmt oder angeht, auf den größten Nutzen überprüft.

Für Ihre Abschlussprüfung heißt dies, dass Sie zuallererst die Aufgaben angehen sollten, die Sie sicher beherrschen und mit denen Sie die meisten Punkte holen können, und dann erst die vielen restlichen (Teil-)Aufgaben, die Ihnen wenige Punkte bringen.

Zu Aufgabe 4

a) Sinn und Zweck von Protokollen

- Bei Abmahnungen ist es im Sinne der Beweissicherung erforderlich, die Anhörung des Mitarbeiters zu protokollieren.
- Eine auch noch so kleine Änderung eines Arbeitsvertrages bedarf der Schriftform, das Gleiche gilt für Betriebsvereinbarungen.
- Die Ergebnisse von Mitarbeiter-, Beurteilungs- und Fördergesprächen sollten schriftlich festgehalten werden, um auch anderen Stellen davon Kenntnis zu geben, z.B. wenn Fördermaßnahmen oder Personalentwicklungsmaßnahmen beschlossen wurden.
- Ergebnisse von Teamsitzungen oder Zielvereinbarungsgesprächen werden protokolliert und sind somit Planungs- und Kontrollinstrumente.

b) Protokolltechniken

Von den grundlegenden Protokollarten,

- Wortprotokoll,
- Verlaufsprotokoll,
- Kurzprotokoll und
- Ergebnis- oder Beschlussprotokoll,

sind für die betriebliche Praxis eigentlich nur die beiden Letzten relevant. Noch besser ist ein Simultanprotokoll, das handschriftlich angefertigt und auf Formblättern erstellt wird, die z.B. in jedem Zeitplansystem auch elektronisch enthalten sind.

Lösungsansätze zu Kapitel 1.8

Zu Aufgabe 5

Die Auswahl der Regeln ist natürlich rein subjektiv, aber als Ergebnis einer Selbstbeobachtung auch objektiv notwendig:

- Ich arbeite mit einem Zeitplansystem!
- Ich werde Arbeitsblöcke bilden (Schriftverkehr, Telefon, Internet bündeln)!
- Meine produktivsten Arbeitszeiten am Tag reserviere ich für A-Aufgaben!
- Ich plane für jeden Tag ausreichend Zeitreserven ein!
- Ich werde auch mal NEIN sagen, andere erledigen die Arbeit genauso gut!
- Usw.

Zu Aufgabe 6

Erwartet werden Regeln wie:

- Teilnehmerunterlagen nicht zu früh vorher oder zu spät nachher versenden. Kurz vorher (zwei bis vier Wochen) oder kurz danach (max. zwei Wochen) ist die Lernmotivation am höchsten.
- Unterlagen nicht am Anfang einer Veranstaltung verteilen; Sie riskieren sonst geistige Abwesenheit.
- Teilnehmer im Anschreiben auf die Bedeutung der Unterlagen für den Lernerfolg hinweisen.
- Grafiken, Schaubilder und Tabellen benutzen, die in der Lernsituation wiederverwendet werden (Aha-Erlebnisse verschaffen).
- Schaubilder oder Beispiele ruhig einmal unkonventionell gestalten, dies ist lernfördernd.
- Protokolle erarbeiten lassen, idealerweise als Partnerarbeit oder Kleingruppenarbeit.
- Zur Ablage Hefter, Sammler oder Ordner verteilen. Ordentlich abgelegte Unterlagen nimmt man lieber wieder zur Hand als eine Sammlung von Zetteln.

Zu Aufgabe 7

Eine tiefe Verarbeitung von Lerninhalten wird erreicht durch:

- multimodales Lernen: Nutzen verschiedener Sinneskanäle; akustisch (Sprache) – visuell (Bilder),
- Verknüpfen: Schaffen von sinnvollen Verbindungen zwischen den einzelnen Informationen,
- häufige Nutzung: Anwendung in unterschiedlichen Zusammenhängen,
- aktive Beteiligung beim Lernen,
- positive emotionale Stimmung: Beziehung zu Lernstoff und Lehrperson herstellen, Erfolgserlebnisse schaffen.

Zu Aufgabe 8

Erwartet werden Beschreibungen wie:

Die Führungskraft kann

- sich auch bei plötzlichen Änderungen der Abläufe schnell einen Überblick verschaffen und Prioritäten setzen,
- sich so organisieren, dass »Last-Minute-Stress« vermieden wird,
- Zusammenhänge und Abhängigkeiten erkennen und in der Bearbeitung sinnvoll bündeln,
- sich auf die Planungen anderer einstellen und deren Zielerreichung mit der eigenen kombinieren,
- den Tagesablauf prioritätenorientiert planen und steuern,
- Kunden, Kollegen und Geschäftspartner taktvoll an die Einhaltung von Terminen und Prioritäten erinnern,
- Aufgaben sinnvoll delegieren,
- den Aufwand für Aufgaben und Projekte richtig einschätzen,
- die persönlichen Ziele mit denen des Teams und des Bereiches in Relation zueinander setzen,
- Leer- und Wartezeiten sinnvoll für die Weiterarbeit an langfristigen Aufgaben nutzen.

1.9 Situationsaufgaben zum Handlungsbereich 1

Situationsaufgabe 1: Organisationsentwicklung in einer Bank

Ihr Unternehmen ist die HannoverBank AG, eine Privatbank, die sich ausschließlich dem Privatkundengeschäft widmet und regional tätig ist. Sie sind einer von sieben Personalsachbearbeitern in der Personalabteilung, die für 850 Mitarbeiter zuständig ist. Ihr Personalleiter wird in zwei Jahren in den Ruhestand gehen, der Vorstand hat Ihnen bereits signalisiert, dass Sie als Nachfolger vorgesehen sind, und Sie in diesem Zusammenhang mit einer Reihe von Sonderaufgaben betraut, die über Ihren eigentlichen Aufgabenbereich hinausgehen.

Das Unternehmen konnte sich in der Vergangenheit kleinerer Zuwachsraten erfreuen. Dennoch ist die Gesamtsituation nicht unkritisch. Auch Ihr Unternehmen wird in Zukunft die Personalkosten erheblich senken und intern einige Umstrukturierungen vornehmen müssen, um sich am Markt behaupten zu können.

Die bisherige Aufbauorganisation des Personalwesens folgte dem jeweiligen Stand der Entwicklung Ihres Unternehmens. Sie ist rein funktional gegliedert und beinhaltet die Teilfunktionen

- Personalbeschaffung,
- Personalbetreuung,
- Personalentgelte und
- Personalentwicklung.

In der letzten Zeit wurden beratende Stellen für

- Arbeits- und Tarifrecht und
- Personalpolitik

zur Entlastung des Personalleiters geschaffen.

Alle folgenden Aufgaben stehen in unmittelbarem Zusammenhang mit der geschilderten Ausgangssituation.

Aufgabe 1 (20 Punkte)

a) Skizzieren Sie die bisherige Aufbauorganisation. Welche Bedeutung haben dabei die Stäbe? (10 P.)

b) Welche Probleme werden möglicherweise auftreten, wenn das Unternehmen noch stärker als bisher markt- und produktorientiert auftreten wird? (10 P.)

1 Personalarbeit organisieren und durchführen

Aufgabe 2 (15 Punkte)

Ihr Unternehmen überlegt, mögliche Teilfunktionen des Personalwesens in Zukunft dauerhaft auszulagern. Erläutern Sie an einem selbstgewählten Beispiel Vor- und Nachteile des Outsourcings.

Aufgabe 3 (15 Punkte)

Der Vorstand beauftragt Sie, die Idee des Outsourcings in einer Projektgruppe abschließend zu bearbeiten und eine Empfehlung in Form einer Präsentation auszusprechen. Für diese Projektgruppe sind Sie als Projektleiter vorgesehen.

a) Bestimmen Sie die Mitglieder in Ihrer Projektgruppe und begründen Sie kurz Ihre Auswahl. (5 P.)
b) Welche Regelungen sollte der Projektauftrag enthalten? (10 P.)

Aufgabe 4 (10 Punkte)

Die Information und Kommunikation zwischen dem Personalbereich und den Mitarbeitern soll durch die Einrichtung eines Intranets erheblich verbessert werden. Machen Sie einen Vorschlag, welche Ziele der Personalbereich damit verfolgt und welche Instrumente Sie den Mitarbeitern bieten.

Aufgabe 5 (20 Punkte)

Der Vorstand Ihrer Bank hat beschlossen, ein Personalinformationssystem zu implementieren. Dies ist mit der Schulung von allen Mitarbeitern im Personalbereich verbunden, für die die Mitarbeiter reihum für jeweils drei Wochen freigestellt werden und zum Trainingscenter des Softwareherstellers nach München fahren müssen. Ein 58-jähriger Mitarbeiter hat sich bereits zum zweiten Male durch »Krankheit« dieser Schulung »entzogen«. Da sich derselbe Mitarbeiter wiederholt sehr abfällig über das eingeführte System geäußert hat, gleichzeitig aber erkennbar mit der neuen Technologie auf Kriegsfuß steht, beschließen Sie, in einem Kritikgespräch mit dem Mitarbeiter an einer Lösung zu arbeiten.

a) Wie bereiten Sie sich auf dieses Gespräch vor? (5 P.)
b) Welche alternativen Zielsetzungen erarbeiten Sie für sich? (15 P.)

Aufgabe 6 (20 Punkte)

Sie haben erkannt, dass die Zukunft der Personalarbeit vermehrt aus Teamarbeit bestehen wird. Dabei setzen Sie auf den leistungssteigernden Effekt der Gruppenarbeit.

a) Wie kommt diese Leistungssteigerung in einer gut funktionierenden Gruppe zustande? (10 P.)
b) Welche Merkmale müssen vorhanden sein, damit Sie von einem Team sprechen können? (10 P.)

1 Personalarbeit organisieren und durchführen

Situationsaufgabe 2: Strukturwandel in der LernsoftVerlag AG

Die LernsoftVerlag AG befindet sich in einem tiefgreifenden strukturellen Wandel. Aus einem reinen Verlag mit Spezialisierung auf Schul- und Fachbücher, der 2005 von einem Schweizer Unternehmen aufgekauft wurde, hat sich ein Unternehmen entwickelt, das Lernsoftware für Unternehmen und Weiterbildungseinrichtungen entwickelt und verkauft. Ein weiterer Zweig ist die Entwicklung von IT-gestützten Instrumenten für den Personalbereich, d.h. von Zeiterfassungssystemen bis zur Digitalisierung von Personalakten in Verbindung mit einem anerkannt guten Kundensupport und Schulung. Das bisherige Verlagsgeschäft spielt für den Umsatz praktisch keine Rolle mehr. Seit 2005 ist die Belegschaft von 85 Mitarbeitern auf 240 Mitarbeiter angestiegen, der Anteil an neuen Arbeitsformen wie Projektarbeit hat zugenommen. Die Mitarbeiter des Verlags wurden größtenteils übernommen, die Aufbauorganisation in Form einer Stab-Linien-Organisation wurde im Kern übernommen, durch weitere Stäbe und Bildung von Projektgruppen ergänzt. Der Personalbereich ist rein funktional gestaltet, wichtige Funktionen wie z.B. Personalentwicklung oder Personalbetreuung fehlen ganz oder werden vom Personalleiter »mitbetreut«. Das Stab-Linien-System verhindert häufig effektive und effiziente Projektarbeit. Die älteren Mitarbeiter sind auf Besitzstandswahrung aus und wenig innovationsbereit und -fähig. Die Konflikte zwischen alten und neuen Mitarbeitern und deren Führungskräften häufen sich. An diesem Punkt überlegt der Vorstand der LernsoftVerlag AG, das Unternehmen organisatorisch und personell neu aufzustellen. Sie wurden nach dem Ausscheiden des bisherigen Personalleiters vor einem Jahr eingestellt und sollen den Restrukturierungsprozess unterstützen.

Berücksichtigen Sie bei Ihren Antworten soweit möglich die betrieblichen Gegebenheiten.

Aufgabe 1 (30 Punkte)

Die Restrukturierungen sollen im Personalbereich beginnen, der sich in Zukunft als Dienstleister für alle Mitarbeiter verstehen soll.

a) Erläutern Sie am Beispiel von drei ausgewählten Kunden deren zukünftige Erwartungen an den Personalbereich. (12 P.)

b) Beschreiben Sie Ihre Vorgehensweise hinsichtlich der Umsetzung des »Prinzips Kundenorientierung« im Personalbereich. (18 P.)

Aufgabe 2 (20 Punkte)

Der Personalbereich soll organisatorisch auf die neuen Arbeitsformen in Ihrem Unternehmen ausgerichtet werden.

a) Erläutern Sie, welche Form der Aufbauorganisation für den Personalbereich Sie dem Vorstand der LernsoftVerlag AG vorschlagen. Begründen Sie Ihre Entscheidung. (8 P.)

b) Stellen Sie die Reorganisation des Personalbereichs in Form einer Matrixorganisation als Skizze dar. (12 P.)

Aufgabe 3 (20 Punkte)

Die Prozesse im Personalbereich sollen überprüft und ggf. neu gestaltet werden.

a) Erläutern Sie Ihre Vorgehensweise bei der Durchführung einer Prozessanalyse. (12 P.)
b) Beschreiben Sie den Prozess »Einsichtnahme eines Mitarbeiters in seine Personalakte«. (8 P.)

Aufgabe 4 (20 Punkte)

Die Unternehmensleitung hat beschlossen, ein Ideen- und Wissensmanagement zu etablieren, um die Kreativität und Innovationsbereitschaft bei den Mitarbeitern zu fördern, zu unterstützen und zu belohnen. Dazu soll ein Projektteam zusammengestellt werden.

a) Nennen Sie Auftraggeber und Auftragnehmer in diesem Projekt. (4 P.)
b) Für dieses Projekt sind Sie als Projektleiter designiert. Sie stellen Überlegungen hinsichtlich Ihrer Aufgaben an. Beschreiben Sie fünf unterschiedliche Aufgaben. (10 P.)
c) Sie haben vor, eine Kick-off-Veranstaltung zu diesem Projekt durchzuführen. Erläutern Sie, wer daran teilnehmen soll und welche Inhalte für Sie wichtig sind. (6 P.)

Aufgabe 5 (10 Punkte)

Die Konflikte im Unternehmen sollen entschärft werden. Die Führungskräfte sollen befähigt werden, Konfliktgespräche zu moderieren. Sie erhalten den Auftrag, einen Leitfaden für die Durchführung von Konfliktgesprächen zu entwickeln, der als Grundlage einer späteren Schulung der Führungskräfte dienen soll.

1 Personalarbeit organisieren und durchführen

Lösungsansätze zu Situationsaufgabe 1

☞ Zu Aufgabe 1

a) Aufbauorganisation

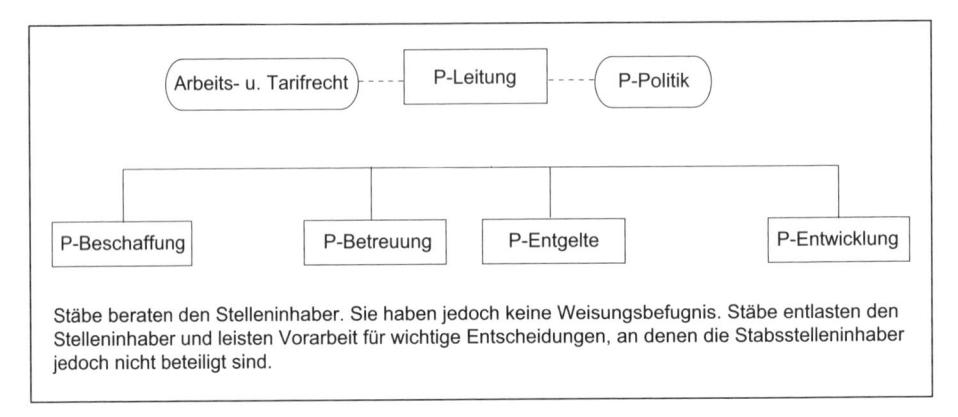

```
         Arbeits- u. Tarifrecht --- P-Leitung --- P-Politik
                                        |
        ┌───────────────┬───────────────┬───────────────┐
   P-Beschaffung    P-Betreuung     P-Entgelte     P-Entwicklung
```

Stäbe beraten den Stelleninhaber. Sie haben jedoch keine Weisungsbefugnis. Stäbe entlasten den Stelleninhaber und leisten Vorarbeit für wichtige Entscheidungen, an denen die Stabsstelleninhaber jedoch nicht beteiligt sind.

Abb. 22: Schema der Aufbauorganisation

b) Mögliche Probleme

Das Verrichtungsprinzip als Linienorganisation hat ein unterdimensioniertes Kommunikationssystem mit langen Kommunikationswegen, die Zeitverluste mit sich bringen und den Bedürfnissen nach schnellen Marktanpassungen und Kundenorientierung nicht gerecht werden.

Diese Form der Aufbauorganisation fördert das Ressort- und Sicherheitsdenken und verhindert den Blick über den eigenen Arbeitsbereich hinaus.

Die Leitungsspitze ist bei einer Linienorganisation tendenziell überlastet, Entscheidungen werden nicht auf der hierarchischen Ebene getroffen, wo sie der Sache nach hingehören. Die Tatsache, dass bereits zwei Stabsstellen eingerichtet wurden, unterstreicht dies. Eine Kunden- oder Produktorientierung erfordert, wie die Reorganisationen vieler Kreditinstitute zeigen, die völlige Abkehr von Liniensystemen hin zur Spartenorganisation (Profit- oder Cost-Center oder sogar Matrixorganisation).

Zu Aufgabe 2

Mögliche Beispiele für ein Outsourcing im Personalbereich sind:

- die Lohn- und Gehaltsabrechnung,
- die Personalentwicklung,
- die Personalverwaltung (z.B. elektronische Aktenführung),
- die Personalbeschaffung auf Führungsebene
- usw.

Am Beispiel der Personalentwicklung könnte man daran denken, Potenzialanalysen und -beurteilungen, die Durchführung von Assessment-Centern und die betriebliche Weiterbildung ganz oder teilweise auf Dritte zu übertragen. Dann müsste vorher sehr genau geprüft werden, ob diese Maßnahme zu einer verbesserten Wirtschaftlichkeit führen wird, speziell aber, ob Kostensenkungen bzw. die Umwandlung von fixen in variable Kosten eine verbesserte Liquidität nach sich ziehen.

In Zukunft könnte dann durch klar definierte Leistungen Dritter eine verbesserte Transparenz der Leistungsprozesse in der Personalentwicklung erreicht werden.

Wird die Personalentwicklung outgesourct, erzielt man auch eine erhöhte Flexibilität bei der Inanspruchnahme von Entwicklungs- und Qualifizierungsmaßnahmen, gleichzeitig eine verbesserte Leistung durch Einströmen neuen Wissens und neuer Erfahrung.

Als Nachteile des Outsourcings fallen u.U. folgende Gesichtspunkte ins Gewicht:

Durch die Inanspruchnahme von Weiterbildungseinrichtungen oder Unternehmensberatungen gewähre ich diesen auch Einblick in betriebliche Prozesse. Möglicherweise gebe ich auch Daten und Informationen preis, die besser intern geblieben wären.

Habe ich mich zum Outsourcing entschlossen, ist dies nur sehr schwer rückgängig zu machen, da ich mich von Personal und Einrichtungen ebenfalls als Folge meiner Entscheidung trennen werde.

Macht die Konkurrenz ebenfalls von dem Outsourcing-Anbieter Gebrauch, gehen möglicherweise spezielle Imageaspekte verloren.

1 Personalarbeit organisieren und durchführen

Zu Aufgabe 3

a) Mitglieder der Projektgruppe

Personalleiter	Wegen der nachfolgenden personellen Einzelmaßnahmen.
Jurist	Wegen der besonderen rechtlichen Aspekte (Betriebsübergangsproblematik, Kündigungen, Abschluss von Verträgen mit Dritten usw.).
Leiter Personalentwicklung	Weil er am ehesten Auskunft über den Nutzen der Auslagerung von Entwicklungsmaßnahmen geben kann.
Vorstand	Da es um eine strategische Entscheidung geht, die weit über das Personelle hinausgeht.
Controlling	Um stets auch die Zahlen parat zu haben.
Betriebsrat	Um diesen ständig auf dem Laufenden zu halten und Entscheidungen transparent zu machen.
Berater	Sollte bei Bedarf hinzugezogen werden, um Erfahrungen mit ähnlich gelagerten Fällen einfließen zu lassen.

b) Regelungen des Projektauftrags

Ein Projektauftrag ist eine schriftliche Vereinbarung zwischen Auftraggeber, d.h. Vorstand und Lenkungsausschuss, und Auftragnehmer, d.h. Projektleiter, Projektteam und -mitarbeitern. Er beschreibt die Zielrichtung des Projektes und legt wichtige Rahmenbedingungen fest. Regelungen könnten sein:

- Zielsetzung,
- Aufgaben der Projektgruppe,
- erwartetes Ergebnis,
- Zeitrahmen,
- Budget für das Projekt,
- materielle Ressourcen,
- Pflichtenheft,
- Meilensteine,
- Reporting.

Zu Aufgabe 4

Aus der Vielzahl der Möglichkeiten hier nur eine kleine Auswahl der Ziele und Instrumente:

- Informationsplattform von Informationen aus dem Personalbereich für die Mitarbeiter (top-down) und von den Mitarbeitern an den Personalbereich (bottom-up),

Lösungsansätze zu Situationsaufgabe 1

- Möglichkeit der Selbstdarstellung und Verbesserung des Images des Personalbereiches,
- Einbindung von Workflows und Möglichkeiten des ESS, dadurch Verschlankung von Prozessen und Reduzierung von Bearbeitungszeiten von Urlaubsanträgen usw.,
- Nutzung des Intranets für die Personalplanung und Personalbeschaffung (interne Stellenausschreibungen),
- Intranet als Instrument der Vermarktung des eigenen Personalbereichs,
- Gelegenheiten für Anregungen, Verbesserungsvorschläge, Ideenmanagement,
- Informationen über Weiterbildungsmöglichkeiten und Entwicklungsmaßnahmen für die Mitarbeiter (Seminarkatalog),
- Mitteilungsblatt für Angebote, vergünstigte Einkaufsmöglichkeiten für Mitarbeiter,
- Veranstaltungskalender des Betriebes (Tag der offenen Tür, Vorträge usw.),
- Presseorgan (Einstellen von Presseberichten über Aktivitäten und Produkte des Unternehmens),
- Information über laufende Projekte im Unternehmen.

Zu Aufgabe 5

a) Gesprächsvorbereitung

- Personalakte bereitlegen (Abmahnungen u.Ä.).
- Bisherige Personalentwicklung nachvollziehen.
- Personalbeurteilungen der letzten Jahre einsehen.
- Stellenbeschreibung oder Arbeitsplatzbeschreibung zurechtlegen.
- Ausreichend Zeit einplanen und für Störungsfreiheit sorgen.
- Neutralen Raum wählen.
- Noch einmal Regeln für wirksame Kritik einprägen.
- Vorurteilsfrei an das Gespräch herangehen.
- Gesprächsleitfaden erstellen.
- Vorausschauend Einwände des Mitarbeiters berücksichtigen.
- Alternative Lösungen überlegen.

b) Gesprächsdurchführung

Oberstes Ziel bleibt, den Mitarbeiter zur Arbeit mit dem neuen System zu bewegen, ihm die Angst vor der EDV zu nehmen und ihm so den Arbeitsplatz zu erhalten.

Sollte dies nicht gelingen, gibt es, vorausgesetzt, man will den Mitarbeiter unter Berücksichtigung seines Lebensalters und seiner Verdienste für das Unternehmen halten, die Möglichkeit einer Versetzung an einen anderen Arbeitsplatz, auch bei geringeren Bezügen. Dabei sind die Mitbestimmungsrechte des Betriebsrates zu wahren.

Überlegen Sie, ob es Möglichkeiten der Vorverrentung oder Altersteilzeit gibt (Tarifvertrag einsehen). Schlagen Sie ggf. auch das Angebot einer einvernehmlichen Trennung vor. Dies vor allem, wenn eine Versetzung aus personellen oder organisatorischen Gründen nicht gelingt.

1 Personalarbeit organisieren und durchführen

Ultima Ratio wäre die ordentliche Kündigung unter Beachtung von verlängerten Kündigungsfristen (sehr problematisch, aber letztlich durchsetzbar). Im Falle einer hartnäckigen Verweigerung der Schulung bleibt auch die Abmahnung und ggf. eine fristlose Kündigung (aber nur, wenn eindeutig Arbeitsverweigerung nachgewiesen werden kann).

Zu Aufgabe 6

a) Leistungssteigerungen in einer Gruppe

In den verschiedenen Organisationsformen der Teamarbeit soll immer eine Leistungssteigerung gegenüber der individuellen Arbeitsleistung erzielt werden. In einem hoch entwickelten Team sind eine Reihe von unterschiedlichen Faktoren ausschlaggebend für diese Leistungserbringung:

- Verbesserte Leistungsmotivation wirkt qualitätssteigernd.
- Das Team arbeitet selbstverantwortlich, jeder weiß um die Bedeutung seines Beitrages zur Teamleistung.
- Die Entscheidungsfindung vollzieht sich in einem Team ggf. langsamer, jedoch werden bessere, weil ausgewogenere Entscheidungen getroffen.
- In einem Team werden Synergieeffekte frei, d.h. es kommt zu einem positiven Ausgleich individueller Unterschiede der Teammitglieder im persönlichen Arbeitstempo, in der Geschicklichkeit oder der Anstrengungsbereitschaft.
- Die Mitglieder im Team sind in der Regel besser informiert, auch informell, als bei Einzelarbeit.
- Es entwickelt sich ein »Wir-Gefühl« in dem Team, gleichzeitig wird aber auch ein Konkurrenz- und Wettbewerbsmotiv gebildet, das »Die-Gefühl«.
- Für Vorgesetzte werden bei Kenntnis der Gruppenstruktur die Informationsübermittlung und die Führung erleichtert.
- Gute Teams verfügen in der Regel über ein hohes Kreativitäts- und Informationspotenzial.

b) Merkmale eines Teams

Ein Team stellt eine Weiterentwicklung einer Gruppe dar, d.h. Gruppenmerkmale wie

- optimale Gruppengröße im Sinne einer arbeitsfähigen Kleingruppe,
- das Vorhandensein eines gemeinsamen Ziels,
- eine Gruppenführung (formell oder informell oder beides),
- eine organisierte Zusammenarbeit,
- Spielregeln, d.h. Normen innerhalb dieser Gruppe,
- unterschiedliche Rollen und eine Gruppenstruktur

werden beim Team als selbstverständlich vorausgesetzt.

Lösungsansätze zu Situationsaufgabe 1

Darüber hinaus gelten für hoch entwickelte Teams noch weitere Voraussetzungen, wie z.B.

- der Abbau einer störenden sozialen Binnendistanz zugunsten einer echten Gruppenkohäsion,
- das Vorhandensein von klaren Rahmenbedingungen für die Teamarbeit,
- gegenseitige Akzeptanz und Toleranz als unverzichtbare Umgangsformen und Verhaltensweisen in dem Team,
- die Entwicklung einer eigenen Teamidentität.

1 Personalarbeit organisieren und durchführen

Lösungsansätze zu Situationsaufgabe 2

Zu Aufgabe 1

a) Kunden und deren Erwartungen

Die Geschäftsleitung erwartet u.a.:

- Strategien für die Rekrutierung, den Einsatz, die Betreuung und die Entwicklung der Mitarbeiter,
- Berücksichtigung von Kosten- und Wirtschaftlichkeitsprinzipien bei personellen Maßnahmen,
- Personalbereich soll visionär tätig werden und neue Instrumente und Methoden entwickeln,
- Personalbereich soll Veränderungsprozesse erfolgreich begleiten und steuern.

Die Gesamtbelegschaft erwartet u.a.:

- Förderung der Zusammenarbeit und Verbesserung des Betriebsklimas,
- Berücksichtigung von Einstellungen, Wünschen und Meinungen der Mitarbeiter,
- Versorgung der Mitarbeiter mit zeitnahen Informationen,
- Aufrechterhaltung der Motivation der Mitarbeiter durch zeitgemäße Anreizsysteme.

Die Führungskräfte erwarten u.a.:

- Beratung durch den Personalbereich in rechtlichen und administrativen Belangen,
- Zurverfügungstellung von allen Instrumenten, die zur Erfüllung ihrer Aufgaben dienen, wie z.B.:
    - Personalbeschaffung,
    - Eingruppierung,
    - Coaching,
    - Delegation von Aufgaben,
    - Gestaltung von Gruppenprozessen,
    - Förderung der Weiterbildung,
    - Konfliktmanagement,
    - Zielerreichung.

Der Betriebsrat erwartet u.a.:

- vertrauensvolle Zusammenarbeit,
- gegenseitige Anerkennung,
- Respekt der jeweiligen Position in Verhandlungen,
- rechtzeitige Information über geplante personelle Maßnahmen.

b) Kundenorientierung im Personalbereich

Eine schrittweise Realisierung eines neuen kundenorientierten Konzepts könnte so aussehen:

1. Schritt: Festlegung auf die neue personalpolitische Zielsetzung

- Ermittlung der Kundenzufriedenheit und -erwartungen durch Mitarbeiterbefragungen, Betriebsklimaanalysen, Mitarbeitergespräche usw.
- Gegenüberstellung dieses Ist-Zustandes mit dem Unternehmensleitbild und den Führungsgrundsätzen
- geeignete Vergleiche mit anderen Unternehmen durch Benchmarking

2. Schritt: Entwicklung eines Maßnahmenkataloges zur

- Verbesserung von Service
- Optimierung der Dienstleistungen
- Verbesserung der Prozesse usw.
- Festlegung von Prioritäten, Meilensteinen, einer Roadmap

3. Schritt: Kommunikation des Konzeptes

- Abstimmung zwischen Vorstand und Betriebsrat
- Commitment des Personalbereiches
- Mitarbeiterinformationen über Intranet, in Betriebsversammlung u.a.

4. Schritt: Umsetzung des Konzeptes

- Qualifizierungsmaßnahmen für alle betroffenen Mitarbeiter
- Zielvereinbarungen durchführen
- interne Public-Relations-Arbeit durch geeignete Vermarktung des neuen Konzeptes

5. Schritt: Evaluation und Prozessveränderung

- erneute Mitarbeiterbefragung
- Stärken-Schwachen-Analyse
- ggf. Wiedereinstieg bei Schritt 1 bis 4

Zu Aufgabe 2

a) Neue Aufbauorganisation

Der Personalbereich muss auf die geänderten Anforderungen organisatorisch eingestellt werden. Als Gestaltungsform kommt demnach in Frage:

1 Personalarbeit organisieren und durchführen

- ein Referentensystem,
- eine Matrixorganisation,
- ein Profit-Center.

Das Referentensystem kommt vor allem in Betracht, weil es eine optimale Personalbetreuung von Mitarbeitern in allen Angelegenheiten einer modernen Personalarbeit garantiert.

Die Matrixorganisation kommt infrage, weil der Personalbereich in Zukunft stärker als bisher in die Projektarbeit eingebunden sein wird. Diese Organisationsform stellt durch die erzwungene Zusammenarbeit des Personalbereiches und der Projektleiter eine optimale Versorgung der Projekte mit kompetenten Mitarbeitern dar. Der Personaleinsatz eines Mitarbeiters in verschiedenen Projekten kann durch den Personalbereich sehr gut koordiniert werden.

Der Personalbereich als Profit-Center eignet sich vor allem für kundenspezifische Lösungen bei gleichzeitiger Berücksichtigung von Kostengesichtspunkten.

Man kann sich ohne Weiteres eine Verknüpfung von allen drei Formen in einer Aufbauorganisation vorstellen, also einen Personalbereich, der nach außen als Profit-Center auftritt und nach innen als Referentensystem organisiert ist in einer Matrixorganisation, bei der die Projekte anstelle von Produktgruppen oder Betrieben den Objektbereich bilden.

b) Organigramm

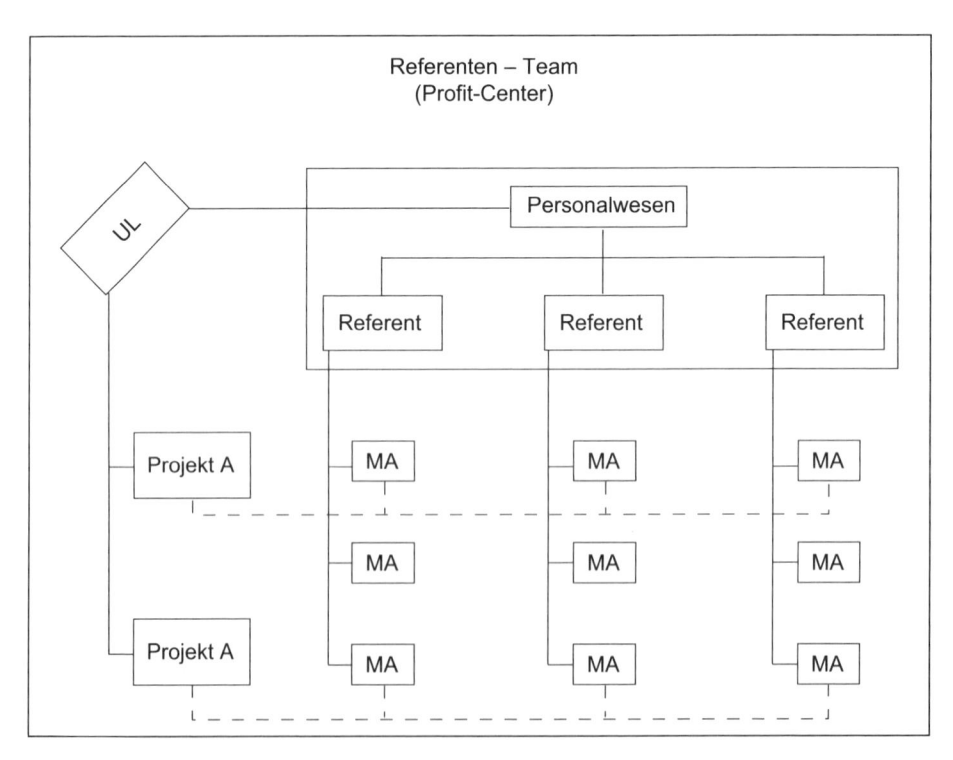

Abb. 23: Reorganisation des Personalbereichs in Form einer Matrixorganisation

Lösungsansätze zu Situationsaufgabe 2

Zu Aufgabe 3

a) Prozessanalyse

Die Prozessanalyse steht bei allen Modellen der Prozessgestaltung am Anfang und verläuft im Allgemeinen in vier Schritten:

- vollständige Erfassung und Dokumentation aller Prozesse im Personalbereich,
- detaillierte Beschreibung der erhobenen Prozesse,
- anschließende kritische Betrachtung der Stärken und Schwächen jedes einzelnen Prozesses unter Kosten-Nutzen-Gesichtspunkten und Brauchbarkeitsaspekten,
- Transparentmachung der bisherigen Abläufe für alle Prozessbeteiligten.

Die Prozessanalyse sollte Antworten auf folgende Fragen geben:

- Welche Prozessziele gelten für den Prozess?
- Was ist der genaue Beginn und das Ende des Prozesses?
- Was ist der Auslöser des Prozesses?
- Wer ist der Prozessverantwortliche?
- Welche Tätigkeiten finden im Prozess statt?
- Welche Fertigkeiten und Kenntnisse sind für den Prozess nötig?
- Welche Informationen und Dokumente sind wichtig?
- Welche Störungen im Prozess treten auf?
- Wie wird die Leistungsfähigkeit des bisherigen Prozesses gemessen?

b) Prozessbeschreibung

Prozessaufgabe	Einsichtnahme in eine Personalakte gewähren
Anstoß	Disziplinarische Maßnahme (z.B. Abmahnung)
Quelle	Antrag auf Einsichtnahme durch den Mitarbeiter
Anfangsaktivität Endaktivität	Herausgabe der Akte an den Mitarbeiter Rückgabe an den zuständigen Sachbearbeiter
Hauptaktivitäten	Prüfung des Einsichtnahmerechtes des Mitarbeiters in Übereinstimmung mit der Betriebsvereinbarung Sicherstellung, dass die Akte nur im Personalbereich unter Aufsicht eingesehen wird Entgegennahme von Anträgen des Mitarbeiters auf Änderungen oder Entfernung Überprüfung auf Vollständigkeit der Akte am Schluss der Einsichtnahme
Prozessziele	Gewährleistung berechtigter Einsichten in die Akte Gleichbehandlung der Mitarbeiter Einhaltung der Regeln der entsprechenden Betriebsvereinbarung

1 Personalarbeit organisieren und durchführen

Zu Aufgabe 4

a) Auftraggeber und Auftragnehmer

Auftraggeber	Vorstand
	Lenkungsausschuss
	Projektkoordinator
Auftragnehmer	Projektleiter
	Projektteam
	Projektmitarbeiter

b) Aufgaben des Projektleiters

Der Projektleiter ist u.a. verantwortlich für:

- die Organisation der Projektarbeit,
- die Teamentwicklung im Projektteam,
- das Projektmanagement,
- die Moderation der Teamsitzungen,
- die festzulegende Strategie in der Projektarbeit,
- das Management von Konflikten im Team,
- den Personaleinsatz der Teammitglieder,
- die Einhaltung von Budgetvorgaben und Kosten,
- die Berichterstattung an die Auftraggeber,
- die Einhaltung von Terminen.

c) Inhalte einer Kick-off-Veranstaltung

An der Veranstaltung teilnehmen sollten:

- ein Mitglied des Vorstands,
- ein Mitglied des Betriebsrats,
- Führungskräfte,
- Projektleiter und Projektteam,
- ausgewählte Mitarbeiter.

Programmatische Inhalte der Veranstaltung sind:

- Ziele und Nutzen eines Ideenmanagements für Unternehmen und Mitarbeiter,
- Vorstellung des Projektes, des Projektleiters und des Projektteams,
- Darstellung der Organisation der Projektarbeit und Kommunikation im Team,
- Information über die erwarteten Ergebnisse,
- Erwartungen, Anregungen und Wünsche der Anwesenden an das Projekt,
- Regelung der zukünftigen Information und Kommunikation während der Laufzeit,
- Einbindung des Betriebsrats in die Projektarbeit.

Zu Aufgabe 5

Wenn die Konfliktparteien dies wünschen, nimmt die Führungskraft in Konfliktgesprächen die Rolle eines Moderators, besser noch eines Mediators ein. Nach dem traditionellen Rollenverständnis war dies bisher nicht unbedingt die Aufgabe einer Führungskraft. Wegen der Bedeutung eines tragfähigen Ergebnisses eines Konfliktgespräches für Unternehmen, Konfliktbeteiligte und Führungskräfte bedarf die Durchführung eines solchen Gespräches einer intensiven Vorbereitung und Schulung der Führungskraft. Jeder Vorgesetzte sollte sich darüber im Klaren sein, dass ein falsches Verhalten in diesem Konfliktlösungsprozess zu einer erheblichen Eskalation des Konfliktes beitragen kann.

Nachfolgend ein Vorschlag für die Moderation eines Konfliktgespräches.

1. Schritt: Vorbereitung und erstes Kontaktgespräch

- Sammlung von Informationen zum bisherigen Verlauf des Konfliktes
- Einflussnahme der Konfliktparteien im Unternehmen
- Sichtbarmachen der unterschiedlichen Interessenslagen
- bisherige Maßnahmen und Versuche zur Lösung des Konfliktes deutlich machen
- Informationen über die Wahrnehmung der Mediatorenrolle der Führungskraft
- Bereitschaft zur Teilnahme an den folgenden Gesprächen erzeugen und Wille zur Konfliktlösung

2. Schritt: Eröffnungstreffen

- Information über die Rolle der Führungskraft als Mediator
  - Gastgeberrolle – schafft den Rahmen für die Gespräche
  - neutraler Dritter – kein Beteiligter und kein Konfliktlöser
  - Vermittlerrolle zwischen den Konfliktparteien
  - Prozessbegleiterrolle
- Klärung der unterschiedlichen Sichtweisen
  - Abgabe von Statements der Parteien
  - Verdeutlichung der abweichenden Positionen
  - Festlegung der Punkte, über die verhandelt werden soll

3. Schritt: Einzelgespräche mit jeder Konfliktpartei

- Zusicherung der Vertraulichkeit
- Erhellen der Hintergründe des Konfliktes
- Entgegennahme von Forderungen der Parteien
- Aufzeigen von Stärken und Schwächen der Vorschläge
- Aufzeigen widersprechender Interessen
- Vorbereitung der Parteien auf die bevorstehende Konfrontation

4. Schritt: Gemeinsame Sitzungen/»Wechseldiplomatie«

- strikte Einhaltung von vereinbarten Regeln
- Umgang mit Emotionen im Gespräch
- Übereinstimmungen herausarbeiten und dokumentieren
- festgefahrene Situationen auflösen
- persönliche Konflikte im Einzelgespräch behandeln

5. Schritt: Abschlusstreffen

- abschließende Anmerkungen oder Kritik
- Feststellung, ob alle Interessen berücksichtigt wurden
- Klärung, ob die Vereinbarungen durchsetzbar sind
- Ausarbeitung eines Aktionsplans in schriftlicher Form

2 Personalarbeit auf Grundlage rechtlicher Bestimmungen durchführen

2.1 Individuelles und kollektives Arbeitsrecht anwenden

Aufgabe 1

Erläutern Sie die Begriffe

a) Gesamtzusage

b) betriebliche Übung

unter Berücksichtigung ihrer rechtlichen Bedeutung.

Aufgabe 2

Herr Emsig ist seit mehreren Jahren in einem größeren Warenhaus als Verkäufer für beratungsintensive Produkte angestellt. Seine wöchentliche Arbeitszeit beträgt 40 Stunden. Die tägliche Arbeitszeit von Montag bis Freitag beginnt um 8.00 Uhr und endet – einschließlich einer halbstündigen Pause – um 16.30 Uhr. Das Warenhaus hat von Montag bis Samstag von 8.00 bis 20.00 Uhr geöffnet. Herr Emsig möchte ein berufsbegleitendes Studium aufnehmen. Aus diesem Grund beantragt er im Mai, seine wöchentliche Arbeitszeit auf 35 Stunden zu reduzieren und sein Arbeitsende täglich auf 15.30 Uhr zu verlegen. Nach einem mit dem Arbeitgeber im Juni hierüber geführten Gespräch lehnt dieser den Antrag Mitte Juli schriftlich ab. Er stellt sich auf den Standpunkt, dass dem Verringerungsverlangen betriebliche Gründe entgegenstehen. Zur Begründung führt er aus, die Philosophie des Hauses sei es, dass jeder Kunde stets denselben Verkäufer als Ansprechpartner haben solle. Dies sei erforderlich, weil die Kunden vor ihrer Kaufentscheidung erfahrungsgemäß mehrere Beratungsgespräche benötigten. Ihnen sei nicht zuzumuten, ihre Rückfragen bei jedem Besuch mit einem anderen Verkäufer erörtern zu müssen. Andernfalls bestehe die Gefahr, dass sie von einer möglichen Kaufentscheidung abrückten oder die Konkurrenz aufsuchten.

Erläutern Sie die Rechtslage.

2 Personalarbeit auf Grundlage rechtlicher Bestimmungen durchführen

Aufgabe 3

Die Herren Flink, Flott und Schnell sind mit einem zunächst auf 12 Monate befristeten Arbeitsvertrag bei der Hard & Soft GmbH als technische Sachbearbeiter angestellt. Der mit ihnen abgeschlossene Arbeitsvertrag ist als kalendermäßige Befristung im Sinne des § 14 II Satz 1 TzBfG zu betrachten, denn es fehlt an der Angabe eines sachlichen Grundes. Da das kalendarisch befristete Arbeitsverhältnis bis zu einer Dauer von 24 Monaten abgeschlossen werden kann, wäre mithin eine Verlängerung um weitere 12 Monate grundsätzlich möglich.

a) Der Vorgesetzte ist mit Herrn Flink sehr zufrieden und bietet ihm deshalb einen Tag vor Ablauf der Befristung an, den Arbeitsvertrag um weitere 12 Monate zu verlängern. Er, der Vorgesetzte, werde bei der Personalabteilung alles Erforderliche veranlassen. Nach einer Woche erhält Flink von ihm mit der Werkspost die Vertragsverlängerung zur Gegenzeichnung zugestellt.

b) Für Herrn Flott sieht die Hard & Soft GmbH nach Ablauf der 12 Monate keine Verlängerungsmöglichkeit. Am Anfang seiner Studienzeit war Flott bei ihr als Aushilfskraft in der Produktion eingesetzt. Der Einsatz liegt mittlerweile jedoch schon dreieinhalb Jahre zurück.

c) Für Herrn Schnell bietet sich nach Ablauf der 12 Monate eine Weiterbeschäftigung in einer anderen Abteilung. Deren Leiter besteht auf einer auf drei Monate befristeten Erprobung. Die Personalabteilung kommt dem Wunsch nach und nimmt einen entsprechenden Passus in den Text der Vertragsverlängerung auf.

Alle drei Herren sind der Ansicht, in einem unbefristeten Arbeitsverhältnis zu stehen und wenden sich an Sie als Personalreferenten mit der Bitte um eine Erläuterung der Rechtslage.

Aufgabe 4

Franz Hurtig ist seit sieben Jahren auf der Grundlage von fünf befristeten Arbeitsverträgen in Forschungs- und Entwicklungsprojekten der Bit & Byte KG beschäftigt. Nunmehr ist sein Arbeitsverhältnis abermals befristet worden. Grund hierfür ist die wegen Inanspruchnahme der Elternzeit erforderlich gewordene Vertretung einer Mitarbeiterin. Allerdings übernimmt Herr Hurtig nicht deren Aufgabengebiet, sondern das einer anderen Mitarbeiterin, der die Tätigkeit der sich in Elternzeit befindenden Kollegin übertragen worden ist. Herr Hurtig ist der Auffassung, sein Arbeitsverhältnis sei in ein unbefristetes übergegangen.

Erläutern Sie die Rechtslage.

Aufgabe 5

Hans Müller möchte sich neben seiner von Montag bis Freitag währenden Vollzeittätigkeit als Kranführer in einem tarifgebundenen Unternehmen der Metall- und Elektroindustrie

2.1 Individuelles und kollektives Arbeitsrecht anwenden

noch einige Euro hinzuverdienen. Hierzu bietet sich ihm die Gelegenheit als Pizzafahrer für einen befreundeten Restaurantbesitzer. Deshalb beantragt er bei der Personalabteilung die Zustimmung zu dieser Nebentätigkeit und bittet zugleich um Auskunft, in welchem zeitlichen Umfang er sie ausüben darf. Er beabsichtigt, seinem Freund jeweils von Montag bis Freitag ab 19.00 Uhr zur Verfügung zu stehen. Dies lasse sich angesichts seines frühen Arbeitsendes um 16.00 Uhr problemlos einrichten.

Erläutern Sie Ihre Überlegungen, die Sie als Personalreferent anstellen, um Herrn Müller eine sachgerechte Antwort geben zu können.

Aufgabe 6

Ferdinand Meier hat seinen gesamten Jahresurlaub verbraucht. Um zwischen Weihnachten und Neujahr nicht arbeiten zu müssen, bittet er, die betreffende Anzahl von Tagen im Wege des Vorgriffs auf den Urlaubsanspruch für das kommende Jahr abzudecken. Dies lehnt der Arbeitgeber ab. Aus Verärgerung über die seiner Meinung nach kleinliche Haltung, kündigt Herr Meier das Arbeitsverhältnis Anfang Januar fristgemäß zum 31. März und fordert zugleich seinen gesamten Jahresurlaub von 30 Arbeitstagen. Auch dies lehnt der Arbeitgeber ab und macht dafür sowohl »rechtliche Gründe« als auch »dringende betriebliche Belange« geltend.

Erläutern Sie die Reaktion des Arbeitgebers aus arbeitsrechtlicher Sicht.

Aufgabe 7

Rita Vogel steht noch ein ihr vom Arbeitgeber antragsgemäß aus dem Vorjahr übertragener Urlaubsanspruch in Höhe von zehn Arbeitstagen sowie der Sonderurlaubsanspruch für Schwerbehinderte nach § 125 I 1 SGB IX von fünf Arbeitstagen zu. Sie beabsichtigt, diese 15 Tage in den letzten beiden Märzwochen für einen Skiurlaub mit ihrem Lebensgefährten zu nutzen. Der dem Arbeitsverhältnis zugrundeliegende Tarifvertrag verweist im Übrigen auf das Bundesurlaubsgesetz. Frau Vogel steht ein tarifvertraglicher Urlaubsanspruch von 30 Arbeitstagen/Jahr zu.

a) Der Vorgesetzte zeichnet den Urlaubsantrag ab. Frau Vogel kann den Urlaub jedoch wegen einer Erkrankung nicht antreten und möchte ihn auf einen späteren Zeitpunkt verschieben.

b) Frau Vogel bittet den Arbeitgeber wegen Erkrankung ihres Freundes um »Stornierung« und Abgeltung des Urlaubsanspruchs.

c) Der Vorgesetzte lehnt den Urlaubsantrag wegen erhöhten Arbeitsanfalls ab.

Erläutern Sie jeweils die Rechtslage.

Aufgabe 8

Nennen Sie

a) die Voraussetzungen, unter welchen die Versetzung mittels des arbeitgeberseitigen Direktions- bzw. Weisungsrechts erfolgen kann und wo dessen Grenzen liegen,

b) die drei Möglichkeiten einschließlich ihrer Konsequenzen, auf eine durch Änderungskündigung bewirkte Versetzung zu reagieren.

Aufgabe 9

Renate Mühsam bezieht seit 1. Januar 2003 zuzüglich zu ihrem tariflichen Grundentgelt eine nicht näher definierte übertarifliche Zulage in Höhe von 100,00 EUR. Diese steht laut Arbeitsvertrag unter folgendem Vorbehalt: »Bei der übertariflichen Zulage handelt es sich um eine freiwillige, jederzeit nach freiem Ermessen ganz oder teilweise widerrufliche Leistung, auf die auch bei wiederholter Gewährung kein Rechtsanspruch besteht.« Wegen anhaltender Leistungsmängel beabsichtigt der Vorgesetzte, Frau Mühsam die übertarifliche Zulage mit sofortiger Wirkung zu entziehen. Er fragt bei der Personalabteilung an, ob dies rechtlich möglich ist.

Erläutern Sie die Antwort der Personalabteilung.

Aufgabe 10

Helga Mustermann, tätig als Sekretärin in der Fünf-Tage-Woche, war im Kalenderjahr an sieben Tagen arbeitsunfähig erkrankt. Der Arbeitgeber möchte ihr deshalb die von ihm freiwillig gezahlte Jahresprämie in Höhe von 1.000,00 EUR gemäß § 4 a EFZG kürzen. Das jährliche Arbeitsentgelt beträgt 30.000,00 EUR.

Welchen Betrag muss sich Frau Mustermann anrechnen lassen? Beschreiben Sie den Lösungsweg.

Aufgabe 11

Beschreiben Sie den Aufbau und die inhaltlichen Voraussetzungen, die eine Abmahnung erfüllen muss.

2.1 Individuelles und kollektives Arbeitsrecht anwenden

Aufgabe 12

Beschreiben Sie den Unterschied zwischen einer

a) ordentlichen und einer außerordentlichen Kündigung

b) einer Kündigung ohne und mit Kündigungsschutz

durch den Arbeitgeber.

Aufgabe 13

Erläutern Sie die Begriffe

a) soziale Auswahl und

b) Sozialplan.

Aufgabe 14

Beschreiben Sie die Prüfungsabfolge, die der Arbeitgeber im Rahmen einer personenbedingten Kündigung wegen langer Krankheit oder häufiger Kurzerkrankungen vorzunehmen hat.

Aufgabe 15

Moritz Mühsam, 50 Jahre alt, verheiratet, drei Kinder, Alleinverdiener, ist seit 25 Jahren als technischer Sachbearbeiter im Unternehmen tätig. An der Torkontrolle wird er ertappt, als er ein zuvor von ihm entwendetes Messgerät im Wert von 300,00 EUR mitnehmen will. Bis dahin galt er zu Recht als ein stets redlicher und fleißiger Mitarbeiter. Mit Rücksicht darauf verzichtet der Arbeitgeber auf eine fristlose Kündigung, möchte ihm aber gleichwohl ordentlich kündigen.

Erläutern Sie, welche Überlegungen der Arbeitgeber vor dem Ausspruch der Kündigung zweckmäßigerweise anstellen sollte.

2 Personalarbeit auf Grundlage rechtlicher Bestimmungen durchführen

Aufgabe 16

Bei der Hard & Soft GmbH ist erstmals ein Betriebsrat gewählt worden. Ihr Betrieb beschäftigt 120 Mitarbeiter, davon 50 Männer. Dem Wahlvorstand sind zwei Listen eingereicht worden, auf denen insgesamt 12 Personen kandidiert haben (Männer sind *kursiv* und **fett** gedruckt). Liste 1 hat 85 Stimmen erhalten, auf Liste 2 sind 35 Stimmen entfallen.

Skizzieren Sie den Wahlausgang.

Aufgabe 17

Die Blitz & Blank GmbH & Co. KG hat mit Herrn Sauber einen Arbeitsvertrag abgeschlossen. Als der Personalleiter des Unternehmens beim Betriebsrat nachträglich dessen Zustimmung zur Einstellung beantragt, lehnt dieser den Antrag ab.

Beschreiben Sie,

a) was der Arbeitgeber mit welchem Ergebnis dagegen unternehmen kann,

b) welche Rechte Herr Sauber für den Fall hat, dass die Weigerung des Betriebsrats rechtens ist.

Aufgabe 18

Nennen Sie, was der Arbeitgeber bei der

a) ordentlichen

b) außerordentlichen (fristlosen)

Kündigung betriebsverfassungsrechtlich zu beachten hat.

Aufgabe 19

Skizzieren Sie die Kriterien, durch welche sich die Betriebsvereinbarung von einer Regelungsabrede unterscheidet.

Aufgabe 20

Erläutern Sie die Voraussetzungen, unter welchen ein Mitarbeiter Anspruch auf Zahlung des tariflichen Entgelts hat.

Lösungsansätze zu Kapitel 2.1

Zu Aufgabe 1

a) Gesamtzusage

Die Gesamtzusage ist ein Vertragsangebot des Arbeitgebers an seine Mitarbeiter, ihnen bei Vorliegen der von ihm näher beschriebenen Voraussetzungen bestimmte Leistungen zu gewähren. Das Angebot wird aus Gründen der Vereinfachung am Schwarzen Brett, im Intranet oder auf eine geeignete ähnliche Weise bekannt gemacht. Die zur Vertragswirksamkeit erforderliche Annahme des Angebots durch die Arbeitnehmer erfolgt »konkludent«, d.h. durch schlüssiges Verhalten. Es besteht darin, dass sie ihre Arbeit unwidersprochen fortsetzen.

b) Betriebliche Übung

Das Entstehen einer betrieblichen Übung hängt vom Vorliegen zweier Voraussetzungen ab, dem Zeitmoment und dem Umstandsmoment. Das Zeitmoment besagt, dass der Arbeitgeber seinen Mitarbeitern wiederholt gleichbleibende Leistungen gewährt hat. Wie oft er sie erbracht haben muss, hängt von den Umständen des Einzelfalles ab (in Ausnahmefällen genügt sogar die einmalige Gewährung). Insoweit ist maßgebend, ob die Arbeitnehmer aus dem bisherigen Verhalten des Arbeitgebers begründet darauf vertrauen durften, er werde die Leistungen auch in Zukunft erbringen. Die betriebliche Übung begründet für den Arbeitgeber eine arbeitsvertragliche Verpflichtung.

Zu Aufgabe 2

Nach § 8 I TzBfG kann jeder länger als sechs Monate im Unternehmen tätige Arbeitnehmer verlangen, dass seine vereinbarte Arbeitszeit verringert wird, sofern betriebliche Belange nicht entgegenstehen (§ 8 II Satz 1 TzBfG). Die formellen Voraussetzungen liegen vor:

- Herr Emsig ist länger als sechs Monate im Unternehmen tätig.
- Er hat die Verringerung der Arbeitszeit einschließlich ihrer Verteilung dem Arbeitgeber länger als drei Monate vor der gewünschten Umstellung mitgeteilt (§ 8 II Sätze 2 und 3 TzBfG).
- Der Arbeitgeber hat mit Herrn Emsig das nach § 8 III TzBfG erforderliche Gespräch geführt und den Antrag form- und fristgerecht abgelehnt (§ 8 V TzBfG).

Fraglich ist, ob ein betrieblicher Grund die Ablehnung rechtfertigt. Dann müssten die vom Arbeitgeber vorgebrachten Argumente geeignet sein, als wesentliche Beeinträchtigung des Arbeitsablaufs im Sinne des § 8 IV Satz 2 TzBfG betrachtet zu werden. Ob das der Fall ist, muss auf der Grundlage des von der Rechtsprechung entwickelten **Drei-Stufen-Schemas** geprüft werden.

1. Vorliegen eines Organisationskonzepts: Die vom Arbeitgeber angesprochene Firmenphilosophie, wonach der Grundsatz »Ein Kunde – ein Verkäufer« gilt, ist als ein solches Organisationskonzept anzusehen.
2. Vereinbarkeit des Arbeitszeitwunsches mit dem Organisationskonzept: Selbst wenn man, was sich ohne genauere Kenntnis der Umstände nicht abschließend beurteilen lässt, dem Arbeitgeber eine diesbezügliche Unvereinbarkeit einräumte, mangelt es
3. an dem Erfordernis einer wesentlichen Beeinträchtigung des Organisationskonzepts. Denn auch ohne die Arbeitszeitverkürzung lässt sich dessen Grundgedanke »Ein Kunde – ein Verkäufer« angesichts der zwölfstündigen Öffnungszeiten des Warenhauses – bei achtstündiger, auf Montag bis Freitag verteilter Arbeitszeit des Herrn Emsig – nicht durchhalten. Dessen Anspruch ist daher begründet.

Zu Aufgabe 3

a) Fall Flink

Nach § 14 IV TzBfG bedarf die Befristung eines Arbeitsverhältnisses zu ihrer Wirksamkeit der Schriftform. Das gilt auch für die Verlängerung der Befristung. Herr Flink und sein Vorgesetzter haben sich mündlich darüber verständigt und Flink hat daraufhin sein Arbeitsverhältnis »nahtlos« fortgesetzt. Das ergibt sich aus der Tatsache, dass ihm die Vertragsverlängerung mit der Werkspost zugestellt worden ist. Die mündlich vereinbarte Verlängerung ist nach § 125 Satz 1 BGB nichtig. Die spätere schriftliche Niederlegung der Vereinbarung führt nicht zur rückwirkenden Wirksamkeit der abermaligen Befristung. Konsequenz: Herr Flink befindet sich in einem unbefristeten Arbeitsverhältnis.

b) Fall Flott

Nach § 14 II Satz 2 TzBfG ist die kalendermäßige Befristung unzulässig, wenn mit demselben Arbeitgeber bereits zuvor ein befristetes oder unbefristetes Arbeitsverhältnis bestanden hat. Nach der neuen Rechtsprechung des BAG gilt dies nicht, wenn zwischen dem letzten (befristeten) Arbeitsverhältnis und der Begründung eines neuen – kalendarisch befristeten – Arbeitsverhältnisses mehr als drei Jahre liegen. Im Ausgangsfall liegt der Einsatz des Herrn Flott dreieinhalb Jahre zurück. Die Begründung des gegenwärtigen kalendarisch befristeten Arbeitsverhältnisses erfolgte aber schon vor 12 Monaten. Damals betrug der zeitliche Abstand lediglich zweieinhalb Jahre. Ergebnis: Herr Flott steht vom ersten Tag an in einem unbefristeten Arbeitsverhältnis.

c) Fall Schnell

Das Vertragsverhältnis mit Herrn Schnell wurde auf der Grundlage des § 14 I Nr. 5 TzBfG – Befristung zur Erprobung – fortgesetzt. Hierbei handelt es sich um eine Befristung mit sachlichem Grund. Der Wechsel aus einem kalendarisch befristeten Arbeitsverhältnis in ein solches mit Sachgrundbefristung ist grundsätzlich zulässig. Das ergibt der

Umkehrschluss aus § 14 II Satz 2 TzBfG. Fraglich ist allerdings, ob eine »Erprobung« angesichts des bereits seit 12 Monaten andauernden Arbeitsverhältnisses noch sachlich gerechtfertigt ist. Das ist bei der Funktion eines technischen Sachbearbeiters zu verneinen. Dass Herr Schnell nunmehr in einer anderen Abteilung eingesetzt wird, ändert an dieser Einschätzung nichts. Sein Arbeitsverhältnis wurde mit der Hard & Soft GmbH abgeschlossen, egal, in welcher Abteilung dieses Unternehmens er zum Einsatz kommt. Die zwölfmonatige Beschäftigung in der vorhergehenden Abteilung muss sich der Arbeitgeber als »Erprobung« des Mitarbeiters zurechnen lassen. Folge: Das Arbeitsverhältnis mit Schnell ist in ein unbefristetes übergegangen.

Zu Aufgabe 4

Bei mehreren aufeinanderfolgenden Arbeitsverträgen ist regelmäßig nur die letzte Befristung des Arbeitsvertrags auf ihre Rechtmäßigkeit zu prüfen. Deshalb ist es unerheblich, ob aufgrund einer vorangegangenen Befristung ein unbefristetes Arbeitsverhältnis entstanden ist. Eine Ausnahme von dieser Regel besteht in zwei Fällen:

1. wenn die neue Befristung lediglich hinsichtlich des Endzeitpunktes modifiziert werden sollte, sich im Übrigen aber am Sachgrund der vorausgegangenen Befristung orientiert,
2. wenn durch die neue Befristung das Vertragsverhältnis auf eine andere rechtliche Grundlage gestellt wird und die Vertragsparteien sich das Recht vorbehalten haben, die Wirksamkeit der davorliegenden Befristung prüfen zu lassen.

Im vorliegenden Fall wurde der Vertrag durch die zuletzt vorgenommene Befristung auf eine neue Grundlage gestellt, und zwar statt Fortführung der Projektbefristung eine Befristung wegen Vertretung gemäß § 21 BEEG. Einen Vorbehalt der genannten Art haben die Vertragsparteien nicht erklärt. Ein unbefristetes Arbeitsverhältnis ist daher insoweit nicht zustande gekommen. Die Rechtmäßigkeit der nach § 21 BEEG erfolgten Befristung könnte jedoch deshalb bezweifelt werden, weil Herr Hurtig nicht das Aufgabengebiet der Vertretenen übernommen hat, sondern ihm die Tätigkeit derjenigen Mitarbeiterin übertragen worden ist, die das Aufgabengebiet der wegen Elternzeit verhinderten Kollegin ausübt. Diese sog. mittelbare Vertretung wertet das BAG als rechtmäßig, sofern zwischen dem Vertretungsfall und der Befristung ein ursächlicher Zusammenhang besteht. Hiernach darf der Arbeitgeber die unmittelbare Vertretung durchaus einem anderen Arbeitnehmer übertragen, z.B. weil dieser aufgrund von Ausbildung und Erfahrung dafür besser geeignet erscheint als der befristet Beschäftigte. Übernimmt dieser sodann die Tätigkeit des unmittelbaren Vertreters, liegt – wovon hier ausgegangen werden kann – ein ursächlicher Zusammenhang zwischen Vertretungsfall und Befristung vor. Hurtig befindet sich somit weiterhin in einem befristeten Arbeitsverhältnis (siehe BAG 25. 8. 2004 – 7 AZR 32/04; 25. 8. 2004 – 7 AZR 7/04).

Zu Aufgabe 5

Zunächst ist darauf hinzuweisen, dass es zur Aufnahme einer Nebentätigkeit nicht der Zustimmung des Hauptarbeitgebers bedarf, auch wenn diese im Arbeitsvertrag vereinbart worden ist. Nach Art. 12 I GG hat jeder das Recht auf freie Berufswahl und -ausübung. Dieses Grundrecht umfasst auch die Aufnahme einer Nebentätigkeit. Allerdings hat der Arbeitgeber das Recht zu verlangen, dass ihm die Nebentätigkeit angezeigt wird. Das im Arbeitsvertrag evtl. enthaltene Zustimmungserfordernis ist in diesem Fall in eine Anzeigepflicht umzudeuten. Die Anzeigepflicht dient der Information des Arbeitgebers, um prüfen zu können, ob die Nebentätigkeit die arbeitsvertragliche Leistungspflicht beeinträchtigt bzw. der Arbeitnehmer gegen das Konkurrenzverbot als arbeitsvertragliche Nebenpflicht verstößt. Insbesondere hat der Arbeitgeber darauf zu achten, dass die Ausübung der Nebentätigkeit in Verbindung mit der Haupttätigkeit nicht zu einem Verstoß gegen zwingende Vorschriften des Arbeitszeitrechts führt.

Nach § 3 I Satz 1 ArbZG darf die werktägliche Arbeitszeit acht Stunden nicht überschreiten. »Werktäglich« heißt, dass der Samstag in die Berechnung einzubeziehen ist, sodass Herr Müller insgesamt 48 Stunden/Woche zur Ausübung seiner Haupt- und Nebentätigkeit zur Verfügung stehen. Die wöchentliche Arbeitszeit des Herrn Müller beträgt, da er in einem tarifgebundenen Unternehmen der Metall- und Elektroindustrie tätig ist, 35 Stunden bzw. sieben Stunden täglich. Damit verbleiben ihm zur Ausübung der Nebentätigkeit fünf Stunden zuzüglich der acht Stunden, die nach dem ArbZG für den Samstag in Ansatz gebracht werden können, also insgesamt 13 Stunden pro Woche. Rechnerisch dürfte er mithin von Montag bis Freitag täglich für 2,6 Stunden seiner Nebentätigkeit nachgehen. Allerdings verstößt dies gegen die nach § 5 I ArbZG zwingend einzuhaltende Ruhezeit von mindestens 11 Stunden. Denn im Hinblick auf das Arbeitsende um 16.00 Uhr und unter Einbeziehung der gesetzlichen Ruhepause von 30 Minuten nach § 4 ArbZG ist von einem Arbeitsbeginn beim Hauptarbeitgeber um 8.30 Uhr auszugehen. Das bedeutet, dass Herr Müller seine Nebentätigkeit – mit Ausnahme am Freitag – höchstens bis 21.30 Uhr, also nicht länger als 2,5 Stunden täglich ausüben darf. Er könnte also von Montag bis Donnerstag für 2,5 Stunden (= 10 Stunden) und am Freitag für drei Stunden als Pizzafahrer arbeiten. Letzteres deshalb, weil er aus den Vortagen einschließlich Freitag eine »Gutschrift« von je 0,1 Stunden mitbringt und in der Nacht auf Samstag die 11 Stunden Ruhezeit nicht benötigt.

☞ Zu Aufgabe 6

Urlaubsjahr ist das Kalenderjahr. Der Anspruch des Arbeitnehmers bezieht sich daher stets auf das laufende Jahr (§ 1 BUrlG). Würde der Arbeitgeber dem Vorgriff auf den erst im folgenden Kalenderjahr entstehenden Urlaubsanspruch stattgeben, liefe er Gefahr, »doppelt« in Anspruch genommen zu werden; denn am 1. Januar erwächst dem Arbeitnehmer, und zwar ungeachtet des Vorgriffs, der volle Urlaubsanspruch. Die Ablehnung des von Herrn Meier gestellten Ansinnens erfolgt daher zu Recht.

Scheidet der Arbeitnehmer in der ersten Hälfte des Kalenderjahres aus dem Arbeitsverhältnis aus, so hat er lediglich Anspruch auf ein Zwölftel des Jahresurlaubs für jeden vollen Monat des Bestehens des Arbeitsverhältnisses (§ 5 I c BUrlG). Herrn Meier stehen danach nur 3 Monate × 30 Tage : 12 Monate = 7,5 Tage, die auf acht Tage aufzurunden sind (§ 5 II BUrlG), zu. Für die zeitliche Festlegung des Urlaubs gilt, dass der diesbezügliche Wunsch des Arbeitnehmers grundsätzlich zu berücksichtigen ist. Stehen dringende betriebliche Belange entgegen, ist der Arbeitgeber berechtigt, dem Wunsch des Arbeitnehmers nicht zu entsprechen. Herr Meier muss sich folglich mit dem Arbeitgeber auf einen anderen Zeitraum für die Inanspruchnahme seines achttägigen Urlaubs verständigen. Lassen die dringenden betrieblichen Belange die Urlaubsnahme vor Ausscheiden aus dem Arbeitsverhältnis nicht zu, muss der Arbeitgeber den Urlaub abgelten (§ 7 IV BUrlG).

Zu Aufgabe 7

a) Verschiebungsantrag

Der auf das Folgejahr übertragene Urlaubsanspruch erlischt nach § 7 III BUrlG mit Ablauf des 31. März. Erkrankungen änderten an dieser strikten Rechtsfolge bislang nichts. Seit der Entscheidung des Europäischen Gerichtshofs (EuGH) vom 20. Januar 2009 – C 350/06 – ist die Rechtslage jedoch eine andere. Nach dieser vom BAG (24. März 2009 – 9 AZR 983/07) übernommenen Rechtsprechung ist § 7 III BUrlG entsprechend Art. 7 I der Richtlinie 2003/88/EG europarechtskonform dahingehend auszulegen, dass der gesetzliche Urlaubsanspruch von vier Wochen (= 20 Arbeitstagen in der Fünf-Tage-Woche) auch dann nicht verfällt, wenn er wegen Krankheit nicht bis spätestens 31. März des Folgejahres genommen werden konnte. Das BAG hat die durch den EuGH geschaffene Rechtslage dahingehend erweitert, dass

- es auch den Zusatzurlaub nach § 125 I 1 SGB IX nicht nach Ablauf des 31. März des Folgejahres für verfallen erklärte, sofern er wegen Arbeitsunfähigkeit nicht rechtzeitig genommen werden konnte (BAG, 23. März 2010 – 9 AZR 128/09),
- der tarifliche »Mehrurlaub« (im vorliegenden Fall von zehn Tagen) wie der gesetzliche Urlaubsanspruch zu behandeln ist, sofern der Tarifvertrag nicht oder nur geringfügig vom Bundesurlaubsgesetz abweicht (BAG, 12. April 2011 (9 AZR 80/10).

Beide Voraussetzungen sind vorliegend erfüllt, sodass der Urlaubsanspruch Frau Vogel über den 31. März hinaus erhalten bleibt. Zwar hat das BAG (7. August 2012 – 9 AZR 353/10) im Anschluss an eine neuere Entscheidung des EuGH (22. November 2011 – C-214/10) entschieden, dass der krankheitsbedingt nicht verfallene Urlaubsanspruch grundsätzlich erst 15 Monate nach Ablauf des Urlaubsjahres (also nach dem 31. März des übernächsten Kalenderjahres) erlischt; davon kann Frau Vogel bei alsbaldiger Gesundung aber keinen Gebrauch machen. Vielmehr muss sie die 15 Tage noch im laufenden Kalenderjahr nehmen, anderenfalls verfallen sie mit Ablauf des 31. Dezembers dieses Jahres.

b) Stornierung und Abgeltung

Eine Abgeltung des Urlaubsanspruchs kommt nur in Betracht, wenn vor Beendigung des Arbeitsverhältnisses noch ausstehender Urlaub nicht mehr gewährt werden kann (§ 7 IV BUrlG). Innerhalb eines bestehenden – und fortdauernden – Arbeitsverhältnisses darf Urlaub nicht »ausbezahlt« werden.

c) Ablehnung des Urlaubsanspruches

Durch die Weigerung des Vorgesetzten entsteht der Mitarbeiterin ab dem 1. April ein Schaden, da ihr Urlaubsanspruch zu diesem Zeitpunkt verfallen ist. Der Arbeitgeber ist verpflichtet, ihr gemäß §§ 275 Abs. 1 und 4, 280 Abs. 1, 283 Satz 1, 286 Abs. 1 S. 1, 249 BGB diesen Schaden zu ersetzen. Dies kann auf zweierlei Weise erfolgen: Die Mitarbeiterin kann entweder fünf Tage bezahlte Freistellung von der Arbeit verlangen (sog. **Naturalrestitution**) oder –sofern sie dauerhaft arbeitsunfähig erkrankt – den Geldbetrag fordern, den sie während 15 Tagen verdient. Letzteres bedeutet keine Urlaubsabgeltung (denn der Urlaubsanspruch ist untergegangen), sondern stellt einen Schadensersatz dar.

Die Geltendmachung des Schadensersatzanspruchs unterliegt einer dreijährigen Verjährungsfrist (§ 195 BGB), beginnend mit dem Ende des Jahres, in welchem der Anspruch entstanden ist (§ 199 I BGB). Frau Vogel hat gegenwärtig also noch mehr als drei Jahre Zeit, ihr Recht geltend zu machen.

Zu Aufgabe 8

a) Grenzen des Weisungsrechtes

Der Arbeitsvertrag muss Raum lassen, die Arbeitsbedingungen durch das Direktionsrecht des Arbeitgebers zu konkretisieren. Das ist z.B. nicht der Fall, wenn die Stellenbeschreibung zum Gegenstand des Arbeitsvertrags gemacht wird. Konkretisierung und damit Ausschluss des Direktionsrechts kann aber auch dann eintreten, wenn der Arbeitnehmer die Tätigkeit über einen längeren Zeitraum (in der Regel über mehrere Jahre) ausgeübt hat. Entsprechendes gilt, wenn die Arbeitsleistung zukünftig an einem anderen Ort erbracht werden soll.

b) Änderungskündigung

Annahme

Das Arbeitsverhältnis wird nach Ablauf der Kündigungsfrist zu den geänderten Bedingungen fortgesetzt.

Ablehnung

- Die Änderungskündigung geht in eine Beendigungskündigung über.
- Das Arbeitsverhältnis endet nach Ablauf der Kündigungsfrist.
- Eine Kündigungsschutzklage ist binnen drei Wochen nach Zugang möglich.

Vorbehalt

- Die Annahme erfolgt unter dem Vorbehalt, dass die Änderung der Vertragsbedingungen nicht sozial ungerechtfertigt ist.

- Gerichtliche Klärung durch Kündigungsschutzklage ist binnen drei Wochen nach Zugang erforderlich.
- Es besteht die Pflicht zur (vorläufigen) Annahme der neuen Vertragsbedingungen nach Ablauf der Kündigungsfrist.
- Je nach rechtskräftiger arbeitsgerichtlicher Entscheidung gilt: entweder endgültige Weiterarbeit zu den geänderten Bedingungen oder Rückkehr zu den »alten« Vertragsbedingungen.

Zu Aufgabe 9

Es ist davon auszugehen, dass es sich bei dem Arbeitsvertrag der tariflich eingestuften Mitarbeiterin um einen Standardarbeitsvertrag handelt. Dieser unterliegt dem Recht der Allgemeinen Geschäftsbedingungen nach den §§ 305 ff. BGB. Danach ist die Vorbehaltsklausel aus drei Gründen unwirksam.

1. Die Klausel verstößt gegen die Unklarheitenregelung des § 305 c BGB, weil sie in sich widersprüchlich ist. Mit der Zusage einer übertariflichen Zulage begründet der Arbeitgeber einen Rechtsanspruch zugunsten der Mitarbeiterin, ihr die Zulage in der zugesagten Höhe zu zahlen. Es bedeutet daher einen Widerspruch, wenn er die Zahlung gleichsam in demselben Atemzug als freiwillige Leistung deklariert. Denn damit bringt er zum Ausdruck, dass er die Zahlung »eigentlich« nicht als Rechtsanspruch verstanden wissen will, sondern sie seinem von der jeweiligen Situation abhängigen Gutdünken unterwerfen möchte. In Kombination des Freiwilligkeits- mit dem Widerrufsvorbehalt wird der Widerspruch noch deutlicher. Denn ein – vorbehaltenes – Widerrufsrecht setzt zwingend einen (widerrufbaren) Anspruch voraus, dessen Bestehen der Freiwilligkeitsvorbehalt gerade in Abrede stellt.
2. Nach einer Entscheidung des BAG vom 25. April 2007 (5 AZR 627/06) benachteiligt der – durch den Freiwilligkeitsvorbehalt bewirkte – Ausschluss jeden Rechtsanspruchs bei laufendem Arbeitsentgelt den Arbeitnehmer entgegen dem Gebot von Treu und Glauben unangemessen und ist daher gemäß § 307 I 1 BGB unwirksam. Der Ausschluss des Rechtsanspruchs verstößt, so das BAG, gegen den Grundsatz, nach welchem Verträge einzuhalten sind (pacta sunt servanda). Er steht damit im Widerspruch zu wesentlichen Grundgedanken der gesetzlichen Regelung, von der abgewichen wird (§ 307 II Nr. 1 BGB) – nämlich § 611 BGB. Denn hiernach ist es dem Arbeitgeber verwehrt, vom Arbeitnehmer die vollständige Erbringung der geschuldeten Leistung zu verlangen, ohne sich seinerseits an die getroffene Entgeltvereinbarung halten zu müssen.
3. Gemäß § 308 Nr. 4 BGB ist eine Vertragsklausel, nach der die versprochene Leistung geändert oder von ihr abgewichen werden kann, unwirksam. Eine Ausnahme von diesem Grundsatz ist nur dann zulässig, wenn die Änderung oder Abweichung unter Berücksichtigung der Interessen des Arbeitgebers für den Arbeitnehmer zumutbar ist. Nach der Rechtsprechung des BAG (11. Oktober 2006 – 5 AZR 721/05) ist ein vertraglicher Widerrufsvorbehalt zumutbar, wenn aus ihm selbst hervorgeht, dass der Widerruf nicht ohne Grund erfolgen darf. Das heißt, die Voraussetzungen und der Umfang der unter Widerrufsvorbehalt gestellten Leistung müssen im Text der Widerrufsklausel deutlich zum Ausdruck kommen. Das ist vorliegend nicht der Fall. Übertarifliche Zulagen werden aus den unterschiedlichsten – in der Praxis oft nicht mehr feststellbaren –

Gründen gewährt. Der Vertragstext enthält keinen Hinweis, aus welchem Grund Frau Mühsam die übertarifliche Zulage seinerzeit erhalten hat, insbesondere geht daraus nicht hervor, dass sie ihr aus Leistungsgründen gewährt wurde. Fehlt es aber an der Angabe des Grundes für die Gewährung der übertariflichen Zulage, dann ist auch kein Grund für ihren Widerruf ersichtlich. Ein auf mangelnde Leistung gestützter Widerruf der Frau Mühsam gewährten übertariflichen Zulage wäre für sie mithin unzumutbar und damit nach § 308 Nr. 4 BGB unwirksam.

Zu Aufgabe 10

Prämisse

Nach § 4 a EFZG darf der Arbeitgeber die Prämie für jeden Tag der Arbeitsunfähigkeit maximal auf ein Viertel des Entgelts kürzen, das im Jahresdurchschnitt auf einen Arbeitstag entfällt.

Berechnung

- Monatliches Entgelt = 30.000,00 EUR/Jahr : 12 Monate = 2.500,00 EUR
- Entgelt/Woche = 2.500,00 EUR : 4,35 Wochen/Monat = 574,71 EUR
- Tägliches Entgelt = 574,71 EUR : 5 Tage = 114,94 EUR
- Kürzungsbetrag = 114,94 EUR × 0,25 × 7 Krankheitstage = 201,14 EUR.

Zu Aufgabe 11

- **Tatbestand**: Genaue Beschreibung des dem Mitarbeiter zur Last gelegten Fehlverhaltens, soweit möglich unter Angabe der Zeit, des Ortes, der Umstände und der evtl. involvierten Personen.
- **Missbilligung**: Eindringlicher Hinweis, dass der Mitarbeiter gegen seine arbeitsvertraglichen Pflichten verstoßen hat und der Arbeitgeber nicht bereit ist, dies hinzunehmen.
- **Aufforderung**: Veranlassen des Mitarbeiters, sich zukünftig seinen arbeitsvertraglichen Pflichten gemäß zu verhalten.
- **Androhung**: Konsequenzen in Aussicht stellen, mit denen der Mitarbeiter im Falle eines weiteren Fehlverhaltens rechnen muss. Abstufung der Konsequenzen, je nachdem, welche Maßnahme der Arbeitgeber beim nächsten Fehlverhalten ergreifen wird. Soll eine verhaltensbedingte Kündigung ausgesprochen werden, muss auf diese Konsequenz unmissverständlich hingewiesen werden. Falls nicht, ist eine abgeschwächte Formulierung zu wählen. Anderenfalls ist die Abmahnung bei Ausspruch einer späteren Kündigung unbeachtlich.

Lösungsansätze zu Kapitel 2.1

Zu Aufgabe 12

a) Ordentliche und außerordentliche Kündigung

Die ordentliche Kündigung erfordert die Einhaltung der gesetzlichen bzw. tarifvertraglichen Kündigungsfrist. Die außerordentliche Kündigung verlangt einen wichtigen Grund, nach welchem dem Arbeitgeber unter Berücksichtigung der Umstände des Einzelfalls und unter Abwägung der beiderseitigen Interessen die Fortsetzung des Arbeitsverhältnisses bis zum Ablauf der Kündigungsfrist nicht zugemutet werden kann (§ 626 BGB).

Es gibt zwei Varianten der außerordentlichen Kündigung:

1. fristlos, d.h. das Arbeitsverhältnis endet mit Zugang der Kündigung,
2. mit Auslauffrist, d.h. das Ende des Arbeitsverhältnisses kann auf einen späteren Zeitpunkt hinausgeschoben werden. Dieser muss jedoch vor Ablauf der ordentlichen Kündigungsfrist liegen.

b) Mit und ohne Kündigungsschutz

Innerhalb der ersten sechs Monate kann der Arbeitgeber das Arbeitsverhältnis ohne Angabe von Gründen kündigen, auch wenn die Kündigung sozial ungerechtfertigt ist (Umkehrschluss aus § 1 I KSchG). Im Falle der ordentlichen Kündigung muss er lediglich die Kündigungsfrist einhalten (in beiden Fällen muss aber der Betriebsrat gemäß § 102 I BetrVG angehört werden). Nach Ablauf der sechs Monate kann der Arbeitgeber nur aus betriebs-, personen- oder verhaltensbedingten Gründen kündigen (§ 1 II KSchG). In jedem Fall ist der Betriebsrat anzuhören. Der Mitarbeiter kann innerhalb von drei Wochen nach Zugang der Kündigung Kündigungsschutzklage beim Arbeitsgericht erheben (§ 4 KSchG).

Zu Aufgabe 13

a) Soziale Auswahl

Der Arbeitgeber hat die soziale Auswahl im Rahmen einer betriebsbedingten Kündigung zu berücksichtigen. Die nach § 1 III KSchG zu berücksichtigenden Kriterien sind:

- Dauer der Betriebszugehörigkeit,
- Lebensalter des Mitarbeiters,
- Unterhaltspflichten,
- Schwerbehinderung.

b) Sozialplan

Im Falle einer Betriebsänderung, die wesentliche Nachteile für die Belegschaft oder erhebliche Teile von ihr zur Folge haben kann, muss der Arbeitgeber zusammen mit dem Betriebsrat einen Sozialplan vereinbaren (§ 111 BetrVG). Gegenstand des Sozialplans ist der

Ausgleich oder die Milderung der wirtschaftlichen Nachteile, die den Mitarbeitern infolge der geplanten Betriebsänderung entstehen (§ 112 I BetrVG). Als Betriebsänderung gelten:

1. Einschränkung, Stilllegung oder Verlegung des ganzen Betriebs oder von wesentlichen Betriebsteilen,
2. grundlegende Änderungen der Betriebsorganisation, des Betriebszwecks oder der Betriebsanlagen,
3. Einführung grundlegend neuer Arbeitsmethoden und Fertigungsverfahren (§ 111 BetrVG).

Zu Aufgabe 14

Die Prüfung hat auf drei Stufen zu erfolgen.

1. Negative Gesundheitsprognose: Die Fehlzeitenquote in der Vergangenheit muss unter Berücksichtigung der Erkrankung erwarten lassen, dass die Häufigkeit bzw. Dauer der Arbeitsunfähigkeit in Zukunft andauern wird.
2. Die zu erwartende weitere Arbeitsunfähigkeit muss zu einer erheblichen Beeinträchtigung betrieblicher Belange, die sich in der wirtschaftlichen Belastung oder erheblichen Störungen des Arbeitsablaufs niederschlagen kann, führen.
3. Es hat eine Abwägung zwischen den Interessen des Arbeitgebers und denen des Mitarbeiters zu erfolgen. Gegenüberzustellen sind z.B. die Erheblichkeit der Entgeltfortzahlungskosten des Arbeitgebers gegen die soziale Situation des Mitarbeiters.

Zu Aufgabe 15

Bei schwerwiegendem Fehlverhalten, insbesondere im Vertrauensbereich, kann eine verhaltensbedingte Kündigung auch ohne vorherige Abmahnung ausgesprochen werden. Diebstahl stellt regelmäßig ein solches Fehlverhalten dar. Dennoch hat auch im Rahmen der verhaltensbedingten Kündigung eine Interessenabwägung stattzufinden. Abzuwägen ist die Schwere der Pflichtwidrigkeit gegen die schutzwürdigen sozialen Belange des Arbeitnehmers. Angesichts der im Sachverhalt beschriebenen Umstände erscheint es fraglich, ob der Arbeitgeber im Falle eines von Herrn Mühsam angestrengten Kündigungsschutzprozesses obsiegen würde. Im Kündigungsrecht gilt, dass die Kündigung nur die Ultima Ratio sein darf. Die Möglichkeit der Versetzung auf einen anderen, auch geringer dotierten Arbeitsplatz geht ihr grundsätzlich vor. Das gilt insbesondere dann, wenn das Arbeitsverhältnis in der Vergangenheit störungsfrei verlaufen ist. Der Arbeitgeber sollte deshalb vor Ausspruch der Kündigung die Möglichkeit überlegen, von dem milderen Mittel der Versetzung – unter Erteilung einer Abmahnung – Gebrauch zu machen.

Zu Aufgabe 16

- Gemäß § 9 I BetrVG sind sieben Mandate zu besetzen.
- Mindestanteil des Minderheitengeschlechts nach d'Hondt (§ 15 II BetrVG in Verb. mit § 5 Wahlordnung):

	Frauen	Männer
geteilt durch 1	70[1]	50[2]
geteilt durch 2	35[3]	25[4]
geteilt durch 3	23,33[5]	16,66[7]
geteilt durch 4	17,5[6]	9

Die Männer haben demnach mindestens drei Sitze zu beanspruchen.

- Wahlausgang nach d'Hondt (§ 14 II BetrVG in Verb. mit § 15 Wahlordnung):

Liste	1	2
Kandidaten	A, **B**, **C**, D, E, F	G, H, **J**, K, **L**, **M**
geteilt durch 1	85[1]	35[3]
geteilt durch 2	42,5[2]	17,5[6]
geteilt durch 3	28,33[4]	11,67
geteilt durch 4	21,25[5]	8,75
geteilt durch 5	17[7]	7

Gewählt sind aus Liste 1: A, **B**, **C**, D sowie aus Liste 2: G, H, **J**.

Das der Liste 1 nach dem Wahlergebnis zustehende siebte Mandat fällt an Liste 2, da Erstere kein weiteres Mitglied des Minderheitengeschlechts aufweist. Auf diese Weise erlangt **J** das den Männern zustehende dritte Mandat, obwohl Liste 2 nur zwei Mandate erzielt hat.

Zu Aufgabe 17

a) Möglichkeiten für den Arbeitgeber

Der Arbeitgeber kann beim Arbeitsgericht beantragen, die Zustimmung zu ersetzen (§ 99 IV BetrVG). Er kann aber auch die Einstellung vorläufig durchführen, sofern dies aus sachlichen Gründen dringend erforderlich ist (§ 100 I BetrVG). In diesem Fall muss er den Betriebsrat unverzüglich darüber informieren und binnen drei Tagen das Arbeitsgericht anrufen (§ 100 II BetrVG). Ersetzt das Arbeitsgericht die Zustimmung, kann die Einstellung endgültig vollzogen werden. Lehnt es sie ab, darf Herr Sauber nicht eingestellt werden, d.h. die Arbeit nicht aufnehmen. Stellt es fest, dass die vorläufige Einstellung nicht dringend erforderlich war, endet sie zwei Wochen später (§ 100 III BetrVG).

b) Rechte von Herrn Sauber

Enthält der Arbeitsvertrag den Vorbehalt, dass er nur bei Zustimmung des Betriebsrats bzw. der arbeitsgerichtlichen Ersetzung wirksam ist, ist ein Arbeitsverhältnis nicht zustande gekommen. Zu prüfen ist ein Anspruch aus Verschulden bei Vertragsschluss. Hat Herr Sauber bereits gearbeitet, weil der Arbeitgeber die Einstellung vorläufig durchgeführt hat, kann er – ungeachtet des Schadensersatzanspruchs – das erwirtschaftete Arbeitsentgelt verlangen. Fehlt dagegen ein entsprechender Vorbehalt im Arbeitsvertrag, so berührt das Verbot der Einstellung die Wirksamkeit des Arbeitsvertrags nicht. Herr Sauber hat daher so lange Anspruch auf das vereinbarte Arbeitsentgelt, bis der Arbeitsvertrag z.B. aufgrund von Kündigung (Probezeit) endet. Entsprechendes gilt für die Bemessung der Höhe des Schadensersatzanspruchs.

Zu Aufgabe 18

a) Ordentliche Kündigung

- Anhörung des Betriebsrats unter Mitteilung der Kündigungsgründe (§ 102 I BetrVG).
- Vor Ausspruch der Kündigung: Verstreichenlassen der einwöchigen Äußerungsfrist des Betriebsrats, es sei denn, er stimmt der Kündigung vor Fristablauf zu (§ 102 II Sätze 1 und 2 BetrVG).
- Bei schriftlichem Widerspruch innerhalb der Wochenfrist: Kündigung kann dennoch ausgesprochen werden, Arbeitgeber hat dem Arbeitnehmer Abschrift der Stellungnahme des Betriebsrats zuzuleiten (§ 102 IV BetrVG).
- Bei Kündigungsschutzklage des Arbeitnehmers: Arbeitgeber hat ihn auf Verlangen bis zum rechtskräftigen (Instanzenweg!) Abschluss des Verfahrens weiter zu beschäftigen (§ 102 V Satz 1 BetrVG).

b) Außerordentliche Kündigung

- Anhörung des Betriebsrats unter Angabe des »wichtigen Grundes« (§ 626 BGB) und der Gründe, weshalb die Fortsetzung des Arbeitsverhältnisses bis zum Ende der ordentlichen Kündigungsfrist nicht zumutbar ist. Ratsam: Betriebsrat auch zur hilfsweisen ordentlichen Kündigung anhören.
- Erklärungsfrist des Betriebsrats (drei Tage) vor Ausspruch der Kündigung abwarten, es sei denn, der Betriebsrat stimmt vorher zu.
- Auch bei Widerspruch des Betriebsrats kann eine außerordentliche Kündigung ausgesprochen werden.
- Bezüglich der hilfsweisen ordentlichen Kündigung ist gegebenenfalls die Ein-Wochen-Frist einzuhalten.
- Ausspruch der hilfsweisen ordentlichen Kündigung ist ratsam, weil die richterliche Feststellung der Rechtsunwirksamkeit der außerordentlichen Kündigung den Prozessverlust des Arbeitgebers nach sich zieht. Anders bei hilfsweise ausgesprochener ordentlicher

Lösungsansätze zu Kapitel 2.1

Kündigung: Hier muss das Arbeitsgericht den Hilfsantrag prüfen; der Arbeitgeber hat die Chance, dass das Gericht die ordentliche Kündigung bestätigt.

Zu Aufgabe 19

Betriebsvereinbarung	Regelungsabrede
• Entfaltet unmittelbare normative Wirkung auf das Arbeitsverhältnis.	• Schuldrechtlicher Vertrag zwischen Arbeitgeber und Betriebsrat, bedarf der arbeitsvertraglichen Umsetzung (z.B. durch Weisungsrecht des Arbeitgebers bei – mitbestimmungspflichtiger – Anordnung von Mehrarbeit) oder durch Vertragsänderung bzw. Änderungskündigung.
• Schriftform ist erforderlich.	• Mündlich oder schriftlich, Schriftform ist aus Beweisgründen empfehlenswert.
• Unterliegt der Regelungssperre des § 77 III BetrVG.	• Unterliegt nicht der Regelungssperre des § 77 III BetrVG.
• Kündigung nach § 77 V BetrVG	• Kündigung analog § 77 V BetrVG
• Nachwirkung nach § 77 VI BetrVG	• Nachwirkung analog § 77 VI BetrVG

Zu Aufgabe 20

Dies ist unter zwei Voraussetzungen möglich:

1. Einen unmittelbaren Anspruch aus dem Tarifvertrag hat der Mitarbeiter, wenn beide Seiten tarifgebunden sind. Der Arbeitgeber ist tarifgebunden, wenn er Mitglied des tarifschließenden Arbeitgeberverbands ist, er also vom Verbandstarifvertrag bzw., was dasselbe ist, vom Flächentarifvertrag erfasst wird. Die Tarifbindung des Arbeitgebers kann aber auch aufgrund eines zwischen ihm und der tarifzuständigen Gewerkschaft abgeschlossenen Haus- bzw. Firmentarifvertrags herbeigeführt worden sein. Tarifbindung des Mitarbeiters liegt vor, wenn er Mitglied der tarifschließenden Gewerkschaft ist. Unabhängig davon besteht beiderseitige Tarifbindung im Falle der ministeriellen Allgemeinverbindlichkeitserklärung des für die betreffende Branche geltenden Tarifvertrags.
2. Einen arbeitsvertraglichen Anspruch auf das tarifliche Entgelt hat der Mitarbeiter, sofern sein Arbeitsvertrag auf den betreffenden Tarifvertrag verweist. In diesem Fall bedarf es einer sog. arbeitsvertraglichen Bezugnahmeklausel. Sie besagt, dass auf das Arbeitsverhältnis »der für uns einschlägige Tarifvertrag für die X-Industrie in der jeweils gültigen Fassung Anwendung« findet (hierbei handelt es sich um die sog. **kleine dynamische Bezugnahmeklausel**.) Die **große dynamische Bezugnahmeklausel** – auch Tarifwechselklausel genannt – lautet üblicherweise: »Auf das Arbeitsverhältnis finden die jeweils geltenden Tarifverträge in ihrer jeweils gültigen Fassung Anwendung.«

2 Personalarbeit auf Grundlage rechtlicher Bestimmungen durchführen

2.2 Rechtswege kennen und das Prozessrisiko einschätzen

Aufgabe 1

a) Beschreiben Sie die Instanzen der Arbeitsgerichtsbarkeit in der Bundesrepublik Deutschland.

b) Erläutern Sie, wie die Arbeitsgerichte besetzt sind.

Aufgabe 2

Herr Emsig ist arbeitslos gemeldet. Um sein Arbeitslosengeld aufzubessern, übernimmt er ab und zu im erlaubten Rahmen des Sozialgesetzbuches Aushilfstätigkeiten. Für eine Entladetätigkeit im Hamburger Hafen hat er den vereinbarten Lohn trotz aller Erinnerungen und Mahnungen nicht erhalten. Der Lagerhaltungsbetrieb behauptet, es bestehe kein schriftlicher Arbeitsvertrag zwischen Herrn Emsig und dem Unternehmen, weswegen man auch nicht zur Zahlung verpflichtet sei. Im Übrigen habe man Insolvenz beantragt und sei sowieso nicht zahlungsfähig. Herr Emsig kann seine Tätigkeit für den Lagerhaltungsbetrieb durch Lohnzettel beweisen, die von einem Vorarbeiter des Unternehmens abgezeichnet wurden.

a) Nennen Sie die gerichtlichen Möglichkeiten für Herrn Emsig, doch noch an sein Geld zu kommen.

b) Welches Gericht ist für Herrn Emsig zuständig, wenn er klagen will? Um welche Klageart handelt es sich dabei?

c) Herr Emsig hat sich entschlossen, Klage einzureichen, weiß aber nicht, wie er diese schriftlich zu Papier bringen soll. Welche Möglichkeit nach dem Arbeitsgerichtsgesetz (ArbGG) hat er?

d) Herr Emsig ist weder Mitglied einer Gewerkschaft noch hat er die Mittel, um einen Rechtsanwalt zu bezahlen. Muss er sich unbedingt vor Gericht vertreten lassen?

Lösungsansätze zu Kapitel 2.2

Zu Aufgabe 1

a) Instanzen der Arbeitsgerichtsbarkeit

Wie in den meisten anderen Gerichtszweigen ist auch die Arbeitsgerichtsbarkeit dreistufig aufgebaut: Die erste Instanz eines Verfahrens findet vor den Arbeitsgerichten statt. Berufungsinstanz sind die Landesarbeitsgerichte und Revisionsinstanz ist das Bundesarbeitsgericht in Erfurt.

b) Besetzung der Arbeitsgerichte

Das Arbeitsgericht setzt sich zusammen aus Berufsrichtern (Vorsitzenden) und aus ehrenamtlichen Richtern. Letztere gehören paritätisch dem Bereich der Arbeitgeber und Arbeitnehmer an. Sie werden aus Vorschlagslisten ausgewählt und auf vier Jahre berufen. Vorsitzende und ehrenamtliche Richter bilden eine Kammer, auch hier wird die Parität gewahrt.

Die Kammern der Landesarbeitsgerichte entsprechen in ihrem Aufbau denen der Arbeitsgerichte.

Anders der Aufbau des Bundesarbeitsgerichtes: Es besteht aus einem Präsidenten, Vorsitzenden, Beisitzern, die Berufsrichter sind, und ehrenamtlichen Richtern. Die Spruchkörper bestehen aus Senaten, nicht aus Kammern. Die Senate entscheiden mit drei Berufsrichtern und zwei ehrenamtlichen Richtern.

Zu Aufgabe 2

a) Möglichkeiten

Herr Emsig kann einen Mahnbescheid einreichen. Zuständig ist das Arbeitsgericht, nicht wie sonst üblich das Amtsgericht. Er kann auch vor dem gleichen Arbeitsgericht Klage erheben.

b) Zuständigkeit

Für Herrn Emsig ist das Arbeitsgericht zuständig, da er im Rahmen eines Arbeitsverhältnisses tätig war. Da die gegnerische Partei bestreitet, dass ein solches bestand und vermutlich jedes Rechtsverhältnis, gleich welcher Art, bestreiten wird, wird im Rahmen einer Feststellungsklage die sachliche und örtliche Zuständigkeit festgestellt werden und über den Anspruch und die Höhe der Zahlung des Aushilfslohns eine Leistungsklage angestrengt werden müssen.

c) Klageeinreichung

Herr Emsig kann bei der Geschäftsstelle des zuständigen Arbeitsgerichtes vorstellig werden und seinen Antrag mündlich zu Protokoll geben. Kosten entstehen ihm dafür nicht. Sollte das Unternehmen nicht mehr bestehen, ist der Insolvenzverwalter Empfänger der Klage.

d) Anwaltliche Vertretung

Wenn sich Herr Emsig – wie im vorliegenden Fall geschildert – seiner Sache so sicher ist, benötigt er in der ersten Instanz auch keine Prozessvertretung. Sollte die Gegenpartei jedoch durch einen Rechtsanwalt vertreten sein, hat der Vorsitzende auf Antrag einen Rechtsanwalt beizuordnen. Der Vorsitzende hat Herrn Emsig auf sein diesbezügliches Antragsrecht hinzuweisen. Allerdings wird bei der geschilderten Sachlage diese Beiordnung unterbleiben können.

2.3 Einkommens- und Vergütungssysteme umsetzen

Aufgabe 1

Unter welchen Voraussetzungen hat ein Mitarbeiter Anspruch auf Zahlung des tariflichen Arbeitsentgelts?

Aufgabe 2

Erläutern Sie, weshalb es nicht sachgerecht ist, einen Mitarbeiter aus Leistungsgründen in eine höhere Tarifgruppe einzugruppieren.

Aufgabe 3

Frau Fleißig arbeitet als Teilzeitbeschäftigte 20 Stunden/Woche. Wegen eines Großauftrags arbeitet sie für die Dauer von zwei Wochen jeweils 30 Stunden.

Hat sie für die »überschießende« Zeit Anspruch auf den tariflichen Mehrarbeitszuschlag von 25 Prozent? Begründen Sie Ihre Auffassung.

Aufgabe 4

Aufgrund positiver Geschäftsentwicklung gewährt der Arbeitgeber eine Jahressonderzahlung von 1.000,00 EUR pro Mitarbeiter. Nach § 4 a EFZG darf er die Sonderzahlung kürzen. Die Kürzung darf für jeden Tag der Arbeitsunfähigkeit ein Viertel des Arbeitsentgelts, das im Jahresdurchschnitt auf einen Arbeitstag entfällt, betragen. Frau Emsig arbeitet in der 37,5 Tage-Woche (= 7,5 Stunden/Tag). Sie war im Geschäftsjahr an sieben Tagen arbeitsunfähig erkrankt. Ihr jährliches Arbeitsentgelt beträgt 30.000,00 EUR.

Wie hoch ist der Prämienanspruch der Frau Emsig, wenn der Arbeitgeber von der gesetzlichen Kürzungsmöglichkeit Gebrauch macht? Beschreiben Sie den Lösungsweg.

Aufgabe 5

Was versteht man unter einer übertariflichen Zulage, wozu wird sie gezahlt und was ist bei ihrer Zusage zu beachten?

Aufgabe 6

Erläutern Sie die Begriffe

a) Regelungssperre,

b) Katalogverfahren,

c) Kapitalbeteiligung,

d) Ecklohngruppe,

e) Schaub'sche Formel.

Lösungsansätze zu Kapitel 2.3

Zu Aufgabe 1

Anspruch auf das tarifliche Arbeitsentgelt besteht, wenn beiderseitige Tarifbindung vorliegt, d.h. Arbeitgeber und Arbeitnehmer tarifgebunden sind. Tarifbindung des Arbeitgebers kann unter zwei Varianten möglich sein:

1. Der Arbeitgeber ist Vollmitglied des tarifschließenden Arbeitgeberverbands. Vollmitgliedschaft bedeutet, dass nicht nur eine sog. OT-Mitgliedschaft, also eine Mitgliedschaft ohne Tarifbindung besteht.
2. Der Arbeitgeber hat mit der zuständigen Gewerkschaft einen Haus- bzw. Firmentarifvertrag abgeschlossen.

Tarifbindung des Arbeitnehmers liegt vor, wenn dieser Mitglied der tarifschließenden Gewerkschaft ist.

Beiderseitige Tarifbindung kann aber auch vorliegen, wenn der Arbeitgeber zwar weder Mitglied des Arbeitgeberverbandes ist noch einen Haustarifvertrag abgeschlossen hat und der Arbeitnehmer kein Gewerkschaftsmitglied ist, aber der fachlich einschlägige Tarifvertrag durch Rechtsverordnung des Bundesministers für Arbeit und Soziales für allgemeinverbindlich erklärt worden ist.

Anspruch auf das tarifliche Arbeitsentgelt besteht darüber hinaus dann, wenn der Arbeitsvertrag eine sog. Bezugnahme- bzw. Verweisungsklausel enthält. In diesem Fall besteht der Anspruch allerdings nicht kraft Tarifvertrags, sondern aufgrund Arbeitsvertrags. Durch die Bezugnahmeklausel wird der Inhalt des Tarifvertrags – und damit auch die entsprechenden Entgeltbestimmungen – Inhalt des Arbeitsvertrags.

Zu Aufgabe 2

Tarifgruppen definieren die Anforderungen, die das Aufgabengebiet an denjenigen, der es übernommen hat, stellt. Tarifgruppendefinitionen sind mit anderen Worten nicht auf eine konkrete Person, sondern »abstrakt« auf die Stelle bezogen. Sie enthalten eine Aussage über deren Wertigkeit. Demgemäß stellt das einer bestimmten Tarifgruppe zugeordnete Arbeitsentgelt das materielle Äquivalent zur Wertigkeit der Aufgaben dar, die auf der betreffenden Stelle wahrzunehmen sind. Honoriert wird folglich, »was« zu erledigen ist. »Wie« es – von der konkreten, mit den Aufgaben betrauten Person – erledigt wird, ist Gegenstand der Beurteilung ihrer individuellen Leistung. Diese ist mit einer Leistungszulage abzugelten. Entscheidet sich der Arbeitgeber dennoch für die Umgruppierung in eine höhere Tarifgruppe, läuft er Gefahr, dass in der bisherigen Tarifgruppe des Mitarbeiters befindliche Kollegen ebenfalls eine Umgruppierung fordern. Und das zu Recht, denn gestützt auf den arbeitsrechtlichen Gleichbehandlungsgrundsatz können sie geltend machen, dass ihr Aufgabengebiet (Gleichwertigkeit der Anforderungen vorausgesetzt) von der offensichtlich neuen Bewertung durch den Arbeitgeber mit erfasst wird. Die nicht sachgerechte Höhergruppierung kann den Arbeitgeber somit im Ergebnis teuer zu stehen kommen.

Zu Aufgabe 3

Der Anspruch auf Mehrarbeitszuschlag setzt voraus, dass Mehrarbeit überhaupt vorliegt. Unter Mehrarbeit (Überstunden) versteht man diejenige Zeit, die über die tarifvertraglich vorgegebene oder, sofern keine Tarifbindung vorliegt, die betriebsübliche Arbeitszeit hinausgeht. Zwar sagt die Aufgabenstellung nichts hierüber aus, doch ist kein Tarifvertrag bekannt, der eine regelmäßige Wochenarbeitszeit von 20 Stunden vorsieht. Unwahrscheinlich ist auch, dass es ein Unternehmen mit einer derart verkürzten betriebsüblichen Arbeitszeit gibt. Bei der mit zehn Stunden überschrittenen Wochenarbeitszeit handelt es sich daher nicht um Mehrarbeit. Frau Fleißig werden die zusätzlich geleisteten Stunden auf der Basis ihres üblichen Stundenentgelts ohne Zuschlag vergütet.

Zu Aufgabe 4

Ermittlung des jahresdurchschnittlichen täglichen Arbeitsentgelts

$30.000{,}00 \text{ EUR} : 12_{\text{Monate}} : 163{,}125_{\text{Stundenfaktor/Monat}} \times 7{,}5_{\text{Stunden/Tag}} = 114{,}94 \text{ EUR}$

Kürzung nach § 4a EFZG

$114{,}94 \text{ EUR} \times \tfrac{1}{4} \times 7_{\text{Krankheitstage}} = 201{,}15 \text{ EUR}$

Prämienhöhe

$1.000{,}00 \text{ EUR} - 201{,}15 \text{ EUR} = 798{,}85 \text{ EUR}$

Zu Aufgabe 5

Bei der übertariflichen Zulage handelt es sich um ein Entgeltelement, das nicht zu den tarifvertraglich geregelten – und damit tariflich auch nicht zu den abgesicherten – Verdienstbestandteilen gehört, sondern auf der vertraglichen Vereinbarung zwischen Arbeitgeber und Arbeitnehmer beruht. Ihr Hauptanwendungsfall besteht darin, die bisweilen erhebliche Entgeltdifferenz zwischen zwei Tarifgruppen zu »überbrücken«. Das setzt allerdings voraus, dass die Wertigkeit des Aufgabengebiets höher anzusetzen ist, als dies seine Eingruppierung widerspiegelt, aber wiederum nicht so hoch veranschlagt werden kann, um die Einstufung in die nächsthöhere Tarifgruppe zu rechtfertigen. Insoweit können der Wertigkeit gemäße Abstufungen vorgenommen werden.

Darüber hinaus kann der Arbeitgeber mit der übertariflichen Zulage die unterschiedlichsten Zwecke verfolgen. So kann er sie beispielsweise als Leistungszulage einsetzen (sofern diese nicht schon, wie in der Metall- und Elektroindustrie, tariflich geregelt ist). Ferner kann mit ihr die Erfahrung eines älteren Mitarbeiters gewürdigt oder auf die zukünftige Entwicklung einer Nachwuchskraft gesetzt werden. Verbreitet ist auch ihr Einsatz, um den unterschiedlich hohen Lebenshaltungskosten der an verschiedenen Standorten tätigen Mitarbeiter eines Unternehmens gerecht zu werden. Die Einsatzzwecke sind nahezu unbegrenzt.

Doch ist bei der Zusage einer übertariflichen Zulage stets zu beachten, dass sie – weil vermeintlich freiwillig gezahlt – nicht ohne Weiteres wieder zurückgenommen werden kann. Vielmehr bedarf es hierfür eines rechtswirksamen Widerrufsvorbehalts. Er setzt voraus, dass der Grund, dessentwegen der Widerruf erfolgen soll, in der vertraglichen Vereinbarung ausdrücklich genannt wird (also z.B. »Entwicklungszulage im Hinblick auf die spätere Übernahme höherwertiger Tätigkeiten«). Andernfalls ist ein Widerruf außer aus konkret zu benennenden wirtschaftlichen Gründen nahezu unmöglich. Ebenso zu beachten ist die Erklärung eines Vorbehalts bezüglich der Anrechenbarkeit von Tariferhöhungen und Umgruppierungen.

Zu Aufgabe 6

a) Regelungssperre

Unter diesem Begriff versteht man die in § 77 Abs. 3 BetrVG getroffene Anordnung, wonach durch Tarifvertrag geregelte Arbeitsentgelte (und sonstige Arbeitsbedingungen) nicht Gegenstand einer Betriebsvereinbarung sein können. Gleiches gilt im Hinblick auf Entgeltangelegenheiten, die *üblicherweise* durch Tarifvertrag geregelt werden. Die Vorschrift soll verhindern, dass die Tarifautonomie durch normativ wirkende Vereinbarungen auf Betriebsebene untergraben wird. Deshalb spielt es keine Rolle, ob der Arbeitgeber an den Tarifvertrag gebunden ist oder nicht. § 77 Abs. 3 BetrVG gilt vorrangig für freiwillige Betriebsvereinbarungen nach § 88 BetrVG. Für mitbestimmungspflichtige Gegenstände nach § 87 Abs. 1 (hier insbesondere die Nummern 4, 10 und 11) BetrVG gilt der sog. Tarifvorbehalt des § 87 Abs. 1 Einleitungssatz BetrVG. Von § 77 Abs. 3 BetrVG nicht erfasst werden vom Arbeitgeber freiwillig erbrachte Leistungen, z.B. übertarifliche Zulagen oder betriebsspezifische Sonderzahlungen. Ebenso wenig hindert die Vorschrift am Abschluss von Betriebsvereinbarungen über AT-Gehälter. Da § 77 Abs. 3 BetrVG nur von »Betriebsvereinbarungen« spricht, ist der Abschluss von sog. Regelungsabreden zwischen Arbeitgeber und Betriebsrat zulässig. Auf jeden Fall ist der Arbeitgeber nicht gehindert, auf arbeitsvertraglicher Ebene – also ohne Betriebsrat – entgeltrelevante Regelungen mit dem Arbeitnehmer zu treffen. Im Falle der Tarifbindung müssen diese jedoch dem Günstigkeitsprinzip entsprechen.

b) Katalogverfahren

Mit diesem Begriff bezeichnet man eines der Verfahren zur summarischen Arbeitsbewertung. Es findet nahezu ausschließlich in den Tarifverträgen Anwendung. Der Name resultiert daraus, dass die einzelnen Tarifgruppen und die in ihnen enthaltenen Definitionen zur Anforderungshöhe der im Unternehmen anfallenden Tätigkeiten einem Katalog gleichen. Mit seiner Hilfe wird wertend ermittelt, in welche Tarifgruppe ein bestimmtes Aufgabengebiet einzugruppieren ist. Die Festlegung von Umfang und inhaltlicher Ausgestaltung des »Katalogs« unterliegt der Autonomie der Tarifparteien. Aus diesem Grund fällt er von Branche zu Branche unterschiedlich aus.

c) Kapitalbeteiligung

Die Beteiligung des Arbeitnehmers am Kapital eines Unternehmens bedeutet, dass er Miteigentümer dieses Unternehmens ist bzw. Genussrechte oder Schuldverschreibungen an ihm hält. Die Miteigentümerschaft kann beispielsweise durch Belegschaftsaktie, GmbH-Beteiligung oder Kommanditeinlage begründet werden. Aufgrund seiner Stellung ist der Arbeitnehmer berechtigt, entsprechend seinem Anteil an den Gewinnausschüttungen des Unternehmens teilzunehmen. Von der – zu Gewinnausschüttungen berechtigenden – Kapitalbeteiligung ist die durch Arbeitsvertrag begründete Berechtigung zur Teilnahme an der vom Geschäftserfolg abhängigen Prämienzahlung zu unterscheiden.

d) Ecklohngruppe

Die Abstände der Tarifgruppenentgelte untereinander werden üblicherweise in Prozentzahlen ausgedrückt. So bewegt sich etwa die Spreizung der tariflichen Entgelte in der chemischen Industrie zwischen 84 Prozent in der untersten und 185 Prozent in der höchsten Tarifgruppe. Die Ecklohngruppe bildet diejenige Tarifgruppe, die zu 100 Prozent gesetzt worden ist. Verhandeln die Tarifparteien um den Prozentsatz, um den die Arbeitsentgelte erhöht werden sollen, so geht es stets um den Prozentsatz in der Ecklohngruppe. Gelangt man schließlich zu einer Einigung, dann wird diese Tarifgruppe um den vereinbarten Prozentsatz angehoben und von ihr aus auf die neuen Beträge in den anderen Tarifgruppen »herauf« oder »herunter« gerechnet.

e) Schaub'sche Formel

Diese Formel wurde benannt nach einem ehemaligen Richter am BAG. Sie gilt bei den Arbeitsgerichten als sog. Faustformel zur Berechnung der im Rahmen eines Kündigungsschutzprozesses verhandelten Abfindungssumme. Diese beträgt gemäß der Formel ein halbes Monatsentgelt multipliziert mit der Anzahl der im Unternehmen verbrachten Beschäftigungsjahre. Die Formel hat Eingang gefunden in die Abfindungsregelung des § 1a KSchG.

2.4 Sozialversicherungsrecht anwenden

Aufgabe 1

Erläutern Sie

a) den Anspruch auf allgemeinen Krankenversicherungsschutz in den gesetzlichen Krankenkassen,

b) für welche Personengruppen es besondere Regeln gibt.

Aufgabe 2

Frau Lehmann erzielt in der Firma Krause & Lorch ein monatliches Entgelt von 5.000,00 EUR. Seit Jahren besteht eine versicherungspflichtige Mitgliedschaft bei der Krankenkasse A (JAE-Grenze 2014 = 53.550,00 EUR). Zum 1. Dezember 2015 wechselt sie zu einem anderem Arbeitgeber, der Firma Heber, mit einem monatlichen Entgelt von 5.200,00 EUR.

Wie ist die versicherungsrechtliche Beurteilung vorzunehmen?

Aufgabe 3

Frau Sommerfeld nimmt neben ihrer sozialversicherungspflichtigen Beschäftigung (Beitragsgruppe 1111) zum 1. Januar 2015 im gewerblichen Bereich eine geringfügige Beschäftigung mit einem Entgelt von 150,00 EUR auf. Die Möglichkeit der Befreiung von der Rentenversicherungspflicht in dieser Beschäftigung nutzt sie nicht.

Wie hoch ist die Geringfügigkeitsgrenze? Zu welchen Zweigen der Sozialversicherung sind Beiträge, durch wen und mit welchem Satz zu tragen?

Aufgabe 4

Bei den Württemberger Eisenwerken ist Herr Rotermund seit Jahren kranken-, pflege-, renten- und arbeitslosenversicherungspflichtig beschäftigt und Mitglied der BKK dieser Firma.

Da die Tarifverhandlungen zwischen der Gewerkschaft und dem Arbeitgeberverband gescheitert sind, wird bei den Württemberger Eisenwerken ab 5. Juni 2015 gestreikt. An diesem rechtmäßigen Arbeitskampf nimmt auch Herr Rotermund teil. Erneute Verhandlun-

2 Personalarbeit auf Grundlage rechtlicher Bestimmungen durchführen

gen zwischen den Tarifparteien führen letztlich zu einem Ergebnis. Durch Urabstimmung der Gewerkschaftsmitglieder wird das Ergebnis angenommen, der Arbeitskampf endet am 17. August 2015.

Stellen Sie fest, ob und ggf. wie lange die Mitgliedschaft bei der Krankenkasse von Herrn Rotermund während des Streiks erhalten bleibt.

Aufgabe 5

Die freiwillig in der gesetzlichen Krankenkasse und in der Pflegeversicherung versicherte Frau Meier (Beitragsgruppe 0110) erhält ein Gehalt von monatlich 4.350,00 EUR. Ihre regelmäßige wöchentliche Arbeitszeit beträgt 38,5 Stunden. Im maßgebenden Entgeltabrechnungszeitraum (Monat) arbeitet Frau Meier 24 Stunden in der Nacht (von 20.00 Uhr bis 0.00 Uhr/Zuschlag Nachtarbeit 25 Prozent).

a) Ermitteln Sie den beitragspflichtigen Teil des Nachtarbeitszuschlages.

b) Wie hoch ist das beitragspflichtige Entgelt und zu welchen Zweigen der Sozialversicherung sind Beiträge zu berechnen?

Aufgabe 6

Die kinderlose Arbeitnehmerin Frau Ihrig (30 Jahre alt) übt eine Beschäftigung in der Brauerei Breding aus. Sie erhält ein monatliches Entgelt in Höhe von 2.000,00 EUR.

Ermitteln Sie jeweils den Arbeitgeber- bzw. Arbeitnehmeranteil zur

a) Kranken- und

b) Pflegeversicherung.

Aufgabe 7

Frau Pagel, verheiratet, ist seit Jahren bei der Firma Nolte & Meyer beschäftigt. Sie erhält ein monatliches Entgelt in Höhe von 3.500,00 EUR (Zuschläge mit Rücksicht auf den Familienstand sind nicht enthalten). Ein Weihnachtsgeld oder 13. Gehalt ist laut Tarifvertrag nicht vorgesehen. Um ihr Entgelt aufzubessern, nimmt sie eine Nebenbeschäftigung bei der Firma Struck auf (monatlich 400,00 EUR) und im Anschluss schließt sie einen Arbeitsvertrag mit der Firma Beyer (monatlich 300,00 EUR).

Wie hoch ist das regelmäßige Jahresarbeitsentgelt von Frau Pagel?

2.4 Sozialversicherungsrecht anwenden

Aufgabe 8

a) Was ist ein Phantomlohn?

b) Worin unterscheidet sich hier das Steuerrecht vom Sozialversicherungsrecht?

Aufgabe 9

Frau Sommer ist im Getränkehandel Heber beschäftigt und erhält ein Bruttoarbeitsentgelt in Höhe von 3.500,00 EUR monatlich. Das Nettoarbeitsentgelt beträgt 2.500,00 EUR monatlich. Frau Sommer ist stark an einer Grippe erkrankt. Die Entgeltfortzahlungsansprüche aus ihrem Arbeitsverhältnis bei der Firma Heber sind erschöpft. Ab sofort zahlt die Krankenkasse Krankengeld (Nettokrankengeld 1.950,00 EUR monatlich/65,00 EUR kalendertäglich). Nach vorliegendem Tarifvertrag bekommt Frau Sommer einen Krankengeldzuschuss in Höhe von 650,00 EUR monatlich vom Arbeitgeber ausgezahlt.

Prüfen Sie, ob dafür Beiträge zur Sozialversicherung zu entrichten sind.

Aufgabe 10

Herr Sommerfeld ist ab dem 1. Februar 2015 Mitglied einer Krankenkasse.

a) Über welchen Zeitraum erstreckt sich die Bindungsfrist zur Krankenkasse?

b) Ab 1. Mai 2015 entscheidet sich Herr Sommerfeld für einen Wahltarif bei der Krankenkasse. Welche Bindungsfrist wird dadurch ausgelöst?

Aufgabe 11

Aus wie vielen Stellen besteht der Beitragsgruppenschlüssel und wie ist die Reihenfolge der Verschlüsselung?

Aufgabe 12

a) Was sind Einmalzahlungen und welche Einmalzahlungen kennen Sie?

b) Wie wird der voraussichtliche Jahresarbeitslohn ermittelt?

2 Personalarbeit auf Grundlage rechtlicher Bestimmungen durchführen

Aufgabe 13

Wozu dient die für alle Arbeitgeber geltende Umlagepflicht für Insolvenzgeld?

Aufgabe 14

In welcher Höhe ist zur Kranken- und Pflegeversicherung für freiwillig oder privat versicherte Personen während des Bezuges von Kurzarbeitergeld ein Beitragszuschuss zu zahlen?

Lösungsansätze zu Kapitel 2.4

Zu Aufgabe 1

a) Anspruch

- Alle Arbeitnehmer und Auszubildenden sind in der gesetzlichen Krankenversicherung versicherungspflichtig, wenn ihr regelmäßiges Jahresarbeitsentgelt die Jahresarbeitsentgeltsgrenze (JAEG) nicht übersteigt. Seit 1. April 2007 werden zusätzlich alle im Inland wohnenden Personen, die keinen Anspruch auf anderweitige Absicherung haben, im Wege der Versicherungspflicht in die gesetzliche Krankenversicherung einbezogen Der Krankenversicherungsschutz wird von der Krankenkasse sichergestellt, bei der zuletzt eine Versicherung bestanden hat, auch wenn diese Versicherung bereits Jahre zurückliegt. Sollte diese Krankenkasse nicht mehr bestehen, ist die Rechtsnachfolgerin zuständig.
- Wer bisher noch nie gesetzlich oder privat krankenversichert war (das können z.B. Personen sein, die ihren Wohnsitz erstmals in Deutschland haben), darf die Krankenkasse frei wählen.

b) Personengruppe

Künstler, Publizisten, Beamte, Pensionäre sowie Personen, die nach dem 55. Lebensjahr versicherungspflichtig würden und keinen ausreichenden gesetzlichen Krankenversicherungsanspruch zuvor nachweisen können.

Zu Aufgabe 2

Da Frau Lehmann bei dem neuen Arbeitgeber in der Hochrechnung für das laufende Jahr 2014 und das nächste Jahr 2015 ein Arbeitsentgelt von 62.400,00 EUR (12 × 5.200,00 EUR) erzielt, wird sie jeweils die Jahresarbeitsentgeltgrenze 2014 (53.550,00 EUR) und 2015 (54.900,00 EUR) überschreiten. Die Beschäftigung in der Firma Heber ist versicherungsfrei. Frau Lehmann kann freiwillig in der gesetzlichen Krankenversicherung bleiben oder in eine private Krankenversicherung wechseln.

2 Personalarbeit auf Grundlage rechtlicher Bestimmungen durchführen

Zu Aufgabe 3

Die Geringfügigkeitsgrenze beträgt 450,00 EUR. Der Arbeitgeber trägt:

- Rentenversicherung 15 Prozent,
- Krankenversicherung 13 Prozent,
- Beiträge zur Unfallversicherung (individuelle Sätze),
- Insolvenzgeldumlage 0,15 Prozent,
- Umlage U2 0,14 Prozent,
- pauschale Steuer 2 Prozent (kann auf den Arbeitnehmer umgelegt werden).

Frau Sommerfeld muss den Differenzbetrag bis zur Mindestbeitragsbemessungsgrenze (2013 = 175,00 EUR) in der Rentenversicherung von 10,58 EUR tragen.

Berechnung

Geringfügiges Entgelt:	150,00 EUR
Mindestbeitragsbemessungsgrenze:	175,00 EUR
Mindestbeitrag Rentenversicherung:	175,00 EUR × 18,7 (gesetzl. Beitragssatz RV) = 32,73 EUR
AG-Anteil:	15 Prozent = 22,50 EUR

Zu Aufgabe 4

Nach § 192 Abs. 1 Nr. 1 SGB V bleibt die Mitgliedschaft Versicherungspflichtiger während des Beschäftigungsverhältnisses auch ohne Entgeltzahlung grundsätzlich längstens für einen Monat erhalten.

Herr Rotermund ist versicherungspflichtiges Mitglied der Krankenkasse. Wegen des rechtmäßigen Streiks ab dem 5. Juni 2015 wird kein Arbeitsentgelt gezahlt, aber das Beschäftigungsverhältnis besteht weiter fort. Somit bleibt die Mitgliedschaft grundsätzlich längstens einen Monat erhalten. Im Falle eines rechtmäßigen Arbeitskampfes bleibt die Mitgliedschaft bei der Krankenkasse bis zu dessen Beendigung bestehen.

Die Mitgliedschaft von Herrn Rotermund bleibt also für den gesamten Zeitraum vom 5. Juni 2015 bis zum 17. August 2015 erhalten.

Lösungsansätze zu Kapitel 2.4

Zu Aufgabe 5

Berechnung

Da die Beitragsfreiheit auf einen Stundengrundlohn von maximal 25,00 EUR begrenzt ist, muss folgende Berechnung vorgenommen werden:

Ermittlung des (steuerlichen) Stundengrundlohns:

38,5 Std. × 4,35 = 167,4 Std.   (= monatliche Arbeitszeit)

4.350,00 EUR : 167,4 = 25,99 EUR   (= Stundengrundlohn)

Ermittlung des beitragsfreien Teils des Nachtarbeitszuschlags:

24 Std. × (25 % × 25,00 EUR) = 150,00 EUR   (beitragsfreier Nachtzuschlag)

Ermittlung des beitragspflichtigen Teils des Nachtarbeitszuschlags:

25,99 EUR × 25 % = 6,50 EUR   (= tatsächlicher Nachtzuschlag je Std.)

24 Std. × 6,50 EUR = 156,00 EUR   (= tatsächlicher Nachtzuschlag für 24 Std.)

156,00 EUR ./. 150,00 EUR = **6,00 EUR**   (= beitragspflichtiger Teil des Nachtzuschlages)

a) Zuschlag

Der beitragspflichtige Teil des Nachtarbeitszuschlages beträgt 6,00 EUR.

b) Entgelt

Das beitragspflichtige Entgelt beträgt 4.356,00 EUR. Es sind Beiträge zur Renten- und Arbeitslosenversicherung zu berechnen.

Zu Aufgabe 6

Monatliches Entgelt: 2.000,00 EUR

Allgemeiner Beitragssatz KV: 14,6 Prozent

Allgemeiner Beitragssatz PV: 2,35 Prozent + 0,25 Prozent für kinderlose Versicherte

a) Krankenversicherung

Berechnung des vom Arbeitgeber und Arbeitnehmer paritätisch zu tragenden Beitragssatzes KV:

Arbeitgeberanteil:

14;6 % : 2 = 7,3 % → 2.000,00 EUR × 7,3 % = **146,00 EUR**

Arbeitnehmeranteil:

14 ;6% : 2 = 7,3 % → 2.000,00 EUR × 7,3 % = **146,00 EUR**

Der Arbeitgeberanteil von 7,3 Prozent bleibt festgeschrieben. Jede Krankenkasse kann ab Januar 2015 einen Zusatzbeitrag für den Versicherten erheben. Die Höhe des Zusatzbeitrages regelt die Krankenkasse in ihrer Satzung.

b) Pflegeversicherung

Vom Arbeitgeber und Arbeitnehmer paritätisch zu tragender Beitragssatz PV: 2,35 Prozent

Arbeitgeberanteil:

2,35 % : 2 = 1,175 % → 2.000,00 EUR × 1,175 % = **23,50 EUR**

Arbeitnehmeranteil:

2,35 % : 2 = 1,175 % + 0,25 % = 1,425 % → 2.000,00 EUR × 1,425 % = **28,50 EUR**

Zu Aufgabe 7

Bei der Feststellung des regelmäßigen Jahresarbeitsentgeltes ist bei mehrfachbeschäftigten Arbeitnehmern grundsätzlich das Arbeitsentgelt aus allen Beschäftigungen heranzuziehen. Ausnahme: Eine neben einer Hauptbeschäftigung ausgeübte geringfügige versicherungsfreie Beschäftigung bleibt unberücksichtigt. Sollten jedoch mehrere für sich allein betrachtete geringfügige Beschäftigungen ausgeübt werden, bleibt nur die *zuerst* aufgenommene Nebenbeschäftigung außer Ansatz.

Frau Pagel erhält ein regelmäßiges Jahresarbeitsentgelt von 45.600,00 EUR (12 × 3.500,00 EUR zzgl. 12 × 300,00 EUR). Das Entgelt der Firma Struck bleibt unberücksichtigt. Die Jahresarbeitsentgeltgrenze wird nicht überschritten (2015 = 54.900,00 EUR).

Zu Aufgabe 8

a) Phantomlohn

Ein Phantomlohn ist der Lohnanspruch eines Arbeitnehmers aufgrund eines tarifvertraglichen Anspruchs, der nicht an den Arbeitnehmer ausgezahlt wurde und für den dennoch

Lösungsansätze zu Kapitel 2.4

Beiträge zu entrichten sind. Auf Ansprüche aus dem Tarifvertrag kann nicht wirksam verzichtet werden.

b) Unterschiedliche Betrachtung

Das Sozialversicherungsrecht unterscheidet sich hier ganz klar vom Steuerrecht, in dem das sog. Zuflussprinzip gilt. Versteuert wird erst dann, wenn das Entgelt zugeflossen ist. In der Sozialversicherung wird das Entstehungs- oder Fälligkeitsprinzip angewandt. Ein Beitragsanspruch entsteht bereits, wenn nur ein Anspruch auf Entgelt oder einen Entgeltanteil besteht.

Zu Aufgabe 9

Bruttoarbeitsentgelt AG	3.500,00 EUR	monatlich
Nettoarbeitsentgelt	2.500,00 EUR	monatlich
Brutto-Zahlungen (Zuschuss)	650,00 EUR	monatlich
Nettokrankengeld	1.950,00 EUR	monatlich
Nettokrankengeld	65,00 EUR	kalendertäglich
SV-Freibetrag (2.500,00 EUR – 1.950,00 EUR)	550,00 EUR	monatlich
SV-Freibetrag (2.500,00 EUR – 1.950,00 EUR)	18,33 EUR	kalendertäglich

Der SV-Freibetrag in Höhe von 550,00 EUR wird durch die Brutto-Zahlungen des Arbeitgebers um 100,00 EUR (kalendertäglich 100: 30 = 3,33 EUR) überschritten. Dieser Betrag gilt als beitragspflichtige Einnahme, daher sind Beiträge zur Sozialversicherung (monatlich/kalendertäglich) zu entrichten.

Zu Aufgabe 10

a) Bindung

Es entsteht eine Bindungsfrist von 18 Monaten: 1. Februar 2015 bis 31. Juli 2016.

b) Alternative

Es entsteht eine Bindungsfrist von drei Jahren: 1. Mai 2015 bis 30. April 2018.

2 Personalarbeit auf Grundlage rechtlicher Bestimmungen durchführen

Zu Aufgabe 11

Der Beitragsgruppenschlüssel besteht aus vier Stellen.

1. Stelle	=	Krankenversicherung
2. Stelle	=	Rentenversicherung
3. Stelle	=	Arbeitslosenversicherung
4. Stelle	=	Pflegeversicherung

Zu Aufgabe 12

a) Einmalzahlungen

Einmalzahlungen fallen unter den weiter gefassten Begriff sämtlicher Arbeitslohnzahlungen, die nicht regelmäßig anfallen. Hierbei handelt es sich um Einnahmen, die in größeren Zeitabständen als monatlich gewährt werden und die kein laufendes Arbeitsentgelt darstellen. Häufig sind sie Anerkennung für zusätzlich geleistete Dienste und Anreiz für weitere Anstrengungen. Sie werden in der Regel zusätzlich zum laufenden Lohn bzw. Gehalt gezahlt. Einmalzahlungen sind zum Beispiel:

- einmalige Abfindungen,
- Gratifikationen, Tantiemen und Prämien, die nicht fortlaufend gezahlt werden,
- Jubiläumszuwendungen,
- Urlaubsgelder,
- 13. und 14. Monatsgehälter bzw. Weihnachtszuwendungen.

b) Ermittlung des voraussichtlichen Jahreslohns

Für die Einbehaltung der Lohnsteuer muss der Arbeitgeber den voraussichtlichen Jahresarbeitslohn und darauf die Lohnsteuer ermitteln. Im Anschluss ist die Jahreslohnsteuer für den Jahresarbeitslohn unter Einbeziehung des sonstigen Bezugs zu ermitteln. Der Unterschiedsbetrag zwischen den ermittelten Steuerbeträgen ist die Lohnsteuer, die vom sonstigen Bezug einzubehalten ist.

Der voraussichtliche Jahresarbeitslohn ist der laufende Arbeitslohn für die im Kalenderjahr bereits abgelaufenen Lohnzahlungszeiträume zuzüglich des zu erwartenden laufenden Arbeitslohns für die restlichen Lohnzahlungszeiträume des Kalenderjahrs.

Zu Aufgabe 13

Insolvenzgeld dient zum Ausgleich des Nettolohnanspruchs der Arbeitnehmer für die letzten drei Monate vor Eröffnung eines Insolvenzverfahrens. Träger der Versicherung ist die Bundesagentur für Arbeit.

Lösungsansätze zu Kapitel 2.4

Zu Aufgabe 14

Aus dem tatsächlich erzielten Arbeitsentgelt sind Beiträge zur Hälfte sowie aus 80 Prozent der Differenz zwischen Soll-Entgelt und Ist-Entgelt in voller Höhe zu entrichten. In Bezug auf das »fiktive Arbeitsentgelt« ist demnach ein Beitragszuschuss in Höhe von 100 Prozent des Beitrags zu zahlen.

2 Personalarbeit auf Grundlage rechtlicher Bestimmungen durchführen

2.5 Sozialleistungen des Betriebes gestalten

Aufgabe 1

Nennen Sie fünf Motive, die die Unternehmen aus heutiger Sicht zur Gewährung von betrieblichen Sozialleistungen veranlassen könnten.

Aufgabe 2

Sozialleistungen sind Zusatzleistungen eines Unternehmens. Die Entwicklung dieser Personalzusatzaufwendungen gefährdet teilweise die Wettbewerbsfähigkeit der Unternehmen. Betriebliche Sozialleistungen stehen deshalb auf dem Prüfstand und werden in unserer Gesellschaft intensiv diskutiert.

a) Erläutern Sie drei Problemfelder der betrieblichen Sozialpolitik.

b) Von welchen Prinzipien sollte sich eine auf die Zukunft ausgerichtete betriebliche Sozialpolitik leiten lassen?

Aufgabe 3

Erläutern Sie

a) das Grundprinzip und

b) die personalpolitische Attraktivität von sog. Cafeteria-Systemen.

Aufgabe 4

Ihr Unternehmen beschließt, langfristig ein Cafeteria-System einzuführen, durch das die bestehenden Entgeltmodelle und Sozialleistungen flexibilisiert werden sollen. Dazu soll eine Projektgruppe gebildet werden, deren Leitung auf Sie übertragen wurde. Erläutern Sie, wie Sie bei der Umsetzung schrittweise vorgehen.

2.5 Sozialleistungen des Betriebes gestalten

Aufgabe 5

Cafeteria-Systeme stellen gezielte und bedürfnisgerechte Systeme zur Vergabe betrieblicher Sozialleistungen dar. Bei ihrer Einführung geht es konkret um drei Bereiche, die geregelt werden müssen:

- das Leistungsangebot und die Modelltypen,
- die Budgetgestaltung und der Wahlturnus,
- der Mitarbeiterkreis.

Erläutern Sie, was Sie im Einzelnen alles berücksichtigen müssen.

Aufgabe 6

Der Gedanke, Mitarbeiter zu Mitinhabern des Betriebes zu machen und/oder sie am Gewinn des Unternehmens zu beteiligen, setzt sich auch in kleineren und mittleren Unternehmen durch.

a) Nennen Sie je drei personalwirtschaftliche und finanzwirtschaftliche Ziele von Mitarbeiterbeteiligungen.
b) Erläutern Sie je zwei Formen der Erfolgsbeteiligung und Kapitalbeteiligung.

Aufgabe 7

Mit der zunehmenden Notwendigkeit, Eigenvorsorge für das Alter zu betreiben, gewinnen Formen der Deferred Compensation an Bedeutung. Erläutern Sie, was Sie unter Deferred Compensation verstehen.

Aufgabe 8

Ihr Unternehmen möchte Deferred Compensation einführen. Erläutern Sie, welche Fragen im Vorfeld geklärt sein sollten.

2 Personalarbeit auf Grundlage rechtlicher Bestimmungen durchführen

Lösungsansätze zu Kapitel 2.5

Zu Aufgabe 1

Motivlage:

- Erhaltung und Steigerung der Arbeitsleistung,
- Bindung der Belegschaft an das Unternehmen,
- Identifikation mit dem Unternehmen,
- Schaffen von Public-Relations- und Imagewirkungen,
- Verbesserung des Betriebsklimas und der Arbeitsmoral,
- Erzielen von Steuer- und Finanzierungsvorteilen,
- Senken von Fluktuation und Fehlzeiten,
- Reduktion der Unfallhäufigkeit.

Zu Aufgabe 2

a) Problemfelder

- Ein Problemfeld ist der Zwang zur Zahlung von gesetzlichen und tariflichen Leistungen, der keine Rücksicht auf die wirtschaftliche Lage des Unternehmens nimmt.
- Ferner nimmt die reine Freiwilligkeit betrieblicher Sozialleistungen immer mehr ab, da sie häufig zu gesetzlichen und tariflichen Leistungen erhoben wurden. In Zeiten wirtschaftlicher Prosperität haben die Betriebe dies sogar unterstützt oder billigend hingenommen. In Zeiten der wirtschaftlichen Stagnation ist die Umkehr nicht so schnell möglich. Dazu kommt, dass ohne Vorbehaltsklauseln auch auf freiwillige Sozialleistungen häufig ein Rechtsanspruch entsteht.
- Ein weiteres Problemfeld ist der Zielkonflikt zwischen wirtschaftlichen und sozialen Zielen. Die Gewährung von tariflichen und freiwilligen Sozialleistungen stellt einen Wettbewerbsvorteil bei der Personalbeschaffung und in der Personalbetreuung dar. Dieser Vorteil geht verloren, wenn die Mitarbeiter diese Leistungen nicht mehr als attraktiv empfinden.
- Viele Sozialleistungen haben mit den Veränderungen in der Bedürfnisstruktur der Mitarbeiter nicht Schritt gehalten, und viele Betriebe haben es versäumt, ihre Leistungen an diese neuen Bedürfnisse anzupassen.
- Ein weiteres Problem ist, dass der konkrete Nutzen der Leistungen für den einzelnen Mitarbeiter nicht immer darstellbar ist. Es werden also freiwillige Sozialleistungen gewährt, von denen der Einzelne keinen unmittelbaren Nutzen hat und die er teilweise nicht einmal kennt.

b) Prinzipien einer modernen Sozialleistungspolitik

Die Forderungen können zusammenfassend so beschrieben sein: Ein Unternehmen muss

- Kostensenkungspotenziale bei den betrieblichen Sozialleistungen ausmachen,
- und zwar bei flexibler Anpassung
- an sich ändernde, individuelle soziale Bedürfnisse sowie
- an die sich wandelnde wirtschaftliche Situation des Unternehmens.

Zu Aufgabe 3

a) Grundprinzip

Im Bereich der betrieblichen Sozialleistungen herrscht in vielen Betrieben noch das »Gießkannenprinzip« vor, dessen Leistungen die Mitarbeiter nicht motivieren und die ihnen darüber hinaus häufig genug nicht einmal bekannt sind. Die Folge: Es werden Jahr für Jahr Millionen von Euro für betriebliche Sozialleistungen aufgewendet – und der für das Unternehmen entstehende Nutzen ist vergleichsweise gering.

Bei Cafeteria-Systemen können sich die Mitarbeiter innerhalb eines vorgegebenen Budgets für verschiedene Sozialleistungen (oder Entgeltbestandteile) entscheiden. Sie können sich so ein Leistungspaket zusammenstellen, das ihren individuellen Bedürfnissen entspricht.

b) Attraktivität von Cafeteria-Systemen

Durch die Individualisierung von Sozialleistungen und Entgeltformen wählt der Mitarbeiter diejenigen aus, die seinen Bedürfnissen am ehesten entsprechen (= Motivationseffekt durch flexibles Anreizsystem). Im Idealfall kann der Mitarbeiter sein »Menü« jährlich selbst neu zusammenstellen und seinem Bedarf anpassen. Daraus kann sich bei der Wahl der Leistungen auch ein steuerlicher Vorteil ergeben.

Die individuelle Ausrichtung des Personalzusatzaufwands hat die ökonomische Wirkung, dass der Aufwand für das Unternehmen nahezu konstant bleibt oder sinkt, weil bestimmte Leistungen gestrichen werden können, die nicht nachgefragt werden, ohne dass die Anreizwirkung insgesamt ausbleibt. Bei diesem Modell steigt also die Wirtschaftlichkeit der Personalkosten. Für das Unternehmen werden die jährlichen Ausgaben damit auch steuerbarer und kalkulierbarer. Außerdem wird die Nutzung von günstigen Gruppenkonditionen möglich.

Zu Aufgabe 4

1. Schritt

Zusammenstellung einer Projektgruppe mit einem repräsentativen Teil aller Beschäftigten einschließlich Betriebsrat.

2. Schritt

Bewertung der bisherigen Sozialleistungen und Entgeltformen im Hinblick auf das neue Cafeteria-System – getrennt nach dem zukünftigen Kernblock und dem Wahlblock.

3. Schritt

Suche und Bewertung weiterer und alternativer Sozialleistungen und Entgeltformen für das neue System – wiederum getrennt nach Kern- und Wahlblock.

4. Schritt

Befragung aller Mitarbeiter bezüglich ihrer Bedürfnisse, Nachfrage, Gestaltung und Akzeptanz des neuen Modells.

5. Schritt

Erstellen eines vollständigen Auswahlplans.

6. Schritt

Klärung der Auswahlmodalitäten und Regelung organisatorischer Erfordernisse sowie Festlegen eines Wahlbudgets.

7. Schritt

Information der Mitarbeiter über Rundschreiben, Intranet, Betriebsversammlungen usw.

8. Schritt

Einführung in die betriebliche Praxis, kontinuierliche Kontrolle und Anpassungen.

Lösungsansätze zu Kapitel 2.5

Zu Aufgabe 5

Leistungsangebot und Modelltypen

Alle bisherigen und denkbaren Sozialleistungen kommen in Frage. Sollten darüber hinaus auch Entgelte, Qualifizierungsmaßnahmen oder Arbeitszeiten (z.B. Sabbaticals) mit einbezogen werden, führt dies zur sog. Total Compensation, einer Regelung für eine Gesamtvergütung, bei der Geldleistungen und Zusatzleistungen nicht mehr getrennt werden.

Bei der Modellgestaltung geht es darum, ob und wie die Leistungsangebote gestaltet werden, z.B. mit einer Basisabsicherung oder mit fertigen alternativen Menüplänen.

Budgetgestaltung und Wahlmodus

Dabei geht es um die Mittelaufbringung, um die Festlegung der Anteile je Mitarbeiter und um die formelle Ausgestaltung mit z.B. einem Sozialleistungen-Scheckheft. Der Wahlmodus sollte alle zwei bis drei Jahre geändert werden können.

Mitarbeiterkreis

Im Prinzip sollten alle Mitarbeiter von dem Cafeteria-System profitieren können. Häufig steht dem das geringe Budget entgegen, sodass eine Beschränkung auf Führungskräfte notwendig wird.

Zu Aufgabe 6

a) Ziele der Mitarbeiterbeteiligung

Personalwirtschaftliche Ziele

- höhere Motivation
- Ausrichtung der Mitarbeiter auf unternehmerisches Denken
- stärkere Identifizierung mit den Zielen des Unternehmens
- Reduzierung der unerwünschten Fluktuation
- stärkere Kundenorientierung nach innen und außen
- erhöhtes Kostenbewusstsein

Finanzwirtschaftliche Ziele

- Nutzung steuerlicher Vorteile
- Erhöhung der Liquidität
- Flexibilisierung der Personalkosten
- Zuführung von Fremdkapital

b) Formen der Mitarbeiterbeteiligung

Bei der **Erfolgsbeteiligung** erhalten die Mitarbeiter eine zusätzliche Zahlung, die über das Arbeitsentgelt hinausgeht. Diese ist vom Gewinn abhängig, wobei unterschieden wird zwischen

- der **Umsatzbeteiligung**, die fällig wird, wenn eine bestimmte Umsatzgrenze überschritten wird,
- der **Gewinnbeteiligung**, d.h. die Mitarbeiter erhalten einen bestimmten Anteil am Jahresgewinn,
- der **Leistungsbeteiligung**, d.h. die Mitarbeiter werden bei Überschreiten bestimmter Produktivitätskennziffern zusätzlich belohnt.

Von den drei Arten der Erfolgsbeteiligung ist die Gewinnbeteiligung die weitaus am häufigsten vereinbarte Form. Für den Mitarbeiter sind Erfolgsbeteiligungen Lohneinkommen und demzufolge steuer- und sozialversicherungspflichtig. Für das Unternehmen stellen sie Betriebsausgaben dar.

Bei der **Kapitalbeteiligung** werden unterschieden:

- die **Fremdkapitalbeteiligung** in Form von
  - Mitarbeiterdarlehen oder
  - Schuldverschreibungen und
- die **Eigenkapitalbeteiligung** in Form von
  - Belegschaftsaktien,
  - Anteilen,
  - betrieblichen Investmentfonds,
  - Stiftungen.

Darüber hinaus stellt z.B. die stille Beteiligung von Mitarbeitern eine Mischform dar.

Für das Unternehmen ist die richtige Wahl der Beteiligungsform entscheidend. Diese hängt von sehr verschiedenen Faktoren ab, z.B. von:

- der Rechtsform des Unternehmens, also
  - Personengesellschaft (KG, GmbH & Co. KG, OHG),
  - Kapitalgesellschaft (AG, GmbH) oder
  - Genossenschaft,
- Informations- und Mitgestaltungsrechten,
- Kapitalanteil und -risiko,
- Erfolgsbeteiligung,
- Verzinsung des Kapitals.

Lösungsansätze zu Kapitel 2.5

Zu Aufgabe 7

Erwartet werden Erläuterungen wie z.B.:

- Bei der Deferred Compensation wird ein Teil der Gesamtvergütung nicht sofort ausgezahlt, sondern erst zum Eintritt in den Ruhestand. Damit entfällt auch die Versteuerung, die erst mit Fälligkeit erfolgt und damit in verringertem Umfang.
- Der steuerpflichtige Unternehmensertrag ist geringer und eröffnet den Unternehmen zusätzliche Innenliquiditätseffekte und damit auch Investitionen finanzieller und personeller Art, und zwar ohne zusätzliche Kostenbelastung.
- Im Unterschied zu Gehalt, Bonus und Tantieme ist die Gewährung von Deferred Compensation nicht publizitätspflichtig, sie geht nur in die Summe der Pensionsrückstellungen ein.

Zu Aufgabe 8

Erwartet werden Fragestellungen wie:

- Welcher Personenkreis soll aufgenommen werden (gestaffelt nach Lebensalter, Dienstalter oder Funktion)?
- Welche Vergütungsanteile sind umwandelbar (Gehalt, variable Entgeltbestandteile, Gehaltserhöhungen)?
- Welche vertraglichen Rahmenbedingungen müssen geschaffen werden (Mitnahmeanspruch bei Wechsel des Arbeitgebers, Altersgrenze)?
- Welche Leistungsarten sind vorgesehen (mit oder ohne Hinterbliebenenrente)?
- Wie sollen die Leistungen finanziert werden (Rückstellungen, Unterstützungskasse)?
- Wer übernimmt im Falle der Insolvenz die Zahlungen?
- Welche Auszahlungsformen sollen praktiziert werden (Kapital, Rente)?

2.6 Personalbeschaffung durchführen

Aufgabe 1

a) Nennen Sie wesentliche Inhalte einer Stellenbeschreibung.
b) Beschreiben Sie das Risiko des Arbeitgebers, wenn er im Arbeitsvertrag auf die Stellenbeschreibung Bezug nimmt.

Aufgabe 2

Beschreiben Sie den Unterschied zwischen Anforderungs- und Qualifikationsprofil.

Aufgabe 3

Nach intensiver Suche auf dem externen Arbeitsmarkt beabsichtigt die Hard & Soft GmbH, die vakante Stelle eines Entwicklungsingenieurs mit dem zum Vertragsschluss bereiten Franz Tüftelmeier zu besetzen. Der Betriebsrat lehnt die Einstellung ab, da die Stelle nicht intern ausgeschrieben worden ist. Der Personalleiter des Unternehmens wendet ein, die interne Nachforschung innerhalb der einschlägigen Abteilungen habe ergeben, dass niemand aus den eigenen Reihen geeignet sei, die Stelle auszufüllen.

Erläutern Sie, ob der Betriebsrat die Einstellung zu Recht verweigert.

Aufgabe 4

Ein Unternehmen sucht für seine Versandabteilung in der Lokalzeitung einen »jungen dynamischen Disponenten«. Unter den zahlreichen Zuschriften befindet sich auch die Bewerbung der 42-jährigen berufserfahrenen Speditionskauffrau Marianne Forsch. Diese erhält nach einigen Wochen ein Absageschreiben. In der Begründung heißt es u.a.: »Nach sorgfältiger Prüfung aller eingegangenen Unterlagen bedauern wir, Ihnen mitteilen zu müssen, dass wir Ihre Bewerbung nicht in die engere Auswahl nehmen konnten.« Frau Forsch fühlt sich diskriminiert und fragt sich, welche Rechte ihr zustehen.

Erläutern Sie Frau Forsch die Rechtslage.

2.6 Personalbeschaffung durchführen

Aufgabe 5

Beschreiben Sie das Leistungsspektrum, das größere Personalberatungsinstitute ihren Auftraggebern üblicherweise anbieten.

Aufgabe 6

Erläutern Sie

a) den Unterschied zwischen einem einfachen und einem qualifizierten Zeugnis,

b) weshalb sich in der Praxis eine »verklausulierte« Zeugnissprache entwickelt hat,

c) weshalb die sog. Schlussformel (». . . wir wünschen Ihnen . . .«) oft mehr als der übrige Zeugnistext über den Mitarbeiter aussagt,

d) unter welchen Voraussetzungen ein Mitarbeiter ein Zwischenzeugnis verlangen kann.

Aufgabe 7

In den Unterlagen einer Bewerberin lesen Sie das folgende Zeugnis:

Frau Ulrike Müller, geboren am 26. April 1971 in Hamburg, trat am 1. September 2009 als kaufmännische Sachbearbeiterin in die Vertriebsabteilung unseres Unternehmens ein. Ihr Aufgabengebiet erstreckte sich auf folgende Tätigkeiten:

- Auftragsabwicklung,
- Reklamationsbearbeitung,
- Terminüberwachung,
- Erteilung von Preisauskünften,
- Rechnungskontrolle,
- organisatorische Mitwirkung bei Kundenschulungen,
- Erstellung diverser Statistiken.

Frau Müller erledigte die ihr übertragenen Aufgaben mit Fleiß und Interesse sorgfältig und termingerecht. Aufgrund ihrer Fachkenntnisse wurde sie den unterschiedlichen Anforderungen ihres Aufgabengebiets zu unserer vollen Zufriedenheit gerecht.

Frau Müller war hilfsbereit und freundlich. Ihr Verhalten gegenüber Vorgesetzten und im Kollegenkreis war stets einwandfrei.

Frau Müller hat unser Unternehmen auf eigenen Wunsch zum 30. Juni 2013 verlassen. Wir wünschen ihr für die Zukunft alles Gute.

Was sagt dieses Zeugnis aus? Beschreiben Sie Ihre Einschätzung anhand von fünf beispielhaften Indikatoren.

2 Personalarbeit auf Grundlage rechtlicher Bestimmungen durchführen

Aufgabe 8

Aufgrund von Sparmaßnahmen, die von der Geschäftsführung angeordnet wurden, sind Sie als Personalreferent gehalten, im Zuge von Bewerbungsverfahren entstehende Kosten im Rahmen des unbedingt Erforderlichen zu halten. Deshalb beabsichtigen Sie, ab sofort

a) Initiativbewerbungen nicht mehr an die Absender zurückzusenden und

b) die Reise- und Unterbringungskosten der zu Vorstellungsgesprächen eingeladenen Bewerber nicht mehr zu ersetzen.

Beschreiben Sie, was Sie bei der Umsetzung Ihres Vorhabens in rechtlicher Hinsicht bedenken müssen.

Aufgabe 9

Karl Schmitz ist bei der Speditionsfirma Transgermania KG als Kraftfahrer eingestellt worden. Im Einstellungsgespräch wurde er vom Personalleiter des Unternehmens sowohl nach Vorstrafen als auch nach laufenden Strafverfahren befragt, was Schmitz verneinte. Tatsächlich lief zu diesem Zeitpunkt gegen ihn aber ein Ermittlungsverfahren wegen Fahrerflucht, weil er auf einem Parkplatz einen PKW leicht gerammt, die Fahrt aber fortgesetzt hatte. Einen Monat nach Arbeitsantritt kommt es zur Hauptverhandlung, in deren Verlauf ein höherer Schaden an dem PKW festgestellt wird, als von Schmitz vermutet. Aus diesem Grund wird er neben einer Geldstrafe zum Entzug der Fahrerlaubnis verurteilt.

Erläutern Sie die Möglichkeiten des Unternehmens, sich von Herrn Schmitz möglichst unkompliziert und rasch zu trennen.

Aufgabe 10

Beschreiben Sie den Inhalt der sog. Auswahlrichtlinien und die Rechte, die dem Betriebsrat bei ihrer Einführung zustehen.

Lösungsansätze zu Kapitel 2.6

Zu Aufgabe 1

a) Inhalte der Stellenbeschreibung

- Stellenbezeichnung
- Stellenzuordnung (Bereich, Abteilung)
- Stellenziel
- Anforderungen, Befugnisse
- Über-/Unterstellungen
- aktive und passive Vertretung
- Aufgabenbeschreibung

b) Risiko des Arbeitgebers

Mit der Bezugnahme auf die Stellenbeschreibung geht der Arbeitgeber das Risiko ein, dass sie – je nach Formulierung – zum Gegenstand des Arbeitsvertrags gemacht wird und damit in seinen Inhalt einfließt. Dadurch wird das Aufgabengebiet festgeschrieben und der flexible Einsatz des Mitarbeiters wird deutlich erschwert. Insbesondere kann der Arbeitgeber im Wege seines Direktionsrechts dem Mitarbeiter dauerhaft keine anderen als die in der Stellenbezeichnung aufgeführten Tätigkeiten zuweisen.

Zu Aufgabe 2

Das **Anforderungsprofil** enthält die Auflistung und den Ausprägungsgrad der persönlichen und fachlichen Kompetenzen, die eine Stelle zur Erfüllung der mit ihr verbundenen Tätigkeiten bei einem »abstrakten« Stelleninhaber voraussetzt.

Mit dem **Qualifikationsprofil** werden jene Kompetenzen einschließlich ihres Ausprägungsgrads bei einer konkreten Person (Bewerber, Mitarbeiter) ermittelt und im Hinblick auf Deckungsgleichheit mit dem Anforderungsprofil bzw. die positive oder negative Abweichung davon betrachtet.

Zu Aufgabe 3

Nach § 99 II Nr. 5 BetrVG kann der Betriebsrat seine Zustimmung zur Einstellung verweigern, wenn die nach § 93 BetrVG *erforderliche* Ausschreibung der Stelle im Betrieb unterblieben ist. Nach § 93 BetrVG kann der Betriebsrat verlangen, dass Arbeitsplätze vor ihrer Besetzung innerhalb des Betriebs ausgeschrieben werden. Die interne Ausschreibung ist mithin im Sinne des § 99 II Nr. 5 BetrVG »erforderlich«, wenn der Betriebsrat ein diesbezügliches Verlangen geäußert hat.

Der Sachverhalt lässt nicht erkennen, ob dies vorliegend der Fall ist. Hat der Betriebsrat die interne Ausschreibung nicht verlangt, ist seine Weigerung *insoweit*, d.h. vorbehaltlich des § 99 II Nr. 2 BetrVG, unbegründet. Auf die Form des »Verlangens« (Abschluss einer Betriebsvereinbarung oder Regelungsabrede) kommt es nicht an. Nicht ausreichend ist allerdings, wenn der Arbeitgeber interne Ausschreibungen bisher aus eigener Initiative vorgenommen, sie nunmehr aber – aus welchem Grund auch immer – unterlassen hat. Die Initiative muss stets vom Betriebsrat ausgehen. Dann aber kann sich der Arbeitgeber nicht darauf berufen, bereits »verdeckt«, aber ohne Erfolg nach internen Besetzungsmöglichkeiten gesucht zu haben.

Zu Aufgabe 4

Nach § 11 AGG darf ein Arbeitsplatz nicht unter Verstoß gegen § 7 I AGG ausgeschrieben werden. § 7 I AGG verweist auf § 1 AGG und verbietet die Benachteiligung wegen eines dort aufgeführten Grundes. Laut Text der Annonce kommen zwei Benachteiligungsgründe in Betracht: das Geschlecht (früher § 611 a BGB) und das Alter.

Die §§ 8 und 10 AGG lassen Ausnahmen vom Benachteiligungsverbot zu. So ist nach § 8 I AGG eine Abweichung von § 1 AGG zulässig, wenn die Art der auszuübenden Tätigkeit oder die Bedingungen ihrer Ausübung eine wesentliche und entscheidende berufliche Anforderung darstellt, sofern der Zweck rechtmäßig und die Anforderung angemessen sind.

Es darf davon ausgegangen werden, dass Frau Forsch als ausgebildeter Speditionskauffrau mit Berufserfahrung die Dispositionstätigkeiten in einer Versandabteilung durchaus vertraut sind. Dass es ihr an der geforderten Dynamik mangelt, kann – auch wenn sie nicht mehr dem Attribut »jung« entsprechen mag – allein aufgrund ihrer vorgelegten Bewerbungsunterlagen nicht belegt werden.

Allerdings lässt § 10 AGG eine unterschiedliche Behandlung wegen Alters zu, vorausgesetzt sie ist angemessen, durch ein legitimes Ziel gerechtfertigt sowie durch angemessene Mittel zu seiner Erreichung erforderlich. Obwohl die Vorschrift einen weiten Beurteilungsspielraum zulässt, stellt die Ablehnung ohne näheres Kennenlernen der Frau Forsch in einem Vorstellungsgespräch kein angemessenes Mittel dar, um das »Ziel«, nämlich die Ausfüllung der Stelle, sachgerecht einschätzen zu können. Folglich sprechen starke Indizien für einen Verstoß gegen das Benachteiligungsverbot.

In einem solchen Fall sieht § 22 AGG eine Umkehr der Beweislast vor. Der Arbeitgeber müsste im Streitfall beweisen, dass die Ablehnung der Frau Forsch trotz jener Indizien keinen Verstoß gegen das Benachteiligungsverbot begründet. Gelingt ihm dies nicht, kann Frau Forsch gemäß § 15 II 2 AGG eine Entschädigung von bis zu drei für die Stelle vorgesehenen Monatsgehältern für den Fall verlangen, dass sie auch bei benachteiligungsfreier Auswahl nicht eingestellt worden wäre. Im Umkehrschluss heißt das, dass sie mehr als drei

Monatsgehälter verlangen könnte, wenn sie bei benachteiligungsfreier Auswahl eingestellt worden wäre.

Zu Aufgabe 5

Direktansprache

Die Personalberatung identifiziert anhand ihrer Informationsquellen Personen, die dem gesuchten Anforderungsprofil entsprechen (könnten). Danach erfolgt – meist telefonisch – Kontaktaufnahme mit ihnen. Bei Interesse findet ein persönliches Gespräch statt, an das sich evtl. weitere anschließen. Ziel ist es, dem Auftraggeber in der Regel drei bis fünf Interessenten zu präsentieren, aus denen er im Idealfall seine Auswahl trifft.

Full Service

Damit ist das »klassische« Angebot einer Personalberatung, d.h. ohne Direktansprache, gemeint. Der Dienstleister übernimmt den gesamten Rekrutierungsvorgang, von der Insertion über den (telefonischen) Erstkontakt, die Analyse der eingegangenen Bewerbungen, die Durchführung der Bewerberinterviews bis hin zur Präsentation geeigneter Kandidaten bzw. Absage an diejenigen, die für eine Präsentation beim Auftraggeber nicht in Betracht kommen.

Teilservice

Prinzipiell kann der Auftraggeber jedes einzelne Element oder die Kombination mehrerer aus dem Full-Service-Angebot in Anspruch nehmen. Aus Anonymitätsgründen wird oft von der sog. Briefkastenfunktion Gebrauch gemacht. In diesem Fall stellt die Personalberatungsfirma ihre Adresse zur Verfügung, wickelt den Eingang der Bewerbungsunterlagen (Eingangsbestätigung, Zwischenbescheide) ab, sendet sie an den Auftraggeber und übernimmt die Rücksendung der von ihm nicht zum Vorstellungsgespräch eingeladenen Bewerber.

Zu Aufgabe 6

a) Einfaches und qualifiziertes Zeugnis

Das einfache Zeugnis enthält – neben persönlichen Daten (Name, Geburtsjahr und -ort) – lediglich den Zeitraum der Beschäftigung und die Art der verrichteten Tätigkeit.

Das qualifizierte Zeugnis erstreckt sich darüber hinaus auch auf Leistung und Führung (= Verhalten).

b) Zeugnissprache

Das (qualifizierte) Zeugnis muss einerseits dem Wahrheitsgebot und andererseits dem Wohlwollensgebot genügen. Das bedeutet: Es darf keine Tatsachen enthalten oder unterdrücken, die auf einen potenziellen neuen Arbeitgeber irreführend wirken. Zum anderen darf es keine Angaben enthalten, die den Mitarbeiter in seinem beruflichen Fortkommen behindern.

c) Schlussformel

Die sog. Schlussformel gehört nicht zu dem vom Arbeitgeber geschuldeten Zeugnisinhalt (siehe a). Deshalb ist der Arbeitgeber hier im Wesentlichen frei in der Formulierung. Einzige Bedingung ist, sie darf nicht im Widerspruch zur Leistungs- und Verhaltensbeurteilung stehen. Deshalb gilt als Faustregel: Je kürzer und unverbindlicher die Schlussformel gehalten ist, desto geringer ist die Wertschätzung des Mitarbeiters durch den Arbeitgeber zu beurteilen. Fehlt die Schlussformel ganz, wozu der Arbeitgeber berechtigt ist, kann dies ebenfalls entsprechende Rückschlüsse zulassen.

d) Zwischenzeugnis

Der Mitarbeiter kann ein Zwischenzeugnis verlangen, wenn

- er es zu Bewerbungszwecken benötigt,
- ihm ein anderes Aufgabengebiet übertragen wird,
- ein Wechsel in der Person des Vorgesetzten erfolgt,
- er über einen längeren Zeitraum hinweg keine Beurteilung durch den Vorgesetzten erhalten hat.

Zu Aufgabe 7

Das Zeugnis beschreibt Frau Müller als eine gerade noch im durchschnittlichen Bereich anzusiedelnde Mitarbeiterin:

1. Es fehlen Angaben über Initiative, Einsatzbereitschaft und Belastbarkeit.
2. Bei den Frau Müller bescheinigten Leistungsattributen fehlt das Wort »stets«.
3. »Volle Zufriedenheit« ohne »stets« verweist auf eine am unteren Rand der Zufriedenheitsskala einzustufende Leistung.
4. Die Bewertung der Zusammenarbeit und des Verhaltens deutet darauf hin, dass Frau Müller nicht viel mehr als das Mindestmaß an personeller Wirksamkeit erfüllt hat.
5. Die Schlussformel ist äußerst knapp gehalten. Insbesondere fehlen der »wirkliche« Grund des Ausscheidens sowie der Dank für ihre Mitarbeit.

Lösungsansätze zu Kapitel 2.6

Zu Aufgabe 8

a) Umgang mit Initiativbewerbungen

Der Absender einer Initiativbewerbung bleibt auch nach dem Versand seiner Unterlagen deren Eigentümer und kann sie vom Besitzer – dem Adressaten – jederzeit herausverlangen (§ 985 BGB). Das bedeutet allerdings nicht, dass er Anspruch auf Rücksendung hat, es sei denn, er hat Rückporto beigefügt. Dagegen hat der Bewerber aber das Recht, seine Unterlagen beim Arbeitgeber abzuholen (§ 269 BGB). Um ihm dazu Gelegenheit zu geben, sind die Unterlagen so lange aufzubewahren, wie billigerweise mit einem entsprechenden Verlangen seitens des Bewerbers zu rechnen ist. Dafür gibt es keine exakt definierte Zeitangabe; jedoch sollte ein Zeitraum von einigen Wochen in Ansatz gebracht werden.

b) Erstattung von Bewerbungskosten

Im Rahmen eines Bewerbungsverfahrens vom Arbeitgeber zum Vorstellungsgespräch eingeladene Bewerber haben Anspruch auf Ersatz der notwendigen Vorstellungskosten (§§ 662 f. BGB). Gegenteiliges gilt nur dann, wenn der einzelne Bewerber im Einladungsschreiben ausdrücklich darauf hingewiesen wird, dass das Unternehmen die Kosten nicht übernimmt. Kommt der Bewerber in diesem Fall dennoch, hat er »konkludent« sein Einverständnis mit dieser Regelung erklärt und damit auf die Erstattung wirksam verzichtet.

Zu Aufgabe 9

Das Unternehmen könnte die fristlose Kündigung aussprechen. Eine Klage dagegen hätte zumindest insoweit kaum Aussicht auf Erfolg, als Schmitz nach einem Monat Beschäftigungsdauer noch nicht der Kündigungsschutz nach § 1 I KSchG zusteht. Allerdings könnte das Arbeitsgericht zu dem Ergebnis gelangen, dem Arbeitgeber sei die Fortsetzung des Arbeitsverhältnisses bis zum Ablauf der (wegen noch laufender Probezeit evtl. verkürzten) ordentlichen Kündigungsfrist zuzumuten gewesen. Damit wäre der Arbeitgeber im Prozess unterlegen und müsste erneut, und zwar fristgemäß, kündigen, es sei denn, er hätte zusätzlich zur fristlosen Kündigung hilfsweise auch die ordentliche Kündigung ausgesprochen. Deshalb liegt es für das Unternehmen näher, nach § 123 I BGB die Anfechtung des Arbeitsvertrags wegen arglistiger Täuschung zu erklären.

Die im Einstellungsgespräch gestellte Frage nach Vorstrafen bzw. Ermittlungsverfahren ist insoweit zulässig, als sie für die Tätigkeit eines Kraftfahrers relevant ist. Deshalb war Schmitz verpflichtet, sie im Hinblick auf das Verkehrsdelikt wahrheitsgemäß zu beantworten. Sein Leugnen stellt daher eine arglistige Täuschung dar. Die Anfechtung hat zur Folge, dass das Vertragsverhältnis gemäß § 142 I BGB als von Anfang an nichtig anzusehen ist, sodass sich das Unternehmen wegen fehlenden Arbeitsverhältnisses sofort von Schmitz trennen kann. (Sein Vergütungsanspruch für bisher geleistete Arbeit bleibt unter dem Gesichtspunkt des faktischen Arbeitsverhältnisses unberührt.)

Zu Aufgabe 10

Auswahlrichtlinien nach § 95 BetrVG sind von Arbeitgeber und Betriebsrat festgelegte Grundsätze, die bei der personellen Auswahl, insbesondere bei Einstellungen, aber auch bei Versetzungen, Umgruppierungen und Kündigungen von den für die Durchführung solcher Maßnahmen verantwortlichen Führungskräften zu beachten sind. Der Betriebsrat hat hierbei ein Mitbestimmungsrecht. In Betrieben mit mehr als 500 Mitarbeitern hat er sogar ein Initiativrecht, d.h. er kann verlangen, dass Auswahlrichtlinien aufgestellt werden. In diesem Fall hat sich ihr Inhalt zwingend auf die fachlichen und persönlichen Voraussetzungen sowie die sozialen Belange zu beziehen, die bei der Durchführung der genannten Maßnahmen berücksichtigt werden müssen.

Weigert sich der Arbeitgeber auf entsprechende Vorschläge des Betriebsrats einzugehen, so kann dieser die Einführung einer Auswahlrichtlinie mit Hilfe der Einigungsstelle erzwingen. Die Einigungsstelle kann von Arbeitgeber- wie auch von Betriebsratsseite auch dann angerufen werden, wenn sich die Parteien über den Inhalt der Auswahlrichtlinie nicht einigen können.

2.7 Administrative Aufgaben einschließlich der Entgeltabrechnung bearbeiten

Aufgabe 1

Beschreiben Sie Schritt für Schritt die Durchführung einer Entgeltabrechnung vom Bruttoentgelt bis hin zum Nettoentgelt.

Aufgabe 2

a) Erläutern Sie die wesentlichen Aufgaben eines Datenschutzbeauftragten.

b) Wen schützt das Datenschutzgesetz innerhalb eines Unternehmens?

Aufgabe 3

Wie ist die Gewährleistung des Datenschutzes und der Datensicherheit

a) bei einem Telearbeiter,

b) bei einem Telearbeiter als selbstständigem Unternehmer, der personenbezogene Daten zu verarbeiten hat,

sicherzustellen?

Aufgabe 4

Die Geschäftsführung Ihres Unternehmens hat entschieden, zukünftig jedes Telefongespräch zu registrieren. Welche gesetzlichen Bestimmungen sind dabei zu beachten?

Aufgabe 5

a) Was ist eine Personalakte?

b) Kann die Personalakte vom Arbeitnehmer eingesehen werden?

c) Kann man gegen Inhalte der Personalakte vorgehen und Ergänzungen vornehmen?

Lösungsansätze zu Kapitel 2.7

Zu Aufgabe 1

Zur Erstellung einer Entgeltabrechnung wird ein Personalstammblatt vom betreffenden Mitarbeiter angelegt, das folgende Daten enthält: Name, Vorname, Personal-Nr., Steuerklasse, Konfession, Kinderfreibeträge, Steuerfreibetrag, Adresse, Bankverbindung, Entgeltgruppe, Arbeitszeit, Krankenkasse, ggf. Zuschläge, Sonderzahlungen, Arbeitgeberanteil für vermögenswirksame Leistungen.

Das Tarifentgelt, die Sonderzahlungen und der Arbeitgeberanteil für vermögenswirksame Leistungen ergeben zusammen das Bruttoentgelt. Es liegt allen weiteren Berechnungen zugrunde.

Vom Bruttoentgelt muss der Steuerfreibetrag abgezogen werden, um das steuerpflichtige Bruttoentgelt zu ermitteln. Durch diesen Abzug soll der Arbeitnehmer bereits bei der monatlichen Besteuerung entlastet werden. Das steuerpflichtige Bruttoentgelt wird nun in der Monats-Lohnsteuertabelle ermittelt, und die entsprechenden Lohnsteuern, Kirchensteuern (je nach Bundesland) sowie der Solidaritätszuschlag werden abgelesen. Diese Positionen werden zusammengefasst und als Zwischensumme »gesetzlicher Abzug Steuer« erfasst.

Nun werden die einzelnen Sozialversicherungsbeiträge abgezogen. Das beitragspflichtige Entgelt (Höhe der Beitragsbemessungsgrenze in den Versicherungszweigen beachten) wird mit dem jeweiligen Beitragssatz multipliziert und anschließend durch zwei geteilt, da Arbeitnehmer und Arbeitgeber sich die Beiträge paritätisch teilen. Die zusätzlichen Beiträge zur KV und PV (zurzeit. 0,25 v.H.) trägt der Arbeitnehmer allein. Diese Positionen werden ebenfalls zusammengefasst und als »gesetzlicher Abzug Sozialversicherung« erfasst.

Diese Abzüge reduzieren das Bruttoentgelt und ergeben ein Nettoentgelt.

Die vermögenswirksamen Leistungen, genannt »persönliche Be-/Abzüge« reduzieren nun wiederum das Nettoentgelt. Sollte ein Anspruch auf Kindergeld bestehen oder erhält der Mitarbeiter einen Vorschuss, wird dieser durch Addition dem Nettoentgelt zugeführt.

Das Endergebnis ist der Auszahlungs- oder Überweisungsbetrag, den der Mitarbeiter am Tag der Fälligkeit auf seinem Konto gutgeschrieben bekommt.

Lösungsansätze zu Kapitel 2.7

Zu Aufgabe 2

a) Aufgaben des Datenschutzbeauftragten

Der Datenschutzbeauftragte ist dafür verantwortlich, dass Daten verarbeitende Mitarbeiter die Datenschutzbestimmungen im Unternehmen einhalten. Die Aufgabengebiete weisen eine hohe fachliche Komplexität auf, da eine übergreifende interdisziplinäre Vernetzung innerhalb des Unternehmens sicherzustellen ist. Intern oder auch extern (z.B. bei externer Datenvernichtung) ist es notwendig, eine fachliche Zusammenarbeit zu organisieren und zu managen. Das Einbeziehen und Überzeugenkönnen von Nichtfachleuten im eigenen Unternehmen stellt einen entscheidenden Erfolgsfaktor für die Umsetzung der Datenschutzbestimmungen dar.

Der Datenschutzbeauftragte hat die ordnungsgemäße Anwendung der Datenverarbeitungsprogramme zu überwachen. Daher ist er frühzeitig über Vorhaben der automatisierten Verarbeitung personenbezogener Daten zu informieren. Er muss die EDV-Anwendungen auf die Einhaltung des Datenschutzes prüfen sowie Auswertungen und Prüfberichte erstellen.

Er hat sicherzustellen, dass alle Daten verarbeitenden Mitarbeiter durch geeignete Maßnahmen mit den gesetzlichen und betrieblichen Vorschriften über den Datenschutz vertraut gemacht werden.

b) Zum schutzbedürftigen Personenkreis gehören:

- alle Arbeitnehmer/-innen,
- die zur Berufsausbildung Beschäftigten,
- Bewerber/-innen,
- Leiharbeitnehmer/-innen.

Zu Aufgabe 3

a) Telearbeiter

Ein Telearbeiter gehört zur Belegschaft des Betriebs. Die von ihm durchzuführenden Arbeiten stellen innerbetriebliche Prozesse dar, sodass der Arbeitgeber sowohl für den Datenschutz als auch für die Datensicherheit verantwortlich ist. Bei der Verarbeitung personenbezogener Daten ist der Datenschutz im Hinblick auf § 1 Abs. 2 sowie § 2 Abs. 1 BDSG zu beachten.

b) Telearbeiter als selbstständiger Unternehmer

Bei Telearbeitern, die als selbstständige Unternehmer personenbezogene Daten verarbeiten, handelt es sich um eine geschäftsmäßige Verarbeitung personenbezogener Daten für fremde Zwecke. Gemäß § 11 Abs. 4 BDSG ist der Auftraggeber für den Datenschutz, der Auftragnehmer (Telearbeiter) für die Datensicherheit zuständig.

Der Auftragnehmer hat gemäß § 4 g BDSG schriftlich einen Beauftragten für die Datensicherheit zu bestellen. Die Aufgaben dieser Person ergeben sich aus § 4 g BDSG. Dadurch ist der Auftraggeber nicht aus der Verpflichtung zur Einhaltung des Datenschutzes entlassen. Ihn treffen weitergehende Verpflichtungen. Er muss den Auftragnehmer sorgfältig auswählen und ihn hinsichtlich der Einhaltung des BDSG überprüfen. Hier wird dringend empfohlen, Vereinbarungen über die Einhaltung der Datenvorschriften zwischen beiden Parteien zu treffen.

Zu Aufgabe 4

- Bei technischen Verhaltens- und Leistungskontrollen sind die Mitbestimmungsrechte des Betriebsrates zu beachten.
- Die Verbindungsdaten dürfen nur unter Kürzung der jeweiligen Zielnummer gespeichert werden. Neben der Vorwahl werden hier nur die ersten Stellen der Zielrufnummer dargestellt.
- Es muss ein fester Personenkreis definiert werden, der Zugriff auf Abrechnungs- und Verbindungsdaten erhalten soll.
- Mitarbeiter, die Zugriff auf die Telefonanlage haben, Abrechnungsdaten verarbeiten oder Kenntnis über Inhalte von Anrufbeantwortern haben, sollten schriftlich verpflichtet werden, das Fernmeldegeheimnis einzuhalten.
- Jeder Mitarbeiter muss über die Auswertungen der Kostenrechnungen (z.B. bei nicht erlaubter Privatnutzung des dienstlichen Telefonanschlusses) in Kenntnis gesetzt werden.
- Bei einer erlaubten Privatnutzung der betrieblichen Telefonanlage ist das Fernmeldegeheimnis einzuhalten und die Privatsphäre des Mitarbeiters zu schützen. Einzelverbindungsnachweise dürfen nicht vom Arbeitgeber eingesehen werden. Zwischen dem Betriebsrat und dem Arbeitgeber muss vereinbart werden, welche Daten (zeitlich, mengenmäßig) zu Kontrollzwecken genutzt werden dürfen.
- Die stillschweigende Duldung privater Telefongespräche gilt als Erlaubnis. Die Handlungsvorschriften des Fernmeldegeheimnisses stellen in diesem Fall alle Verbindungsdaten unter den Schutz der Privatsphäre.

Zu Aufgabe 5

a) Personalakte

Die Sammlung konkreter Unterlagen über einen Arbeitnehmer stellt eine Personalakte dar. In ihr werden alle wesentlichen Vorgänge im Verhältnis zwischen Arbeitnehmer und Arbeitgeber dokumentiert. Dazu gehören die Bewerbungsunterlagen, der Personalfragebogen, Zeugnisse, disziplinarische Angelegenheiten, Schriftwechsel zwischen Arbeitnehmer und Arbeitgeber, Arbeitsvertrag, Nebenabreden, Beurteilungen, Dokumente über Arbeitsunfälle, Weiterbildungsmaßnahmen etc.

b) Einsichtnahme

Jeder Arbeitnehmer kann seine Personalakte einsehen. Dieses Einsichtsrecht ergibt sich aus § 83 Abs. 1 BetrVG: »Der Arbeitnehmer hat das Recht, in die über ihn geführten Personalakten Einsicht zu nehmen. Er kann hierzu ein Mitglied des Betriebsrates hinzuziehen. Das Mitglied des Betriebsrates hat über den Inhalt der Personalakte Stillschweigen zu bewahren, soweit es vom Arbeitnehmer im Einzelfall nicht von dieser Verpflichtung entbunden wird.«

c) Veränderungen an der Personalakte

Das Recht auf Ergänzung und Richtigstellung ergibt sich für den Arbeitnehmer aus § 83 BetrVG. Auch wenn der Arbeitgeber Ergänzungen für unzutreffend hält, sind diese in die Personalakte zu übernehmen. Der Arbeitnehmer hat dadurch die Möglichkeit, die aus seiner Sicht unrichtig dargestellten Vorfälle zu ergänzen.

Der Anspruch auf Rücknahme und Entfernung ist nach Rechtsprechung des Bundesarbeitsgerichts zulässig, sollte die Personalakte unrichtige und missbilligende Äußerungen enthalten, die den Arbeitnehmer in seinem beruflichen Fortkommen behindern können (BAG 27. November 1985, § 611 BGB Fürsorgepflicht).

2.8 Situationsaufgaben zum Handlungsbereich 2

Situationsaufgabe 1: Probleme in der Hard & Soft GmbH

Die Hard & Soft GmbH ist ein kleineres IT-Unternehmen mit 80 Mitarbeitern an einem Standort. Sie arbeitet vorwiegend für mittelständische Unternehmen und bietet Softwarelösungen für den Personalbereich an; außerdem deren Migration in die IT-Landschaft des Kunden und die nötigen Beratungen und Schulungen. Als Personalreferent sind Sie zuständig für alle Bereiche der Personalarbeit, einschließlich der Lohn- und Gehaltsabrechnung. Zusätzlich nehmen Sie kommissarisch die Funktion des Ausbildungsleiters wahr für die insgesamt acht Auszubildenden in den IT-Ausbildungsberufen. Ein Betriebsrat existiert nicht, das Unternehmen ist nicht tarifgebunden.

Berücksichtigen Sie so weit wie möglich bei der Lösung der Aufgaben die geschilderte Ausgangssituation.

Aufgabe 1 (10 Punkte)

Das Unternehmen bearbeitet die meisten Kundenaufträge wegen der Berücksichtigung der individuellen Erfordernisse der Kunden als Projekte. Für ein neues Projekt sollen befristete Arbeitsverträge vereinbart werden.

- Der Auszubildende Herr Pfiffig hat seine Ausbildung zum Informatik-Kaufmann erfolgreich abgeschlossen und soll einen befristeten Arbeitsvertrag für 12 Monate erhalten.
- Der Diplom-Informatiker Herr Fleißig hat als bester Bewerber ein zweitägiges Assessment-Center bestanden und soll zunächst einen befristeten Arbeitsvertrag für sechs Monate und anschließend einen weiteren befristeten Arbeitsvertrag als Projektleiter für einen in Elternzeit befindlichen Kollegen erhalten.
- Der Softwareentwickler Herr Tüftel war vor fünf Jahren nach seiner Ausbildung schon einmal bei der Hard & Soft GmbH für ein Jahr beschäftigt, bevor er auf eigenen Wunsch ein Fachhochschulstudium aufnahm, in dessen Verlauf er auch zwei Praktika bei der Hard & Soft GmbH ableistete. Mit ihm wurde ein Aushilfsvertrag für die Dauer von zwei Jahren geschlossen, der jetzt drei Tage nach Arbeitsaufnahme schriftlich niedergelegt werden soll.

a) Sind die Arbeitsverträge rechtlich zulässig? Begründen Sie Ihre Antwort. (9 P.)

b) Welche Formvorschriften sind bei befristeten Arbeitsverträgen zu beachten? (1 P.)

Aufgabe 2 (25 Punkte)

Die Hard & Soft GmbH möchte die bisherigen Umstrukturierungen als Anlass nehmen, die bestehenden Arbeitsverträge den geänderten wirtschaftlichen Bedingungen anzupassen. In einigen Fällen würde dies zu Verbesserungen, in den meisten Fällen aber zu einer

2.8 Situationsaufgaben zum Handlungsbereich 2

Verschlechterung der Arbeitsbedingungen und der Entgelte führen. Es ist angedacht, den Mitarbeitern diese individuellen Änderungen als Protokollnotiz zusammen mit den nächsten Gehaltsabrechnungen zukommen zu lassen. Als Personalreferent haben Sie erhebliche Bedenken gegen diese Vorgehensweise.

a) Erläutern Sie der Geschäftsleitung Ihre Bedenken aus arbeitsrechtlicher Sicht. (10 P.)

b) Erläutern Sie der Geschäftsleitung, wie in diesen Fällen verfahren werden könnte. (15 P.)

Aufgabe 3 (10 Punkte)

Der Projektleiter Herr Kunze beklagt sich seit einiger Zeit darüber, dass die Gespräche mit externen Kunden häufig in die Nachmittage verlegt werden, sodass er regelmäßig Überstunden machen müsse, zu spät nach Hause komme, im Übrigen »durch die halbe Republik« reisen müsse und deshalb immer seltener an seinem Arbeitsplatz sei. Dies sei mit seinem Arbeitsvertrag nicht vereinbar.

Erläutern Sie Herrn Kunze die Rechtslage.

Aufgabe 4 (10 Punkte)

Die Mitarbeiterin Frau Flott befand sich auf dem Weg von ihrer Wohnung zu einem Kunden der Hard & Soft GmbH und wollte auf dem Weg dorthin mit einem kleinen Umweg ihr Kind zur Tagesmutter bringen. Dabei kam es zu einem Unfall mit einem anderen Fahrzeug, weil Frau Flott, in Gedanken schon beim Kunden, eine Vorfahrtsregelung übersah. Das andere Fahrzeug war allerdings auch deutlich zu schnell unterwegs. Das Amtsgericht stellt fest, dass Frau Flott zu 60 Prozent die Schuld an diesem Unfall trägt.

a) Frau Flott ist als Folge des Unfalls drei Wochen im Krankenhaus und weitere fünf Wochen in einer Anschlussheilbehandlungsmaßnahme. Erläutern Sie, ob und wie lange sie Anspruch auf ein gesichertes Einkommen hat. (5 P.)

b) Welche Möglichkeiten hat der Arbeitgeber, gegenüber dem mitverschuldenden Unfallgegner Regressforderungen zu stellen? (5 P.)

Aufgabe 5 (30 Punkte)

Die Geschäftsleitung der Hard & Soft GmbH plant, für ihre Führungskräfte bis hinunter zur Projektleiterebene eine betriebliche Altersvorsorge einzurichten.

a) Nennen Sie dafür fünf Motive aus Arbeitgebersicht. (5 P.)

b) Erläutern Sie die Variante der Deferred Compensation näher. (15 P.)

c) Welche Fragen sind vor einer Entscheidung für Deferred Compensation bei der Hard & Soft GmbH im Vorfeld zu klären? (10 P.)

Aufgabe 6 (15 Punkte)

In der Hard & Soft GmbH soll die Stelle eines Geschäftsführers für den kaufmännischen Bereich geschaffen werden.

a) Erläutern Sie drei infrage kommende Beschaffungswege. (6 P.)

b) Welche Auswahlinstrumente setzen Sie zusätzlich zur Auswertung der Bewerbungsunterlangen ein? Begründen Sie Ihre Wahl der Instrumente. (9 P.)

2.8 Situationsaufgaben zum Handlungsbereich 2

Situationsaufgabe 2: Personalpolitische Folgerungen aus einer Fusion

Die Brauerei Bier & Selig GmbH in Hannover hat große Probleme. Nach dem Aufkauf durch einen belgischen Konzern wurden bereits zwei Standorte geschlossen, ferner ist durch eine andere Produktpolitik und ein anderes Marketing auch die bisherige Traditionsmarke gefährdet.

Die Unzufriedenheit der Mitarbeiter ist groß, die Ohnmacht der örtlichen Geschäftsführung noch größer, weil sie nicht ohne die Zustimmung der Konzernleitung entscheiden kann.

Es stehen demnächst Personalentscheidungen an, die tiefgreifende Einschnitte für das ehemalige Traditionsunternehmen bedeuten. Dringendes Erfordernis aus der Sicht der Konzernleitung sind drastische Kostensenkungen im Personalbereich.

Es existiert ein Betriebsrat an allen Standorten. Das Unternehmen ist tarifgebunden.

Aufgabe 1 (25 Punkte)

Der Konzernleitung ist der geltende Tarifvertrag ein Dorn im Auge. Sie als HR-Verantwortlicher sollen für die belgische Mutter ein Papier zusammenstellen, das eine Entscheidungshilfe für einen Ausstieg aus dem Tarifvertrag darstellt.

a) Erläutern Sie den Begriff »Tarifbindung«. (5 P.)

b) Worauf erstreckt sich die Tarifbindung? (10 P.)

c) Wie kann der Arbeitgeber diese Tarifbindung beenden und welche Wirkung auf bestehende Arbeitsverhältnisse hätte dieser Vorgang? (10 P.)

Aufgabe 2 (25 Punkte)

Die Bier & Selig GmbH will die Brauerei in drei Unternehmen aufspalten. Ziel ist die Umgehung des bestehenden Tarifvertrages und damit die Reduzierung der Personalkosten.

Die Geschäftsleitung hat auch schon konkrete Vorstellungen von den neuen Arbeitsverträgen. Absichern will die Geschäftsleitung dieses Vorhaben durch Aufhebungsvereinbarungen mit den Arbeitnehmern, in denen diese auf alle bisherigen arbeitsvertraglich abgesicherten Ansprüche verzichten.

Der Betriebsrat ist schockiert, als den Mitarbeitern auf einer Betriebsversammlung dieses Konzept vorgestellt wird. Er selbst ist bisher nicht informiert worden.

a) Erläutern Sie die Rechtmäßigkeit des Vorgehens der Geschäftsleitung. (10 P.)

b) Die Geschäftsleitung will ihr Vorhaben mit Aufhebungsvereinbarungen durchsetzen. Erläutern Sie mögliche Gründe dafür und stellen Sie die Problematik für die Arbeitnehmer dar. (15 P.)

Aufgabe 3 (20 Punkte)

Der Tarifvertrag wurde von den Parteien fristgemäß gekündigt. Zeitgleich wurde auch die Mitgliedschaft im Arbeitgeberverband gekündigt. Nunmehr drängt die Konzernleitung auf Kostenreduzierungen im Personalbereich.

a) Erläutern Sie Vergütungsbestandteile, die sich dafür eignen. (10 P.)

b) Erläutern Sie, inwieweit der Betriebsrat bei diesen Maßnahmen beteiligt werden muss. (10 P.)

Aufgabe 4 (15 Punkte)

Offenbar unter dem Einfluss der wirtschaftlichen Situation häufen sich bei Ihnen die Kurzzeiterkrankungen ohne Beibringung einer Arbeitsunfähigkeitsbescheinigung, unentschuldigte Fehltage sowie nicht krankheitsbedingte Fehltage mit Arbeitsunfähigkeitsbescheinigungen. Ein Mitarbeiter ist offensichtlich Alkoholiker. Erläutern Sie, wie Sie als HR-Verantwortlicher mit diesen »Fällen« umgehen.

Aufgabe 5 (5 Punkte)

Nennen Sie die Träger der gesetzlichen Sozialversicherung und die Versicherungszweige.

Aufgabe 6 (10 Punkte)

Vor dem zuständigen Arbeitsgericht soll eine Kündigungsschutzklage gegen die Bier & Selig GmbH verhandelt werden, für die Sie als Prozessbevollmächtigter auftreten. Der Vorsitzende eröffnet Ihnen, dass der Ausgang des Prozesses ungewiss sein wird und empfiehlt Ihnen, eine gütliche Regelung durch einen Vergleich anzustreben.

Erläutern Sie, welche Vorteile ein Prozessvergleich in der ersten Instanz hat.

Lösungsansätze zu Situationsaufgabe 1

Zu Aufgabe 1

a) Rechtswirksamkeit der Arbeitsverträge

- Das Berufsausbildungsverhältnis ist kein Arbeitsverhältnis im Sinne des TzBfG und somit auch kein Hindernis für ein kalendermäßig befristetes Arbeitsverhältnis bei Herrn Pfiffig.
- Da keine entsprechenden Hinweise im Fall geschildert wurden, muss davon ausgegangen werden, dass Herr Fleißig noch nie zuvor in einem Arbeitsverhältnis zur Hard & Soft GmbH stand. Dann ist die erste kalendermäßige Befristung rechtens und auch die zweite Befristung, da hierfür ein sachlicher Grund vorliegt.
- Herr Tüftel ist bereits einmal bei der Hard & Soft GmbH beschäftigt gewesen, wobei es keine Rolle spielt, wie lange diese Beschäftigung zurückliegt. Auch die beiden Praktika, die er bei der Hard & Soft GmbH abgeleistet hat, stehen einer kalendermäßigen Befristung im Wege, für die kein Sachgrund vorliegt. Die Befristung im Arbeitsvertrag von Herrn Tüftel ist nichtig. Herr Tüftel hat daher einen unbefristeten Arbeitsvertrag erhalten und sollte einen Antrag auf Entfristung stellen.

b) Formvorschriften

Befristete Arbeitsverträge benötigen die Schriftform, um wirksam zu sein.

Zu Aufgabe 2

a) Bedenken

Auch Vertragsänderungen bedürfen einer zweiseitigen Willenserklärung. Eine Protokollnotiz stellt durchaus eine solche dar, bedarf aber der Unterschrift der Arbeitnehmer. Dies ist hier nicht geschehen. Die Arbeitsvertragsänderungen erlangen keine Rechtskraft!

b) Korrektes Verfahren

Die Hard & Soft GmbH sollte einvernehmliche Gespräche mit jedem Mitarbeiter führen, der einen geänderten Arbeitsvertrag erhalten soll. Im Falle einer Verbesserung wird der Arbeitnehmer in aller Regel dieses Angebot annehmen, dieser wäre dann ab einem einvernehmlich zu regelnden Datum gültig.

2 Personalarbeit auf Grundlage rechtlicher Bestimmungen durchführen

Lehnt der Arbeitnehmer ab, hat der Arbeitgeber zwei Möglichkeiten:

1. Das bisherige Arbeitsverhältnis wird unverändert weitergeführt.
2. Er spricht eine Änderungskündigung aus.

Eine Änderungskündigung ist eine ordentliche Kündigung mit dem Angebot, das Arbeitsverhältnis unter geänderten Bedingungen fortzuführen.

Der Arbeitnehmer hat nach Erhalt der Änderungskündigung zwei Möglichkeiten:

1. Er lehnt das Angebot ab und ist – die Ordnungsgemäßheit der ordentlichen Kündigung (Fristen, Zugang, Zulässigkeit) vorausgesetzt – gekündigt. Dann kann er wie bei jeder ordentlichen Kündigung eine Kündigungsschutzklage innerhalb von drei Wochen einreichen.
2. Er nimmt das Angebot unter Vorbehalt an und arbeitet unter den neuen Bedingungen. Er hat dann immer noch die Möglichkeit, innerhalb von drei Wochen eine Änderungsschutzklage einzureichen. Verliert er diese, arbeitet er unter den neuen Bedingungen; gewinnt er sie, arbeitet er zu den alten Bedingungen weiter.

Zu Aufgabe 3

Es ist zunächst zu prüfen, inwieweit der Arbeitsvertrag eindeutige Klauseln hinsichtlich des Arbeitsortes und der Arbeitszeit einschließlich der Möglichkeit von Überstunden enthält.

Wenn diese nicht vorhanden sind, stellt sich die Frage, ob der Arbeitgeber im Rahmen seines Direktions- und Weisungsrechtes gehandelt hat bzw. ob der Arbeitnehmer im Rahmen seiner Treuepflicht und den daraus resultierenden Nebenpflichten zu den angesprochenen Arbeitsleistungen verpflichtet war.

Das Unternehmen lebt von Kundenaufträgen. Herr Kunze ist als Projektleiter für seinen Arbeitgeber tätig. Dies erfordert naturgemäß, dass er häufiger Kontakte am Ort des Kunden hat, und zwar nicht nur, was Akquisitionen und Beratungen angeht. Seine Anwesenheit ist auch erforderlich bei der Implementierung von Hard- und Software beim Kunden durch die ihm unterstellten Mitarbeiter. Allein schon von daher ist der Arbeitgeber berechtigt, diese Arbeitsleistung einzufordern.

Die Treuepflicht ist wie der Grundsatz von Treu und Glauben eine Verhaltenspflicht. Sie gestaltet die Hauptverpflichtung des Arbeitnehmers zur Arbeitsleistung und gibt ihr den konkreten Inhalt. So kann der Arbeitnehmer im Rahmen seiner Treuepflicht gehalten sein,

- Über- und Mehrarbeitsstunden zu leisten,
- eine andere als die vertraglich vereinbarte Arbeitszeit zu leisten oder
- sie an einem anderen Ort zu leisten.

Mit der Übernahme seine Tätigkeit als Projektleiter hätte Herr Kunze wissen müssen, dass diese Tätigkeit mehr Mobilität und Flexibilität von ihm verlangt als eine reine Büro-

Lösungsansätze zu Situationsaufgabe 1

tätigkeit. Dies hat er billigend hingenommen und kann jetzt nicht verlangen, dass für ihn andere Regelungen gelten.

Zu Aufgabe 4

a) Einkommenssicherung

Frau Flott erhält unabhängig von der zivilrechtlichen Regelung des Unfalls volle Lohn- oder Gehaltsfortzahlung in Höhe des durchschnittlichen Entgeltes in der regelmäßigen Arbeitszeit für sechs Wochen.

Im Sinne des EFZG war diese Arbeitsunfähigkeit unverschuldet.

Ab der siebten Woche tritt die Berufsgenossenschaft ein, da es sich um einen Wegeunfall gehandelt hat. Der Umweg zur Tagesmutter zählt nach SGB mit zu dem versicherten Arbeitsweg.

b) Regressforderungen

Hier gilt die zivilrechtliche Regelung der Schuldfrage. Der Arbeitgeber kann sich vom Unfallgegner der Frau Flott 40 Prozent seiner Entgeltfortzahlung wiederholen.

Zu Aufgabe 5

a) Motive

- Bindung der Führungskräfte an das Unternehmen
- Reduzierung der Fluktuation
- Marketingvorteile bei der Personalbeschaffung (Employer Branding)
- Verhinderung des Abflusses von Know-how
- Verbesserung des Firmenimages
- Verbesserung der Einkommenssituation im Rentenfall
- steuerliche Überlegungen

b) Grundzüge der Deferred Compensation (DC)

Bei der DC wird ein Teil der Gesamtvergütung nicht sofort ausgezahlt und somit auch nicht versteuert, sondern erst zum Eintritt in den Ruhestand. Die Besteuerung erfolgt also erst später und damit in verringertem Umfang.

Für das Unternehmen wird die Liquidität verbessert; die Unternehmen nutzen hier den Umstand, dass bei der DC als betriebliche Altersversorgung diese Aufwendungen lediglich in die Summe der ausgewiesenen Pensionsrückstellungen gehen.

Für die Führungskräfte kann die geringere steuerliche Progression im Ruhestand von Vorteil sein; nachteilig kann DC für die Führungskräfte sein, da sie kein beitragspflichtiges Entgelt für die Sozialversicherung darstellt. Deswegen eignet DC sich in der Regel nur für gut verdienende Mitarbeiter, deren Gehalt regelmäßig die Beitragsbemessungsgrenze überschreitet.

c) Fragen im Vorfeld

Bei Deferred Compensation ist es notwendig, genaue Berechnungsmodelle für die verschiedenen Mitarbeiter anzustellen. An Fragen ist vor einer Einführung zu klären,

- welche Mitarbeiter aufgenommen werden sollen,
- welche Entgeltbestandteile umgewandelt werden können,
- wie die Vertragsgestaltung aussehen soll,
- welche Leistungsarten in Betracht kommen,
- wie die Leistungen finanziert werden sollen,
- wie die Insolvenzsicherung gewährleistet wird,
- welche Auszahlungsformen infrage kommen.

Zu Aufgabe 6

a) Beschaffungswege

- Stellenanzeigen in Fachzeitschriften und überregionalen Zeitungen
- Nutzung der eigenen Homepage
- Stellenbörsen für Führungskräfte
- Personalberater mit der Suche beauftragen
- Headhunter beauftragen
- Messen und Ausstellungen nutzen
- Stellenangebote in Fachzeitschriften analysieren

b) Auswahlinstrumente

- Vorstellungsgespräche unter Einbeziehung von Führungskräften und ggf. Personalberatern, um nicht nur die Fachkompetenz, sondern auch Sozial- und Methodenkompetenzen der Kandidaten festzustellen.
- Gestaltung eines Assessment-Centers für die Top-Bewerber mit relevanten Aufgaben, die vor allem auf Sozial- und Methodenkompetenzen zugeschnitten sind.
- Testverfahren mit geeigneten Tests zur Feststellung von Führungskompetenzen einsetzen.
- Teilnahme an komplexen Unternehmensplanspielen verlangen, um auch die Fachkompetenzen in relevanten Entscheidungssituationen zu analysieren.

Lösungsansätze zu Situationsaufgabe 2

Zu Aufgabe 1

a) Tarifbindung

Tarifgebunden sind nicht die Tarifvertragsparteien, sondern ihre Mitglieder auf der Arbeitgeber- und Arbeitnehmerseite, oder der Arbeitgeber, der selbst Partei des Tarifvertrages ist (§ 3, Abs. 1 TVG).

b) Inhalte der Tarifbindung

Die Rechtsnormen des Tarifvertrages (TV) über alle betrieblichen und betriebsverfassungsrechtlichen Fragen gelten für alle Betriebe, deren Arbeitgeber tarifgebunden sind.

Diese Rechtsnormen gelten unmittelbar und zwingend (§ 4, Abs. 1 TVG).

Zu den normativen Bestimmungen gehören nach § 1 Abs. 1 TVG die Rechtsnormen, die den Inhalt von Arbeitsverhältnissen, z.B. die Höhe der Löhne und Gehälter und die Laufzeit des TV, betreffen. Ferner solche Rechtsnormen, die den Abschluss von Arbeitsverhältnissen (z.B. Formvorschriften, Abschlussgebote und -verbote) und die Beendigung von Arbeitsverhältnissen (z.B. Kündigung, Befristung) regeln.

Nicht dazu gehören die schuldrechtlichen Bestimmungen des TV (Rechte und Pflichten der Tarifvertragsparteien). Schuldner und Gläubiger der Bestimmungen (z.B. Friedenspflicht oder Einwirkungspflichten auf die Verbandsmitglieder) sind die Tarifparteien selbst, nicht ihre Mitglieder.

c) Ende der Tarifbindung und Wirkungen

Die Bier & Selig GmbH befindet sich auf der Linie derjenigen Unternehmen, die durch »Tarifflucht« versuchen, sich der Tarifbindung laufender Tarifverträge zu entziehen. Versucht wird dies durch Verbandswechsel oder Verbandsaustritt. Jedoch kann ein Verbandaustritt nicht die Wirkungen des jetzigen, sondern erst des künftigen Tarifvertrages beseitigen.

Ein Tarifvertrag darf nicht vor Entstehung des Anspruches durch Kündigung, Aufhebung oder Zeitablauf erlöschen und durch eine andere Abmachung ersetzt werden. Wann die Kündigung zulässig ist, steht im Tarifvertrag.

Der Ablauf des Tarifvertrages lässt noch keinen ungeregelten Zustand eintreten, vielmehr gelten seine Rechtsnormen weiter (sog. Nachwirkung), sind aber jetzt nicht mehr zwingend, können also auch einzelvertraglich geändert, durch Änderungskündigung bewirkt oder durch den Abschluss eines Firmentarifvertrages ersetzt werden.

Zu Aufgabe 2

a) Rechtmäßigkeit des Vorgehens

Der Betriebsrat ist zu Mitwirkung und Mitbestimmung in sozialen, personellen und wirtschaftlichen Angelegenheiten gewählt worden (§§ 87 ff., 92 ff., 106 ff. BetrVG). Darüber hinaus sind nach § 2 Abs. 1 BetrVG Arbeitgeber und Betriebsrat verpflichtet, vertrauensvoll zum Wohle der Arbeitnehmer und des Betriebes zusammenzuarbeiten.

Nach § 74 BetrVG hätten bereits in den regelmäßigen Gesprächen zwischen Arbeitgeber und Betriebsrat die Absichten der Aufspaltung erörtert werden müssen, spätestens als diese konkrete Formen angenommen hat.

Nach § 106 BetrVG gehört die Aufspaltung zu den wirtschaftlichen Angelegenheiten, zu denen der Arbeitgeber den Wirtschaftsausschuss rechtzeitig und umfassend zu unterrichten hat, da dies die Interessen der Arbeitnehmer wesentlich berührt.

Auch nach § 111 Satz 1 BetrVG hatte der Betriebsrat ein Recht auf Unterrichtung und Beratung, da eine Aufspaltung auch eine Betriebsänderung, d.h. eine grundlegende Änderung der Betriebsorganisation ist.

Sollte diese Unterrichtung nicht unverzüglich erfolgen, steht dem Betriebsrat die Anrufung einer Einigungsstelle zu, die dann verbindlich über die zu erteilende Auskunft befindet.

b) Aufhebungsvereinbarungen

Das Arbeitsverhältnis kann nicht nur einseitig durch Kündigungen, sondern auch durch einen Aufhebungsvertrag beendet werden, also durch eine zweiseitige Willenserklärung. Hierfür gibt es keine Schutzbestimmungen, da der Aufhebungsvertrag ja nicht gegen den Willen des Arbeitnehmers geschlossen wird, ausgenommen das Erfordernis der Schriftform.

Der Arbeitgeber umgeht damit die Kündigungsschutzbestimmungen, in diesem Falle sogar das Kündigungsverbot des § 613 a BGB, der die vertragliche Aufhebung aus Anlass eines Betriebsübergangs nicht verbietet.

Der Betriebsrat hat kein Mitspracherecht bei Aufhebungsverträgen.

Der Mitarbeiter muss wissen, dass er mit Abschluss eines neuen Arbeitsvertrages freiwillig auf erworbene Rechtsansprüche aus dem alten Arbeitsvertrag verzichtet, z.B. auf Weihnachtsgeld, Urlaubsansprüche oder Unkündbarkeit wegen langjähriger Zugehörigkeit. Eine Ausnahme besteht lediglich bei drohenden Versorgungsschäden.

Lösungsansätze zu Situationsaufgabe 2

Zu Aufgabe 3

a) Vergütungsbestandteile, die sich für Maßnahmen der Kostenreduzierung eignen

- Grundvergütung
  - freiwillige Zulagen, für die ein Vorbehalt besteht (z.B. Funktionszulagen)
  - Änderungskündigungen mit der Absicht der Reduzierung der Vergütung
- variable Zahlungen, die freiwillig unter Vorbehalt geleistet wurden
  - Prämien
  - Erfolgsbeteiligungen
- Streichung von freiwilligen Sozialleistungen
  - Zuschüsse zu bestimmten Anlässen
  - Sachzuwendungen
  - Leistungen zur Vermögensbildung bei den Arbeitnehmern (VWL)
  - Zuschüsse zur Kantine, Preiserhöhungen
  - Streichung von freiwilligen Sonderurlauben
- Kürzung oder Wegfall von Einmalzahlungen
  - Weihnachtsgratifikationen
  - Urlaubsgeld

b) Mitwirkung und Mitbestimmung des Betriebsrats

- Nach Wegfall der Tarifbindung muss im Einzelfall geprüft werden, inwieweit der Betriebsrat Möglichkeiten der Mitsprache und Mitwirkung hat.
- Zukünftige freiwillige Leistungen können vom Arbeitgeber ohne Mitbestimmungsmöglichkeiten gestrichen werden, sofern nicht durch mehrmalige vorbehaltlose Gewährung ein Rechtsanspruch entstanden ist.
- Betriebsvereinbarungen zur Gewährung von Leistungen des Arbeitgebers können gekündigt werden, in diesem Falle gibt es keine »Nachwirkung«.
- Änderungen einer bestehenden Betriebsvereinbarung sind allerdings wieder mitbestimmungspflichtig!
- Greift der Arbeitgeber zur Änderungskündigung einzelvertraglicher Vergütungsbestandteile, gilt das Mitbestimmungsrecht des Betriebsrates wie bei allen ordentlichen Kündigungen.

Zu Aufgabe 4

Vorausgesetzt, es bestehen keine Betriebsvereinbarungen und kein Tarifvertrag mehr, ergeben sich für Sie folgende Handlungsmöglichkeiten:

Kurzzeiterkrankungen

Sie können von jedem »auffällig gewordenen« Mitarbeiter im Einzelfall verlangen, dass er ab dem ersten Tag eine Arbeitsunfähigkeitsbescheinigung vorlegt.

Unentschuldigte Fehltage

Sie sollten in diesem Falle strikt mit Abmahnungen arbeiten, in denen Sie die unentschuldigten Fehltage dokumentieren, deutlich machen, dass das Unternehmen nicht gewillt ist, das Fehlverhalten zu akzeptieren, und auf die Folgen hinweisen, die ein weiteres unentschuldigtes Fehlen nach sich zieht. Unentschuldigte Fehltage zu tolerieren, kann in der Situation, in der sich das Unternehmen befindet, zu einer negativen Signalwirkung für alle Mitarbeiter führen.

Nicht krankheitsbedingte Fehlzeiten mit Arbeitsunfähigkeitsbescheinigungen

In diesem Falle sollten arbeitsrechtliche Maßnahmen die Ultima Ratio sein, da Sie beweispflichtig sind. Deshalb sollten Sie vorher prüfen, ob der Mitarbeiter seine Fehlzeiten zu reduzieren bereit ist. Dies kann durch folgende Maßnahmen geschehen:

Allgemeine informierende Maßnahmen

- Darstellung der Kosten
- Entwicklung des Krankenstandes
- Fehlzeiten zum Gesprächsthema machen
- Betriebsklimaanalyse durchführen
- niedrige Fehlzeiten anerkennen

Reaktive Maßnahmen

- konsequente Handhabung der Nachweispflicht
- Zusammenarbeit mit MDK und Kassen in Zweifelsfällen
- Sensibilität bei Wiedereingliederung nach langen Abwesenheiten
- Gesundheitsmanagement anbieten

Fehlzeitengespräche führen

- Begrüßungsgespräche nach Abwesenheiten: »Schön, dass Sie wieder da sind!«
- Mitarbeitergespräche: »Ist Ihnen klar, was Ihre Abwesenheit bewirkte?«
- Signalgespräche: »Wir müssen über Ihre Abwesenheiten reden!«
- Personalgespräche: »So wird es nicht weitergehen!«

Arbeitsrechtliche Konsequenzen

Eine ordentliche Kündigung ist nur möglich unter den Voraussetzungen

- einer nicht mehr tolerierbaren Anzahl von Fehltagen,
- einer negativen Gesundheitsprognose,
- einer fehlenden Beschäftigungsmöglichkeit an einem anderen Arbeitsplatz,
- einer wirtschaftlichen Beeinträchtigung durch die Abwesenheiten des Mitarbeiters.

Lösungsansätze zu Situationsaufgabe 2

Maßnahmen im Falle einer Alkoholkrankheit

- Führen eines Mitarbeitergesprächs (= Sozialgespräch) mit dem Mitarbeiter
- Angebot von Hilfestellung durch kompetentes Personal intern und extern
- Aufforderung, sich einer Therapie zu unterziehen
- bei Weigerung oder erfolgloser Therapie Kündigung aussprechen

Zu Aufgabe 5

Gesetzliche Kranken- und Pflegeversicherung

- Allgemeine Ortskrankenkassen
- Betriebskrankenkasse
- Ersatzkassen
- See-Krankenkasse
- Bundesknappschaft
- Landwirtschaftliche Krankenkassen
- Innungskrankenkassen

Gesetzliche Rentenversicherung

- Deutsche Rentenversicherung Bund
- Deutsche Rentenversicherung (Regionalträger)
- Deutsche Rentenversicherung Knappschaft – Bahn – See
- Landwirtschaftliche Alterskassen

Arbeitslosenversicherung

- Bundesagentur für Arbeit

Gesetzliche Unfallversicherung

- Gewerbliche Berufsgenossenschaften
- See-Berufsgenossenschaft
- Landwirtschaftliche Berufsgenossenschaft
- Gemeindeunfallversicherungsverbände

Zu Aufgabe 6

Nach § 54 ArbGG ist der Vorsitzende verpflichtet, den Rechtsstreit einer gütlichen Einigung der Parteien zuzuführen.

In der Praxis wird ein erheblicher Druck von den Gerichten auf die Parteien ausgeübt, sich gütlich zu einigen und einen Prozessvergleich (vgl. § 794 Abs. 1 ZPO) zu schließen.

Die streitige Verhandlung wird dadurch eingespart und der Rechtsstreit im ersten Termin erledigt.

Bei einem Vergleich unterliegt formal keine Partei und beide können ihr Gesicht oder Image wahren. Zudem fallen beim Abschluss eines Vergleiches in der ersten Instanz keine Gerichtskosten an.

Auch im Kammertermin ist der Vorsitzende verpflichtet, auf einen Vergleich hinzuarbeiten.

3 Personalplanung, -marketing und -controlling gestalten und umsetzen

3.1 Konjunktur- und Beschäftigungspolitik bei der Personalplanung und beim Personalmarketing berücksichtigen

Aufgabe 1

Der Personalbedarf wird durch eine Vielzahl von unternehmensexternen und -internen Faktoren beeinflusst. Erläutern Sie an je zwei externen und internen Faktoren, um welche Einflüsse es sich dabei handeln kann.

Aufgabe 2

Sie sind Personalreferent in einem mittelständischen Unternehmen. In der nächsten Betriebsversammlung will Ihr Arbeitgeber auf die Auswirkungen der Konjunktur auf die Beschäftigungssituation und die Personalplanung im Unternehmen eingehen.

a) Stellen Sie die einzelnen Phasen der Konjunktur als Skizze dar. Zeichnen Sie auch den Trend ein.
b) Erläutern Sie die Konjunkturindikatoren in der Phase der Hochkonjunktur und des Tiefstandes anhand der Merkmale
   - Auftragseingänge,
   - Beschäftigung,
   - Zinsen und
   - Investitionsneigung.

Aufgabe 3

In einer Zeitschrift lesen Sie einen Artikel mit der Überschrift »Wirtschaftswachstum von 1,8 Prozent erwartet – Starke Auslandsnachfrage nach Investitionsgütern«. Sie sind Personalreferent in einem Unternehmen der Werkzeugmaschinenindustrie. Welche Überlegungen hinsichtlich Ihrer Beschäftigungspolitik stellen Sie an?

3 Personalplanung, -marketing und -controlling gestalten und umsetzen

Aufgabe 4

Der zunehmende Kostendruck in Ihrem Unternehmen zwingt die Geschäftsleitung zu konkreten Maßnahmen zur Senkung der Personalkosten. Gleichzeitig will Ihr Unternehmen auf betriebsbedingte Kündigungen weitgehend verzichten.

a) Nennen Sie vier konkrete Maßnahmen, durch die ein freiwilliges Ausscheiden der Mitarbeiter gefördert wird.

b) Auch durch Veränderungen der Arbeitszeit können personelle Kapazitäten abgebaut werden. Erläutern Sie an drei konkreten Beispielen, wie Sie dieses Ziel erreichen können.

Aufgabe 5

In Ihrem Unternehmen hat es in den letzten drei Jahren ein regelrechtes »Personalkarussell« von Einstellungen und Entlassungen gegeben, das überwiegend konjunkturbedingt war und durch saisonale Schwankungen in Ihrer Branche ausgelöst wurde. Betriebsrat und Arbeitgeber überlegen, eine systematische operative und taktische Personalplanung einzuführen, die mindestens einen Planungszeitraum von drei Jahren umfassen soll.

Für eine gemeinsame Sitzung von Betriebsrat, Arbeitgeber und Führungskräften sollen Sie ein Arbeitspapier erstellen, in dem

a) die Notwendigkeit einer solchen systematischen Planung begründet wird und

b) die Vorteile der Personalplanung sowohl für das Unternehmen als auch für die Mitarbeiter herausgestellt werden.

Aufgabe 6

Planung lebt von Daten und Informationen. Erläutern Sie, welche Daten Sie für eine systematische Personalplanung als notwendig erachten.

Lösungsansätze zu Kapitel 3.1

Zu Aufgabe 1

Externe Faktoren

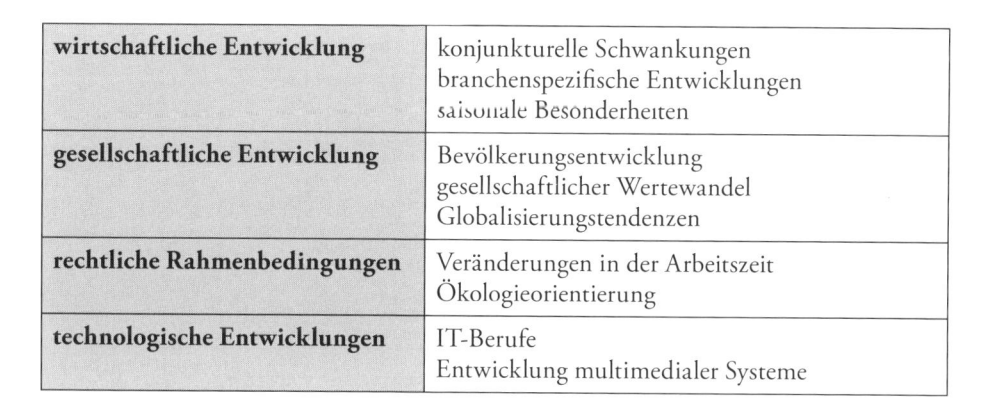

wirtschaftliche Entwicklung	konjunkturelle Schwankungen branchenspezifische Entwicklungen saisonale Besonderheiten
gesellschaftliche Entwicklung	Bevölkerungsentwicklung gesellschaftlicher Wertewandel Globalisierungstendenzen
rechtliche Rahmenbedingungen	Veränderungen in der Arbeitszeit Ökologieorientierung
technologische Entwicklungen	IT-Berufe Entwicklung multimedialer Systeme

Interne Faktoren

Produktion und Absatz	Zukunftsträchtigkeit bestimmter Geschäftsfelder Fertigungstiefe Lean Management Outsourcing
Organisationsstrukturen	Flexibilisierung der Organisation neue Arbeitsformen, z.B. Gruppenarbeit
Mitarbeiterleistung	Ausbildung Personalentwicklung
Fluktuation und Fehlzeiten	Betriebsklima Arbeitszufriedenheit Arbeitsbedingung

3 Personalplanung, -marketing und -controlling gestalten und umsetzen

Zu Aufgabe 2

a) Konjunkturphasen

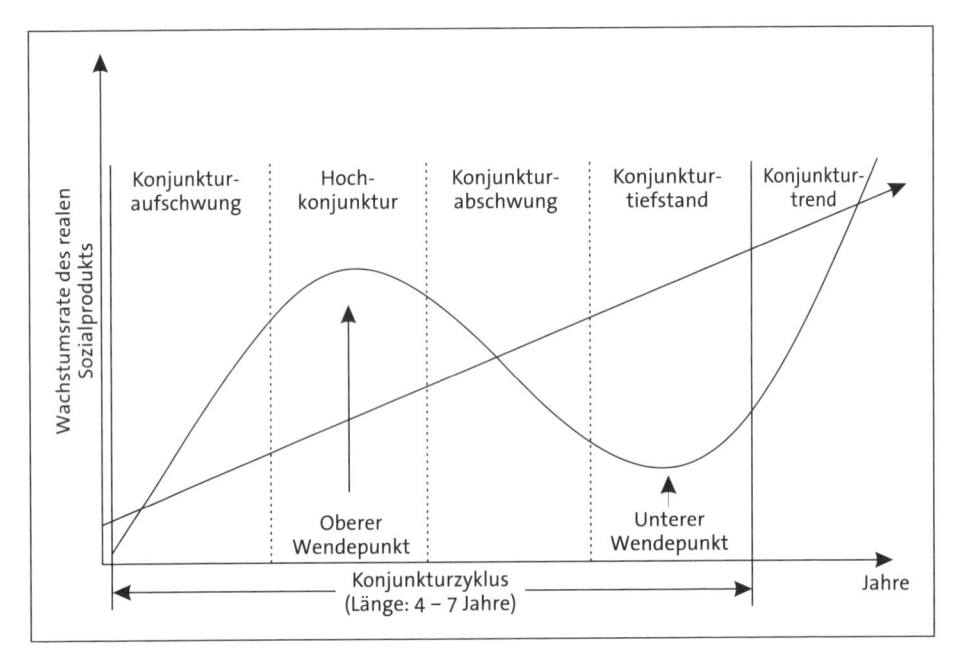

Abb. 24: Skizze des Konjunkturzyklus

b) Konjunkturindikatoren

	Hochkonjunktur	Tiefstand
Auftragseingänge	schnell steigend	gering
Beschäftigung	Nachfrage nach qualifizierten Mitarbeitern	Personaleinschränkung
Zinsen	hoch und steigend	relativ niedrig
Investitionen	nachlassend	gering

Zu Aufgabe 3

- Grundsätzlich ist abzuwägen, ob es sich um einen kurzfristigen Aufschwung handelt oder ob Ihre Branche nachhaltig davon betroffen ist.
- Sollte der Trend tatsächlich anhalten, werden Sie einen stärkeren Auftragseingang verzeichnen.

Lösungsansätze zu Kapitel 3.1

- Ob diese Nachfrage zu Veränderungen im Personalbestand führt, ist u.a. von dem Automatisierungsgrad der Produktion abhängig.
- Sie überlegen, ob mit dem Personalbestand von heute auch die gestiegene Nachfrage abgearbeitet werden kann. Das hängt maßgeblich davon ab, wie in der zurückliegenden Rezession Personalabbau durch Kündigungen und Auflösungen von Arbeitsverträgen betrieben wurde.
- Sie werden überlegen, ob Sie nicht zunächst mit Überstunden und Mehrarbeit die Spitzen glätten können.
- Eventuell bietet es sich an, mehr Auszubildende einzustellen und diese später zu übernehmen.
- Sie werden versuchen, mit befristeten Arbeitsverträgen personell behutsam auf die veränderte Situation zu reagieren.
- Bei qualifizierten Facharbeitern werden Sie nicht umhinkommen, rechtzeitig auf eine Verknappung des Arbeitsmarktes zu reagieren.

Zu Aufgabe 4

a) Anreize für ein freiwilliges Ausscheiden

- Auflösungsverträge mit Abfindungsangeboten
- Angebote für Altersteilzeitlösungen
- Hinweise auf freiwillige Vorverrentung bei Zahlung des anteiligen Rentenverlustes durch das Unternehmen
- Bei Führungskräften: Angebot von Outplacement-Maßnahmen, deren Kosten vom Unternehmen übernommen werden
- Förderung der Arbeitsplatzsuche durch bezahlte Freistellung

b) Veränderungen in der Arbeitszeit

- Der Abbau von Überstunden bewirkt durch den Wegfall der Überstundenzuschläge eine überproportionale Reduzierung der Personalkosten.
- Die Umwandlung von Vollzeit- in Teilzeitarbeitsverträge kann für einige Zielgruppen infrage kommen (ältere Mitarbeiter, Doppelverdiener in einer Familie).
- Durch eine geschickte Urlaubsplanung kann eine gleichmäßige Auslastung bewirkt werden. Auch die Gewährung von unbezahltem Urlaub kann eine (vorübergehende) Lösung darstellen.
- Arbeitszeitmodelle wie Arbeit auf Abruf, Vertrauensarbeitszeit oder kapazitätsorientierte variable Arbeitszeit (KAPOVAZ) können einen Beitrag zum Abbau von Kapazitäten leisten.
- Die Einführung von Kurzarbeit muss ebenfalls zu diesem Maßnahmenbündel gerechnet werden.

3 Personalplanung, -marketing und -controlling gestalten und umsetzen

Zu Aufgabe 5

a) Eine systematische Personalplanung ist u.a. notwendig:

- wegen der Einbindung in andere Planungen (Absatz, Produktion, Einkauf) als Bestandteil einer vorausschauenden Unternehmensplanung,
- für die bessere Kontrolle der Personalkosten im Sinne der Erreichung der wirtschaftlichen und sozialen Ziele des Unternehmens,
- als Voraussetzung für die Einführung eines Controllings,
- für den rechtzeitigen Ersatz von ausgeschiedenen Mitarbeitern,
- für die Einführung einer Laufbahn- oder Karriereplanung,
- zur Vermeidung von Störungen in der Produktion,
- zur Sicherung der Wettbewerbsfähigkeit durch die richtige Qualifikation der Mitarbeiter.

b) Vorteile für das Unternehmen sind:

- Erkennen und präventives Reagieren auf Personalengpässe,
- Verringerung der Abhängigkeit vom Arbeitsmarkt,
- Verringerung des Risikos bei personellen Entscheidungen,
- bessere Nutzung von vorhandenen Qualifikations- und Arbeitskraftreserven,
- Sicherung der Marktstellung des Unternehmens.

Vorteile für die Mitarbeiter sind:

- weniger unliebsame, weil unerwartete Arbeitsplatzveränderungen und Personalverschiebungen,
- Mitarbeiter erkennen Chancen auf dem innerbetrieblichen Arbeitsmarkt,
- Qualifizierung erhöht die Sicherheit des Arbeitsplatzes,
- soziale Härten können in ihren Konsequenzen entschärft werden.

Zu Aufgabe 6

- Stellenpläne und Stellenbesetzungspläne: Jedem Bereich, jeder Abteilung ist eine bestimmte Anzahl von Mitarbeitern bewilligt, um die anfallende Arbeit in einer angemessenen Zeit zu leisten.
- Anforderungsprofile der Stellen, Stellenbeschreibungen und Arbeitsplatzbeschreibungen
  - dienen der Abgrenzung von Kompetenzen,
  - sind Grundlage für die Einstufung des Arbeitsplatzes,
  - geben dem Mitarbeiter Orientierungshilfe,
  - sind Grundlage für Personalbeschaffungs- und Personalentwicklungsmaßnahmen.
- Statistiken zur Belegschaftsstruktur und -veränderung, z.B. zu:
  - Personenstand,
  - Durchschnittsalter der Belegschaft,
  - Zugängen, Abgängen und Fluktuation,
  - Personalstruktur.

3.2 Personalwirtschaftliche Ziele aus der strategischen Unternehmensplanung ableiten

Aufgabe 1

Ihr Unternehmen beliefert den Holzhandel mit einschlägigen Fertigprodukten wie Türen, Fenster, Treppen usw., die sowohl in der Bundesrepublik als auch zunehmend im Ausland hergestellt werden.

In den vergangenen Jahren haben Sie wegen starker Marktveränderungen durchgreifende Personaleinschränkungen und Personalkostenreduzierungen realisieren müssen. Dies gilt jedoch nicht für den Produktbereich Laminatfußböden und Fertigparkette, die sich seit einiger Zeit einer starken Nachfrage erfreuen.

Nennen Sie vor diesem Hintergrund fünf personalwirtschaftliche Ziele.

Aufgabe 2

Beschreiben Sie an einem Beispiel, wie in Ihrem Unternehmen personalwirtschaftliche Ziele aus strategischen Unternehmenszielen abgeleitet werden. Benutzen Sie dazu die Ausgangssituation aus Aufgabe 1 (siehe oben).

Aufgabe 3

Sie haben sich als Personalreferent bei einem mittelständischen Unternehmen beworben und nehmen an einem Assessment-Center teil, in dessen Verlauf Sie die Aufgabe erhalten, die Auswirkungen der strategischen Unternehmensplanung auf die Gestaltung von personalwirtschaftlichen Zielen zu präsentieren.

a) Welchen Zeitraum umfasst die strategische Unternehmensplanung?
b) Nennen Sie sechs Ziele und Inhalte der strategischen Unternehmensplanung.
c) Erläutern Sie an drei von Ihnen gewählten Beispielen die Umsetzung strategischer Unternehmensziele in personalwirtschaftliche Ziele.

Aufgabe 4

Ihr Unternehmen will langfristig die strategische Personalplanung verbessern. Sie sollen dafür einen eintägigen Workshop vorbereiten und befassen sich in diesem Zusammenhang mit folgenden Fragestellungen:

3 Personalplanung, -marketing und -controlling gestalten und umsetzen

a) Wer sind in Ihrem Unternehmen die Träger und Gestalter der Personalpolitik?

b) Welche wirtschaftlichen und sozialen Ziele bestimmen maßgeblich die zukünftige Personalpolitik Ihres Unternehmens?

c) Wie kann man mit je einem Beispiel einen Zielkonflikt und eine Zielharmonie zwischen wirtschaftlichen und sozialen Zielen veranschaulichen?

Ihre Antworten auf diese Fragen sind das Gerüst für ein einleitendes Kurzreferat in diesem Workshop.

Aufgabe 5

Ihr Unternehmen will in Anbetracht des Facharbeiter- und Spezialistenmangels sowie der demografischen Entwicklung unserer Gesellschaft in Zukunft eine strategische Personalplanung (Workforce Planning) betreiben. Erläutern Sie, was Sie darunter verstehen.

Aufgabe 6

Nennen Sie Aspekte, die eine konsequente strategische Personalplanung berücksichtigen sollte.

Aufgabe 7

Im Rahmen einer strategischen Ausrichtung des HR-Managements spielt das Employer Branding eine große Rolle. Erläutern Sie, was Sie darunter verstehen.

Aufgabe 8

Ihr Unternehmen setzt verstärkt auf Maßnahmen zur Mitarbeiterbindung. Dabei fällt auch immer wieder der Begriff »Employability«. Da offensichtlich in den Reihen der Führungskräfte sehr unterschiedliche Vorstellungen von Employability vorherrschen, erhalten Sie den Auftrag, in einem Arbeitspapier die wesentlichen Eckpunkte eines Employability-Konzeptes zusammenzustellen.

a) Erläutern Sie die personalwirtschaftlichen Ziele eines möglichen Employability-Konzepts für Ihr Unternehmen.

b) Schildern Sie Vorteile dieses Konzeptes aus Mitarbeitersicht und Nachteile aus Unternehmenssicht.

Lösungsansätze zu Kapitel 3.2

Zu Aufgabe 1

Personalwirtschaftliche Ziele

- leistungsfähige Mitarbeiter für die neue Produktlinie gewinnen und erhalten
- humane Gestaltung der Arbeitsplätze
- Erhalt des Facharbeiterpotenzials durch Qualifizierungs- und Anpassungsmaßnahmen
- allgemeine Steigerung der Arbeitsleistung in allen Produktionszweigen
- Kostenminimierung der Beschäftigung
- Nutzung der Kreativität und Erfahrung der Mitarbeiter
- Senkung von Fehlzeiten und Fluktuation

Zu Aufgabe 2

- Das Unternehmen ist gezwungen, einerseits Personal abzubauen und andererseits für die neue Produktlinie qualifizierte Facharbeiter bereitzustellen.
- Aufgabe des Personalbereiches ist es, eine Arbeitsmarktanalyse (intern und extern) durchzuführen und der Unternehmensleitung Vorschläge für Personaleinschränkungs- und Beschaffungsmaßnahmen zu unterbreiten. Dies unter Kosten-, Sozialverträglichkeits- und Imageaspekten.
- Ein Hauptaugenmerk wird auf die mögliche Verwendung qualifizierter Mitarbeiter aus dem traditionellen Produktbereich in der neuen Produktlinie liegen. Dafür sind Potenzialanalysen durchzuführen, die zu Entwicklungs- und Qualifizierungsmaßnahmen führen.

Zu Aufgabe 3

a) Zeitraum

Strategische Unternehmensplanung erfasst einen Zeitraum von drei bis fünf Jahren. Andere Lösungen erstrecken sich auf einen Zeitraum von bis zu zehn Jahren. Es erscheint hingegen fraglich, ob man heutzutage überhaupt noch sichere Prognosen über einen derartig langen Zeitraum anstellen kann.

3 Personalplanung, -marketing und -controlling gestalten und umsetzen

b) Wesentliche Ziele und Inhalte sind:

- Analyse von Stärken und Schwächen des Unternehmens,
- Planung von Produktprogrammen und Produktlinien,
- ständiges Benchmarking innerhalb der Branche,
- Erforschung von Synergieeffekten,
- Erreichen eines bestimmten Umsatzes,
- Erschließung von neuen Märkten,
- Rationalisierung der Fertigung,
- Entdeckung von Kosteneinsparpotenzialen,
- Erhöhung der Liquidität,
- Aufrechterhaltung eines selbst gewählten Qualitätsstandards.

c) Dargestellt an drei Beispielen

1. Erschließung neuer Märkte:
    - Nutzung der Kreativität und Erfahrung der Mitarbeiter zur Produkterneuerung
    - Verlagerung der Produktion und Entsendung von Mitarbeitern ins Ausland
2. Erhöhung der Liquidität:
    - Kostenminimierung im Beschäftigtenbereich bei gleichzeitiger Steigerung der Arbeitsleistung
3. Aufrechterhaltung eines selbst gewählten Qualitätsstandards:
    - Personalentwicklungsprogramme für die Mitarbeiter
    - Qualifizierungsangebote
    - Optimierung des Personaleinsatzes

☞ Zu Aufgabe 4

a) Träger der Personalpolitik sind u.a.:

- Unternehmensleitung,
- Arbeitsdirektor,
- Personalbereich,
- Führungskräfte,
- Betriebsrat,
- Aufsichtsrat,
- Einigungsstelle.

b) Ziele

Wirtschaftliche Ziele sind u.a.:

- Leistungssteigerung,
- Kostensenkung,
- hohe Qualität,
- qualifizierte Mitarbeiter.

Soziale Ziele sind u.a.:

- Sozialleistungen,
- Arbeitszeitgestaltung (Work-Life-Balance),
- relative Lohngerechtigkeit,
- gutes Betriebsklima.

c) Zielkonflikt und Zielharmonie

Beispiele für einen Zielkonflikt

- Das wirtschaftliche Ziel »Senkung der Personalkosten« geht selten einher mit dem sozialen Ziel »Angebot von Personalentwicklungsmaßnahmen«.
- Das wirtschaftliche Ziel »Kostengünstiger produzieren« steht im Konflikt mit dem sozialen Ziel »Erhaltung eines qualifizierten Mitarbeiterstammes«.

Beispiele für Zielharmonie

- Das wirtschaftliche Ziel »Hoher Qualitätsstandard« passt zu dem sozialen Ziel »Qualifizierung«.
- Das Ziel »Kostensenkung« kann kompatibel sein mit dem Ziel »Arbeitszeitgestaltung«.

Zu Aufgabe 5

Erwartet werden Erklärungsansätze wie:

- Strategische Personalplanung betrifft die HR-Maßnahmen, die sich auf eine dynamische Planung der Personal(bedarfs)entwicklung beziehen.
- Damit ist vor allem die prognostische Entwicklung des zukünftigen quantitativen und qualitativen Personalbedarfs angesichts der demografischen Entwicklung mit ihren Folgen für Arbeitsmärkte, Qualifikationen, Halbwertzeit von beruflichem Wissen usw. gemeint.
- Bei Änderungen der strategischen Ausrichtung des Unternehmens und gewandelten Anforderungen an die Qualifikationen der Mitarbeiter ist eine strategische Personalplanung gefordert.
- Zukünftige unternehmerische Entscheidungen, mittelfristige Veränderungen und neue strategische Vorhaben können durch eine Ausweitung des Planungshorizontes und durch strategiekonforme Planungsschritte vorausschauend gestaltet werden.

3 Personalplanung, -marketing und -controlling gestalten und umsetzen

Zu Aufgabe 6

Erwartet werden Gesichtspunkte wie:

- bestehende und entstehende berufliche Qualifikationsprofile,
- bestehende und geplante (forecast) Personalzahlen,
- Änderungen in der Unternehmensstruktur,
- Fachkraftquoten,
- Arbeitsmarkttrends,
- Entstehung neuer Märkte.

Zu Aufgabe 7

Erwartet werden Antworten wie:

- Unter Employer Branding versteht man den Aufbau und den Ausbau einer »Arbeitgebermarke«, mit der sich ein Unternehmen am Markt positioniert.
- Damit soll bei Mitarbeitern und Interessenten eine klare Assoziation hervorgerufen werden, die unverwechselbar ist.
- Mit diesem Alleinstellungsmerkmal soll es gelingen, sich im HR-Bereich von den Konkurrenten im Wettbewerb um die Leistungsträger und Talente abzuheben.
- Diese Arbeitgebermarke (Employer Brand) soll klare Wertvorstellungen des Unternehmens enthalten bzw. vermitteln, die auch langfristig eingehalten werden und nicht aktuellen Einflüssen unterworfen sind.
- Äußeres Zeichen von Employer Branding sind häufig Awards, also Auszeichnungen für exzellente Ausbildungserfolge, besonderes hohe Mitarbeiterzufriedenheit, vorbildliches betriebliches Gesundheitsmanagement etc.
- Mit allen Aktivitäten soll das Image des Unternehmens (Corporate Image) in den Vordergrund gerückt werden.

Zu Aufgabe 8

a) Personalwirtschaftliche Ziele des Employability-Konzepts sind u.a.:

- die ständige Verfügbarkeit von benötigten Qualifikationen und Wissen vor dem Hintergrund der Verknappung von Arbeitskräften und des zunehmenden Wettbewerbs um hochqualifizierte Talente,
- ein Beitrag zur Mobilität und Flexibilisierung des internen Arbeitsmarktes,
- die Bindung der Mitarbeiter an das Unternehmen durch Steigerung der Lernfähigkeit und Leistungsbereitschaft im Hinblick auf unternehmerisches Denken und Handeln,
- die nachwirkende Fürsorge des Unternehmens für Mitarbeiter, die in der Zukunft evtl. aufgrund von Personalabbau das Unternehmen verlassen müssen.

b) Vor- und Nachteile des Employability-Konzepts

Vorteile aus Mitarbeitersicht sind z.B.:

- Der Mitarbeiter hält seine Arbeitsmarktfähigkeit/Beschäftigungsfähigkeit ständig auf dem neuesten Stand.
- Er passt seine Kompetenzen eigenverantwortlich und mit Unterstützung durch das Unternehmen den veränderten Rahmenbedingungen an.
- Bei Strukturmaßnahmen und Arbeitsplatzverlust erhält er eine berufliche Orientierungsberatung.
- Es entsteht ein neues Wertgefühl und Selbstbewusstsein durch die Förderung von überfachlichen Schlüsselqualifikationen.

Nachteile aus Unternehmersicht sind z.B.:

- Es besteht die Gefahr bzw. Befürchtung, dass die Mitarbeiter sich »nach außen« qualifizieren.
- Die Mitarbeiter werden für einen Wechsel erst richtig fit gemacht.
- Die Ausrichtung der Kompetenzentwicklung am Arbeitsmarkt kann geradezu kontraproduktiv und ineffektiv sein.

3.3 Beschäftigungsstrukturen und Personalbedarfe für Produktions- und Dienstleistungsprozesse analysieren und ermitteln

Aufgabe 1

Die Planungszeiträume und damit die Planungsgenauigkeit sind von sehr verschiedenen Faktoren abhängig. Nennen Sie fünf Faktoren für unterschiedliche Planungszeiträume.

Aufgabe 2

Auf Initiative von Geschäftsleitung und Betriebsrat soll die Personalplanung in Ihrem expandierenden Unternehmen weitgehend von Zufälligkeiten befreit und in Zukunft systematischer und strukturierter betrieben werden. Sie erhalten die Aufgabe, den Prozess »Personalplanung« in seinem zukünftigen Ablauf darzustellen. Beschreiben Sie den zukünftigen Rahmenablaufplan.

Aufgabe 3

Die Berücksichtigung der Fluktuation spielt bei der Personalbedarfsplanung eine große Rolle. Erläutern Sie je fünf Arten von Personalzugängen und -abgängen, die Auswirkungen auf den zukünftigen Ist-Zustand haben können. Wie wird die Fluktuation gemessen?

Aufgabe 4

Ein Unternehmen weist folgende Zahlen auf:

Personalbestand am Beginn einer Periode	1.000 Mitarbeiter
Personalbestand am Ende einer Periode	1.050 Mitarbeiter
Anzahl der Austritte während einer Periode	80 Mitarbeiter
Anzahl der Zugänge während einer Periode	130 Mitarbeiter
Soll-Bestand zum Anfang einer Periode	1.040 Mitarbeiter
Soll-Bestand am Ende der Periode	1.080 Mitarbeiter

3.3 Beschäftigungsstrukturen und Personalbedarfe analysieren und ermitteln

a) Berechnen Sie nachvollziehbar die Fluktuationsquote nach Schlüter und nach BDA.

b) Erläutern Sie, wie die Unterschiede in den Ergebnissen zustande kommen. Welche Bedeutung messen Sie diesen Erkenntnissen in der Personalarbeit bei?

c) Nennen Sie fünf Nachteile, die sich aus einer unerwünschten Fluktuation ergeben können.

Aufgabe 5

Ihr Unternehmen hat bisher die Ermittlung des qualitativen Personalbedarfes relativ unsystematisch und unstrukturiert durchgeführt. Im Zusammenhang mit einer Analyse und Neubewertung der Arbeitsprozesse im Personalbereich erhalten Sie den Auftrag, ein Konzept zur systematischen Ermittlung des qualitativen Personalbedarfs vorzulegen. Welche Überlegungen fließen darin ein?

Aufgabe 6

Ihr Unternehmen schleppt seit Jahren einen defizitären Unternehmensbereich (Fuhrpark) mit sich herum, von dem sich die neue Geschäftsleitung ohne Rücksicht auf Ressentiments nunmehr trennen will. Als Maßnahme wird überlegt, diesen Bereich outzusourcen. Die Geschäftsleitung erwartet von Ihnen Antworten auf die Frage, welche Vor- und Nachteile ein solches Vorgehen im vorliegenden Fall haben kann.

Erläutern Sie jeweils zwei Vor- und Nachteile.

Aufgabe 7

Ihr Unternehmen ist starken saisonalen Schwankungen unterworfen. Deshalb erwägt die Geschäftsleitung die Einführung von Kurzarbeit.

a) Erläutern Sie, unter welchen Bedingungen dieses Vorhaben realisiert werden kann.

b) Nennen Sie jeweils drei Vor- und Nachteile von Kurzarbeit.

3 Personalplanung, -marketing und -controlling gestalten und umsetzen

Lösungsansätze zu Kapitel 3.3

Zu Aufgabe 1

- Branche bzw. Art der Produktion und Arbeitsformen
- Abhängigkeit von den Planungszeiträumen der anderen Funktionsbereiche im Unternehmen
- Arbeitsmarktsituation in den Wirtschaftsregionen
- Qualifikationsbedarf in den verschiedenen Funktionsbereichen
- Marktsituation und Produktionsprogramme
- Veränderungen von Fertigungsverfahren und Einflüsse der Rationalisierung
- Einflüsse von Tarifpolitik und Gesetzgebung
- Erkenntnisse der Arbeitsmedizin, der Betriebspsychologie und -soziologie zum Gruppenverhalten und zur Motivation
- gesellschaftliche Einflüsse auf Leistungsnormen und Leistungsbereitschaft

Zu Aufgabe 2

Ablauf des Prozesses »Personalplanung«

1. Vorhandene Personaldateien sammeln und auswerten.
2. Zweck und Umfang einer betrieblichen Personalplanung festlegen.
3. Personaldaten und betriebliche Informationen zum Soll-Ist-Vergleich festlegen.
4. Ggf. Prüfung: Können Ziel und Umfang der Planung realisiert werden?
5. Personalbedarf in quantitativer und qualitativer Hinsicht planen.
6. Personalbeschaffung bzw. -abbau planen.
7. Personaleinsatz planen.
8. Personalentwicklung planen.
9. Personalkosten planen.
10. Regelmäßige Kontrolle und Revision der Einzelplanungen.

Zu Aufgabe 3

Mögliche Arten von Personalzugängen, die den Personalbestand erhöhen:

- Arbeitsaufnahme von neuen Mitarbeitern aufgrund langfristig vorgenommener Einstellungen,
- Versetzung von Mitarbeitern aus anderen Unternehmensteilen,
- Rückkehr von Mitarbeitern aus langfristigen Beurlaubungen (Bundeswehr, Zivildienst, Erziehungsurlaub u.Ä.),

Lösungsansätze zu Kapitel 3.3

- Übernahme von Auszubildenden,
- Wiedereinstellung aufgrund von Arbeitsgerichtsentscheidungen,
- Besetzung von vakanten Stellen.

Mögliche Arten von Personalabgängen, die den Personalbestand verringern:

- Ausscheiden aufgrund von Kündigungen,
- Abschluss eines Aufhebungsvertrages,
- Outsourcing von Betriebsteilen,
- Beendigung von befristeten Arbeitsverhältnissen,
- Langzeitbeurlaubungen,
- Versetzungen in andere Betriebsteile,
- Austritte aufgrund von Pensionierungen,
- Einberufung zur Bundeswehr, zum Zivildienst,
- Todesfälle von Arbeitnehmern.

Gemessen wird die Fluktuation mit der **Fluktuationsquote** bzw. **Fluktuationsrate**.

Nach Schlüter

$$\frac{\text{Anzahl der Austritte}}{\text{Anfangsbestand + Zugänge}} \times 100$$

Nach BDA

$$\frac{\text{Anzahl der Austritte}}{\text{durchschnittliche Zahl der Beschäftigten}} \times 100$$

Zu Aufgabe 4

a) Berechnung

BDA-Formel   (Zahl der Abgänge × 100) : durchschnittlichen Personalbestand
                             (80 × 100) : 1.025 = 7,80

Schlüter-Formel   (Zahl der Abgänge × 100) : (Anfangsbestand +Zugänge)
                             (80 × 100) : (1.000 + 130) = 7, 08

b) Unterschiede

Bei der Schlüter-Formel wird der Nenner um die Zugänge vergrößert und die Kennziffer wird damit kleiner. D.h., die Fluktuation wird niedriger als bei der BDA-Formel ausgewiesen.

Im vorliegenden Fall weisen die Fluktuationsquoten möglicherweise marginale Unterschiede auf. Rechnet man jedoch die prozentualen Unterschiede wieder auf die Zahl der Mitarbeiter um, die unerwünscht ein Unternehmen verlassen, erscheinen diese Zahlen – besonders bei Unternehmen mit einem größeren Personalbestand – in einem anderen Licht.

3 Personalplanung, -marketing und -controlling gestalten und umsetzen

c) Nachteile der unerwünschten Fluktuation können u.a. sein:

- Störung des auf Kontinuität ausgerichteten Arbeitsablaufs,
- Belastung der Vorgesetzten mit zusätzlichen Führungsaufgaben,
- Störung des Verhältnisses zu Kunden, Gästen, Lieferanten,
- Schädigung des Images des Unternehmens,
- Schaffung neuer Fluktuationsherde,
- Auswirkungen auf das bestehende Entgeltgefüge,
- administrative Kosten der Fluktuation.

Zu Aufgabe 5

Ein Kernproblem ist es, aus den Funktionen der einzelnen Aufgabenbereiche die Anforderungen an die Mitarbeiter abzuleiten. Ferner sind durch Analysen die zukünftigen Arbeitsplatzanforderungen zu ermitteln. Erst dann können die vorhandenen Mitarbeiterqualifikationen durch Potenzialanalysen abgeglichen werden mit den zukünftigen Anforderungen. Deshalb kann auch gleich eine Personalentwicklungsplanung parallel eingeleitet werden. Da auch externe Faktoren einfließen, wie zum Beispiel die Gegebenheiten des regionalen Arbeitsmarktes, spielt die Wahl der Methoden zur Ermittlung des qualitativen Bedarfes ebenfalls eine entscheidende Rolle. Eine solche Methode könnte die Szenariomethode sein. Die einzelnen Phasen der Vorgehensweise könnten demnach so aussehen:

1. Festlegung strategischer Ziele und Pläne durch die Unternehmensleitung,
2. Entwicklung von Szenarien zukünftiger Tätigkeitsfelder,
3. Festlegung künftiger Aufgaben im jeweiligen Tätigkeitsfeld,
4. Ableitung zukünftiger Anforderungen,
5. Ermittlung des qualitativen Bedarfs durch Bündeln von Aufgaben und Anforderungen zu neuen Stellen.

Zu Aufgabe 6

Vorteile des Outsourcings könnten in diesem Falle sein:

- eine verbesserte Wirtschaftlichkeit, speziell aber Kostenreduzierung bzw. Umwandlung von fixen Kosten in variable Kosten und damit u.a. eine verbesserte Liquidität,
- verbesserte Kostentransparenz durch klar definierte Leistungen,
- Flexibilität bei der Inspruchnahme von zukünftigen Transportleistungen,
- Möglichkeit von Übernahmeregelungen für die bisherigen Mitarbeiter im Bereich Fuhrpark und damit Vermeidung von sozialen Härten,
- Verkauf der bisherigen Fahrzeuge und logistischen Einrichtungen an den Outsourcing-Partner.

Lösungsansätze zu Kapitel 3.3

Nachteile des Outsourcings könnten sein:

- Abhängigkeit von externen Dienstleistern und deren Preisgestaltung,
- das Unternehmen gewährt Einblicke in betriebsspezifische Strukturen und Daten,
- ein einmal durchgeführtes Outsourcing ist nur schwer wieder rückgängig zu machen, da die entsprechenden Kompetenzen im Unternehmen nicht mehr vorhanden sind und erst wieder aufgebaut werden müssen,
- Gefahr eines möglichen Imageschadens bei Kunden und Lieferanten.

Zu Aufgabe 7

a) Bedingungen für Kurzarbeit

- Soweit nicht ein Tarifvertrag oder eine Betriebsvereinbarung Regelungen zur Kurzarbeit enthalten, kann die Einführung von Kurzarbeit nur einvernehmlich bzw. durch Änderungskündigung erreicht werden.
- Der Betriebsrat hat ein Mitbestimmungsrecht bei der Einführung von Kurzarbeit.
- Der Arbeitsausfall muss auf ausschließlich wirtschaftlichen Ursachen einschließlich betrieblicher Strukturveränderungen oder auf unabwendbaren Umständen beruhen, unvermeidbar und nur vorübergehend sein.
- Das Unternehmen hat gegenüber der Agentur für Arbeit darzulegen, dass es sich nachweislich bemüht hat, den Arbeitsausfall abzuwenden bzw. zu mildern.
- Aufgrund der Gesamtumstände (Art der Produktion, Auftragslage, Rentabilität und Liquidität) muss in absehbarer Zeit mit Wahrscheinlichkeit wieder mit Vollarbeit zu rechnen sein.

b) Vor- und Nachteile der Kurzarbeit

Für Kurzarbeit kann sprechen:

- kurzfristige Realisierbarkeit,
- wirksame Anpassungsfähigkeit an Veränderungen,
- der Belegschaftsstand kann gehalten werden,
- Zumutbarkeit gegenüber den Betroffenen,
- relativ einfache Umsetzung.

Nachteile können insbesondere sein:

- Imageverlust, weil der Betrieb als krisenanfällig gilt,
- Gefahr der Abwanderung qualifizierter Mitarbeiter,
- erhöhter Verwaltungsaufwand wegen der gesetzlichen Vorschriften,
- Möglichkeit der Anschlussinsolvenz bei Erfolglosigkeit der Maßnahme.

3 Personalplanung, -marketing und -controlling gestalten und umsetzen

3.4 Personalbedarfs- und Entwicklungsplanung durchführen

Aufgabe 1

Sie erhalten von der Geschäftsleitung eines mittelständischen Unternehmens mit ca. 900 Mitarbeitern den Auftrag, eine systematische Personalplanung einzuführen. Beschreiben Sie vier Instrumente, die Sie für unverzichtbar halten und begründen Sie Ihre Entscheidung.

Aufgabe 2

Welche innerbetrieblichen Faktoren können ausschlaggebend bei der Bestimmung des Bruttopersonalbedarfes sein. Nennen Sie fünf Faktoren.

Aufgabe 3

Erläutern Sie drei Methoden näher, die zur Ermittlung des Bruttopersonalbedarfs führen. Bewerten Sie die Methoden hinsichtlich ihrer Genauigkeit und Zuverlässigkeit für die Personalplanung.

Aufgabe 4

Ihr Unternehmen, ein IT-Betrieb zur Herstellung von Hard- und Software mit acht Standorten in der Bundesrepublik und der EU, schreibt seit einiger Zeit im Produktionsbereich »Mobile Datenträger« wegen des Preisdumpings asiatischer Billiganbieter rote Zahlen. Mit einem weiteren Rückgang im Auftragsbereich ist zu rechnen. Die Geschäftsleitung will zunächst von Kündigungen absehen. Dennoch kommt das Unternehmen um einen Personalabbau in diesem Bereich nicht herum.

Sie erhalten den Auftrag, der Geschäftsleitung Maßnahmen zur Reduzierung des Personalbestandes ohne Kündigungen vorzuschlagen. Erläutern Sie vier Maßnahmen ausführlicher.

Aufgabe 5

Ihr Unternehmen hat sich auf die Projektberatung und -steuerung von IT-Projekten für Mittelständler spezialisiert und in diesem Marktsegment in den letzten fünf Jahren kräftig

3.4 Personalbedarfs- und Entwicklungsplanung durchführen

expandiert. Diese Marktposition soll in Zukunft weiter ausgebaut werden. Dazu ist auch ein Personalmarketingkonzept nötig, um die hohen, selbst formulierten Qualitätsstandards zu realisieren und das Unternehmensimage nach außen hin zu verbessern.

Mit welchen Instrumenten wird Ihnen dies gelingen? Erläutern Sie vier Instrumente näher.

Aufgabe 6

Sie werden beauftragt, zum Zwecke der Personalbedarfs- und -entwicklungsplanung ein Kalkulationsschema für die Berechnung des Personalbedarfs in Form einer Zugangs-/Abgangstabelle auszuarbeiten. Erstellen Sie dieses Hilfsmittel unter Verwendung eines selbst gewählten Zahlenbeispiels.

Aufgabe 7

Ihr Unternehmen beabsichtigt, in Zukunft stärker als bisher eine systematische und transparente Personalentwicklung zu betreiben. Um diese Planung eng mit der allgemeinen Personalbedarfsplanung zu verzahnen, werden Sie gebeten, für eine Sitzung des Führungskreises einen Überblick über den Ablauf und die Aufgaben der Personalentwicklungsplanung zu geben. Erläutern Sie Ihr Konzept.

Aufgabe 8

Erfolgreiche Fördergespräche setzen eine intensive Vorbereitung und eine professionelle Gesprächstechnik voraus. Beides soll Gegenstand eines Workshops für die Führungskräfte in Ihrem Unternehmen sein.

a) Erläutern Sie, wie ein Vorgesetzter sich zielgerichtet auf ein Fördergespräch mit einem seiner Mitarbeiter vorbereiten kann.

b) Erarbeiten Sie einen Leitfaden für ein Fördergespräch

Aufgabe 9

Ihr Unternehmen hat Personalentwicklung bisher stets »on demand« betrieben. Über reine Anpassungsmaßnahmen hinaus gab es keine Aktivitäten zur Kompetenzerweiterung seitens des Unternehmens. Nach dem Willen der Geschäftsführung soll Personalentwicklung künftig systematisch betrieben und geplant werden. Beschreiben Sie Ziele der Personalentwicklung, die mit dem systematischen Ansatz erreicht werden können.

Aufgabe 10

Vor der Einführung einer systematischen Personalentwicklungsplanung müssen alle Verantwortlichen prüfen, ob die Voraussetzungen dafür im Unternehmen gegeben sind. Beschreiben Sie wichtige erfolgskritische Aspekte.

Lösungsansätze zu Kapitel 3.4

Zu Aufgabe 1

Stellenbeschreibungen spezifizieren die Einordnung der Stelle in die Organisation, den Aufgabenbereich des Stelleninhabers sowie Kompetenzen und Anforderungen an die Stelle. Sie sind Grundlage für eine große Zahl von personalwirtschaftlichen Entscheidungen, z.B. für die Formulierung von Stellenanzeigen, die Erstellung von Anforderungsprofilen, die Planung von Qualifizierungsmaßnahmen usw.

Stellenpläne sind das Ergebnis der Bruttopersonalbedarfsplanung (Soll-Zustand), sie enthalten alle für erforderlich gehaltenen Stellen. Die Fortschreibung von Stellenplänen mithilfe der Stellenplanmethode ist ein brauchbares Instrument der Personalplanung.

Stellenbesetzungspläne geben Auskunft über die besetzten Stellen (Ist-Zustand) und damit im Vergleich mit den Stellenplänen Hinweise auf Über- oder Unterdeckungen.

Nachfolgepläne geben Auskunft darüber, welche Stellen in Zukunft von welchem Inhaber besetzt werden sollen. Grundlage für Nachfolgepläne sind Stellenpläne.

Laufbahnpläne zeigen auf, welche Mitarbeiter in einem Unternehmen im Planungszeitraum welche Stellen besetzen sollen.

Zu Aufgabe 2

Innerbetriebliche Faktoren
- Arbeitszeitmodelle
- Flexibilisierung der Organisation
- Outsourcing-Vorhaben
- Fertigungstiefe
- Produktions- und Absatzprogramm
- Gruppenarbeitssysteme
- Technisierung der Arbeit
- Lean Management
- strategische Unternehmenspolitik

3 Personalplanung, -marketing und -controlling gestalten und umsetzen

Zu Aufgabe 3

Als Methoden kommen z.B. infrage:

- Kapazitätsrechnung,
- Kennzahlenmethode,
- Stellenplanmethode,
- Trendextrapolation,
- Schätzungen.

Bei der **Kapazitätsrechnung** sind die Arbeitserfordernisse die Ausgangsbasis. Dieses Verfahren kann nur eingesetzt werden, wenn bestimmte Informationen vorliegen:

- detaillierte Arbeitsgänge (z.B. Verpacken eines Paketes),
- in verschiedene Schritte aufgeteilte Arbeitsaufgaben (vom Auftragseingang bis zur Rechnungserstellung),
- erforderliche Zeit pro Arbeitsgang (z.B. ermittelt durch Multimomentaufnahmen, REFA),
- Vorgangsmengen.

Die Kapazitätsrechnung findet Anwendung im mengenabhängigen Produktionsprozess, aber auch im Verwaltungsbereich bei solchen Tätigkeiten, bei denen Arbeitsmenge und die Zeit pro Arbeitsmenge ermittelt werden können.

Bei der **Kennzahlenmethode** werden bestimmte betriebswirtschaftliche Daten, wie z.B. Absatz, Produktionsmethoden, Arbeitsorganisation, Anzahl von Mitarbeitern, zueinander in Relation gesetzt. Kennzahlen können sich orientieren an:

- Branchenmittelwerten,
- Konzerndurchschnittswerten,
- Vergangenheitswerten,
- Simulationsergebnissen,
- Arbeitszeitbedarfsanalysen.

Voraussetzung für das Funktionieren dieser Methode ist, dass die entsprechenden Daten rechtzeitig und laufend zur Verfügung stehen und verlässlich sind.

Bei der **Stellenplanmethode** ist der aktuelle Bestand an Personalplanstellen Ausgangspunkt der Berechnung. Der genehmigte Bestand ist festgeschrieben im Stellenplan. Welche Personen welche Stellen besetzen, erfährt man durch den Stellenbesetzungsplan. Ein Vergleich zwischen Stellenplan und Stellenbesetzungsplan ergibt Unter- bzw. Überdeckungen, gibt Hinweise auf sinnvolle Überstellungs- und Unterstellungsverhältnisse, auf neu einzurichtende Stellen bzw. auf abbaufähige Stellen. Wichtig ist bei dieser Methode, dass alle Pläne auf dem aktuellen Stand sind.

Die **Trendextrapolation** geht von der Prognose der Personalbestandsentwicklung auf der Grundlage der vergangenen Zeiträume aus. Trends sind langfristige Perspektiven, die nicht notwendigerweise eintreten müssen. Je kürzer die Planungszeiträume, desto ungenauer ist die Bedarfsplanung aufgrund von Trends.

Lösungsansätze zu Kapitel 3.4

Schätzungen spielen in der Bedarfsplanung eine große Rolle. Sie beruhen auf den personalwirtschaftlichen Erfahrungen der Personalverantwortlichen in den letzten Jahren. Aufgrund dieser Schätzungen wird eine Bedarfsplanung vorgenommen, in Absprache mit der Geschäftsleitung und der Personalleitung. Oft verändern sich die Planzahlen im Rahmen des Planungsverfahrens.

Vergleichend betrachtet, sind die ersten drei Verfahren zur Ermittlung des Bruttopersonalbedarfs relativ genau.

Zu Aufgabe 4

1. Abbau einer möglicherweise vorhandenen Personalreserve

- keine Weiterbeschäftigung von Leiharbeitnehmern
- Einsatz von Fremdfirmen zur Bewältigung des noch vorhandenen Auftragsvolumens
  - Kooperationen
  - Werkaufträge
- Ausleihen von Mitarbeitern an andere Standorte oder konzernverbundene Unternehmen

2. Outsourcing

3. Veränderungen in der Arbeitszeit

- Abbau von Überstunden und/oder Mehrschichtbetrieb
- kapazitätsangepasste Urlaubsplanung und -durchführung
  - Einrichtung von Betriebsferien
  - unbezahlter Urlaub
  - Sabbatjahre
- Einführung von Kurzarbeit

4. Personaleinschränkungsmaßnahmen

- Einstellungsstopp
- Nichtverlängerung von Zeitverträgen
- Abbau von Leiharbeit insgesamt
- Umsetzungen und Versetzungen
- vorzeitige Pensionierungen
- Altersteilzeit

3 Personalplanung, -marketing und -controlling gestalten und umsetzen

☞ Zu Aufgabe 5

Instrumente des Personalmarketings

- Kontaktveranstaltungen an Hochschulen
- professioneller Internetauftritt einschließlich E-Recruiting/Mobile Recruiting
- Recruiting-Events an Hochschulen
- Nutzung von Messeauftritten zur Personalwerbung
- Tag der offenen Tür
- attraktive Gestaltung von Praktika
- Übernahme-Events für Auszubildende
- professionelle Pressearbeit und Schaltung vom Image-Anzeigen

☞ Zu Aufgabe 6

Zugangs-/Abgangstabelle

1.	Ist-Personalbestand zu Beginn des Planungszeitraums	700 MA
2.	+ Zugänge innerhalb des Planungszeitraums	+12 MA
3.	./. feststehende Abgänge innerhalb des Planungszeitraums	– 24 MA
4.	./. Abgänge im Planungszeitraum durch Fluktuation	– 14 MA*
5.	Ist-Personalbestand am Ende des Planungszeitraums	674 MA
6.	Soll-Personalbestand am Ende des Planungszeitraums	650 MA
7.	Netto-Personalbedarf (hier: Minderbedarf)	– 24 MA

* Muss gesondert über Fluktuationskennzahlen ermittelt werden!

☞ Zu Aufgabe 7

1. Schritt: Zielbestimmung

Im Rahmen der strategischen Unternehmens- und Organisationsentwicklung stellt sich die Frage nach der Personalentwicklung, da der Erfolg von der Qualifikation, Motivation und den Kompetenzen der Mitarbeiter abhängt. Personalentwicklung im weiteren Sinne geht über Aus- und Weiterbildung hinaus und umfasst aus **Unternehmenssicht** u.a. auch Ziele wie

- Markt- und Kundenorientierung,
- Verbesserung der Qualität von Produkten und Dienstleistungen,
- Innovationsfähigkeit,
- Beschäftigungsfähigkeit (Employability),

Lösungsansätze zu Kapitel 3.4

- Identifikation mit dem Unternehmen,
- Leistungsmotivation und Engagement,
- Kompetenz und Professionalität,
- Mobilität und Flexibilität und

aus der **Sicht der Mitarbeiter** Ziele wie

- Erwerb von beruflichen Qualifikationen,
- Beherrschung von neuen Techniken und Verfahren,
- Erlangung von Selbstständigkeit, Sicherheit und Verantwortung,
- Steigerung der Arbeitsfreude und der Motivation,
- Beschäftigungssicherheit und Beschäftigungsfähigkeit,
- Karriereentwicklung.

2. Schritt: Bedarfsermittlung und Potenzialanalyse

Über Stellenbeschreibungen und Anforderungsprofile sowie Benchmarking können die Anforderungen spezifiziert werden. Diese werden den bestehenden Qualifikationen der Mitarbeiter gegenübergestellt, die durch Beurteilungen, Mitarbeitergespräche und Assessment-Center ermittelt werden können. Neue Kompetenzen können durch Fördergespräche, Zielvereinbarungsgespräche und Potenzialanalysen bei den Mitarbeitern festgestellt werden. Diese werden mit dem Entwicklungsbedarf des Unternehmens abgeglichen, der sich aus der Analyse von Fehlzeiten, Fluktuation, Mängelanalysen, Betriebsklima-Untersuchungen und Mitarbeiterbefragungen ergibt.

3. Schritt: Maßnahmenplanung und Realisierung von Qualifizierungs- und Entwicklungsmaßnahmen

Zur Entwicklungsplanung im weitesten Sinne gehört dann auch die Planung von Maßnahmen, die durch Einholen von Angeboten von Beratern und Weiterbildungsträgern, über Kostenvergleiche und Benchmarking geschehen kann. Eine zentrale Frage ist die nach der internen bzw. externen Durchführung von Entwicklungsmaßnahmen sowie die Entscheidung für Berater, Coaches, Trainer, die organisatorische Vorbereitung sowie geeignete Methoden und Instrumente.

4. Schritt Entwicklungscontrolling

Hierzu zählt zunächst einmal eine Maßnahmenbeurteilung, mit der die Maßnahme selbst evaluiert werden kann. Ob die Entwicklungsziele erreicht wurden, kann erst mit einer Langzeitanalyse ermittelt werden, da Seminar- und Entwicklungserfolg nicht notwendigerweise in einem kausalen Zusammenhang stehen müssen.

3 Personalplanung, -marketing und -controlling gestalten und umsetzen

Zu Aufgabe 8

a) Vorbereitung auf das Fördergespräch

- Frühzeitige Terminierung des Gespräches unter Bekanntgabe der Vorgehensweise und der Zielsetzung des Gespräches.
- Ausreichend Zeit einplanen und störungsfreien Ablauf sicherstellen.
- Daten und Informationen über den Mitarbeiter, den Entwicklungsbedarf, die zukünftigen Anforderungen zusammentragen. Dazu gehören z.B.
  - das Studium der relevanten Auszüge aus der Personalakte,
  - die Analyse der bisherigen Aus- und Weiterbildung des Mitarbeiters,
  - die Einsicht in die letzten Beurteilungen bzw. Protokolle von Jahresmitarbeitergesprächen.
- Die Zielvereinbarungen und Protokolle von Zielerreichungsgesprächen mit dem Mitarbeiter analysieren.

b) Leitfaden für das Fördergespräch

- positiver Gesprächseinstieg
  - Ziele des Gesprächs verdeutlichen
  - bisherige gute Zusammenarbeit herausstellen
- Mitarbeiter zu Wort kommen lassen
  - Interessen, Wünsche und Motive schildern lassen
  - Sichtweise des Mitarbeiters durch aktives Zuhören und Nachfragen klären
  - zusätzliche Gesprächsthemen und -inhalte des Mitarbeiters aufnehmen
- Stellungnahme des Vorgesetzten
  - auf die bisherige Entwicklung eingehen
  - Stärken und Schwächen des Mitarbeiters ansprechen
  - Potenziale und Anforderungen gegenüberstellen
- Entwicklungsperspektiven aufzeigen
  - Entwicklungsangebot erläutern
  - Stellenpläne, Nachfolge- und Laufbahnpläne erörtern
  - zukünftige Aufgabenbereiche schildern
  - Erwartungen des Mitarbeiters fördern bzw. dämpfen
- Protokollierung des Gesprächs
  - Ergebnisse festhalten
  - zeitlichen Rahmen verdeutlichen
  - flankierende Maßnahmen besprechen
  - weitere Gespräche vereinbaren

Zu Aufgabe 9

Ziele können beispielsweise sein:

- mit dem eigenen Personal neue notwendige Qualifikationen und Kompetenzen zu erreichen,

Lösungsansätze zu Kapitel 3.4

- der internen Personalbeschaffung Vorrang vor der externen Personalbeschaffung zu geben,
- verbesserter, flexibler Personaleinsatz,
- gezielte, systematische Förderung von Nachwuchskräften für Fach- und Führungsaufgaben,
- Bindung des Personals an das Unternehmen über gezielte Angebote der Personalentwicklung,
- Erhaltung von Leistungsfähigkeit und -bereitschaft,
- Verbesserung der Wettbewerbsfähigkeit,
- Beteiligung der Betroffenen und ihrer Vertreter an der Formulierung und Ausgestaltung der Personalentwicklung.

Zu Aufgabe 10

Erwartet werden Gedanken und Überlegungen wie:

- Sind die künftigen Arbeitsaufgaben und -prozesse genügend bekannt?
- Welche Aussagen und Daten zu künftigen Anforderungen sind verfügbar?
- Welche neuen Qualifikationen und Kompetenzen werden gefordert?
- Welche Formen der Personalentwicklung können gewählt werden?
- Wie soll die Personalentwicklung konkret geplant und umgesetzt werden?
- Wie ist zu reagieren, wenn sich die Ziele der Personalentwicklungsplanung ändern?
- Wie werden die Kosten und Ergebnisse der geplanten Gestaltungsmöglichkeiten und Maßnahmen der Personalentwicklung kontrolliert?
- Welche Konsequenzen ergeben sich für die zukünftige Personalpolitik und -planung aus den bisherigen Ergebnissen und Erfahrungen?

3 Personalplanung, -marketing und -controlling gestalten und umsetzen

3.5 Personalcontrolling gestalten und umsetzen

Aufgabe 1

Ihr Unternehmen ist ein Zulieferer für den Sanitär- und Heizungsbereich mit Standorten in der Bundesrepublik, weiteren zwei Standorten in der EU und in zwei asiatischen Staaten. Das Unternehmen fertigt Gas- und Ölheizungen, Duschanlagen und Armaturen sowie, als neuen Produktionszweig, energiesparende Heizanlagen für Holzpellets.

Die zunehmende Kaufzurückhaltung hat auch Ihr Unternehmen zu Überlegungen hinsichtlich einer systematischen Planung und Auswertung der Personalkosten in allen Produktionsbereichen gezwungen.

a) Beschreiben Sie vor diesem Hintergrund zwei Aufgaben des Personalcontrollings.

b) Erläutern Sie, welche drei Dimensionen in einem umfassenden Personalcontrolling unterschieden werden.

c) Erläutern Sie je zwei Ziele und Indikatoren für ein Controlling im Personalmarketing.

Aufgabe 2

Das Personalcontrolling hat u.a. eine Koordinierungsfunktion für die einzelnen Planungsbereiche. Nennen Sie fünf Planungsbereiche, die Gegenstand des Personalcontrollings sind.

Aufgabe 3

Das Erfolgscontrolling von Personalentwicklungsmaßnahmen ist bisher noch nicht zufriedenstellend gelöst worden.

a) Erläutern Sie, wann Sie von einem Erfolg einer Personalentwicklungsmaßnahme sprechen können.

b) Mit welchen Problemen müssen Sie bei der Kontrolle von Personalentwicklungsmaßnahmen rechnen? Erläutern Sie drei Problemfelder.

3.5 Personalcontrolling gestalten und umsetzen

Aufgabe 4

Nennen Sie je zwei Kennzahlen zu den personalwirtschaftlichen Funktionsbereichen

- Personalbeschaffung,
- Personaleinsatz,
- Personalentwicklung,
- Personalfreisetzung.

Aufgabe 5

Auch im Personalcontrolling hat sich die Balanced Scorecard (siehe Abb. 25) etabliert. Erläutern Sie für alle vier Perspektiven je zwei Planungsgrößen.

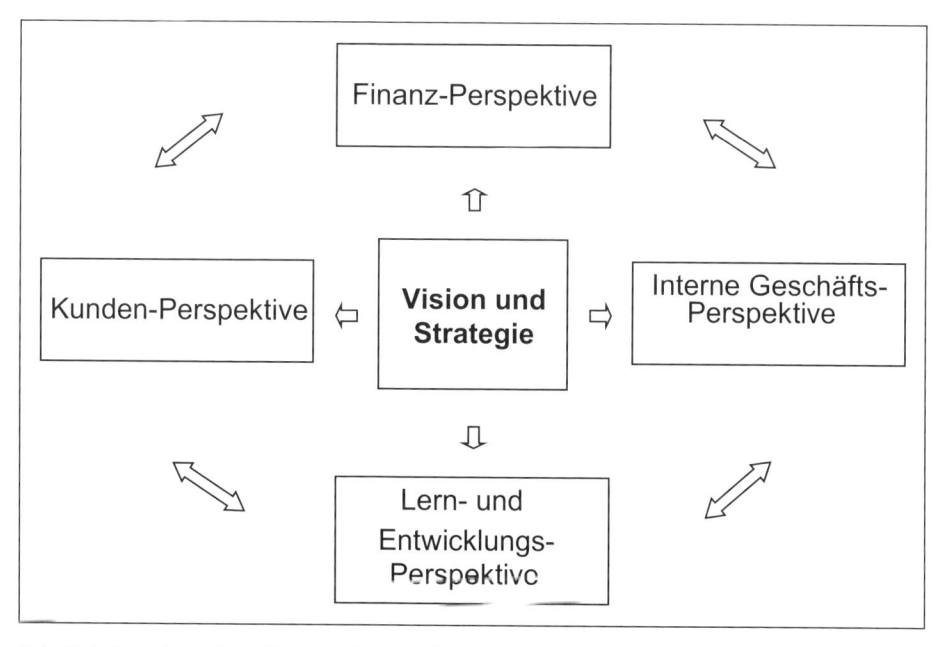

Abb. 25: Schematische Darstellung der Balanced Scorecard

3 Personalplanung, -marketing und -controlling gestalten und umsetzen

Lösungsansätze zu Kapitel 3.5

Zu Aufgabe 1

a) Aufgaben des Personalcontrollings

- Abstimmung der Personalplanung und -kontrolle
- Sicherstellung der Kompatibilität der Personalplanung mit den anderen Teilplanungen (Absatz-, Fertigungs-, Beschaffungs-, Investitions- und Finanzplanung)
- Früherkennung von Veränderungen im Personalbereich und Entwicklung von Anpassungsstrategien
- Erarbeitung von Instrumenten, die eine Abschätzung der Wirkung der Personalarbeit auf die Erreichung der Erfolgsziele zulassen

b) Dimensionen des Personalcontrollings

Entsprechend dem Entwicklungsstand des Personalcontrollings lassen sich unterscheiden:

- **Kostencontrolling** (= Kosten pro Periode); unterste Entwicklungsstufe. Es umfasst die periodische Planung der Personalkosten und der Kosten der Personalabteilung selbst. Die Wertschöpfung liegt in der Einhaltung der Budgetvorgaben.
- **Effizienzcontrolling** (= Kosten pro Prozess); nächsthöhere Entwicklungsstufe. Es betrachtet die Produktivität der Personalarbeit durch einen Vergleich von tatsächlichem und geplantem Ressourceneinsatz für die personalwirtschaftlichen Prozesse. Wertschöpfung ist hier der effiziente Umgang mit Ressourcen.
- **Effektivitätscontrolling** (= Leistungen im Verhältnis zu den Kosten); höchste Entwicklungsstufe. Es zielt auf den Erfolgsbeitrag der Personalarbeit zum Unternehmenserfolg ab. Die Wertschöpfung beinhaltet die bedarfsgerechte Gestaltung der Personalfunktionen zur Sicherung des Humanpotenzials.

c) Ziele und Indikatoren

Ziele

- Verbesserung der Bewerberqualität
- Reduzierung der Beschaffungskosten
- Sicherung der Beschaffung

Indikatoren

- Feedback wichtiger Bewerberzielgruppen
- Beschaffungskosten je Einstellung
- Qualität der Bewerber

Lösungsansätze zu Kapitel 3.5

- durchschnittliche Dauer der Stellenbesetzung
- Anzahl der Bewerbungen mit und ohne Anzeige

Zu Aufgabe 2

Planungsbereiche

- Personalbedarfsplanung
- Personalbeschaffungsplanung
- Personalauswahlplanung
- Personaleinsatzplanung
- Personalfreisetzungsplanung
- Personalentwicklungsplanung
- Personalkostenplanung

Zu Aufgabe 3

a) Erfolgskriterien

Von einem Erfolg kann dann gesprochen werden, wenn die Ziele der Unternehmung und die Erwartungen der Mitarbeiter erfüllt wurden. Die Ziele des Unternehmens bestehen u.a. in der Deckung des Personalbedarfes durch Qualifizierung und in dem optimalen Einsatz des Mitarbeiters in seinem Arbeitsfeld. Die Erfolgserwartungen des Mitarbeiters gehen in Richtung der Verbesserung seines beruflichen Weiterkommens und in der persönlichen Entfaltung. Häufig ist eine vollständige Übereinstimmung zwischen den wirtschaftlichen Zielen des Unternehmens und den sozialen Zielen der Mitarbeiter nicht möglich.

b) Problemfelder

- Der Nachweis eines ursächlichen Zusammenhangs zwischen der Maßnahme selbst und dem erzielten Erfolg ist oft nicht oder nur sehr schwer zu führen. Beispiel: Das Seminar war zwar qualitativ schlecht, aber dadurch ausgelöste Reflexionen des Mitarbeiters führen zum Erfolg am Arbeitsplatz.
- Die Auswirkungen bestimmter Entwicklungsmaßnahmen können durch andere Faktoren im positiven und negativen Sinne beeinflusst werden, z.B. durch das Führungsverhalten und die organisatorischen Rahmenbedingungen im Betrieb.
- Der Transfer des erworbenen Wissens wird häufig erst zeitversetzt oder im schlimmsten Falle gar nicht eintreten. Dies ist nicht immer dem Mitarbeiter anzulasten (etwa im Falle von Änderungen der Geschäftsstrategie).
- Gleiche Entwicklungsmaßnahmen führen bei verschiedenen Mitarbeitern zu unterschiedlichen Ergebnissen (z.B. wegen eines unterschiedlichen Bildungsstands oder der speziellen »Chemie« im Seminar).

3 Personalplanung, -marketing und -controlling gestalten und umsetzen

- Unerwünschte Nebenwirkungen während der Entwicklungsmaßnahme beeinträchtigen den Erfolg (z.B. Entstehung von Abwanderungsgedanken bzw. Stärkung der Wechselmotivation während eines Seminars).
- Für die Erfolgsmessung fehlen dem Controlling häufig die Messinstrumente.

Zu Aufgabe 4

Kennzahlen der Personalbeschaffung

- Bewerber pro Ausbildungsplatz
- Beschaffungskosten je Eintritt
- Anzahl der Austritte in der Probezeit
- Kosten pro Beschaffungsweg

Kennzahlen des Personaleinsatzes

- Leitungsspanne je Führungskraft
- Kosten je Arbeitsunfall
- Anzahl der Verbesserungsvorschläge pro Mitarbeiter
- Erfolgsbeteiligung pro Mitarbeiter

Kennzahlen der Personalentwicklung

- Übernahmequote bei Auszubildenden
- Anteil der Personalentwicklungskosten an den Gesamtpersonalkosten
- Weiterbildungskosten je Tag und Teilnehmer
- Anzahl der Mitarbeiter in Weiterbildungsmaßnahmen pro Jahr

Kennzahlen der Personalfreisetzung

- Höhe der Abfindung pro Mitarbeiter
- Kosten der Kündigungsschutzprozesse je Gekündigtem
- Anzahl der verlorenen Kündigungsschutzklagen

Zu Aufgabe 5

Finanzperspektive

- Entwicklung der Personalkostenstruktur
- Personalkosten je Mitarbeiter
- Produktivität je Mitarbeiter

Kundenperspektive

- Fluktuationsraten
- Fehlzeitenquote
- Zufriedenheit der Servicenehmer

Interne Geschäftsperspektive

- Dauer der Rekrutierung
- Kosten von Freisetzungen

Lern- und Entwicklungsperspektive

- Zufriedenheit der Mitarbeiter mit den PE-Maßnahmen
- Entwicklung der Qualifikation der Mitarbeiter

3 Personalplanung, -marketing und -controlling gestalten und umsetzen

3.6 Situationsaufgaben zum Handlungsbereich 3

Situationsaufgabe 1: Die Tiefbau AG – Personalplanung im Umbruch

Die Tiefbau AG ist seit mehr als 40 Jahren im norddeutschen Raum tätig. Zu ihren Schwerpunkten gehörten von Beginn an der Kanal- und Gleisbau, in dem die Zahl der Mitarbeiter in den letzten Jahren aufgrund der anhaltend schlechten Konjunktur kontinuierlich zurückgegangen ist. Auf der anderen Seite hat das Unternehmen einen größeren Marktanteil im Bohrgeschäft erreichen können. Hierzu hat vor allem der Aufkauf einer kleineren, auf Ölbohrungen spezialisierten Firma vor sechs Jahren beigetragen. Dieser Unternehmenszweig erfreut sich einer expansiven Auftragslage. Dem Unternehmen gehören heute im Kanal- und Gleisbau noch 240 Mitarbeiter an (Vorjahr 280), im Bohrgeschäft 140 (Vorjahr 90). Fachleute für das Bohrgeschäft sind schwer zu finden, der Markt ist leergefegt, zumal in Norwegen und Großbritannien auch wesentlich höhere Löhne gezahlt werden. Die Berufsausbildung spielte für die Tiefbau AG bisher eine wichtige Rolle, allerdings mehr im Traditionsgeschäft, in dem spätestens im nächsten Jahr ein größerer Personalabbau ansteht.

Sie selbst sind nach Ihrer kaufmännischen Ausbildung in der Tiefbau AG in den Personalbereich übernommen worden und seit zwei Jahren Personalleiter, nachdem Sie Ihre Fortbildung zum Personalfachkaufmann erfolgreich abgeschlossen haben.

In sechs Wochen findet mit allen Führungskräften eine Strategiesitzung statt.

Berücksichtigen Sie, soweit es möglich ist, bei jeder Aufgabe den geschilderten betrieblichen Hintergrund.

Aufgabe 1 (18 Punkte)

Die Unternehmensleitung hat Sie beauftragt, ein Arbeitspapier für die Strategiesitzung zu erstellen, in dem Sie die Personalpolitik der nächsten Jahre darstellen.

a) Machen Sie deutlich, welche Planungsfristen Sie für überschaubar halten. (6 P.)

b) Erläutern Sie, welche Eckpunkte der zukünftigen Personalpolitik Sie in das Arbeitspapier aufnehmen werden. (12 P.)

Aufgabe 2 (10 Punkte)

Nennen Sie fünf Faktoren, die unternehmensintern maßgeblich die Bestimmung des Bruttopersonalbedarfs beeinflussen. Eine Differenzierung nach beiden Unternehmensbereichen wird nicht erwartet.

3.6 Situationsaufgaben zum Handlungsbereich 3

Aufgabe 3 (38 Punkte)

Im Unternehmen sind am 1. Januar dieses Jahres 240 Mitarbeiter im Kanal- und Gleisbau beschäftigt. Als Personalbestand zum 1. Januar nächsten Jahres wird ein Bruttopersonalbedarf von 210 Mitarbeitern eingeplant. Im laufenden Jahr werden nur vier Mitarbeiter neu eingestellt, dagegen werden 14 Kündigungen wirksam, die wegen der verlängerten Kündigungsfristen bereits bis zum 31. Dezember des Vorjahres ausgesprochen werden mussten. Die Fluktuationsquote für die unerwünschte Fluktuation liegt bei 3 Prozent.

a) Erläutern Sie, welche Bedeutung bei der Personalbedarfsplanung eine verlässliche Vorhersage des Bruttopersonalbedarfs hat. (16 P.)

b) Nennen Sie fünf Methoden zur Ermittlung des Bruttopersonalbedarfs. (10 P.)

c) Berechnen Sie mengenmäßig den Nettopersonalbedarf im vorliegenden Fall. (12 P.)

Aufgabe 4 (20 Punkte)

Im Bohrgeschäft ist die Fluktuation doppelt so hoch wie im Kanal- und Gleisbau.

a) Erläutern Sie, welche Fluktuationskosten dem Unternehmen dadurch entstehen. (10 P.)

b) Für die Strategiesitzung sollen Sie Vorschläge erarbeiten, wie die Fluktuation gesenkt werden kann. (10 P.)

Aufgabe 5 (14 Punkte)

Der Kanal- und Gleisbau ist ein Bereich, in dem sehr hohe Fehlzeiten vorkommen. Erläutern Sie auf der Strategiesitzung ein Konzept zur Einführung eines systematischen und erfolgreichen Anwesenheitsmanagements.

3 Personalplanung, -marketing und -controlling gestalten und umsetzen

Situationsaufgabe 2: Personalplanung und Personalmarketing bei der Hard & Soft GmbH

Die Hard & Soft GmbH ist ein Unternehmen der IT-Branche und stellt im Softwarebereich anspruchsvolle interaktive Lernsoftware und im Hardwarebereich spezielle Konsolen für die Lernprogramme her. Projekte im Softwarebereich und teilautonome Gruppenarbeit in der Produktion spielen neben herkömmlichen Arbeitsformen eine große Rolle. Das Unternehmen beschäftigt 320 Mitarbeiter, davon 160 im Bereich Softwareentwicklung und 120 im Hardwarebereich. Die Hard & Soft GmbH gehört zu einem amerikanischen Konzern mit Hauptsitz in Baltimore.

Die Nachfrage nach IT-Spezialisten und Facharbeitern ist groß, der Bedarf konnte bisher eigentlich nie richtig gedeckt werden. Es gibt seit fünf Jahren eine betriebliche Ausbildung vorwiegend in den IT-Ausbildungsberufen, aber auch in der Facharbeiter- und kaufmännischen Ausbildung. Alle Auszubildenden wurden bisher übernommen. Das Unternehmen genießt in der Weiterbildung einen guten Ruf.

Der Wettbewerb in der Branche ist stark. Das Unternehmen setzt konsequent auf Qualität und Innovationen in der Produktentwicklung. Die hochpreisigen Produkte werden auch international gut verkauft.

Vor der Übernahme durch die amerikanische Mutter war das Unternehmen ein Familienbetrieb. Auf Drängen der Konzernleitung will die Geschäftsleitung der Hard & Soft GmbH strukturelle Veränderungen vornehmen, die auch den Personalbereich betreffen.

Die folgenden Aufgaben beziehen sich auf die geschilderte Ausgangssituation. Bitte berücksichtigen Sie bei Ihren Antworten soweit möglich die betrieblichen Gegebenheiten.

Aufgabe 1 (25 Punkte)

a) Stellen Sie den Konjunkturverlauf in seinen typischen Phasen dar. Ordnen Sie das Unternehmen in seiner heutigen Situation einer dieser Phasen zu und begründen Sie Ihre Entscheidung. (10 P.)

b) Welche Auswirkungen hat die vorherrschende Konjunktur auf die Personalplanung in der Hard & Soft GmbH?

Aufgabe 2 (20 Punkte)

Das Unternehmen hat einer Marktstudie zufolge Akzeptanzprobleme, sich von Billiganbietern abzuheben. Das hatte in der Vergangenheit auch Auswirkungen auf die Personalrekrutierung. Deshalb soll durch ein neues Marketingkonzept das Unternehmensimage verbessert und das Unternehmen auf dem Arbeitsmarkt stärker bekannt gemacht werden.

a) Nennen Sie fünf Maßnahmen, die zum gewünschten Erfolg führen. (5 P.)
b) Erläutern Sie die beiden Aspekte »Umsetzbarkeit« und »Nutzen« an zwei Maßnahmen näher. (10 P.)
c) Mit welchen Kontrollinstrumenten kann der Marketingerfolg messbar gemacht werden? (5 P.)

Aufgabe 3 (25 Punkte)

Die angespannte Arbeitsmarktsituation zwingt die Hard & Soft GmbH, sich Gedanken hinsichtlich der Verbesserung des Prozesses »qualitative Personalbedarfsplanung« zu machen.

a) Erläutern Sie ein erfolgversprechendes Instrument näher. (15 P.)
b) Schlagen Sie einen geeigneten Ablauf für die schrittweise Einführung dieser Methode vor. (10 P.)

Aufgabe 4 (10 Punkte)

Erarbeiten Sie eine Stellenbeschreibung für den Personalreferenten »Personalbeschaffung«, aus der später ein Anforderungsprofil entwickelt werden kann.

Aufgabe 5 (20 Punkte)

Die Geschäftsleitung überlegt, ob es sinnvoll ist, die Personalpolitik und Personalarbeit durch ein Personalcontrolling begleiten zu lassen.

a) Beschreiben Sie fünf Vorteile eines Personalcontrollings in dieser Situation. (10 P.)
b) Wählen Sie aus den zur Verfügung stehenden Controlling-Instrumenten eines aus, dessen Einführung für Sie Priorität hat. Begründen Sie Ihre Auswahl. (10 P.)

3 Personalplanung, -marketing und -controlling gestalten und umsetzen

Lösungsansätze zu Situationsaufgabe 1

Zu Aufgabe 1

a) Planungsfristen

Beide Unternehmensbereiche sind keinen nennenswerten kurzfristigen Schwankungen unterworfen, weshalb

- eine operative Planung sich über einen Zeitraum von bis zu einem Jahr erstrecken kann. Dies gilt für ungelernte und angelernte Mitarbeiter in beiden Bereichen.
- die taktische Planung sich auf einen Zeitraum von bis zu drei Jahren erstrecken kann. Sie umfasst insbesondere Facharbeiter im Kanal- und Gleisbau, kaufmännische Mitarbeiter in beiden Bereichen und die Planung der betrieblichen Ausbildung.
- die strategische Planung bis zu einem Zeitraum von fünf Jahren angelegt ist. Sie erstreckt sich auf Fachkräfte insbesondere im expandierenden Bohrgeschäft, Spezialisten in beiden Bereichen sowie Führungskräfte in beiden Bereichen.
- die Planung als rollierende oder dynamische Planung angelegt werden sollte, sodass am Ende der verschiedenen Planungsperioden die vorliegenden Ergebnisse in die nächsten Planungsabschnitte eingearbeitet werden können.

b) Zukünftige Personalpolitik

Der Unternehmensleitung können folgende Eckpunkte vorgeschlagen werden:

- Im Kanal- und Gleisbau sollte ein sozialverträglicher Personalabbau angestrebt werden, der
  – sich auf den Abbau von flexiblen Personalreserven erstreckt,
  – durch Arbeitszeitregelungen erreicht werden kann,
  – sich durch Aufhebungsverträge und Frühpensionierungen erreichen lässt.
- Gleichzeitig sollte überlegt werden, ob geeignete Fachkräfte aus dem Kanal- und Gleisbau in das Bohrgeschäft übernommen werden können. Hierzu sollte rechtzeitig eine Personalentwicklungsplanung anlaufen, da die erforderlichen Qualifizierungen mit Sicherheit längere Zeit benötigen.
- Das Unternehmen sollte eine gezielte Kampagne zur Rückholung von Fachkräften aus dem Ausland starten. Die dort gezahlten höheren Löhne könnte man durch attraktive Sozialleistungen und unbefristete Verträge teilweise ausgleichen.
- Im Bohrgeschäft sollte die betriebliche Ausbildung intensiviert werden, um vor allen Dingen den dringend benötigten Fachkräftenachwuchs aus den eigenen Reihen zu gewinnen.

Zu Aufgabe 2

Mögliche Faktoren sind:

- Arbeitszeitmodelle,
- Flexibilisierung der Organisation,
- strategische Unternehmenspolitik,
- Fertigungsverfahren,
- Arbeitsformen,
- Produktionsprogramm,
- Gruppenarbeitssysteme,
- Technisierung und Automatisierung der Arbeit,
- Bildungs- und Qualifizierungsstand der Mitarbeiter,
- Fluktuation und Fehlzeiten.

Weitere Beispiele sind denkbar. Entscheidend bei der Beantwortung ist die Schlussfolgerung für die Bestimmung des Personalbedarfs.

Zu Aufgabe 3

a) Verlässliche Bestimmung des Bruttopersonalbedarfs

- Eine verlässliche Vorhersage des Bruttopersonalbedarfs ist der wichtigste Eckpfeiler bei der Berechnung des Nettopersonalbedarfs, der viel genauer zu ermitteln ist, wenn die Daten bekannt bzw. berechenbar sind.
- Mit Ausnahme der Kapazitätsrechnung (= Personalbemessungsmethode), die aber nur dort angewandt werden kann, wo Arbeitsprozesse über Arbeitsstudien und Messverfahren genau berechnet werden können, sind alle anderen Verfahren mit einer mehr oder minder großen Ungenauigkeit behaftet.
- Der Bruttopersonalbedarf muss sowohl quantitativ als auch qualitativ bestimmt werden. Die qualitative Bestimmung ist allerdings noch aufwendiger als die quantitative.
- Im vorliegenden Fall ist die Ermittlung des Bruttopersonalbedarfs getrennt für beide Unternehmensbereiche vorzunehmen.
- Bei der Ermittlung des Bruttopersonalbedarfes sollte simultan mit mehreren Methoden gearbeitet und eine Abweichungsanalyse bei den Ergebnissen vorgenommen werden.
- Für Spezialisten und Führungskräfte sind ebenfalls Personalentwicklungsmaßnahmen in Gang zu setzen, da die Engpassprobleme wohl sonst nur durch teure Abwerbung gelöst werden können.

b) Methoden

- Personalbemessungsmethode
- Kennzahlenmethode
- Trendextrapolation
- globale Bedarfsprognosen
- Stellenplanmethode
- Schätzungen

3 Personalplanung, -marketing und -controlling gestalten und umsetzen

c) Rechenbeispiel

Ist-Bestand am 1. Januar dieses Jahres		240 Mitarbeiter
+ feste Zugänge	+	4 Mitarbeiter
– feste Abgänge	–	14 Mitarbeiter
– unerwünschte Fluktuation*	–	7 Mitarbeiter*
Ist-Bestand am 31. Dezember dieses Jahres		223 Mitarbeiter
Bruttopersonalbedarf		210 Mitarbeiter
Nettopersonalbedarf (= Minderbedarf!)	–	13 Mitarbeiter

* Die Berechnung der Fluktuation kann mithilfe der Schlüter- oder BDA-Formel vorgenommen werden. Im vorliegenden Rechenbeispiel wurde die BDA-Formel benutzt:

$$\text{Fluktuationsquote} = \frac{\text{Zahl der Abgänge} \times 100}{\text{durchschnitt. Personalbestand}}$$

3 (%) × 225 = 100 x
7 = x

Bei einer Fluktuationsquote von drei Prozent und einem durchschnittlichen Personalbestand von 225 Mitarbeitern während der Planungsperiode beträgt die Anzahl der voraussichtlichen unerwünschten Abgänge sieben Mitarbeiter.

Zu Aufgabe 4

a) Fluktuationskosten

- Anwerbungskosten
- Kosten der Bewerberauswahl und Einstellung
- Kosten der Einführung und Einarbeitung des neuen Mitarbeiters
- Minderleistungskosten während der Einarbeitung
- Minderleistung des weggehenden Mitarbeiters
- Entlassungskosten

b) Vorschläge zur Senkung der Fluktuation

Zur Senkung der Fluktuation kann dem Unternehmen ein ganzer Katalog von Maßnahmen empfohlen werden. Dazu sollten gehören:

- eine Analyse der wichtigsten Fluktuationsmotive,
- die Einführung von Abgangsinterviews (Exit Interviews),
- die Verbesserung von Arbeitsprozessen,
- die Überprüfung der Unternehmens- und Führungskultur,

- das Angebot von attraktiven Sozialleistungen,
- die Einführung von ausgeklügelten Arbeitszeitmodellen,
- die Beteiligung der Mitarbeiter am Unternehmensgewinn,
- die Einführung von Zulagen, Prämien u.Ä.,
- die Durchführung von Mitarbeiterbefragungen,
- die Verbesserung des Betriebsklimas.

Zu Aufgabe 5

Ein Patentrezept für die Einführung eines erfolgreichen Anwesenheitsmanagements gibt es nicht, deswegen hier ein Lösungsansatz, der möglichst viele Facetten berücksichtigen soll.

1. Schritt: Bestandsaufnahme

- Definition der Kenngröße »Krankenstand«
- Entwicklung des Krankenstandes in den letzten Jahren
- Arbeiten mit Kalendarium
- Verteilung der Fehlzeiten auf die Betriebsteile
- Darstellung der Entgeltfortzahlungskosten
- Sparbeiträge dokumentieren bei Reduzierung der Fehlzeiten
- zielgruppenspezifische Analyse der Fehlzeiten

2. Schritt: Präventivmaßnahmen einführen

- Verbesserung des Arbeitsplatzes an »kritischen« Stellen
- Gesundheitsmanagement realisieren
- Information der Mitarbeiter über Fehlzeiten verbessern
- Betriebsklima-Analyse durchführen
- Fehlzeiten zum Gesprächsthema machen
- hohe Anwesenheiten anerkennen

3. Schritt: Reaktive Maßnahmen

- konsequente Handhabung der Nachweispflicht
- Zusammenarbeit mit MDK und Krankenkassen in Zweifelsfällen
- Sensibilität bei Wiedereingliederungen nach langen Abwesenheiten
- Kürzung von Jahressonderzahlungen
- disziplinarische Maßnahmen
- Änderungskündigungen oder Kündigungen
- Rückkehrer- oder Fehlzeitengespräche

3 Personalplanung, -marketing und -controlling gestalten und umsetzen

Lösungsansätze zu Situationsaufgabe 2

☞ Zu Aufgabe 1

a) Konjunkturverlauf

Die Skizze oder Beschreibung muss alle Phasen des Konjunkturverlaufs beinhalten, also

- Hochkonjunktur (Boom),
- Rezession (Abschwung),
- Depression (Tiefstand),
- Expansion (Aufschwung).

Die Achsen (Zeit und Wachstum) müssen benannt sein. Der Hinweis auf Konjunkturzyklen und/oder Trends ist entbehrlich.

Das Unternehmen befindet sich mindestens in der Expansion, ggf. im Übergang zur oder in der Hochkonjunktur, obwohl Letzteres aus der Aufgabenstellung nicht eindeutig abgeleitet werden kann.

b) Auswirkungen auf die Personalplanung

Das Unternehmen hat einen Bedarf an Auszubildenden, insbesondere im IT-Bereich. Die zahlenmäßig große Nachfrage darf nicht darüber hinwegtäuschen, dass vor allem der qualitative Bedarf gedeckt werden muss. Die Hard & Soft GmbH steht vor der Aufgabe, kurzfristig Engpässe beseitigen zu müssen, ggf. befristete Arbeitsverträge abzuschließen und/oder Leiharbeitnehmer zu beschäftigen und langfristig Fachkräfte aus externen Beschaffungsmärkten zu rekrutieren. Dabei muss die Krisenanfälligkeit der Branche berücksichtigt werden. Dem Unternehmen kann empfohlen werden, bei der zeitlichen Personalplanung eine rollierende Planung einzuführen, bei der die Ergebnisse der kurzfristigen Planung unmittelbar in die mittel- und langfristige Planung eingearbeitet werden. Gegebenenfalls wird es sogar zur Aufrechterhaltung der Produktion nötig sein, Abwerbung von Facharbeitern zu betreiben bzw. freigesetzte Facharbeiter aus anfälligen Unternehmen der Branche zu gewinnen.

Zu Aufgabe 2

a) Maßnahmen

- Anwerbung an Hochschulen
- Direktansprache
- Imagewerbung (Besichtigungen, Tag der offenen Tür, Kontaktseminare)
- Mitarbeit in Verbänden und bei der IHK (Hebelwirkung)
- Jobbörsen im Internet
- Messestände
- Praktikumsplätze
- Möglichkeit für Studierende zur Anfertigung von Abschlussarbeiten

b) Umsetzbarkeit und Nutzen

Bei der Beschreibung kommt es darauf an,

- die Gestaltung der Maßnahmen zu spezifizieren,
- den Nutzen für das Unternehmen darzustellen,
- auf die Umsetzbarkeit der Maßnahme einzugehen.

c) Messbarkeit des Marketingerfolgs

Es gibt zwei Ansätze der Erfolgskontrolle:

1. Ein Ansatz wäre die Messung über Kennzahlen, wie z.B. die Anzahl der eingegangenen Bewerbungen und der durchgeführten Bewerbergespräche, die Zahl der registrierten Besucher auf der Homepage der Hard & Soft GmbH oder die Kosten des Bewerbermanagements etc.
2. Parallel dazu kann eine Evaluation in qualitativer Hinsicht erfolgen. Profilvergleiche zwischen Anforderungsprofil der Stelle und Eignungsprofil von Bewerbern, Beurteilungen während der Probezeit, Auswertungen von Mitarbeiter- und Vorgesetztengesprächen sind hier sinnvolle Ansätze.

Zu Aufgabe 3

a) Instrumente

Für die qualitative Personalbedarfsplanung kommen als Instrumente infrage:

- Stellenplanmethode,
- Szenariotechnik,
- Supervision,
- Personalentwicklungsplanung.

3 Personalplanung, -marketing und -controlling gestalten und umsetzen

Exemplarisch soll hier die Stellenplanmethode als Lösungsansatz beschrieben werden.

Ausgangspunkt der Stellenplanmethode, die auch als quantitatives Verfahren geeignet ist, ist das Vorhandensein von Stellenbeschreibungen, aus denen anschließend Anforderungsprofile und ein Stellenplan entwickelt werden.

Die Anforderungsprofile sind Voraussetzung für einen späteren Profilvergleich. Der Stellenplan ist eine nach Anzahl und Bezeichnung geordnete schriftliche Fixierung der Arbeitsplätze in einem Betrieb. Er stellt eine Soll-Vorgabe der zu besetzenden Stellen als Ergebnis einer vorangegangenen qualitativen und quantitativen Personalplanung dar.

In Form eines Organigramms geben Stellenpläne auch Auskunft über Instanzentiefe und Instanzenbreite.

Dieser Stellenplan kann zu einem Stellenbesetzungsplan erweitert werden, der zusätzliche Angaben wie Namen, Eintrittsdatum, Tarifgruppe, Kostenstelle usw. enthalten kann, die unverzichtbar für eine qualitative Planung sind.

Die Differenz zwischen Stellenplan und Stellenbesetzungsplan ist der aktuelle Personalbedarf. Daraus ergibt sich eine Fortschreibung des Stellenplans auch unter qualitativen und Kostengesichtspunkten. Für die zu schaffenden Stellen müssen wiederum Stellenbeschreibungen und Anforderungsprofile erstellt werden, sofern diese nicht schon vorhanden sind.

Zu Aufgabe 4

Stellenbeschreibung für den Personalreferenten Personalbeschaffung

Bezeichnung der Stelle	Leiter Personalbeschaffung
Rang	Personalreferent
Unterstellung	Leiter Personal
Überstellung	Sachbearbeiter Arbeitsmarktbeobachtung Sachbearbeiter Stellenausschreibung Sachbearbeiter Bewerbermanagement
Vertretung aktiv	Leiter Personaleinsatz
Vertretung passiv	Leiter Personal
Ziel der Stelle	Der Stelleninhaber ist verantwortlich für die Beschaffung des benötigten Personals in qualitativer und quantitativer Hinsicht zum richtigen Zeitpunkt unter Berücksichtigung der Planvorgaben des Unternehmens. →

Aufgaben	• ständige Beobachtung von internen und externen Beschaffungsmärkten • Bereitstellung der zur Beschaffung benötigten Instrumente • Ausfertigung von Stellenausschreibungen und Stellenanzeigen • Mitwirkung bei der Gestaltung des Internetauftritts/der Karriereseite • Zusammenwirken mit Behörden und staatlichen Institutionen • Durchführung von Werbeerfolgskontrollen
Mindestanforderungen	• kaufmännische Ausbildung • fünf Jahre Erfahrung in der Personalarbeit • geprüfter Personalfachkaufmann/geprüfte Personalfachkauffrau
Kompetenzen	• analytische Fähigkeiten • kommunikative Stärken • mündliche und schriftliche Ausdrucksstärke • Fähigkeit zu Teamarbeit • Führungsqualifikation • gutes Selbstmanagement
Befugnisse	• Genehmigung von Dienstreisen im Inland • Artvollmacht

Zu Aufgabe 5

a) Vorteile von Personalcontrolling

- Abstimmung von Personalplanung und Personalkontrolle
- Sicherstellung der Verträglichkeit von Personalplanung und anderen Teilplanungen im Unternehmen
- Früherkennungsfunktion von Veränderungen und Engpässen im Personalbereich
- Erarbeitung von Prognose-Instrumenten für Erfolgskontrollen
- Schaffung von Informationssystemen und -methoden für alle Aktivitaten der Personalarbeit
- Verantwortung für ein systematisches Berichtswesen an die Unternehmensleitung und andere Leitungsinstanzen
- Überwachung der Budgeteinhaltung
- Vorschläge zur Reduzierung von Personalkosten

b) Beschreibung eines Controllinginstruments

Als Controllinginstrumente kommen z.B. Statistiken, Kennzahlensysteme, Balanced Scorecards, Personalinformationssysteme, Kosten- und Leistungsdaten usw. infrage.

3 Personalplanung, -marketing und -controlling gestalten und umsetzen

Exemplarisch soll hier die Einführung eines Personalinformationssystems (PIS) beschrieben werden.

Es kann davon ausgegangen werden, dass im Unternehmen bereits ausreichend Daten vorliegen, z.B. aus den Bereichen:

- Aus- und Weiterbildungsmanagement,
- Vergütungsmanagement,
- Leistungsbeurteilungen,
- Stellenbeschreibungen,
- Stellenbewertungen,
- Unternehmensanalysen usw.

Da ein Personalcontrolling nicht ohne EDV denkbar ist, liegt die Implementierung eines PIS nahe. PIS unterstützen administrative und dispositive sowie Führungsfunktionen. Da es sich im vorliegenden Fall um ein IT-Unternehmen handelt, stellt sich in einem frühen Stadium die Frage nach dem »make or buy«.

Im Folgenden sollen wesentliche Phasen des Implementierungsprozesses in Form einer einfachen Checkliste wiedergegeben werden:

1. Was soll das Personalinformationssystem leisten?
    - ☐ Nur Lohn- und Gehaltsabrechnung
    - ☐ Abrechnung und Personalverwaltung
    - ☐ Zusätzliches Informationssystem für die Unternehmensleitung
2. Woher kommen die Daten?
    - ☐ Direkte Erhebung durch Fragebögen (Primärdaten, z.B. Fragebögen)
    - ☐ Aus dem schon vorhandenen Kontrollsystem (Sekundärdaten, z.B. Beurteilungen)
    - ☐ Von Dritten (frühere Zeugnisse, staatliche Stellen, Dienstleister)
3. Welche Daten sollen berücksichtigt werden?
    - ☐ Verwaltungsdaten
    - ☐ Abrechnungsspezifische Daten
    - ☐ Stellendaten
    - ☐ Arbeitsplatzdaten
    - ☐ Schichtpläne, Arbeitszeitregelungen
    - ☐ Aus- und Weiterbildungsdaten
    - ☐ Arbeitszeiten
    - ☐ Abwesenheiten
    - ☐ Leistungsdaten (Prämien, Akkorde)
    - ☐ Kosten
    - ☐ Zusatzdaten (Mitarbeiter aus dem Ausland, Schwerbehinderte)
4. Insellösung oder integrierte Lösung?
5. Systemanalyse
    - ☐ Erarbeitung von Hard- und Softwarelösungen
    - ☐ Fertigware oder eigene Softwareentwicklung?
    - ☐ Programmierbarkeit der Software
    - ☐ Schnittstellen
    - ☐ Erweiterungsfähigkeit (Ausbau zum Managementinformationssystem)
6. Erstellung einer Kosten-Nutzen-Analyse zur Darlegung der Wirtschaftlichkeit

7. Gewährleistung von Datensicherheit und Datenschutz
8. Maßnahmen der Weiterbildung
   - ☐ Einführungskurse
   - ☐ Systemschulung
   - ☐ DV-Organisation

Bei allen Maßnahmen sind die Mitbestimmungsrechte des Betriebsrates nach § 87 und § 90 BetrVG zu beachten.

4 Personal- und Organisationsentwicklung steuern

4.1 Mitarbeiter beurteilen, deren Potenziale erkennen und fördern

Aufgabe 1

Die Humido GmbH ist ein wachstumsstarkes Unternehmen. Im ersten Jahr seit Firmengründung zählte das Unternehmen zehn Mitarbeiter. Mittlerweile ist das Unternehmen innerhalb von zwei Jahren auf 80 Mitarbeiter gewachsen. Als Folge wurde ein eigener Personalbereich im Unternehmen eingerichtet. Als neu eingestellter Personalreferent ist es Ihre erste Aufgabe, ein Mitarbeiterbeurteilungssystem einzuführen.

a) Erläutern Sie die unterschiedlichen Interessen von Führungskräften, Geschäftsführung, Betriebsrat und Mitarbeitern.

b) Beschreiben Sie die Ziele eines Mitarbeiterbeurteilungssystems.

c) Nennen Sie die einzelnen Phasen bei der Erarbeitung des Systems.

d) Beschreiben Sie den Unterschied zwischen offenen und geschlossenen Beurteilungssystemen.

e) Erläutern Sie mögliche Beurteilungsfehler.

f) Beschreiben Sie Möglichkeiten zur Vermeidung von Beurteilungsfehlern.

g) Nennen Sie erfolgskritische Faktoren bei der Einführung von Mitarbeiterbeurteilungssystemen.

Aufgabe 2

Beschreiben Sie das Konzept eines 360-Grad-Feedbacks in der Mitarbeiterbeurteilung.

Aufgabe 3

Erläutern Sie vier Prinzipien, die bei der Auswahl und Gewichtung von Merkmalen bei einem Mitarbeiterbeurteilungssystem zu berücksichtigen sind.

4 Personal- und Organisationsentwicklung steuern

Aufgabe 4

Die Schiele AG hat ein veraltetes Beurteilungssystem, das ersetzt werden soll. Viele Mitarbeiter akzeptieren das bestehende System nicht, Führungskräfte setzen es nur noch sporadisch ein, das Beurteilungssystem ist auf Freiwilligkeit aufgebaut. Sie sollen nun als Personalreferent ein Projekt leiten, das ein neues, weithin akzeptiertes Beurteilungssystem erarbeitet.

a) Nennen Sie die am Projekt beteiligten Personen.

b) Erläutern Sie die Bestandteile einer Mitarbeiterbeurteilung.

c) Erläutern Sie, wie der Betriebsrat aktiv in die Erarbeitung des neuen Mitarbeiterbeurteilungssystems eingebunden werden kann.

d) Erläutern Sie, wie eine Akzeptanz bei Führungskräften und Mitarbeitern für das neue System gewonnen werden kann.

e) Skizzieren Sie anhand eines Ablaufdiagramms, wie der Prozess eines Mitarbeitergesprächs bis hin zur Dokumentation aussieht.

Aufgabe 5

Herr Müller – neuer Abteilungsleiter Marketing – soll die Jahresmitarbeitergespräche in seinem Bereich führen und will sich gezielt darauf vorbereiten.

a) Nennen Sie mögliche Fragen, die sich Herr Müller schon vor dem Gespräch beantworten sollte.

b) Erläutern Sie Erfolgsfaktoren für einen konstruktiven Gesprächsverlauf.

c) Skizzieren Sie den idealtypischen Verlauf eines Mitarbeitergesprächs.

Aufgabe 6

Die Guthsohn GmbH will den Qualifikationsstand der Mitarbeiter analysieren. Zu diesem Zweck soll ein Personalportfolio erstellt werden. Dazu sollen Leistungsstand und Entwicklungspotenzial qualitativ und quantitativ ermittelt werden.

a) Erläutern Sie den Unterschied zwischen der Leistung eines Mitarbeiters und seinem Potenzial.

b) Skizzieren Sie ein Personalportfolio mit den Dimensionen Leistungs- und Entwicklungspotenzial in den Ausprägungen hoch/niedrig.

c) Beschreiben Sie, wie ein strategisch günstiges Personalportfolio aussehen könnte und nach welchen Kriterien Sie dieses bewerten.

4.1 Mitarbeiter beurteilen, deren Potenziale erkennen und fördern

d) Angenommen, Sie stellen fest, dass Sie viele Mitarbeiter mit niedriger Leistung und hohem Potenzial haben. Erläutern Sie, wie ein Qualifizierungsplan vor diesem Hintergrund gestaltet werden kann.

Aufgabe 7

Die Götz GmbH will Führungskräftenachwuchs einstellen. Es sollen sechs Hochschulabsolventen eingestellt werden. Das Unternehmen entschließt sich, ein Assessment-Center (AC) für insgesamt 18 Bewerber durchzuführen. Sie sollen als Personalverantwortlicher das AC konzipieren.

a) Nennen Sie die Vorteile eines AC im Vergleich zu einem klassischen Bewerbergespräch.

b) Beschreiben Sie fünf mögliche Übungen in einem AC.

c) Erläutern Sie, was bei der Auswahl der Beobachter zu berücksichtigen ist.

d) Erläutern Sie den Unterschied zwischen einem Auswahl- und einem Entwicklungsassessment.

4 Personal- und Organisationsentwicklung steuern

Lösungsansätze zu Kapitel 4.1

Zu Aufgabe 1

a) Interessen

Die Führungskräfte wollen ein gerechtes Beurteilungssystem, das objektiv alle Kriterien abbildet. Die Geschäftsführung möchte ein objektives Instrument, das alle akzeptieren, und ein angemessenes Beurteilungssystem, das für Nachfolgeregelungen und Gehaltsverhandlungen einsetzbar ist. Betriebsrat und Mitarbeiter wollen ein gerechtes System, das nicht nach Schulnoten bewertet und aus dem den Mitarbeitern keinerlei Nachteile erwachsen.

b) Ziele

Eine qualifizierte Standortbestimmung ist für die systematische und strategische Entwicklung und Förderung von Mitarbeitern eine wichtige Basis. Die Mitarbeiterbeurteilung ist somit ein zentrales Führungs- und Personalentwicklungsinstrument. Mitarbeiterbeurteilungssysteme helfen Führungskräften und Mitarbeitern, eine zielgerichtete Standortbestimmung vorzunehmen, indem sie leistungs- und verhaltensbezogene Kriterien vorgeben, an denen sich beide orientieren können. Damit ist eine vergleichende Beurteilung verschiedener Mitarbeiter möglich.

c) Projektphasen der Einführung

Vorbereitungsphase

Definition der Zielsetzungen und Anforderungen an ein Mitarbeiterbeurteilungssystem.

Entwicklungsphase

Erarbeiten des Beurteilungsbogens innerhalb einer Projektgruppe aus Führungskräften verschiedener Abteilungen. Ratsam ist die Einbindung des Betriebsrates.

Implementierungsphase

Das Beurteilungssystem wird für verbindlich erklärt. Begleitseminare, in denen die Handhabung des Systems eingeübt und erprobt wird, sollten angeboten werden.

d) Unterschiede in den Beurteilungssystemen

In offenen Beurteilungssystemen gibt es keine vorformulierten Kriterien und Bewertungsskalen. Die Einschätzungen erfolgen verbal. Nachteilig sind dabei die starke subjektive

Färbung der Beurteilung und das häufige Auftreten von systembedingten Beurteilungsfehlern. In geschlossenen Beurteilungssystemen werden demgegenüber meist standardisierte Bögen eingesetzt. Es werden konkrete Kriterien bzw. Merkmale formuliert und mit Skalierungsstufen verbunden. Halboffene Fragen, die dem Mitarbeiter und der Führungskraft einen Interpretations- und Gestaltungsspielraum eröffnen, können solche geschlossenen Beurteilungssysteme sinnvoll ergänzen.

e) Beurteilungsfehler

Stereotypenbildung

Wir nehmen unsere Umwelt schematisch wahr und bewerten diese anhand von Stereotypen. Im Extremfall entstehen dadurch Vorurteile. So stellen wir uns den typischen Bankangestellten beispielsweise korrekt gekleidet und mit einer hohen Affinität zu Zahlen, Daten und Fakten vor. Solche Stereotype sind alltäglich, können aber andererseits Urteilsverzerrungen auslösen, wenn z.B. durch das äußere Erscheinungsbild Rückschlüsse auf die Leistungsbereitschaft eines Mitarbeiters gezogen werden.

Halo-Effekt

Wenige Eindrücke überstrahlen weitere Urteile. Beispiel: Menschen mit einer guten Rhetorik gelten bei Prüfern nicht selten als kompetent.

Primacy-Effekt

Bei der Beurteilung mehrerer Personen bildet die erste Person oft einen Wahrnehmungs-«Anker», d.h. sie bildet den Maßstab für alle übrigen zu beurteilenden Personen.

Soziale Ähnlichkeit

Wir nehmen Menschen, die uns vom sozialen Status her ähnlich sind, in der Regel eher als sympathisch wahr. Das kann dazu führen, dass wir Mitarbeiter mit niedrigerem sozialen Status negativer bewerten.

Selektive Wahrnehmung

Jeder Beurteiler nimmt nur einen Teil des Geschehens seiner Umwelt wahr und wählt aus der Vielzahl der zur Verfügung stehenden Daten immer nur eine begrenzte Anzahl aus, die er zur Grundlage seines Urteils macht. Diese Verfälschung geschieht unbewusst bei jedem Menschen und ist kaum zu kontrollieren oder zu korrigieren.

f) Vermeidung von Beurteilungsfehlern

Beurteilungsfehler lassen sich nur teilweise durch objektiv vorgegebene Kriterien in einem Beurteilungssystem kontrollieren. Persönlichkeitsbedingte Fehler haben kaum eine Chance auf Korrektur. Ansonsten sind das Wissen um Beurteilungsfehler und die kritische Selbstprüfung wichtige Ansätze zu einer möglichst gerechten Beurteilung.

4 Personal- und Organisationsentwicklung steuern

g) Einführung von Mitarbeiterbeurteilungssystemen

- Frühzeitige Einbeziehung des Betriebsrates und der Führungskräfte.
- Bedenken und Probleme der Mitarbeiter aus der Vergangenheit aufarbeiten.
- Einen praktikablen Gesprächsbogen entwickeln.
- Ausführliche schriftliche Vorinformation aller Mitarbeiter über Verfahrensweisen und Gesprächsbogen.
- Subjektive und einseitige Beurteilung der Mitarbeiter vermeiden.
- Qualifizierung der Führungskräfte für konstruktive Gesprächsführung.
- Auswertung der Gesprächsbögen und zeitnahe Umsetzung der Ergebnisse.

Zu Aufgabe 2

Bei einem 360-Grad-Feedback soll das Feedback, das ein Mitarbeiter von seiner Führungskraft bekommt, erweitert werden. Das bedeutet, dass zusätzlich etwa Kollegen zu einer Stellungnahme gebeten werden, eine Selbsteinschätzung durch den Mitarbeiter vorgenommen wird und Kunden befragt werden.

Selbstverständlich können nicht alle befragten Personen zu allen Aspekten der Beurteilung Stellung beziehen, aber so entsteht ein ganzheitliches Bild von der Leistung und dem Verhalten eines Mitarbeiters, das auch wichtige Aspekte wie Kundenorientierung oder Servicequalität einbezieht.

Zu Aufgabe 3

Prinzip der Vollständigkeit

In dem Beurteilungsbogen sollten sich alle relevanten Arbeitsbereiche des Mitarbeiters wiederfinden.

Prinzip der Eindeutigkeit

Die Merkmale sollen trennscharf sein, d.h. sich deutlich voneinander unterscheiden, klar definiert und eindimensional sein.

Prinzip der Ganzheit

In der Summe sollen die Merkmale ein Gesamtbild ergeben, das keine logischen Fehler aufweist.

Prinzip der Praktikabilität

Die Merkmale sollen gut einschätzbar und transparent sein, sowohl für die Führungskräfte als auch für die Mitarbeiter.

Lösungsansätze zu Kapitel 4.1

Zu Aufgabe 4

a) Projektbeteiligte

Geschäftsführung als Auftraggeber, Lenkungsausschuss, ausgewählte Führungskräfte verschiedener Abteilungen, Betriebsrat, Personalrat, Personalleitung.

b) Bestandteile einer Beurteilung

In einem Mitarbeiterbeurteilungssystem sollten sowohl leistungsorientierte Merkmale, wie Qualität und Quantität der Leistung, und verhaltensorientierte Merkmale, wie z.B. Qualifikation, Motivation und soziales Verhalten, enthalten sein. Für die Beurteilung des Mitarbeiters könnten die folgenden Dimensionen idealtypisch enthalten sein:

Fachliche Kompetenz

Fachwissen, selbstständiges Arbeiten, Arbeitsqualität, Arbeitstempo, systematisches Arbeiten.

Persönliche Kompetenz

Initiative, Flexibilität, Durchsetzungsvermögen, Verantwortung, Einsatzbereitschaft.

Soziale Kompetenz

Verhalten gegenüber Kunden, Kollegen und Führungskräften, Überzeugungsfähigkeit, Kritik- und Konfliktfähigkeit, Teamfähigkeit.

Weiterhin sollte ein Beurteilungssystem auch die Möglichkeit einräumen, dass der Mitarbeiter der betreffenden Führungskraft ein Feedback geben kann. Ein Feedback könnte z.B. die beiden Dimensionen »Mitarbeiterorientierte Führung« und »Mitarbeiterförderung« umfassen.

c) Einbindung des Betriebsrates

Der Betriebsrat sollte frühzeitig in die Erarbeitung eines Mitarbeiterbeurteilungssystems eingebunden werden. Er kann eine wichtige Pufferfunktion wahrnehmen und Befürchtungen der Mitarbeiter zuvorkommen. Mitarbeiterbeurteilungssysteme sind mitbestimmungspflichtig. Es kommt darauf an, dem Betriebsrat frühzeitig Informationen zur Zielsetzung und Umsetzung zur Verfügung zu stellen. Eine aktive Projektmitarbeit von Betriebsratsmitgliedern sollte angestrebt werden.

d) Akzeptanzgewinnung

Zunächst müssen die Ziele des Beurteilungssystems verdeutlicht werden. Führungskräften und Mitarbeitern sollten die Vorteile, die mit einem solchen System verbunden sind, erläutert werden. Darüber hinaus ist es insbesondere wichtig, beide Seiten frühzeitig zu

4 Personal- und Organisationsentwicklung steuern

informieren und in die Projektarbeit einzubeziehen. Sobald das Beurteilungssystem eingeführt ist, sollten begleitende Trainings zur Anwendung des Fragebogens angeboten werden. Auch eine interne Vorstellung des Systems (z.B. im Intranet) sollte erwogen werden.

e) Prozess eines Mitarbeitergesprächs

Die Personalabteilung gibt den Anstoß zum Führen der jährlichen Beurteilungsgespräche.
↓
Zur Vorbereitung übergibt die Führungskraft dem Mitarbeiter den Beurteilungsbogen.
↓
Gemeinsames Beurteilungsgespräch von Führungskraft und Mitarbeiter
↓
Das Gespräch wird im Bogen protokolliert und von beiden Seiten unterschrieben.
↓
Der Gesprächsbogen wird von der übergeordneten Führungskraft kontrolliert.
↓
Übergabe des Beurteilungsbogens an die Personalabteilung
↓
Auswertung z.B. über bestehenden Qualifizierungsbedarf
↓
Beurteilungsbogen geht in die Personalakte des Mitarbeiters ein, Kopie an Mitarbeiter.

Abb. 26: Ablaufdiagramm eines Mitarbeitergesprächs

☞ Zu Aufgabe 5

a) Leitfragen

Im Vorfeld des Mitarbeitergesprächs sollte sich eine Führungskraft mit den folgenden Fragen beschäftigen:

- Hat der Mitarbeiter die mit ihm vereinbarten Ziele erreicht?
- Wie haben sich Leistungen und Leistungsbereitschaft des Mitarbeiters entwickelt?

- Hat der Mitarbeiter besondere Fähigkeiten erworben?
- Hat der Mitarbeiter den richtigen Arbeitsplatz?
- Soll der Mitarbeiter in besonderer Weise gefördert werden?
- Könnte er an einer anderen Stelle des Unternehmens mehr leisten?
- Wo und wie sind vorhandene Mängel bei Leistung und Führung zu beheben?
- Welche Personalentwicklungsmaßnahmen sollten vereinbart werden?

b) Erfolgsfaktoren

Das Mitarbeitergespräch sollte in einer ungestörten, vertrauensvollen und angenehmen Gesprächsatmosphäre stattfinden. Es sollte von beiden Seiten gut vorbereitet und strukturiert sein. Es sollte sachlich sein und sowohl positive wie negative Sachverhalte ansprechen. Gespräche sind Dialoge, keine Monologe. Insbesondere ist es wichtig, dass die Führungskraft aktiv zuhört. Das Gespräch sollte konstruktive Tipps für die persönliche Entwicklung beinhalten. Die Beurteilung sollte sich auf konkretes, veränderbares Verhalten beziehen und möglichst mit Beispielen untermauert sein.

c) Verlauf eines Mitarbeitergespräches

Ein Mitarbeitergespräch sollte folgendermaßen strukturiert sein: Nach der Begrüßung und einigen einleitenden Sätzen wird das Thema des Mitarbeitergesprächs dem Mitarbeiter genannt. Es werden Ziele und Wünsche des Gesprächs erläutert. Im Gespräch sollten Handlungsmöglichkeiten erarbeitet und das weitere Vorgehen besprochen werden. Die Führungskraft sollte dem Mitarbeiter bei Bedarf ihre Unterstützung anbieten. Sinnvoll ist es, die Gesprächsergebnisse schriftlich festzuhalten und dem Mitarbeiter eine Kopie auszuhändigen.

Zu Aufgabe 6

a) Unterscheidung zwischen Leistung und Potenzial

Die Leistung eines Mitarbeiters bezieht sich auf dessen gegenwärtig oder in der Vergangenheit gezeigtes Verhalten und seine Arbeitsergebnisse. Die Leistung lässt sich noch recht gut (z.B. durch die jeweilige Führungskraft) einschätzen. Demgegenüber ist das Potenzial eines Mitarbeiters relativ schwer zu beurteilen, weil es sich auf zukünftiges oder erwartetes Leistungsvermögen bezieht. Besonders schwierig ist die Einschätzung bei neu eingestellten Mitarbeitern oder Hochschulabsolventen. Hier gibt es wenig Anhaltspunkte für das Potenzial.

4 Personal- und Organisationsentwicklung steuern

b) Personalportfolio

Leistung

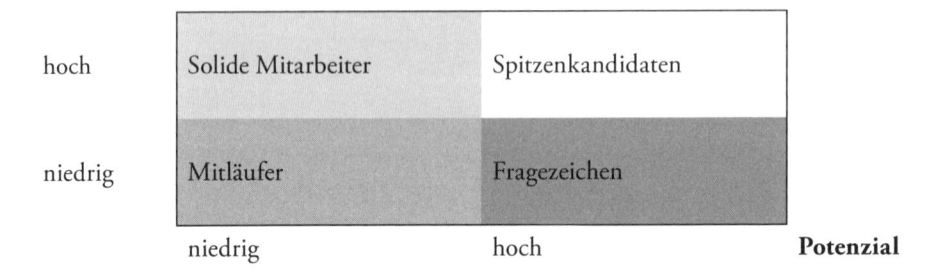

	niedrig Potenzial	hoch Potenzial
hoch	Solide Mitarbeiter	Spitzenkandidaten
niedrig	Mitläufer	Fragezeichen

Abb. 27: Skizze des Personalportfolios

c) Strategisch günstiges Portfolio

Ein strategisch günstiges Personalportfolio zeigt ein Übergewicht im oberen Teil (hohe Leistung). Solide Mitarbeiter bilden die Grundlage jedes Unternehmens. Sie sind für die Leistungserbringung unentbehrlich, haben meist langjährige Erfahrungen und sind somit die Stützen eines jeden Unternehmens. Sie gilt es zu halten, auch wenn das weitere Entwicklungspotenzial eher niedrig einzustufen ist. Spitzenkandidaten, also Mitarbeiter mit hoher Leistung und weiterem hohen Potenzial, sind selten. Hier stellt sich die Frage, ob der Mitarbeiter auf seiner jetzigen Position nicht vielleicht unterfordert ist. Diese Gruppe ist unter Umständen wechselbereit, d.h. die betreffenden Mitarbeiter sind möglicherweise schwer im Unternehmen zu halten. Mitarbeiter mit hohem Potenzial, aber gegenwärtig geringer Leistung (Fragezeichen) sind meist Nachwuchskräfte. Sie sind in der Regel erst seit kurzer Zeit im Unternehmen und haben ihre optimale Leistungskurve noch nicht erreicht. Sie sind aber für die zukünftige Entwicklung des Unternehmens von entscheidender Bedeutung, wenn z.B. solide Mitarbeiter ausscheiden oder wenn das Unternehmen sich in neuen Geschäftsfeldern etablieren möchte. Mitarbeiter mit niedriger Leistung und niedrigem Potenzial gibt es in fast jedem Unternehmen. Das Personalportfolio eines Unternehmens sollte natürlich möglichst wenige solche Mitarbeiter enthalten. Eventuell wäre nach Gründen für die geringe Leistung zu suchen. Diese können in der Person des Mitarbeiters liegen, ebenso aber auch auf Unterforderung, ein schlechtes Betriebsklima oder eine schlechte Führungskraft zurückzuführen sein.

d) Qualifizierungsplan

Grundsätzlich sollte die Verweilzeit eines Mitarbeiters als »Fragezeichen« nur von begrenzter Dauer sein, z.B. für die Zeit der Ausbildung oder des Traineeprogramms. »Fragezeichen« entwickeln sich dann entweder zu soliden Mitarbeitern oder zu Mitläufern. Ein Qualifizierungsplan kann so aussehen, dass den als »Fragezeichen« identifizierten Mitarbeitern Projektverantwortung übertragen wird, um so deren Leistungsmotivation zu verstärken. Gegebenenfalls ist an den Einsatz von Mentoren zu denken. Auch die Übertragung von Sonderaufgaben ist eine Methode zur Ermittlung von Potenzialen.

Lösungsansätze zu Kapitel 4.1

Zu Aufgabe 7

a) Vorteile eines Assessment-Centers

Gegenüber einem Vorstellungsgespräch ist das Assessment-Center wesentlich differenzierter und zugleich komplexer gestaltet. Es können unterschiedliche Eigenschaften und Leistungen getestet werden. Die Vorhersagekraft eines AC übertrifft die eines Vorstellungsgespräches bei Weitem. Alle Bewerber werden nach vergleichbaren Kriterien bewertet, sodass ein gerechteres Auswahlverfahren gewährleistet ist.

b) Übungen in einem Assessment-Center

Gruppendiskussionen

Ein bestimmtes Thema soll innerhalb einer Gruppe mit mehreren Bewerbern diskutiert werden. Dabei können die Durchsetzungsfähigkeit und soziale Fähigkeiten, wie aktives Zuhören oder konstruktive Zusammenarbeit, getestet werden.

Rollenspiele

Hier werden fiktive Situationen, wie z.B. Verkaufsgespräche oder Mitarbeitergespräche, durchgespielt. Dabei werden Gesprächsführung und Kommunikationsfähigkeit der Teilnehmer analysiert.

Präsentationen

Präsentationen bieten die Möglichkeit zur Feststellung von Ausdrucksstärke, Gestaltungsfähigkeit, Begeisterungsfähigkeit, Kontakt zum Publikum und Authentizität.

Postkorb-Übungen

Die Teilnehmer müssen bei dieser Übung eine Vielzahl von Aufgaben und Terminen erledigen und in ihrem Terminplan einplanen. Es gilt Prioritäten zu setzen und Aufgaben gegebenenfalls zu delegieren. Kriterien wie Selbstmanagement, Planungsgeschick, Organisationstalent und vor allem Belastbarkeit und Konzentrationsfähigkeit können gut gemessen werden.

Interviews

Auch Einzelgespräche, die den Charakter eines Vorstellungsgespräches annehmen, sind in der Regel Bestandteil eines Assessment-Centers. Das mündliche Ausdrucksvermögen, die Körpersprache und die Fähigkeit zum aktiven Zuhören können auf diese Art und Weise ermittelt werden.

c) Auswahl der Beobachter

Die Beobachter bei einem Assessment-Center sollten sich zusammensetzen aus Führungskräften des Unternehmens und psychologisch und diagnostisch geschulten Mitarbeitern. Sinnvoll ist der Einsatz von Führungskräften derjenigen Abteilung, die Nachwuchskräfte sucht. Psychologisch geschulte Mitarbeiter finden sich meist in den Personalentwicklungsabteilungen. Es sollten aber auch externe Berater oder Trainer, die Erfahrungen mit der Durchführung von ACs besitzen, zum Einsatz kommen, um einer Betriebsblindheit in der Bewertungsphase vorzubeugen.

d) Auswahl- und Entwicklungsassessment

Bei einem Auswahlassessment werden neu einzustellende Mitarbeiter beurteilt. In der Regel handelt es sich um Hochschulabsolventen, die als Nachwuchsführungskräfte eingestellt werden sollen.

Bei einem Entwicklungsassessment wird das Potenzial von Unternehmensmitarbeitern analysiert. Hier geht es darum, zu prüfen, ob sich Mitarbeiter für qualifiziertere Tätigkeiten (z.B. Führungsaufgaben) eignen.

4.2 Konzepte für die Kompetenzentwicklung der Mitarbeiter sowie Qualifikationsanalysen und Qualifizierungsprogramme entwerfen und umsetzen

Aufgabe 1

Die Secura-Versicherungs AG beauftragt das Call-Center Easy-Phone mit der Abwicklung des telefonischen Kundenservice im Inbound-Bereich (eingehende Telefonanrufe mit Anfragen von Kunden) und dem Verkauf eines neuen, wenig erklärungsbedürftigen Finanzproduktes im Outbound-Bereich (ausgehende Telefonate). Die Call-Center-Mitarbeiter müssen auf die neuen Aufgaben vorbereitet werden.

a) Beschreiben Sie Ziele des Schulungsprogramms.

b) Erläutern Sie geeignete Lernmethoden für die Qualifizierung.

c) Beschreiben Sie die Einsatzmöglichkeiten von E-Learning in dieser Qualifizierung.

d) Erläutern Sie, wie die Qualität der Informations- und Beratungsprozesse sichergestellt werden kann.

Aufgabe 2

Die Müller Pharma GmbH stellt Mängel im telefonischen Kundenservice fest. Kunden beschweren sich über unfreundliche Auskünfte, lange Bearbeitungszeiten und wenig Kulanz bei Reklamationen. Ihre Aufgabe als Personalreferent ist die Beratung der entsprechenden Fachabteilung hinsichtlich einer Qualifizierung der Service-Mitarbeiter.

a) Das Unternehmen hat sich entschlossen, die Mitarbeiter im telefonischen Kundenservice zu schulen. Beschreiben Sie beispielhaft, welche Module eine solche Qualifizierung beinhalten könnte.

b) Erläutern Sie Maßnahmen zur Sicherung und Kontrolle des Lerntransfers.

c) Erläutern Sie, warum E-Learning in diesem Beispiel als Schulungsmaßnahme nur bedingt geeignet ist.

d) Erläutern Sie, inwiefern die Organisation des Unternehmens Ursache des Problems sein könnte.

Aufgabe 3

Für den Leiter der Marketingabteilung des Unternehmens Fuß-Schuhe, der demnächst in den Ruhestand geht, wird ein Nachfolger gesucht. Herr Weber, der seit sechs Jahren im

4 Personal- und Organisationsentwicklung steuern

Unternehmen ist, soll Nachfolger werden. Herr Weber hat bislang keine Führungserfahrung.

a) Wie kann Herr Weber auf die neue Aufgabe vorbereitet werden?
b) Welche Schwierigkeiten können auftreten, wenn Herr Weber vom Kollegen zum Chef wird?

Aufgabe 4

Die Aqua-Waters GmbH entwickelt sich von einem Hersteller von Badeinrichtungen zu einem Full-Service-Anbieter mit komplexem Beratungsangebot. Die Geschäftsführung plant Maßnahmen, um das Servicedenken von Monteuren und Kundenberatern zu verbessern. Die Führungskräfte sollen Fördergespräche durchführen, aus denen Qualifizierungspläne hervorgehen.

a) Erläutern Sie den Aufbau von Fördergesprächen in diesem Fall.
b) Beschreiben Sie die Struktur eines Qualifizierungsplanes.
c) Sie sollen der Geschäftsführung Maßnahmen vorschlagen, wie der Servicegedanke ausgebaut werden kann. Beschreiben Sie drei weitere Maßnahmen.
d) Nennen Sie Faktoren, die die Lernbereitschaft von Teilnehmern beeinflussen.

Aufgabe 5

Im Zeitungsverlag News-Group wird der Anzeigenbereich umstrukturiert. Mitarbeiter, die bislang nur für die Abwicklung der Anzeigenaufträge zuständig waren, sollen in Zukunft auch Kunden beraten. Auf diese Arbeiten müssen die Mitarbeiter vorbereitet werden.

a) Sie werden beauftragt, geeignete Schulungsmaßnahmen durchzuführen. Beschreiben Sie exemplarisch ein entsprechendes Schulungsprogramm.
b) Nennen Sie Kriterien, die bei der Auswahl der Trainer von Bedeutung sein können.
c) Beschreiben Sie Vor- und Nachteile beim Einsatz von internen oder externen Trainern.

Aufgabe 6

Das Unternehmen ProForma hat seine Außendienstmitarbeiter von einem externen Trainingsinstitut schulen lassen. Die Personalleitung will den Trainingserfolg evaluieren.

4.2 Konzepte für die Kompetenzentwicklung der Mitarbeiter

a) Beschreiben Sie Inhalt und Struktur eines Seminarbeurteilungsbogens.

b) Machen Sie Vorschläge, wie der Trainingserfolg in den Arbeitsalltag integriert werden kann.

Aufgabe 7

Sie sind beauftragt worden, eine E-Learning-Plattform für den technischen Kundenservice einzurichten. Die E-Learning-Plattform soll dazu dienen, neue Produkte in ihrer Funktionsweise zu beschreiben und Dokumentationen bereitzuhalten. Außerdem soll die Möglichkeit bestehen, Standardanfragen zu beantworten.

a) Erstellen Sie eine Checkliste, aus der die wichtigsten vorbereitenden Fragen hervorgehen, die bei der Einführung von E-Learning zu berücksichtigen sind.

b) Beschreiben Sie verschiedene Arten von E-Learning.

c) Nennen Sie Vor- und Nachteile von E-Learning.

Aufgabe 8

Betriebliche Weiterbildungsmaßnahmen werden immer wichtiger für den Erfolg des Unternehmens, weil nur dadurch der Qualifizierungsstand der Mitarbeiter an die zukünftigen Herausforderungen angepasst werden kann.

a) Erläutern Sie, weshalb Lebenslanges Lernen ein Bestandteil der Berufsbiografie sein sollte.

b) Beschreiben Sie die Mitbestimmungsrechte des Betriebsrates in der Personalentwicklung.

Aufgabe 9

Schlüsselkompetenzen (Personal Skills) spielen in der heutigen Arbeitswelt eine wichtige Rolle.

a) Nennen Sie zehn Schlüsselkompetenzen.

b) Beschreiben Sie drei Anwendungsfälle, in denen Schlüsselqualifikationen besonders wichtig sind.

4 Personal- und Organisationsentwicklung steuern

Lösungsansätze zu Kapitel 4.2

Zu Aufgabe 1

a) Ziele des Schulungsprogramms

Zunächst ist es wichtig, dass die Mitarbeiter des Call-Centers die Finanzprodukte des Versicherers kennen. Im Outbound müssen detaillierte Produktkenntnisse vorhanden sein, schließlich soll das Produkt verkauft werden. Die Schulungsziele im Inbound sind herausfordernder. Hier geht es darum, die Mitarbeiter auf mögliche Kundenanfragen vorzubereiten.

- Mit welchen Fragen werden die Mitarbeiter konfrontiert?
- Wer ist mein Ansprechpartner im Versicherungsunternehmen bei Rückfragen?
- Wie behandle ich Reklamationen?

Übergeordnete Schulungsziele können sein: Kundenfreundlichkeit, Umgang mit schwierigen Kunden, Verhalten bei Reklamationen.

b) Lernmethoden

Für die Qualifizierung bieten sich unterschiedliche Lernmethoden an. Zur Vermittlung von Wissen bieten sich Vorträge an. Hier werden im vorliegenden Fall Kenntnisse der Finanzprodukte vermittelt. Es werden aber auch mögliche Fragen und Einwände von Kunden vorgestellt. Weiterhin bieten sich Übungen an und Simulationen von Kundengesprächen, die von einem entsprechenden Feedback der anderen Teilnehmer und des Seminarleiters begleitet werden. Dazu können Übungstelefonate und Rollenspiele durchgeführt werden.

c) Einsatzmöglichkeiten von E-Learning

Zur Vertiefung des Wissens kann auch E-Learning zum Einsatz kommen, bei dem die Mitarbeiter die Gelegenheit haben, selbst Themen nachzuarbeiten. E-Learning dient im vorliegenden Fall aber insbesondere der Schulung sachbezogener Themen, wie Produkte, Ansprechpartner etc. Es bietet die Möglichkeit, dass sich jeder Mitarbeiter bedarfsgerecht mit Informationen versorgen kann bzw. auf der Basis von zur Verfügung gestellten Übungsmaterialien seinen Lernprozess selbst steuert.

d) Sicherstellung der Prozessqualität

Die Qualität der Information und Beratung kann durch eine Vielzahl von Maßnahmen sichergestellt werden. Zum einen bieten moderne Telefonanlagen in Call-Centern die Möglichkeit des Mithörens von Kundengesprächen durch die jeweilige Führungskraft. Dies

Lösungsansätze zu Kapitel 4.2

dient in erster Linie nicht der Kontrolle des Mitarbeiters, sondern stellt ein Einzelcoaching zur Identifizierung von Schwachstellen und Unsicherheiten dar, die in regelmäßigen Feedbackgesprächen thematisiert werden sollten. Weiterhin kann die Anrufdauer Aufschluss über Schwachstellen in den Telefonaten ergeben. Wenn ein Mitarbeiter überdurchschnittlich lange mit Kunden telefoniert, kann es sein, dass der Mitarbeiter noch Wissenslücken hat. Wichtig zur Sicherstellung der Prozessqualität ist auch die Kontrolle der nachgelagerten Bearbeitung.

- Wie lange muss der Kunde vom Anruf bis zur Auftragszusendung warten?
- Wie schnell werden Reklamationen bearbeitet?
- Wird alles zur Zufriedenheit des Kunden durchgeführt?

Zur Evaluation der Qualifizierung könnten Kundenbefragungen durchgeführt werden.

Zu Aufgabe 2

a) Module einer Schulungsmaßnahme

Telefontraining

Insbesondere für neue und unerfahrene Mitarbeiter bietet sich ein grundsätzliches Telefontraining an. Übungen zu Freundlichkeit, Gesprächsverlauf und Stimme sollten enthalten sein.

Reklamationsverhalten am Telefon

In diesem Modul sollte spezifisch auf die Behandlung von Reklamationen eingegangen werden, von der Annahme der Reklamation bis hin zur schnellen Bearbeitung.

Workshop zur speziellen Unternehmenssituation mit Praxistransfer

In diesen Workshop werden die Mitarbeiter eingebunden, wenn es darum geht, das spezifische Reklamationsverhalten der Kunden der Müller Pharma GmbH zu analysieren und Möglichkeiten zur Optimierung zu erörtern.

b) Sicherung des Transfererfolgs

Der Lerntransfer sollte sichergestellt werden durch einen Follow-up-Workshop, d.h. in einem Workshop, der ca. einen Monat nach Beendigung der Qualifizierung stattfindet und der zum Ziel hat, zu überprüfen, ob sich das Reklamationsverhalten der Mitarbeiter verändert hat. Weiterhin könnten Telefonate zu zweit geführt werden (ein Mitarbeiter spricht mit dem Kunden, ein anderer Mitarbeiter hört zu und gibt Feedback). Auch die betreffenden Führungskräfte sind gefordert, durch Mitarbeitergespräche das Reklamationsverhalten zu überprüfen.

4 Personal- und Organisationsentwicklung steuern

c) Eignung von E-Learning

E-Learning ist eine sinnvolle Trainingsmaßnahme, die allerdings in diesem Fall kaum nennenswerten Trainingserfolg verspricht. Das Reklamationsverhalten von Mitarbeitern bedarf praktischer Übungen mit einem unmittelbaren Feedback durch qualifizierte Trainer. Nur so können konkrete Situationen reflektiert oder durchgespielt werden. E-Learning-Systeme können meist nur für standardisierte Schulungen eingesetzt werden.

d) Unternehmensorganisation als Ursache

Die Kundenorientierung eines Unternehmens ist in vielfältiger Weise von dessen Organisation abhängig. Lange Bearbeitungszeiten von Reklamationen können auf einen ineffizienten Bearbeitungsablauf (Workflow) hindeuten. Möglicherweise hat der Mitarbeiter, der eine Reklamation entgegennimmt, nicht genügend Kompetenzen und Entscheidungsspielräume, um die Reklamation schnell und unbürokratisch zu erledigen. Vielleicht verfügt die Müller Pharma GmbH nicht über eine eigene Reklamationsabteilung und lässt anfallende Reklamationen von Innendienstmitarbeitern mitbearbeiten. In allen Fällen handelt es sich um Organisationsstrukturen, die die Kundenorientierung des Unternehmens bestimmen.

Zu Aufgabe 3

a) Einarbeitung des Nachfolgers

Sinnvoll ist in jedem Fall eine Einarbeitung von Herrn Weber durch seinen Vorgänger. Hierbei kommt es insbesondere auf die Vermittlung der entsprechenden Fachkenntnisse und spezifischen Problemlagen an. Weiterhin kann ein Qualifizierungsplan für Herrn Weber erstellt werden, der entsprechende Schulungsmaßnahmen (Seminar, Workshop) oder eine Hospitation in einem befreundeten Unternehmen vorsieht. Ergänzend hierzu kann ein Coaching sinnvoll sein, um Herrn Weber auf die neuen Führungsaufgaben vorzubereiten.

b) Akzeptanzprobleme

Wird ein Teamkollege zum Vorgesetzten, können Konflikte auftreten. Möglicherweise gibt es Neider oder Konkurrenten, die sich übergangen fühlen und jetzt unter starken Motivkonflikten leiden. Auch die Durchsetzungsfähigkeit der neuen Führungskraft kann auf eine harte Probe gestellt werden. Fragen nach der Autorität können auftreten. Der Kollege wird zum Chef. Automatisch ist er nicht mehr Mitglied des Kollegenkreises, dem man alles erzählt. Grundsätzlich sollte im Unternehmen darauf geachtet werden, dass bei einer neu zu besetzenden Führungsposition aus den eigenen Reihen die Führungsqualitäten der betreffenden Person dieser besonderen Situation angemessen sind. Wichtig ist, dass Herr Weber als eine Führungspersönlichkeit anerkannt wird, die neben der fachlichen Kompetenz auch eine hohe soziale Kompetenz mitbringt. Dies ist bereits bei der Auswahl für die neue Position zu berücksichtigen. Die Praxis zeigt, dass die Nachbesetzung von Führungspositionen bisweilen noch ausschließlich aufgrund der Fachkompetenz erfolgt. Dies reicht jedoch bei Weitem nicht aus und macht sich dann meist auch schon nach kurzer Zeit negativ bemerkbar.

Zu Aufgabe 4

a) Aufbau eines Fördergespräches

Fördergespräche dienen dazu, die fachlichen, persönlichen, sozialen und methodischen Kompetenzen mit den gegenwärtigen Aufgaben und den zukünftigen Herausforderungen abzugleichen. Sollte sich daraus ein Qualifizierungsbedarf ableiten, muss über entsprechende Maßnahmen nachgedacht werden. Im vorliegenden Fall sind die Fördergespräche vor dem Hintergrund einer Bewertung des Servicegedankens bei Monteuren und Kundenberatern zu führen. Stärken und Schwächen im Service sollten sowohl vom Mitarbeiter selbst eingeschätzt wie auch von der jeweiligen Führungskraft beurteilt werden.

b) Struktur eines Qualifizierungsplanes

Aus den Fördergesprächen lassen sich Qualifizierungspläne erstellen. Es wird konkret analysiert, wo sich ein Qualifizierungsbedarf im Unternehmen ergibt. Wenn dieser Bedarf mit den Qualifizierungsbedürfnissen des Mitarbeiters deckungsgleich ist, wird gemeinsam entschieden, welche Maßnahmen durchgeführt werden. Ein Qualifizierungsplan enthält die Definition eines Entwicklungsziels, die Auflistung erforderlicher Maßnahmen, z.B. Teilnahme an einem Fachseminar, Hospitation, Coaching etc. Außerdem sollte ein Zeitplan für die Qualifizierung erstellt werden. Und es muss eine Entscheidung getroffen werden, ob diese Maßnahme intern oder extern durchgeführt wird. Entsprechende Angebote sind einzuholen, und der Mitarbeiter ist für die Qualifizierungsmaßnahmen freizustellen.

c) Maßnahmen zum Ausbau des Servicegedankens

Als weitere Maßnahmen lassen sich beispielhaft nennen: Kundenbefragungen zur Kundenfreundlichkeit und Reklamationsbearbeitung, Feldbegleitungen durch Führungskräfte oder einen Coach, eine Ausrichtung der Unternehmensprozesse und Organisation am Kunden. Auch Benchmarkings sind angebracht.

d) Lernbereitschaft

Die Lernbereitschaft von Teilnehmern setzt schon vor der Teilnahme an einer Qualifizierung an. Die nachhaltigste Motivation ist eine intrinsische, d.h., der Mitarbeiter erkennt den unmittelbaren Nutzen der Qualifizierung für sich selbst, für seinen beruflichen Werdegang, für den Erhalt des Arbeitsplatzes. Diese Lernbereitschaft kann bereits im Fördergespräch erzeugt werden.

Zur Motivation gehört auch die Attraktivität der Qualifizierungsmaßnahme selbst, vor allem die didaktische Planung, d.h. mit welchen Inhalten der Mitarbeiter konfrontiert wird, welche Bedeutung diese Inhalte für ihn selbst haben und mit welcher Wahrscheinlichkeit diese Inhalte im Arbeitsprozess umgesetzt werden und Nutzen bringen können.

4 Personal- und Organisationsentwicklung steuern

Weiterhin spielt die Zusammensetzung der Lerngruppe eine entscheidende Rolle, d.h. die Homogenität oder Heterogenität der Gruppe. Ferner sind die persönliche, pädagogische und methodische Kompetenz des Trainers und sein Einfühlungsvermögen von großer Bedeutung. Darüber hinaus sind die Auswahl von interaktiven und handlungsorientierten Methoden sowie die Versorgung mit lernprozessbegleitenden Materialien wichtig.

Zu Aufgabe 5

a) Schulungsprogramm

Ein entsprechendes Schulungsprogramm sollte folgende Schwerpunkte beinhalten:

- Produkttraining,
- Kundenansprache,
- Analyse des Kundenverhaltens,
- Durchführung der Kundengespräche,
- Vertragsabschlussgestaltung,
- Umgang mit schwierigen Kunden,
- Behandlung von Reklamationen.

Das Schulungsprogramm sollte den Schwerpunkt auf das Training der sogenannten Personal Skills legen, damit der Übergang von einem administrativen zu einem verkaufsorientierten Profil gelingt.

b) Kriterien für die Trainerauswahl

- sehr gute Branchen- und Produktkenntnisse
- Erfahrungen in Verkaufs- und Kommunikationstrainings
- Fähigkeit, auf die spezifischen Bedürfnisse des Unternehmens und der Teilnehmer einzugehen
- Fähigkeit zur Motivation der Teilnehmer
- Moderationsfähigkeiten und Kenntnisse des Konfliktmanagements

c) Vor- und Nachteile von internen und externen Trainern

Interne Trainer haben den Vorteil, dass sie mit der jeweiligen Branche und den spezifischen Markterfordernissen gut vertraut sind. So können sie spezifischer auf die Bedürfnisse des Unternehmens eingehen. Zudem besteht in der Regel ein Kostenvorteil gegenüber externen Trainern.

Nachteilig ist jedoch, dass interne Trainer in der Regel über weniger methodische und pädagogische Fähigkeiten verfügen. Zudem kann eine Rolle als Trainer und Kollege Konflikte mit sich bringen. Generell lässt sich feststellen, dass Konflikt-, Kommunikations-, Persönlichkeits- und Führungsthemen meist besser bei neutralen, unabhängigen externen Trainern aufgehoben sind, da hier auch die Vertraulichkeit eher gewahrt bleibt und eine größere Teilnehmerakzeptanz erreicht wird.

Zu Aufgabe 6

a) Seminarbeurteilung

Die Beurteilung sollte mit einem standardisierten Beurteilungsbogen erfolgen, mit dem der Teilnehmer einer Trainingsmaßnahme aus seiner Sicht eine Beurteilung und Bewertung abgeben kann. Dieses Feedback soll dazu dienen, Verbesserungsbedarfe hinsichtlich Seminarablauf, Trainern oder Infrastruktur festzustellen. Dazu eignen sich Fragen mit einer skalierbaren Antwortvorgabe und ergänzenden offenen Fragen, wie z.B.:

- Wie beurteilt der Teilnehmer das Seminar bzw. das Training allgemein?
- Wie ist der Gesamteindruck?
- Wie wird der Referent bzw. Trainer beurteilt?
- Wie ist die Zufriedenheit mit der Organisation des Seminars?
- Wurden alle angekündigten Inhalte und Themen behandelt?
- Wie verständlich und klar wurden die Inhalte vermittelt?
- Wie werden die Unterrichtsmethoden beurteilt?
- Wie werden die Arbeitsunterlagen bewertet?
- Wie gut lassen sich die Inhalte des Seminars in den Arbeitsalltag übertragen?

Alle Fragen können durch Zusatzfragen den betriebsspezifischen Bedürfnissen angepasst werden. Sie ersetzen jedoch nicht das persönliche Gespräch mit dem Mitarbeiter nach der Maßnahme, vor allem im Hinblick auf den Transfer der erlernten Fertigkeiten und Kenntnisse in die betriebliche Praxis.

b) Übertragung des Trainingserfolgs in die Praxis

Beim Transfer des Gelernten in die Praxis kommt es neben der Anwendungs- und Veränderungsbereitschaft des Mitarbeiters insbesondere auf die jeweilige Führungskraft an. Die Führungskraft nimmt bei Zielsetzung, Planung, Kontrolle und Unterstützung der Maßnahmen eine Schlüsselfunktion ein. Sie sollte den Prozess zusammen mit dem Mitarbeiter von Anfang bis Ende aktiv gestalten. Die Transfersicherung kann aber auch durch Mentoren sichergestellt werden, die von Zeit zu Zeit mit dem Seminarteilnehmer die Übertragung in den Arbeitsalltag gemeinsam reflektieren. Auch sogenannte Follow-up-Veranstaltungen, d.h. Veranstaltungen, bei denen sich die Seminarteilnehmer nochmals nach einer gewissen Zeit im Gruppenverband treffen, können eine Transfersicherung bieten.

Zu Aufgabe 7

a) Checkliste

- ☐ Was soll mit E-Learning erreicht werden?
- ☐ Wer ist die Zielgruppe?
- ☐ Ist die Zielgruppe mit dem Einsatz der E-Learning-Plattform vertraut?
- ☐ Welche Themen und Inhalte sollen vermittelt werden?
- ☐ Wer ist für die Erstellung der Inhalte verantwortlich?

4 Personal- und Organisationsentwicklung steuern

- Wie sind die Lern- und Arbeitsplätze ausgestattet?
- Wann soll das Projekt E-Learning beginnen?
- Wann muss das Training verfügbar sein?
- Welches Budget steht zur Verfügung?
- Wie wird das E-Learning in andere Trainingseinheiten eingebunden?
- Wer kontrolliert den Erfolg?
- Wie wird der Erfolg von E-Learning kontrolliert?

b) Arten von E-Learning

Computer-Aided Instruction bzw. Computer-Based Training: Die Lerninhalte werden am Computer präsentiert und können mit dem Computer trainiert und geübt werden. Meist ist das Lernprogramm als Computersoftware verfügbar. Der Computer wird offline, d.h. netzunabhängig eingesetzt.

Web-Based Training: Dies ist eine Weiterentwicklung herkömmlicher Lernprogramme und funktioniert online. Der Lernende ist interaktiv mit anderen Lernenden und gegebenenfalls mit einem Trainer online verbunden.

c) Vor- und Nachteile

E-Learning ist flexibel einsetzbar. Der Mitarbeiter kann dann die Lerneinheiten bearbeiten, wenn er die entsprechende Zeit zur Verfügung hat. E-Learning ist nicht an Seminarräume oder feste Termine gebunden. Durch multimediale Elemente kann der Mitarbeiter gegebenenfalls umfangreiche Simulationen durchführen oder sich vertiefte Produktkenntnisse aneignen. E-Learning stößt dort an Grenzen, wo der Einsatz eines Trainers sinnvoll erscheint, insbesondere in Kommunikationstrainings, die ein individuelles Feedback erfordern, oder in Präsentationstrainings.

Zu Aufgabe 8

a) Lebenslanges Lernen

Die Erstqualifikation eines Arbeitnehmers reicht heute in den seltensten Fällen, um den Anforderungen einer Berufsbiographie zu genügen. Unsere Wirtschaft unterliegt einem permanenten Wandel, der die Unternehmen zur Anpassung an die technischen, sozialen, wirtschaftlichen und gesellschaftlichen Veränderungen zwingt. Das hat Auswirkungen auf die Qualifikationen der Mitarbeiter. Bisherige Qualifikationen verlieren an Wert, neue Technologien oder neues Wissen müssen gelernt und angewendet werden. Zudem kann ein durchschnittlicher Arbeitnehmer heute nur noch in den seltensten Fällen davon ausgehen, beim selben Arbeitgeber bis zum Erreichen des Rentenalters zu arbeiten. Der Wechsel des Arbeitgebers und auch der Branche ist die Regel. Auch der mehrfache Wechsel des Berufes während des Berufslebens ist die Norm. Lebenslanges Lernen, durch Erwerb von Schlüsselqualifikationen erleichtert, gehört zu den Herausforderungen, denen sich Arbeitnehmer stellen müssen.

b) Mitbestimmungsrechte des Betriebsrates

Qualifizierungsprogramme sollten mit dem Betriebsrat abgestimmt werden. Durch eine geeignete Informationspolitik sollte der Betriebsrat als Partner gewonnen werden, um damit auch mehr Akzeptanz bei den Mitarbeitern zu erreichen. Die spezifischen Beteiligungsrechte (Information, Beratung, Initiative, Vorschlagsrecht, Mitbestimmung) ergeben sich insbesondere aus den §§ 92, 96 bis 98 BetrVG. Bei der Durchführung von Maßnahmen der betrieblichen Berufsbildung hat der Betriebsrat ein Mitbestimmungsrecht.

Zu Aufgabe 9

a) Schlüsselkompetenzen

- Teamfähigkeit
- Flexibilität
- Kritikfähigkeit
- Verantwortungsbewusstsein
- Konfliktfähigkeit
- Belastbarkeit
- Kommunikationsfähigkeit
- Kreativität
- Selbstständigkeit
- Veränderungsbereitschaft

b) Anwendungsfälle

Teamfähigkeit

In Projektgruppen ist Teamarbeit gefragt. Es kommt hier nicht so sehr auf die Einzelleistung an; wichtig ist, dass das Projekt erfolgreich durchgeführt wird. Die Projektmitglieder müssen zusammenarbeiten, um ein gemeinsames Arbeitsergebnis zu erzielen. Teamfähigkeit bedeutet hier, andere zu unterstützen, respektvoll mit den anderen Projektmitgliedern umzugehen und das gemeinsame Arbeitsergebnis vor den individuellen Erfolg zu stellen.

Konfliktfähigkeit

Konflikte sind im beruflichen Alltag die Realität. Konflikte sind an sich nichts Schlimmes, im Gegenteil, sie können kreative Prozesse auslösen, Dinge voranbringen und Positionen klären. Voraussetzung dafür ist die Fähigkeit der Konfliktparteien, angemessen miteinander umzugehen. Konfliktfähigkeit erfordert den respektvollen Umgang mit dem Konfliktpartner. Die Interessengegensätze sollten objektiv betrachtet und nicht mit persönlichen Angriffen auf die Person verbunden werden. Konfliktfähigkeit bedeutet auch, ein Interesse an der Konfliktlösung mitzubringen und gegebenenfalls Kompromisse zu schließen.

Selbstständigkeit

Schnelle Marktveränderungen erfordern schnelle Reaktionen darauf sowie selbstständig denkende und handelnde Mitarbeiter, die in der Lage sind, eigenständige Entscheidungen zu treffen und verantwortungsvoll mit den zur Verfügung stehenden Ressourcen umzugehen. Führungskräfte müssen ihrerseits dafür Sorge tragen, dass die Mitarbeiter angemessene Entscheidungsspielräume besitzen und entsprechend qualifiziert sind.

Belastbarkeit

Stress ist ein allgemeines Phänomen der modernen Arbeitswelt geworden. Wichtig ist, dass man die Gelegenheit hat, diesen Stress abzubauen und mit Stress und Arbeitsbelastung adäquat umzugehen. Belastbarkeit als Schlüsselqualifikation bedeutet beispielsweise, in Stresssituationen kundenfreundlich zu bleiben. Es kann auch bedeuten, unter schwierigen Umständen respektvoll mit Kollegen umzugehen.

Kreativität und Innovationsbereitschaft

Potenzialanalysen zeigen häufig, dass das Kreativitäts- und Innovationspotenzial der Mitarbeiter durch den betrieblichen Alltag nicht annähernd abgefordert wird. Gerade für Unternehmen, die sich dem Change Management verschrieben haben, ist es unumgänglich, dieses Potenzial zu nutzen. Dazu gehören entsprechende Trainings sowie Instrumente wie Vorschlagswesen, Kreativitätsworkshops, Ideen- und Wissensmanagement.

4.3 Zielgruppenspezifische Förderprogramme erarbeiten und umsetzen

Aufgabe 1

a) Nennen Sie unterschiedliche Zielgruppen von betrieblichen Förderprogrammen.
b) Nennen Sie Merkmale eines professionell entwickelten Förderprogramms.
c) Erläutern Sie die Bedeutung der Unternehmensstrategie für die Entwicklung von Förderprogrammen.
d) Skizzieren Sie ausgehend von den Unternehmenszielen die einzelnen Schritte, die bei der Planung eines Förderprogramms zu beachten sind.

Aufgabe 2

a) Beschreiben Sie die Kennzeichen individueller und gruppenbezogener Förderprogramme.
b) Nennen Sie Vor- und Nachteile individueller Förderprogramme.

Aufgabe 3

Die Cartech GmbH ist Zulieferer der Automobilindustrie. Es werden Elektronikkomponenten für die Motorsteuerung entwickelt und hergestellt. Nun hat die Entwicklungsabteilung auf Kundenanforderung ein neues Motorsteuerungsmodul als Prototyp angefertigt, der bald ins Produktionsprogramm aufgenommen werden soll. Die Fertigungsmitarbeiter und Schichtführer sollen entsprechend vorbereitet und geschult werden.

a) Beschreiben Sie den möglichen Aufbau eines solchen Schulungsprogramms.
b) Nennen Sie Lernmethoden und Lernmittel, die zum Einsatz kommen könnten.
c) Beschreiben Sie Maßnahmen zur Sicherstellung des Lernerfolges.

Aufgabe 4

Die Neuhuber GmbH will ein Entwicklungsprogramm für jüngere Mitarbeiter einführen, die als Potenzialträger für eine Führungsaufgabe infrage kommen. Es soll gezielt auf die Wahrnehmung von Führungsaufgaben vorbereiten. Sie sollen die Projektleitung übernehmen.

a) Beschreiben Sie mögliche Ziele, Inhalte und Methoden sowie den Aufbau eines Entwicklungsprogramms.

b) Erläutern Sie, wie das Programm intern positioniert/vermarktet werden soll, damit es erfolgreich realisiert werden kann.

c) Nennen Sie Maßnahmen zur Sicherung des Lernerfolges bzw. Lerntransfers.

d) Die Neuhuber GmbH möchte auch ältere Mitarbeiter in das Programm einbinden. Beschreiben Sie geeignete Möglichkeiten der Einbindung.

Lösungsansätze zu Kapitel 4.3

Zu Aufgabe 1

a) Zielgruppen

Führungskräfte, Mitarbeiter, Nachwuchsführungskräfte, Experten, neue Mitarbeiter, Außendienstmitarbeiter, Betriebsräte, Migranten, Frauen, Auszubildende.

b) Merkmale von Förderprogrammen

- Sie orientieren sich an der Unternehmensstrategie.
- Sie verfolgen eine zielgerichtete Entwicklung für das Unternehmen und die Mitarbeiter.
- Sie sind mit der Organisationsentwicklung verschränkt.
- Sie werden begleitet von erfahrenen Führungspersonen, die als Mentoren oder Coaches in das Programm eingebunden sind.
- Sie fördern einen selbstgesteuerten Lernprozess.
- Sie verbinden unterschiedliche Lernformen.
- Sie sind praxisnah und sorgen für eine entsprechende Transfersicherung.

c) Bedeutung der Unternehmensstrategie

Ausgangspunkt für alle Förderprogramme sollten die Ziele des Unternehmens und die Unternehmensstrategie sein. Erst vor diesem Hintergrund – der Frage, wohin sich das Unternehmen entwickeln will, – macht es Sinn, den Qualifizierungsbedarf für die Zielgruppen zu bestimmen. Der Qualifizierungsbedarf ergibt sich erst nach dieser Definitionsphase. Der Qualifizierungsbedarf spiegelt die Interessen und Wünsche des Unternehmens wider, d.h. sie entsprechen den wirtschaftlichen Zielen des Unternehmens.

Die Unternehmensstrategie sollte auch die sozialen Bedürfnisse der Mitarbeiter berücksichtigen, die im Bereich der Personalentwicklung häufig mit den wirtschaftlichen Zielen des Unternehmens komplementär sind.

d) Planungsschritte

Bei der Konzeption von Förderprogrammen sind die folgenden Planungsschritte zu beachten:

4 Personal- und Organisationsentwicklung steuern

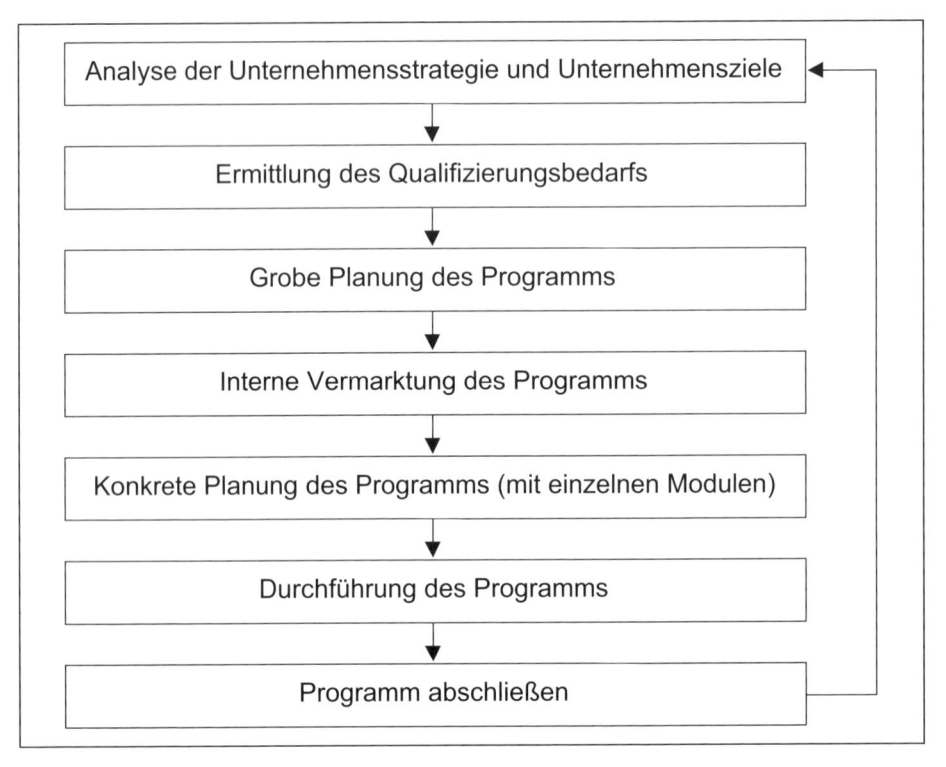

```
┌─────────────────────────────────────────────────────────┐
│  Analyse der Unternehmensstrategie und Unternehmensziele │◄─┐
└──────────────────────────┬──────────────────────────────┘  │
                           ▼                                  │
┌─────────────────────────────────────────────────────────┐  │
│           Ermittlung des Qualifizierungsbedarfs          │  │
└──────────────────────────┬──────────────────────────────┘  │
                           ▼                                  │
┌─────────────────────────────────────────────────────────┐  │
│              Grobe Planung des Programms                 │  │
└──────────────────────────┬──────────────────────────────┘  │
                           ▼                                  │
┌─────────────────────────────────────────────────────────┐  │
│            Interne Vermarktung des Programms             │  │
└──────────────────────────┬──────────────────────────────┘  │
                           ▼                                  │
┌─────────────────────────────────────────────────────────┐  │
│   Konkrete Planung des Programms (mit einzelnen Modulen) │  │
└──────────────────────────┬──────────────────────────────┘  │
                           ▼                                  │
┌─────────────────────────────────────────────────────────┐  │
│              Durchführung des Programms                  │  │
└──────────────────────────┬──────────────────────────────┘  │
                           ▼                                  │
┌─────────────────────────────────────────────────────────┐  │
│                  Programm abschließen                    │──┘
└─────────────────────────────────────────────────────────┘
```

Abb. 28: Planungsschritte

Zu Aufgabe 2

a) Kennzeichen individueller und gruppenbezogener Förderprogramme

Individuelle Förderprogramme richten sich speziell an einzelne Mitarbeiter und sind auf deren individuellen Bedarf hin ausgerichtet. In der Regel werden diese Programme für Nachwuchsführungskräfte z.B. im Rahmen eines Traineeprogramms durchgeführt.

Demgegenüber richten sich gruppenbezogene Förderprogramme an eine bestimmte Zielgruppe innerhalb des Unternehmens. In diese Kategorie könnte beispielsweise ein Verkaufstraining für die Außendienstmitarbeiter fallen. Diese Programme fördern außerdem das Lernen innerhalb einer Gruppe und leisten damit einen Beitrag zur Optimierung der Teamarbeit.

b) Vor- und Nachteile individueller Fördergramme

Vorteile

- punktgenauer Zuschnitt auf den Entwicklungsbedarf des Mitarbeiters
- schnelle Reaktionsmöglichkeit bei veränderten Rahmenbedingungen
- direktes Feedback zum Praxistransfer

Lösungsansätze zu Kapitel 4.3

Nachteile

- hoher Aufwand für die individuelle Konzeption
- nur bedingt auf weitere Personen anwendbar
- intensive Einzelbetreuung und Koordination
- kostenintensiv

Zu Aufgabe 3

a) Aufbau eines Schulungsprogramms

Das neue Motorsteuerungsmodul sollte zunächst in einer Art Einführungsveranstaltung allen betroffenen Mitarbeitern vorgestellt werden. Dabei soll umfassend über das Produkt als solches informiert werden. Die Möglichkeit, Fragen zu stellen, sollte dabei eingeräumt werden. Anschließend erhalten Schichtführer und Fertigungsmitarbeiter gesonderte Trainingsmaßnahmen, die auf den jeweiligen Arbeitsplatz fokussiert sind. In Übungseinheiten werden Probeläufe getestet, und gegebenenfalls wird der weitere Qualifizierungsbedarf individuell festgelegt.

b) Lernmethoden und Lernmittel

Vorträge zur Vorstellung des neuen Produktes, eventuell E-Learning Module, die den Aufbau des Produktes zeigen, individuelle Einweisungen sowie Übungen an Modellgruppen.

c) Maßnahmen zur Sicherstellung des Lernerfolgs

Der Lernerfolg zeigt sich zunächst an der Fehlerquote sowie an der Arbeitsgeschwindigkeit, die bestimmte Prozesse brauchen. Wichtig ist in der Anfangsphase die regelmäßige Kontrolle und Überprüfung der Fehlerquoten. Gegebenenfalls lassen sich hier mit Einzeleinweisungen Qualifizierungsdefizite beheben. Die Produkt- und Prozessqualität ist laufend zu kontrollieren.

Zu Aufgabe 4

a) Beschreibung des Entwicklungsprogramms

Ziel eines Mitarbeiterentwicklungsprogramms für Potenzialträger ist die Vorbereitung auf eine weiterführende Aufgabe innerhalb des Unternehmens, z.B. für die Übernahme von Führungsverantwortung. Daraus ergeben sich verschiedene Teilziele, die wie folgt beschrieben werden können:

- Verbesserung der Kommunikation (innerhalb von und zwischen den Abteilungen),
- Förderung der persönlichen Entwicklung des Mitarbeiters,

4 Personal- und Organisationsentwicklung steuern

- Bildung eines unternehmensinternen Netzwerks,
- Verbesserung des Verständnisses der strategischen Ausrichtung des Unternehmens.

Dazu sollen insbesondere die Schlüsselqualifikationen trainiert werden. Folgende Module seien beispielhaft erwähnt:

- Selbstmanagement und Arbeitsorganisation,
- Schärfung des persönlichen Profils,
- Zusammenarbeit im Team,
- Projektmanagement,
- Präsentationstraining,
- Führung und Kommunikation.

Als Methoden kommen in Betracht:

- Impulsvorträge,
- Kommunikationstraining,
- Outdoor Training,
- Projektarbeiten,
- Gruppen- und Einzelarbeiten.

b) Positionierung des Programms

Wichtig für die Positionierung und interne Vermarktung eines solchen Programms ist eine hohe »Sichtbarkeit« im Unternehmen. Das Einverständnis der Geschäftsführung und der wichtigsten Führungskräfte ist ausschlaggebend für den Erfolg des Programms. Um entsprechende Akzente zu setzen, kann innerhalb des Entwicklungsprogramms z.B. eine Projektarbeit durchgeführt werden, die für das Unternehmen wichtige Ergebnisse erbringen soll. Die Projektergebnisse sollten intern etwa durch eine Präsentation vor den Führungskräften und/oder einen Bericht in der Mitarbeiterzeitschrift dokumentiert werden.

c) Sicherung des Lernerfolges

Zur Sicherung des Lernerfolges können Follow-up-Workshops installiert werden, die nach einer gewissen Zeit die Anwendung der Seminarinhalte in der Praxis reflektieren helfen. Weitere Unterstützungsmaßnahmen sollten besprochen werden. Auch die jeweilige Führungskraft kann den Transfer in die Praxis begleiten, indem sie herausfordernde Aufgaben und Projekte an die Seminarteilnehmer vergibt.

d) Einbindung von älteren Mitarbeitern

Zur Sicherstellung des Lernerfolges und des Wissenstransfers bieten sich auch ältere, erfahrende Mitarbeiter an, die als Mentoren die Seminarteilnehmer begleiten und jeweils ein »Zweiergespann« bilden. Aufgabe der Mentoren wäre es, gemeinsam mit dem Seminarteilnehmer die Übertragung der Lerninhalte auf die konkrete Arbeitspraxis zu reflektieren.

4.4 Qualitätsmanagement in der Personal- und Organisationsentwicklung einsetzen

Aufgabe 1

Ihr Unternehmen stellt mit 450 Mitarbeitern hochwertige Büromöbel her. Seit einiger Zeit wird überlegt, ob die Einführung eines Qualitätsmanagements in den Bereichen Produktion und Kundenservice sowie im Personalbereich eine größere Akzeptanz bei den Kunden bewirken kann.

a) Stellen Sie dar, welche Zusammenhänge es zwischen Qualität und Qualitätsmanagement gibt.

b) Erläutern Sie drei Merkmale für Produktqualität und Dienstleistungsqualität.

Aufgabe 2

Im Zusammenhang mit Qualitätsmanagement werden auch die Begriffe Lean Management, KAIZEN und TQM benutzt. Erläutern Sie diese drei Begriffe.

Aufgabe 3

Im Rahmen des Qualitätsmanagements wird über die Einführung einer Vorgesetzten-Einschätzung nachgedacht.

a) Nennen Sie je drei allgemeine und unternehmensspezifische Dimensionen der Vorgesetzten-Einschätzung.

b) Erläutern Sie zwei Problemfelder hinsichtlich der Umsetzung und des Feedbacks.

Aufgabe 4

Beschreiben Sie den Ablauf eines Zertifizierungsprozesses.

4 Personal- und Organisationsentwicklung steuern

Lösungsansätze zu Kapitel 4.4

Zu Aufgabe 1

a) Qualität und Qualitätsmanagement

Unabhängig von den verschiedenen Ansätzen zur Begriffsbestimmung von Qualität, bezieht sich Qualität immer auf ein Resultat, also z.B. auf ein optimiertes Produkt oder eine verbesserte Dienstleistung. Sichtbar wird die Qualität durch die Akzeptanz der Kunden, d.h. externe Kunden wie Käufer, Lieferanten und Banken, aber auch interne Kunden wie Geschäftsleitung, Führungskräfte, Mitarbeiter und Betriebsrat. Ist die Akzeptanz des Kunden nicht gegeben, können alle Qualitätsanstrengungen noch so groß gewesen sein, sie waren vergebens.

Stehen bei der Qualität also das Resultat und der Nutzen für den Abnehmer im Vordergrund, dann geht es beim Qualitätsmanagement um den Weg hin zu diesem Resultat, um Arbeitsabläufe und Prozesse, also um die Gestaltung der Qualität.

b) Produktqualität und Dienstleistungsqualität

Produktqualität kann erreicht werden durch Verringerung von Durchlaufzeiten, bessere Produktkontrollen, bessere technische Standards, zuverlässigere Prüfverfahren, weniger Ausschuss oder bessere Rohstoffe. Es handelt sich hierbei eher um eine messbare Qualitätsverbesserung, die auch relativ leicht nachzuweisen und zu dokumentieren ist.

Dienstleistungsqualität ist schwieriger zu messen, darzustellen und nachzuweisen. Sie ist auch schwieriger zu erreichen als Produktqualität, weil sie sich eher auf der Verhaltensebene als auf der Sachebene abspielt. Dienstleistungsqualität lässt sich am Grad der Kundenorientierung ablesen, teilweise auch an der Kundenzufriedenheit. So können z.B. Mitarbeiter vielleicht mit einer durchgeführten Betriebsklima-Analyse zufrieden sein, wenn sie aber nicht von vornherein in diesen Prozess eingebunden wurden, ist die Kundenorientierung des Personalbereichs gering gewesen.

Zu Aufgabe 2

Lean Management

- will höhere Produktivität und
- bessere Qualität durch
- Verschlankung der Hierarchien,
- Orientierung an Prozessen und
- neueren Arbeitsformen (Teamarbeit, Projektarbeit, Qualitätszirkel) erreichen.

Lösungsansätze zu Kapitel 4.4

KAIZEN

- ist ein kontinuierlicher Verbesserungsprozess (KVP),
- setzt vor allem an den Prozessen, weniger an den Ergebnissen an,
- richtet sich vor allem an die Mitarbeiterorientierung im Hinblick auf Prozessqualität,
- suggeriert die Akzeptanz des steten Wandels.

TQM (Total Quality Management)

- bedeutet die Ausrichtung aller Mitarbeiter auf Qualitätsziele, Qualitätsplanung und Qualitätskontrolle
- durch ständiges Bewusstmachen dieser Orientierung
- und angestrebte Null-Fehler-Arbeit.

Zu Aufgabe 3

a) Dimensionen der Vorgesetzten-Einschätzung

Allgemeine Dimensionen orientieren sich an den Anforderungen an jede Führungskraft in jedem Betrieb und sind z.B.:

- Entscheidungsfreude und -fähigkeit,
- Planungs- und Organisationsgeschick,
- Information der Mitarbeiter,
- Förderung der Mitarbeiter,
- Kommunikationsfähigkeit,
- Selbstmanagement.

Unternehmensspezifische Dimensionen sind solche, die im Zusammenhang mit der Aufgabenerfüllung typisch für die individuelle Führungskraft sind, z.B.:

- Umsetzung des Qualitätsmanagements,
- Grad der Kundenorientierung,
- Abschluss von Zielvereinbarungen mit den Mitarbeitern,
- Grad der Zielerreichung,
- Umsetzung von Gruppenarbeit im eigenen Bereich,
- Förderung der Kreativität und Innovationsbereitschaft bei den Mitarbeitern.

b) Problemfelder

Umsetzung

Die Einschätzung des Vorgesetzten durch den Mitarbeiter sollte flankiert werden durch eine Selbsteinschätzung des Vorgesetzten oder sogar durch eine Einschätzung des Vorgesetzten durch seine eigenen Vorgesetzten.

4 Personal- und Organisationsentwicklung steuern

Die Vorgesetzten-Einschätzung erfolgt häufig auf freiwilliger Basis, d.h. die Führungskräfte entscheiden selbst darüber, ob sie dieses Instrument einsetzen wollen. Es sollte selbstverständlich sein, dass sich alle Führungskräfte dieser Fremdeinschätzung unterziehen.

Feedback

Eine Vorgesetzten-Einschätzung erfolgt häufig anonym, vor allem wenn sie als Beurteilung verstanden wird. Das dient angeblich dem Schutz der Vorgesetzten. Die Einschätzung sollte gegenüber dem Personalbereich und den Vorgesetzten der Führungskraft vertraulich behandelt werden. Es geht um ein Feedback der Mitarbeiter an die Führungskraft und nicht um die Bereitstellung von Sanktionsgründen oder gar Hebeln zur Selektierung von Führungskräften.

Ein Feedbackgespräch sollte zeitnah an die erfolgte Einschätzung stattfinden und ggf. moderiert werden. Die Ergebnisse sollten (schriftlich) festgehalten werden, um den Erfolg dieser Feedback-Runde später dokumentieren zu können.

Zu Aufgabe 4

Entscheidung zu einem Zertifizierungsprozess

Dazu gehören der unbedingte Wille und die Zustimmung zu diesem Vorhaben. Selbst bei nur geringem Zweifel an der Sinnhaftigkeit sollte Abstand von diesem auch kostenverursachenden Prozess genommen werden. Die Entscheidung umfasst auch die Klärung, auf welche Unternehmensbereiche sich die Zertifizierung erstrecken soll.

Planung des Zertifizierungsprozesses

Eine erstmalige Zertifizierung erfüllt alle Voraussetzungen eines Projektes. Also ist es nur logisch, einen Projektauftrag zu erteilen und ein verantwortliches Projektteam einzusetzen.

Ist-Aufnahme und kritische Analyse der relevanten Prozesse

Die vollständige Erfassung der betrieblichen Prozesse und ihre Verzahnung untereinander werden anschließend kritisch überprüft. Dazu gehören auch die Verfahren und Methoden, die bisher in diesen Prozessen angewendet wurden. Diese Phase und die damit verbundene Dokumentation bildet die Grundlage für die spätere Zertifizierung.

Kontakt mit den Zertifizierern

Diese sind langfristige Prozessbegleiter und -berater und sollten sorgfältig ausgewählt werden, da nicht nur deren Fachkompetenz, sondern vor allem ihre Methoden- und Sozialkompetenz gefragt sind.

Gestaltung und Entwicklung

Das Projektteam hat jetzt die Aufgabe, zusammen mit allen Beteiligten im Unternehmen Prozesse neu zu gestalten, Verfahrensanweisungen zu erstellen und neue Methoden für den Arbeitsablauf vorzuschlagen.

Dokumentation

Im Wesentlichen besteht die Dokumentation aus der Definition der unternehmerischen Qualitätspolitik, dem Qualitätshandbuch, dem Verfahrenshandbuch und der Dokumentation des QM-Systems.

Einführung und Evaluation

Nach einem Probedurchlauf und der Durchführung von internen Audits, verbunden mit einer unmittelbaren Korrektur, erfolgt die externe Zertifizierung durch Audits.

4 Personal- und Organisationsentwicklung steuern

4.5 Führungsmodelle und Führungsinstrumente anwenden, Führungskräfte beraten

Aufgabe 1

Beschreiben Sie einen idealtypischen Ablauf einer Teambesprechung.

Aufgabe 2

Erläutern Sie, wie sich die Motivation des Mitarbeiters auf dessen Leistung auswirkt.

Aufgabe 3

Erläutern Sie Sinn und Zweck von Coachingmaßnahmen.

Aufgabe 4

a) Nennen Sie typische Rollen einer Führungskraft.

b) Erläutern Sie die Kernaufgaben einer Führungskraft.

Aufgabe 5

a) Beschreiben Sie Merkmale der klassischen Führungsstile nach Kurt Lewin.

b) Nennen Sie drei weitere Führungsstile.

Aufgabe 6

Herr Huber, Abteilungsleiter Marketing in der Phonetechnics AG, möchte sich coachen lassen und sucht bei Ihnen als Personalreferent Rat. Herr Huber bereitet sich auf die Nachfolge des Vertriebsbereichsleiters vor.

a) Nennen Sie Qualitätskriterien, die einen guten Coach kennzeichnen.

b) Erläutern Sie, wodurch ein Coaching sich von anderen Entwicklungsmaßnahmen unterscheidet.

4.5 Führungsmodelle und Führungsinstrumente anwenden, Führungskräfte beraten

Aufgabe 7

Im Folgenden werden beispielhaft Leitlinien für Mitarbeiter vorgestellt:

- Integrität,
- Selbsterkenntnis und Anpassungsfähigkeit,
- Zusammenarbeit und Teambildung,
- Ergebnis- und Leistungsorientierung,
- Übernahme von kalkulierten Risiken,
- Gespür für Dringlichkeit,
- strategisches Denken,
- den Gesamtzusammenhang sehen, ohne Details aus den Augen zu verlieren,
- Wissbegierde,
- Organisations- und Talententwicklung.

Für Führungskräfte werden folgende ergänzende Anforderungen formuliert:

- Handelt entschlossen – steht zu Entscheidungen.
- Handelt konsequent im Umgang mit Mitarbeitern mit schwacher Leistung.
- Agiert sicher in vieldeutigen und/oder unsicheren Situationen.
- Stellt das Interesse des gesamten Unternehmens über die Bedürfnisse des eigenen Bereichs.
- Ist offen für die Meinungen und Ideen aller.
- Stellt sich nötigen Konflikten.
- Sieht den Gesamtzusammenhang, ohne die Details aus den Augen zu verlieren.

a) Wie lassen sich diese Leitlinien in den Alltag übertragen? Beschreiben Sie Indikatoren, die die Leitlinien für Mitarbeiter verdeutlichen.

b) Erläutern Sie, warum die Anforderungen für Führungskräfte wichtig sind, gegebenenfalls durch Beispiele.

Aufgabe 8

Vor dem Hintergrund der Einführung eines Qualitätsmanagements wird deutlich, dass die Führungskräfte in Ihrem Unternehmen überlastet sind, weil sie zu wenige Aufgaben delegieren.

a) Beschreiben Sie das Prinzip der Führung durch Delegation (Management by Delegation).

b) Erläutern Sie drei Voraussetzungen, die gegeben sein müssen, damit dieses Modell funktioniert.

c) Nennen Sie drei Vorteile, die sich bei konsequenter Anwendung des Delegationsprinzips ergeben.

4 Personal- und Organisationsentwicklung steuern

Aufgabe 9

Ihr Unternehmen hat die schrittweise Einführung von Zielvereinbarungen beschlossen. Erfahrungen mit diesem Führungsmodell gibt es noch nicht. Sie sollen deshalb in einem Arbeitspapier die grundlegenden Aspekte des Management by Objectives (MBO) darstellen.

a) Erläutern Sie den Prozess von Zielvereinbarungen.

b) Beschreiben Sie, nach welchen Regeln Ziele formuliert werden sollten.

c) Die Führung von Zielvereinbarungen stößt in der Realität häufig schnell an schwer zu überwindende Grenzen. Erläutern Sie drei Problemfelder näher.

Aufgabe 10

Trotz ausgefeilter Motivierungs- und Anreizprogramme in Ihrem Unternehmen vermuten Sie in Teilen der Belegschaft eine starke Demotivation, der Sie entgegenwirken wollen.

a) Erklären Sie den Führungskräften, wo im Bereich des persönlichen Verhaltens von Mitarbeitern Hinweise für Demotivation sein können.

b) Beschreiben Sie Einflussfaktoren auf die Demotivation von Mitarbeitern.

Aufgabe 11

Ihr Unternehmen will in allgemeinen Führungsanweisungen (Führungsrichtlinien) konkrete und verbindliche Verhaltensweisen für Führungskräfte und Mitarbeiter verankern.

a) Erläutern Sie, welche Bedeutung Unternehmens- und Führungsgrundsätze für die Erarbeitung solcher Führungsrichtlinien haben.

b) Nennen Sie fünf Führungsanweisungen (Führungsrichtlinien).

Aufgabe 12

Eine wichtige Führungsaufgabe besteht in der Kontrolle der Mitarbeiter bzw. in der Kontrolle von deren Leistung und Verhalten.

a) Erläutern Sie den Zweck von Kontrollmaßnahmen.

b) Beschreiben Sie Merkmale von kooperativer, d.h. motivierender Kontrolle.

c) Erläutern Sie unterschiedliche Ansätze und Arten von Kontrolle.

Lösungsansätze zu Kapitel 4.5

Zu Aufgabe 1

Einleitung

In dieser Phase sollen das Ziel der Besprechung genannt sowie der Ablauf und der Zeitplan festgelegt werden. Der Moderator verteilt einzelne Rollen (Verantwortlicher für das Protokoll, Verantwortlicher für das Einhalten der geplanten Zeit für die Besprechungspunkte).

Hauptteil

In diesem Teil werden die einzelnen Tagesordnungspunkte abgearbeitet. Hier kommt dem Moderator eine zentrale Aufgabe zu. Er ist dafür verantwortlich, dass die Besprechungspunkte effizient bearbeitet werden. Dazu gehört u.a. das gemeinsame Verständnis darüber, ob es in dem jeweiligen Besprechungspunkt um eine Information, eine Diskussion und/oder eine Entscheidung geht. Ferner muss der Moderator zusammen mit dem »Zeit-Master« darauf achten, dass einzelne Besprechungspunkte nicht über die vorgesehene Zeit hinaus behandelt werden. Ansonsten müssen Besprechungspunkte auf der Agenda gestrichen oder auf die nächste Besprechung verschoben werden.

Abschluss

Die Besprechungsergebnisse werden zusammengefasst und das weitere Vorgehen wird festgelegt. Wichtig ist, dass jede Besprechung mit einem konkreten Aktionsplan endet. Die Teilnehmer müssen Klarheit darüber haben, wer was bis wann zu erledigen hat. Die Abarbeitung der Aufgaben muss spätestens bei der nächsten Besprechung nachgehalten werden.

Zu Aufgabe 2

Die Motivation eines Mitarbeiters hängt in der Regel von drei Faktoren ab:

1. Von der Bereitschaft des Mitarbeiters, Leistung zu erbringen, sowie von seinem Engagement.
2. Von den Möglichkeiten zur Leistungserbringung. Dies ist vordringliche Aufgabe der Führungskraft, die dafür Sorge trägt, dass die Bedingungen für die Leistungserbringung vorhanden sind; so z.B. ein gut ausgestatteter Arbeitsplatz, präzise definierte Anforderungen und herausfordernde Ziele.
3. Von der Fähigkeit zur Leistungserbringung. Hierfür sind Mitarbeiter und Führungskraft verantwortlich, indem sie dafür sorgen, dass der Mitarbeiter die entsprechenden Qualifikationen hat (oder sich erwirbt), um seine Arbeit auszuführen.

4 Personal- und Organisationsentwicklung steuern

Die folgende Abbildung verdeutlicht den Zusammenhang der drei Faktoren.

```
                    Fähigkeit
            (Mitarbeiter + Führungsperson)

                 Motivation und
                  Freude an der
                     Leistung

    Bereitschaft                    Möglichkeiten
    (Mitarbeiter)                   (Führungskraft)
```

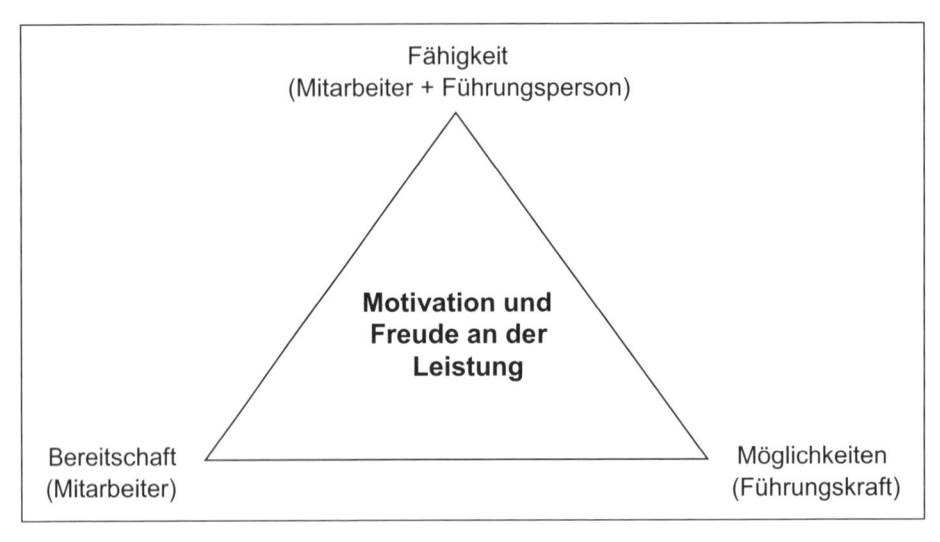

Abb. 29: Motivationsdreieck

Zu Aufgabe 3

Durch ein Coaching soll die eigene Wahrnehmung geschult und verbessert werden. Die Handlungskompetenzen sollen gestärkt und die Selbstreflexion soll gezielt unterstützt werden. Jeder Mensch hat Ressourcen und Stärken zur Bewältigung von besonderen Herausforderungen oder neuen Situationen. Handlungsalternativen sollen diskutiert und neue Vorgehensweisen entwickelt werden. Coachingmaßnahmen richten sich überwiegend an Führungskräfte. Der wesentliche Vorteil des Coachings gegenüber Seminaren besteht darin, dass die Entwicklungsbedarfe individuell und sehr fokussiert bearbeitet werden können. Da es sich im Rahmen eines Coachings oftmals um Fragen der sozialen Kompetenz sowie des Persönlichkeitsprofils handelt, ist eine individuelle Vorgehensweise erforderlich. Vor diesem Hintergrund ist es wichtig, dass im Vorfeld der Maßnahmen die Entwicklungsbedarfe sorgfältig ermittelt werden. Ferner sollte das Ziel des Coachings in einem Briefing-Gespräch zwischen Coach und Klient genau definiert werden.

Zu Aufgabe 4

a) Rollen einer Führungskraft

- Manager
- Organisator
- Koordinator
- Gestalter für Zusammenarbeit

- Potenzial- bzw. Persönlichkeitsentwickler
- Ideengeber
- Motivator
- Entscheider
- Verantwortungsträger
- Prozessbegleiter

b) Aufgaben einer Führungskraft

Vereinbarung von Zielen

Mit Mitarbeitern sollen herausfordernde, an das jeweilige Arbeitsgebiet angepasste Ziele vereinbart werden, die aus der Unternehmensstrategie abgeleitet sind. Erst anhand konkret vereinbarter und terminierter Ziele kann die Umsetzung zielgerichtet erfolgen. Aufgaben können entsprechend definiert, zu Arbeitspaketen zusammengefasst und gegebenenfalls delegiert werden.

Kontrollen

Es geht nicht um eine Dauerbeobachtung von Mitarbeitern, sondern darum, Prozesse aufmerksam zu begleiten, um gegebenenfalls korrigierend eingreifen zu können. Wichtig ist darüber hinaus, dem Mitarbeiter ein entsprechendes Feedback zu Leistung und Verhalten geben zu können.

Entscheidungen

Sowohl auf operativer wie auf strategischer Ebene sind täglich Entscheidungen von kurzer, mittlerer oder längerfristiger Reichweite zu treffen. Ziel einer effektiven Führung ist jedoch auch, die Mitarbeiter zu ermutigen, selbstständige Entscheidungen in ihrem jeweiligen Verantwortungsbereich zu treffen. Dies ist ein Zeichen vertrauensvoller Zusammenarbeit, bei der die Mitarbeiter nicht entmündigt werden.

Organisation

Es geht darum, Arbeitsprozesse, Mitarbeiter und Ressourcen in optimaler Weise abzustimmen, um eine effiziente Arbeitsorganisation zu erreichen.

Förderung der Mitarbeiter

Führungskräfte sind immer auch Personalentwickler. Sie sollten ihre Mitarbeiter ermutigen, sich weiterzuentwickeln, und sie in ihrem beruflichen Werdegang unterstützen. Führungskräfte sollten Mitarbeitern herausfordernde Aufgaben übertragen, an denen sie wachsen können. Nach dem Prinzip »Fördern und Fordern« sollen die Potenziale der Mitarbeiter zum Tragen kommen, damit Mitarbeiter weder über- noch unterfordert sind.

4 Personal- und Organisationsentwicklung steuern

Zu Aufgabe 5

a) Klassische Führungsstile

Autoritärer Führungsstil

- Entscheidungen werden allein vom Vorgesetzten getroffen.
- Aufgaben werden befehlsgemäß angeordnet.
- Informationen werden nur auf dem Dienstweg weitergegeben.
- Übermäßige soziale Distanz des Vorgesetzten zum Mitarbeiter.
- Aufrechterhaltung der Disziplin steht im Vordergrund.
- Vorgesetzter pocht auf Amtsautorität.
- Kritik ist nicht konstruktiv.
- Gruppenbildung ist nicht erwünscht.
- Geringe Entwicklungsmöglichkeiten der Mitarbeiter.
- Fehlende Motivation der Mitarbeiter zur Eigeninitiative.
- Gefahr von Fehlentscheidungen durch den Vorgesetzten.
- Zeitverlust durch häufige Kontrollen.

Kooperativer Führungsstil

- Mitarbeiter werden bei der Entscheidungsfindung beteiligt.
- Prinzip der Delegation wird konsequent umgesetzt.
- Hierarchische Distanz wird als hinderlich angesehen.
- Persönliche Autorität des Vorgesetzten ist wichtig.
- Legitimation der Führung geschieht durch Akzeptanz.
- Informationen werden leicht zugänglich gemacht.
- Mitarbeiter kontrollieren sich selbst.
- Vorgesetzter kontrolliert in Form von Ergebniskontrollen.
- Soziale Bedürfnisse, Statusstreben und der Wunsch nach Selbstverwirklichung werden befriedigt.
- Es herrscht ein entspanntes Betriebsklima.

Laissez-faire-Stil

- Vorgesetzter kontrolliert selten und lässt die Mitarbeiter gewähren.
- Vorgesetzter ist ausschließlich leistungs- und nicht mitarbeiterorientiert.
- Führungskraft neigt zu weichem Kurs und übersieht unerwünschtes Verhalten der Mitarbeiter.
- Vorgesetzter bemüht sich nicht, bei Mitarbeitern Interesse und Aktivität zu wecken.
- Informationen fließen mehr oder weniger zufällig.

b) Weitere Führungsstile

- Transaktionale Führung
- Transformationale Führung
- Situative Führung

Lösungsansätze zu Kapitel 4.5

Zu Aufgabe 6

a) Qualitätskriterien

Ein guter Coach zeichnet sich aus durch:

- Selbstreflexion,
- Offenheit für unterschiedliche Menschen,
- eigene Berufs- und Lebenserfahrungen,
- eine entsprechende psychologische Qualifikation bzw. ein Coaching-Zertifikat,
- Geduld und die Fähigkeit zu kritischem Feedback.

b) Besonderheiten des Coachings

Ein Coaching zielt auf Selbsterkenntnis. Das bedeutet, dass ein Coaching keine Rezepte oder Schulungsinhalte weitergibt, sondern dass der Klient zusammen mit dem Coach seine eigenen Zielsetzungen reflektiert und ausarbeitet. Der Klient soll seine eigenen Wertvorstellungen, Ziele und Handlungsmotive durch eigene Einsicht erkennen. Der Coach spielt die Rolle eines »Sparringspartners«, der Feedback gibt und den Coachingprozess zielgerichtet leitet. Im Gegensatz dazu werden bei Schulungsmaßnahmen Lerninhalte vermittelt oder in Trainings Kompetenzen geschult.

Zu Aufgabe 7

a) Indikatoren

Integrität	• Sagt immer die Wahrheit, auch wenn die Wahrheit unangenehm ist; hält nichts zurück, was gesagt werden muss. • Behandelt Menschen mit Respekt und Würde.
Selbsterkenntnis und Anpassungsfähigkeit	• Fordert aktiv Feedback ein. • Schätzt und nutzt konstruktive Kritik.
Zusammenarbeit und Teambildung	• Zeigt die Fähigkeit zur Zusammenarbeit mit Teams und Einzelpersonen. • Erkennt andere für ihre durch Teamarbeit und Zusammenarbeit erzielten Leistungen an.
Ergebnis- und Leistungsorientierung	• Hält sich selbst für eine konforme und fehlerlose Durchführung verantwortlich. • Fordert andere heraus, den Kunden zum Mittelpunkt ihres Denkens zu machen. • Akzeptiert gerne herausfordernde Ziele.

→

4 Personal- und Organisationsentwicklung steuern

Übernahme von kalkulierten Risiken	• Geht Risiken ein, um Innovation voranzutreiben. • Zeigt den Mut, Ideen und Meinungen, die sich von denen anderer Personen unterscheiden, alleine zu vertreten.
Gespür für Dringlichkeit	• Kann Informationen schnell aufnehmen und verarbeiten. • Identifiziert und ergreift neue Geschäftschancen. • Zeigt eine klare Handlungsbereitschaft und konzentriert sich auf Prioritäten.
Strategisches Denken	• Denkt strategisch, um Wachstum zu erzeugen, die finanzielle Leistung zu verbessern und einen globalen Wettbewerbsvorteil zu erzielen. • Erleichtert anderen das Verständnis für komplexe Probleme. • Setzt Vision und Strategie in durchführbare Ziele und Prioritäten um.
Den Gesamtzusammenhang sehen, ohne Details aus den Augen zu verlieren	• Implementiert beste Praktiken und Systeme, die zu einer wesentlichen Verbesserung der Geschäftsabwicklung führen. • Sorgt für ein gutes Gleichgewicht zwischen notwendigen kurzfristigen Geschäftsergebnissen und langfristigem Nutzen für das Unternehmen.
Wissbegierde	• Verfolgt Branchentrends und versteht die Strategien der Konkurrenten sowie deren Auswirkungen und Relevanz für das Geschäft. • Ist daran interessiert, zu verstehen, wie globale Trends sowohl Herausforderungen als auch Chancen erzeugen. • Hört aktiv zu und ist offen für die Ideen anderer.
Organisations- und Talententwicklung	• Zeigt die Fähigkeit, andere zu inspirieren und zu motivieren. • Identifiziert Talent und Potenzial in anderen. • Gibt und empfängt konstruktives und ehrliches Feedback.

b) Anforderungen für Führungskräfte

Entschlossenheit

Führungskräfte müssen für Mitarbeiter berechenbar sein. Verlässlichkeit bedeutet, Entscheidungen zu treffen, diese deutlich und angemessen zu kommunizieren und hinter den Entscheidungen zu stehen.

Lösungsansätze zu Kapitel 4.5

Konsequenz im Umgang mit schwachen Mitarbeitern

Mitarbeiter müssen klar erkennen können, wie Führungskräfte ihre Leistung beurteilen. Erst die Klarheit des Feedbacks kann zu Verhaltensänderungen führen. Insofern müssen schwache Leistungen thematisiert werden, auch um gerecht gegenüber leistungsstärkeren Mitarbeitern zu sein.

Sicheres Agieren

Oftmals muss eine Führungskraft Entscheidungen in unklaren Situationen oder auf Grundlage unzureichender Informationen treffen. Wichtig ist in solchen Situationen, eindeutig Stellung zu beziehen und danach zu handeln. Unsicheres Agieren würde dazu führen, dass sich die Unsicherheit auf die Mitarbeiter überträgt und sich negativ auf deren Motivation auswirkt.

Vertritt Interessen des Unternehmens

Es kommt bisweilen vor, dass die Abteilungsinteressen den Unternehmensinteressen entgegenstehen, wenn z.B. Kosteneinsparungen an anderer Stelle Qualitätseinbußen verursachen. In solchen Fällen von Interessengegensätzen ist es wichtig, dass die Führungskraft das Interesse des gesamten Unternehmens im Blick behält und nicht die Interessen der eigenen Abteilung höher bewertet.

Offenheit

Führungskräfte müssen offen sein für Ideen und Anregungen von Mitarbeitern und Kollegen. Nur so kann es zum Austausch kommen und Kreativität kann entstehen. Wichtig ist, dass Ideen und Anregungen aufgegriffen und Realisierungschancen kritisch geprüft werden.

Stellt sich Konflikten

Konflikten kann nicht ausgewichen werden. Früher oder später wirken sie sich negativ aus, sei es in einer schlechten Arbeitsatmosphäre, fehlender Motivation oder, noch extremer, in Sabotage. Je früher Konflikte angegangen werden, umso eher kann eine Lösung herbeigeführt werden, die im Sinne aller Beteiligten ist. Insofern muss sich eine Führungskraft Konflikten stellen und darf ihnen nicht aus dem Weg gehen.

Sieht den Gesamtzusammenhang

Eine Führungskraft sollte sich nicht in Details verlieren. Ihre Aufgabe ist es, die strategischen Herausforderungen für die Abteilung, das Team, den Bereich und das Unternehmen zu erkennen und danach zu handeln. Strategische Herausforderungen sind nur zu erkennen, wenn man sich den Blick für den Gesamtzusammenhang bewahrt.

4 Personal- und Organisationsentwicklung steuern

Zu Aufgabe 8

a) Prinzip

Führung durch Delegation bedeutet eine dauerhafte Übertragung von

- Aufgaben,
- Kompetenzen und
- Verantwortung

auf die Stellen in der Hierarchie, die sie am besten wahrnehmen können. Dabei wird deutlich, dass dieses Führungsmodell über die reine Form der Übertragung von Aufgaben hinausgeht, bei der der Mitarbeiter nur mit der Ausführung beauftragt wird, genaue Anweisungen erhält und den Vorgesetzten bei jedem Problem zu fragen und zu informieren hat.

b) Voraussetzungen

- Systematische Information der Mitarbeiter über ihre erweiterten Rechte und Pflichten.
- Einführung von Stellenbeschreibungen, Funktionsbeschreibungen und Ausarbeitung von Führungsgrundsätzen und Führungsanweisungen.
- Mitarbeiter müssen objektiv delegationsfähig (Eignung, Anforderungen, Know-how) und subjektiv delegationswillig (Neigung, Motivation) sein.
- Rückdelegation an den Vorgesetzten und Weiterdelegation durch die Mitarbeiter müssen ausgeschlossen sein.
- Klare Trennung in Handlungsverantwortung des Mitarbeiters und Führungsverantwortung des Vorgesetzten.
- Keine Übertragung von demotivierenden Routinearbeiten.

c) Vorteile

- Der Vorgesetzte wird entlastet und kann sich stärker seiner Führungsverantwortung widmen.
- Entscheidungen können sachgerechter und schneller getroffen werden.
- Eigeninitiative, Leistungsmotivation und Verantwortungsbereitschaft der Mitarbeiter können durch die übertragene Handlungs- und Entscheidungskompetenz gefördert werden.

Zu Aufgabe 9

a) Prozess

- Festlegung einer Zielhierarchie, d.h. Ableitung nachgeordneter Ziele aus Unternehmenszielen und Abteilungszielen; dabei Weitergabe von Informationen über Objekte, Zeiträume und Verantwortliche
- Formulierung der Zielvorstellungen des Vorgesetzten und des Mitarbeiters

Lösungsansätze zu Kapitel 4.5

- Durchführung von Zielvereinbarungsgesprächen
- Ergebniskontrolle in Form von Mitarbeiterbeurteilungen
- Festlegung neuer Ziele

Dieses starre Ablaufschema wird in der Praxis durchbrochen durch die Kontrolle von Zwischenergebnissen mit der Möglichkeit, die ursprüngliche Vereinbarung abzuändern.

b) Formulierung von Zielen

Die Ziele müssen operationalisierbar sein, d.h. sie müssen so präzise formuliert sein, dass das Ergebnis des Handelns beobachtbar und eindeutig messbar ist. Die Ziele müssen für die Mitarbeiter realisierbar sein. Hierfür werden Bedingungen vereinbart und Indikatoren gesetzt. Im Vordergrund steht daher nicht die Handlung des Mitarbeiters, sondern das Ergebnis seines Handelns.

Einprägsam ist die SMART-Formel:

S	Spezifisch	Auf den einzelnen Mitarbeiter zugeschnitten.
M	Messbar	Es muss ein Maßstab vorhanden sein.
A	Attraktiv	Die Zielvereinbarung muss Anreize enthalten.
R	Realistisch	Die Ziele müssen erreichbar sein.
T	Terminiert	Es müssen Fristen zur Erreichung gesetzt werden.

c) Problemfelder

- Das Konzept ist anfällig gegen Missbrauchstendenzen; vor allem in Zeiten des starken Personalabbaus und des Lean Management werden Zielvereinbarungen mehr und mehr durch Zielvorgaben ersetzt.
- Quantitative und damit eindeutig messbare Ergebnisse werden überbetont; kreative, innovative oder visionäre Zielsetzungen bleiben unberücksichtigt.
- Die Mitarbeiter sehen sich einem hohen Leistungsdruck ausgesetzt, der ständig steigt.
- Die Einhaltung von Plänen steht bei den Führungskräften im Vordergrund; andere Führungsaufgaben werden vernachlässigt oder kommen zu kurz.
- Planung, Organisation und Kontrolle erfordern mitunter einen hohen administrativen Aufwand; es kommt zur Überbetonung des bürokratischen Kontrollsystems.
- Ziele für Gruppen oder Teams sind schwer zu vereinbaren.
- Die Technik (Zielbildungs-, Planungs- und Kontrollprozess) ist sehr zeit- und kostenaufwendig.
- Es ist eine ständige Evaluation notwendig, die Einführung eines Controllings ist unerlässlich.

4 Personal- und Organisationsentwicklung steuern

Zu Aufgabe 10

a) Hinweise auf Demotivation

Auf Demotivation kann hindeuten, wenn ein Mitarbeiter

- zu vermehrten Fehlzeiten neigt,
- für sich keine Aufstiegschancen mehr sieht,
- Dienst nach Vorschrift macht,
- Entscheidungen von Vorgesetzten stets kritisch kommentiert,
- zum Ja- oder Nein-Sager wird,
- sich bei seinem Auftreten zurückhält,
- Eingriffe in seinen Arbeitsbereich kommentarlos hinnimmt,
- vor allem mit Dritten über seine Arbeit spricht,
- kein Interesse mehr an Auseinandersetzungen hat.

b) Einflussfaktoren

organisationale Faktoren	Ablauforganisation, Aufbauorganisation Unternehmensleitbild, -kultur, -ziele Strategie des Unternehmens
gesellschaftliche Faktoren	Wertewandel Zeitgeist Zukunftschancen
interpersonelle Faktoren	Kollegen Kunden Führungskräfte
individuelle Faktoren	Erfahrungen Konflikte Wahrnehmung Interpretation

Zu Aufgabe 11

a) Unternehmens- und Führungsgrundsätze

Unternehmensgrundsätze sind der Ausgangspunkt für die Ableitung personalpolitischer Leitbilder. Die Grundsätze sind der Ausdruck der Unternehmensphilosophie. Häufig finden die Unternehmensgrundsätze sich in Unternehmensleitbildern wieder, die sich in erster Linie nach außen richten, z.B. an Kunden, Lieferanten, Banken und Gesellschaft. Unternehmensgrundsätze sind relativ offen und auf einem hohen Abstraktionsniveau formuliert, z.B.

- Einsatz für den wirtschaftlichen Erfolg als oberstes Ziel,
- Handeln auch aus Verpflichtung gegenüber Kunden und Verbrauchern,
- soziale Verantwortung für die Mitarbeiter,
- sich der Bedeutung als regionaler Wirtschaftsfaktor bewusst sein.

Führungsgrundsätze, auch als personalpolitische Leitbilder oder Führungsleitsätze bezeichnet, beziehen sich auf das Verhältnis der Unternehmensleitung zu den Mitarbeitern schlechthin. Auch sie sind noch relativ offen gehalten und werden auf einem mittleren Abstraktionsniveau formuliert. Dazu gehören z.B.

- die Bedeutung der Mitarbeiter für den Unternehmenserfolg,
- offene Kommunikation als Grundsatz der Zusammenarbeit der Träger der Personalpolitik,
- kooperativer Führungsstil als Basis für das Verhältnis zwischen Führung und Mitarbeiter,
- transparente Informationspolitik des Unternehmens.

b) Führungsanweisungen (Führungsrichtlinien)

sind als konkrete Verhaltensregeln ausgelegt, wie z.B.

- Verantwortung für die Einführung von Mitarbeitern,
- Gleichbehandlung von Mann und Frau,
- Unterscheidung von Handlungs- und Führungsverantwortung,
- sichere Arbeitsplatzgestaltung,
- Regeln für Kritik und Anerkennung,
- Formen der Kontrolle der Mitarbeiter und ihrer Leistung,
- Regeln für Teamarbeit,
- Verhalten im Beschwerdefall und Einhaltung der Beschwerdewege,
- Stellung von Fachvorgesetzten und Disziplinarvorgesetzten,
- Organisation des betrieblichen Vorschlagswesens oder Ideenmanagements,
- Grundsätze der Informationspolitik.

Führungsanweisungen (Führungsrichtlinien) sind für das gesamte Unternehmen oder Teile des Unternehmens verbindlich. Sie sollten allen Betroffenen ausgehändigt und kommuniziert werden. Obwohl sie keinen Rechtscharakter haben, vermitteln sie dennoch ein Grundverständnis und einen Grundkonsens und wirken deshalb verhaltensbestimmend.

Zu Aufgabe 12

a) Zweck von Kontrollmaßnahmen

Kontrolle ist ein wesentliches Instrument zur Unternehmenssteuerung. Im Prinzip geht es darum, rechtzeitig Ursachen für Zielabweichungen zu finden, um noch ebenso rechtzeitig Korrekturmaßnahmen einleiten zu können. Es geht nicht darum, Schuldige zu identifizieren, sondern darum, dem Mitarbeiter eine Rückmeldung über sein Leistungsverhalten zu geben. Dies umzusetzen erfordert aber sehr viel Führungskompetenz, denn die Wirklichkeit sieht meistens anders aus.

b) Merkmale motivierender Kontrolle

Kontrolle ist also vom Ansatz her nicht unbedingt demotivierend, die sachliche Notwendigkeit wird von Mitarbeitern durchaus eingesehen. Die Art und Weise, wie Kontrolle vom Vorgesetzten ausgeübt wird, ist letztlich dafür entscheidend, ob sie als motivierend oder demotivierend wahrgenommen wird.

Motivierende Kontrolle erkennt man u.a. an folgenden Merkmalen:

Offenheit: Der Mitarbeiter weiß, was kontrolliert wird, und kennt die Methoden. Er erwartet eine Rückmeldung in Form von Anerkennung oder Kritik.

Klarheit: Kontrolle erfordert Maßstäbe, Normen und Regeln, an denen das Leistungsverhalten gespiegelt wird. Diese Maßstäbe müssen eindeutig und gerecht sein.

Sachlichkeit: Kontrolle muss korrekt durchgeführt und darf nicht persönlich werden, obwohl sie natürlich persönlich erfolgen muss.

Taktgefühl: Kontrolle darf nicht verletzen, die Achtung vor dem Mitarbeiter muss gewahrt bleiben.

c) Arten und Ansätze von Kontrolle

Selbstkontrolle	Der Mitarbeiter überprüft seine Leistungen nach eigenem Ermessen.
Fremdkontrolle	Führungskräfte, Controller oder technische Einrichtungen werden mit der Kontrolle beauftragt.
Verfahrenskontrolle	Dabei geht es um Kontrollen des Prozesses, des Arbeitsablaufes und des Arbeitsverhaltens des Mitarbeiters.
Ergebniskontrolle	Nicht die Art und Weise des Zustandekommens, sondern allein das Ergebnis ist Gegenstand der Kontrollmaßnahmen.
Stichprobenkontrolle	Arbeitsleistungen werden durch wenige, aber systematisch ausgesuchte regelmäßige oder zufällige Vorgänge kontrolliert.
Gesamtkontrolle	Alle Tätigkeiten und Leistungen unterliegen einer permanenten Kontrolle.

4.6 Betriebliche Arbeitsformen mitgestalten, Grundsätze moderner Arbeits- und Lernorganisation umsetzen

Aufgabe 1

Die Geschäftsführung der Multiplan KG hat festgestellt, dass die Zusammenarbeit innerhalb der Führungsmannschaft nicht optimal ist. Die Kommunikation funktioniert schlecht, es herrscht Misstrauen.

a) Beschreiben Sie folgende Maßnahmen zur Lösung des Problems: Teamtraining, Gruppencoaching, Einzelcoaching.

b) Nennen Sie die Vor- und Nachteile der Maßnahmen.

Aufgabe 2

a) Beschreiben Sie die Unterschiede zwischen Lernen on-the-job und Lernen off-the-job. Worin liegen Vor- und Nachteile?

b) Beschreiben Sie die Unterschiede zwischen Job-Rotation, Job-Enrichment und Job-Enlargement.

c) Nennen Sie Vorteile von Job-Rotation.

d) Erläutern Sie, wann und unter welchen Umständen der Einsatz von E-Learning sinnvoll ist.

e) Nennen Sie die Vorteile von E-Learning.

Aufgabe 3

Der Erwerb der beruflichen Handlungskompetenz soll durch handlungsorientiertes Lernen sichergestellt werden.

a) Erläutern Sie die Eckpfeiler dieses Konzeptes.

b) Welche Ziele werden mit diesem Konzept verfolgt?

Aufgabe 4

Nach einer Umstrukturierung Ihres Personalbereiches soll die Personalarbeit von mehreren Referententeams wahrgenommen werden. Da diese neue Arbeitsform nicht verordnet werden kann, soll die Teamentwicklung von internen Trainern begleitet werden.

4 Personal- und Organisationsentwicklung steuern

a) Erläutern Sie Ziele eines Teamtrainings.

b) Beschreiben Sie typische Merkmale in den Phasen der Teamentwicklung.

Aufgabe 5

Das Interesse an teilautonomen oder selbstregulierenden Arbeitsgruppen hat in den letzten Jahren vor allem in der Automobil- und Elektroindustrie zugenommen. Beschreiben Sie Konzeptmerkmale dieser Arbeitsform.

Aufgabe 6

Im Rahmen einer Qualifizierungsmaßnahme sollen Mitarbeiter der Personalabteilung mithilfe eines neuen Personalinformationssystems die Anwesenheitszeiten der Belegschaft erfassen, analysieren und darstellen.

a) Erläutern Sie mit je einem Beispiel, welche Lernbereiche bei dieser Qualifizierung angesprochen werden.

b) Nennen Sie drei Lerntypen, denen Sie als Trainer dieser Qualifizierung begegnen können.

c) Welche Bedeutung hat die Kenntnis der Lerntypen für die Lernorganisation in diesem Fall?

d) Welche Methoden werden Sie einsetzen, um handlungsorientiertes Lernen zu ermöglichen?

Aufgabe 7

Ein Vorteil der Teamarbeit ist, dass Entscheidungen, die in der Gruppe getroffen werden, zwar langsamer zustande kommen, aber wegen der Synergieeffekte der Gruppe in der Regel qualitativ hochwertiger als Einzelentscheidungen sind.

a) Beschreiben Sie den Prozess einer Entscheidungsfindung im Team.

b) Nennen Sie Arbeitstechniken im Team, welche die Vorbereitung von Entscheidungen erleichtern.

Lösungsansätze zu Kapitel 4.6

Zu Aufgabe 1

a) Maßnahmen

In einem Teamtraining können allgemeine Einsichten vermittelt werden, z.B. können in einem Outdoor-Training mit Erlebnisfaktor grundlegende Aspekte der Zusammenarbeit und der Führung thematisiert werden. Ein Gruppencoaching in Form eines Workshops geht im Gegensatz dazu detaillierter auf konkrete Probleme in der Kommunikation ein und versucht, eine gemeinsame Lösungsstrategie zu erarbeiten. Das Einzelcoaching setzt beim einzelnen Mitarbeiter bzw. der einzelnen Führungskraft an. Im Fokus steht die Frage, was der Einzelne tun kann, damit die Kommunikation besser läuft, und wie sein Arbeitsgebiet sich besser organisieren lässt.

b) Vor- und Nachteile

Das Teamtraining hat häufig eine höhere Akzeptanz als Gruppen- oder Einzelcoaching, da es allgemeine Einsichten vermittelt, ohne detailliert auf konkrete Problemlagen einzugehen. Es geht dadurch aber nicht immer an die Wurzel der konkreten Problemlage. Das Gruppencoaching kann insbesondere dort auf Ablehnung stoßen, wo die Ursachen für Probleme lokalisiert sind. Mitarbeiter sperren sich unter Umständen, wenn sie erkennen, dass sie an schlechter Kommunikation und Zusammenarbeit selbst beteiligt sind. Ein Gruppencoaching ist allerdings auch sehr effizient, da konkrete Probleme analysiert und abgestellt werden können. Ein Einzelcoaching wird nicht von jedem akzeptiert, und es kann die genuin sozialen Aspekte mangelhafter Kommunikation und Zusammenarbeit nicht einbeziehen.

Zu Aufgabe 2

a) On-the-job und off-the-job

Lernen on-the-job bedeutet, dass der Lernprozess am Arbeitsplatz stattfindet und zielgerichtet an der jeweiligen Arbeit ausgerichtet wird. Lernen off-the-job findet in Seminaren, Trainings oder zu Hause in Eigenverantwortung statt. Der Vorteil von On-the-job-Maßnahmen liegt darin, dass Arbeiten und Lernen Hand in Hand gehen. Wichtig ist dabei, dass der Mitarbeiter entsprechende Unterstützung bei Kollegen, Führungskräften und Mentoren findet. Teilweise ist jedoch ein Lernen off-the-job angebrachter; dann nämlich, wenn die Lerninhalte unabhängig vom Tagesgeschäft in Ruhe vermittelt werden sollen. Der Transfer in den Arbeitsalltag stellt dann natürlich eine eigene Herausforderung dar.

4 Personal- und Organisationsentwicklung steuern

b) Job-Rotation, Job-Enrichment, Job-Enlargement

Job-Rotation bedeutet den Wechsel des Arbeitsplatzes oder des Aufgabenbereichs, während Job-Enrichment einen Aufgaben- und Verantwortungszuwachs meint. Das heißt, der Arbeitsplatz bleibt gleich, es kommen aber weitere (qualitativ hochwertigere) Aufgaben hinzu. Job-Enlargement bedeutet einen Aufgabenzuwachs in quantitativer Hinsicht. Man kann hier auch von Aufgabenverbreiterung, Arbeitsfeldvergrößerung oder Arbeitseinsatzausdehnung sprechen.

c) Vorteile von Job-Rotation

- Erweiterung der Qualifikation des einzelnen Mitarbeiters.
- Gegenseitige Vertretung in der Abteilung oder Gruppe wird erleichtert.
- Eventuelle Fluktuation in der Abteilung lässt sich leichter ausgleichen.
- Verbesserung der wechselseitigen Kommunikation.
- Verbesserung des Verständnisses für andere Aufgaben und Abläufe.

d) Einsatz von E-Learning

E-Learning bietet sich besonders dort an, wo Mitarbeiter sich eigenständig Wissen aneignen können, wie z.B. bei Produktschulungen, EDV-Schulungen oder Schulungen im technischen Bereich. E-Learning stößt dort an Grenzen, wo ein differenziertes Feedback durch einen Trainer erforderlich wird.

e) Vorteile von E-Learning

- Qualifiziertes, flexibles und schnelles Schulungsinstrument.
- Stellt bedarfsgerechtes Training zur rechten Zeit zur Verfügung.
- Ermöglicht strukturiertes Lernen am Arbeitsplatz.
- Fördert das Lernen außerhalb der Arbeitszeit.
- Verkürzt unter Umständen den Zeitaufwand für Lernen und Training.
- Nimmt auf individuelle Lerngewohnheiten und Lerngeschwindigkeiten Rücksicht.
- Stellt eine einheitliche Trainingsquelle dar.
- Ist kostengünstig.

Zu Aufgabe 3

a) Eckpfeiler

Berufliche Handlungskompetenz wird begriffen als die Fähigkeit eines Mitarbeiters, seine Arbeit selbst zu planen, zu steuern und zu kontrollieren. Es handelt sich um einen ganzheitlichen Ansatz, der im Gegensatz zu bisherigem Lernen die fachlich-kognitive Komponente durch überfachliche Kompetenzen wie Methodenkompetenz und soziale Kompetenz ergänzt. Der Erwerb von Schlüsselqualifikationen ist ein wesentlicher Erfolgsfaktor bei diesem Lernansatz. Die Prinzipien des handlungsorientierten Lernens sind u.a.:

Lösungsansätze zu Kapitel 4.6

- Lernen an realen betrieblichen Situationen,
- Lernen in der Gruppe oder im Team,
- selbstgesteuertes Lernen,
- Vorgesetzter ist Lernbegleiter, Moderator oder Coach,
- Informationsbeschaffung erfolgt durch den Lernenden selbst,
- der Lernende ist für die Organisation seiner Lernprozesse selbst verantwortlich,
- Lernen ist dezentral und verbindet Arbeits- und Lernprozesse,
- Lernen geschieht individuell.

b) Ziele

Man verspricht sich durch das handlungsorientierte Lernen u.a.:

- ein nachhaltigeres Lernen, d.h. längere Behaltenserfolge,
- schnellere Umsetzung des Erlernten in den Arbeitsalltag,
- ein motivierendes Lernen, weil es für den Lerner einsichtiger ist,
- eine Entlastung von Vorgesetzten, Ausbildern und Trainern,
- eine größere berufliche Mobilität und Flexibilität der Mitarbeiter,
- die Vermeidung von Lernschwierigkeiten und Lernhindernissen,
- die Fähigkeit, das Lernen zu lernen,
- die Verbesserung von Problemlösungspotenzialen,
- die Erhöhung der Employability.

Zu Aufgabe 4

a) Ziele eines Teamtrainings können sein:

- ein gemeinsames Verständnis von Gruppenarbeit zu erzielen,
- Vor- und Nachteile der Gruppenarbeit zu erleben und zu diskutieren,
- Erfahrungen für typische Gruppenprozesse zu vermitteln,
- Spielregeln für erfolgreiche Gruppenarbeit kennenzulernen,
- die eigene Rolle und die Veränderung der Aufgaben bei der Einführung von Gruppenarbeit zu diskutieren,
- das soziale Zusammenwachsen der Gruppe zu fördern,
- konkrete Maßnahmen für die zukünftige Gruppenarbeit zu vereinbaren.

b) Phasen der Teamentwicklung

Jedes Team durchläuft auf der Beziehungsebene typische Entwicklungsstadien bzw. -phasen. Diese Prozesse sind notwendig zur Entwicklung eines erfolgreichen, selbstbewussten Teams:

- Testphase
  - höflich
  - unpersönlich
  - gespannt
  - vorsichtig

4 Personal- und Organisationsentwicklung steuern

- Nahkampfphase
  - unterschwellige Konflikte
  - Konfrontation der Personen
  - Cliquenbildung
  - mühsames Vorwärtskommen
- Orientierungsphase
  - neue Umgangsformen
  - neue Verhaltensweisen
  - Feedback
  - Konfrontation der Standpunkte
- Verschmelzungsphase
  - ideenreich
  - flexibel
  - leistungsfähig
  - solidarisch
  - hilfsbereit

Teamentwicklung bedeutet:

- eine eigene Teamidentität zu entwickeln, die von jedem Teammitglied angenommen wird,
- alle Teammitglieder mit ihren Leistungen und Emotionen ganzheitlich ernst zu nehmen,
- das Zusammenwirken der Einzelnen im Team zu analysieren und zu optimieren,
- die Einbindung und die Bedeutung des Teams für das Gesamtunternehmen herauszuarbeiten.

Zu Aufgabe 5

Selbstregulation

Einer Gruppe von Mitarbeitern wird die Erstellung eines kompletten (Teil-)Produktes oder einer Dienstleistung überwiegend eigenverantwortlich übertragen. Teilautonome Arbeitsgruppen gehören zur regulären Organisationsstruktur, sind dauerhaft angelegt, und ihre Mitglieder arbeiten konstant zusammen.

Flexibler Arbeitseinsatz

Der Arbeitseinsatz wird kollektiv und autonom durch die Gruppe geregelt. Dabei wird nach dem Prinzip der Job-Rotation vorgegangen. Die Gruppenmitglieder sollen zwischen verschiedenen Arbeitsplätzen wechseln und unterschiedliche Aufgaben wahrnehmen. Dies garantiert im Vertretungsfall die Kontinuität der Arbeit.

Weiterbildung der Gruppenmitglieder

Damit die teilautonome Arbeitsgruppe (TAG) funktionieren kann, müssen die Gruppenmitglieder für die Wahrnehmung unterschiedlicher Aufgaben qualifiziert werden. Diese

Mehrfachqualifikation kann zu einer abwechslungsreicher erlebten Arbeit und zu einer breiteren Qualifikation der Mitarbeiter führen (Job-Enlargement).

Ganzheitliche Arbeitsaufgabe

Entscheidendes Kennzeichen der Arbeit einer TAG ist, dass sie die Planung, Steuerung und Kontrolle der übertragenen Aufgaben zum größten Teil selbst übernimmt. Dies umfasst vor allem Funktionen wie die Prozessgestaltung, den Mitteleinsatz, die Bestimmung der Feinsteuerung von Fertigungsaufträgen oder die Optimierung von Arbeitsbedingungen.

Flache Hierarchien

Außer einem Gruppensprecher, der die Gruppe nach außen vertritt, entscheidet die Gruppe häufig nur in Grenzsituationen, ob sie einen formalen Vorgesetzten haben will, und ggf. welchen.

Zu Aufgabe 6

a) Lernbereiche

- kognitiver Lernbereich (Kopf)
  – Wissen
  – Erkennen
  – Begreifen

Beispiel: Kenntnisse des Arbeitszeitgesetzes, Erkennen von Überstunden und Mehrarbeit von Mitarbeitern

- psychomotorischer Lernbereich (Körper)
  – Gestik
  – Mimik
  – Motorik

Beispiel: Bedienung des Rechners, Eingeben von Daten

- affektiver Lernbereich (Bauch, Herz)
  – Einstellungen
  – Gefühle
  – Werte
  – Normen

Beispiel: sauberes, genaues Arbeiten, Wissen um die Bedeutung der Arbeitszeiterfassung für die Lohn- und Gehaltsabrechnungen, kundenorientiertes Arbeiten

b) Lerntypen

- visueller Lerntyp
- auditiver Lerntyp
- haptischer Lerntyp

c) Bedeutung für die Lernorganisation

Die Kenntnis der Lerntypen ist von Bedeutung für die methodische Aufbereitung des Lernstoffes und für die Auswahl der Medien für den Lernprozess. Da in jedem Menschen alle drei Lerntypen mit unterschiedlicher Ausprägung verankert sind, gibt es die allein erfolgversprechende Methode nicht. Es ist deshalb darauf zu achten, dass es zu einem Wechsel in den Methoden und Medien kommt.

d) Geeignete Methoden für die Qualifizierungsmaßnahme

- Kurzvorträge, um z.B. kognitive Lerninhalte kurz und prägnant zu vermitteln.
- E-Learning, um z.B. den Mitarbeitern die Nacharbeit des Lernstoffes am Arbeitsplatz zu ermöglichen.
- Fallbeispiele, um z.B. die Umsetzung der Lerninhalte in die Praxis zu erleichtern.
- Gruppenarbeit, um komplexe Sachverhalte gemeinsam von der Gruppe bearbeiten zu lassen.
- Einzelcoaching, um z.B. lernschwächere Mitarbeiter gezielt zu unterstützen.

Jede andere zielführend begründete Methode ist ebenfalls anzuerkennen.

Zu Aufgabe 7

a) Prozessbeschreibung

1. Probleme analysieren.
2. Probleme beschreiben und präzisieren.
3. Entscheidung vorbereiten, Informationen systematisch sammeln.
4. Entscheidungsfindung angehen, Ziele und Kriterien zusammenstellen.
5. Alternativen präzisieren, mögliche Auswirkungen der Entscheidung darstellen.
6. Alternativen gewichten/bewerten.
7. Entscheidungsbasis/-alternativen präsentieren.
8. Entscheiden und die Entscheidung umsetzen.

Diese Prozessbeschreibung kann auch mit weniger Stufen auskommen.

b) Arbeitstechniken

- Action List und Themenspeicher
- Baumdiagramm
- Brainstorming
- Datenblatt und Flussdiagramm
- Delphi-Methode
- Entscheidungstabellentechnik
- Nutzwertanalyse
- Matrix-Diagramm
- Methode 635

- Portfolio-Darstellung
- Pro- und Contra-Spiel
- Radardiagramm
- Relationendiagramm
- Szenariotechnik
- Ursache-Wirkungsdiagramm
- Wertschöpfungsanalyse
- Zielanalyse

Da diese Fragestellung auch in anderen Kontexten vorkommt, empfiehlt es sich, einige wenige Techniken zu beherrschen.

4 Personal- und Organisationsentwicklung steuern

4.7 Situationsaufgaben zum Handlungsbereich 4

Situationsaufgabe 1: Wandel in der Führung bei der ErgoBüro GmbH

Die ErgoBüro GmbH hat sich im Laufe der letzten Jahre von einem traditionellen Büromittelhersteller zu einem Anbieter von modernen, ergonomisch ausgerichteten Designerbüromöbeln gewandelt, der sich als »All-in-one«-Anbieter auf dem Markt versteht. Die Kunden des Unternehmens werden bei der Planung beraten, die Möbel werden nach den Wünschen der Kunden produziert und bei den Kunden vor Ort aufgestellt. Durch diesen Wandel in der Produktgestaltung musste auch die Aufbauorganisation angepasst werden, die Stablinienorganisation ist durch ein reines Projektmanagement ergänzt worden. Die neue Produktlinie verlangte auch nach Innovationen in der Personalentwicklung, die gestrafft und systematisiert wurde. Die betriebliche Ausbildung wurde verstärkt, neue Ausbildungsberufe wurden eingeführt. Ein Unternehmensleitbild wurde geschaffen und Führungsgrundsätze wurden erarbeitet.

Beantworten Sie die folgenden Fragen vor dem Hintergrund der geschilderten Ausgangssituation.

Aufgabe 1 (25 Punkte)

In Ihrem Unternehmen soll die bisher übliche Form der Jahresmitarbeitergespräche durch ein Beurteilungssystem abgelöst werden, das zusammen mit der neuen »Führung durch Zielvereinbarungen« eingeführt wird und mit diesem kompatibel ist.

a) Erläutern Sie fünf Voraussetzungen für Zielerreichungs- und Beurteilungsgespräche mit Zielvereinbarungen. (10 P.)

b) Nennen Sie fünf Bestandteile für einen zu entwickelnden Gesprächsleitfaden. (5 P.)

c) Erläutern Sie fünf wichtige Voraussetzungen für das Gelingen von Zielvereinbarungen (Management by Objectives). (10 P.)

Aufgabe 2 (30 Punkte)

Sie haben den Auftrag von der Geschäftsleitung erhalten, die zukünftigen Personalentwicklungsmaßnahmen individueller, kostengünstiger und erfolgreicher zu gestalten.

a) Beschreiben Sie drei Möglichkeiten der Individualisierung von Förder- und Qualifizierungsmaßnahmen. (6 P.)

b) Nennen Sie fünf Möglichkeiten der Gestaltung von erfolgssichernden Rahmenbedingungen von Qualifizierungsmaßnahmen. (5 P.)

c) Bei der Durchführung von internen Qualifizierungsmaßnahmen mit eigenem Trainingspersonal fallen die Seminarbeurteilungen in der Regel schlechter aus als bei externen Maßnahmen. Erläutern Sie, welche Ursachen dafür verantwortlich sein könnten. (10 P.)

d) Erläutern Sie drei Maßnahmen für einen Transfererfolg von Qualifizierungsmaßnahmen. (9 P.)

Aufgabe 3 (20 Punkte)

In der Vergangenheit dominierten in Ihrem Unternehmen im Bereich der beruflichen Weiterbildung Anpassungsmaßnahmen, d.h., fehlende Fertigkeiten und Kenntnisse für einen Arbeitsprozess wurden meist durch kurze On-the-job-Maßnahmen vermittelt. Die Geschäftsleitung fordert die verstärkte Hinwendung zu Maßnahmen, die unternehmerisches Denken und Handeln, Innovationsbereitschaft und Akzeptanz einer Null-Fehler-Mentalität unterstützen. In Zukunft sollen deshalb Schlüsselqualifikationen eine größere Rolle spielen, um diese Veränderungen in der Verhaltenskompetenz erfolgreich zu begleiten.

a) Beschreiben Sie, welche Kompetenzbereiche mit den Schlüsselqualifikationen angesprochen werden. (6 P.)

b) Erläutern Sie, welche Bedeutung Schlüsselqualifikationen für die Personalentwicklung eines Unternehmens haben. (5 P.)

c) Nennen Sie zwei Schlüsselqualifikationen und beschreiben Sie eine konkrete betriebliche Situation, für die diese von Bedeutung sind. (5 P.)

d) Nennen Sie vier Entwicklungsmaßnahmen, in denen vor allem Schlüsselqualifikationen erworben und weiterentwickelt werden. (4 P.)

Aufgabe 4 (25 Punkte)

Der Anteil von Projektarbeit in Ihrem Unternehmen steigt stetig an. Damit stellt sich auch die Frage nach einem Führungsstil, der dieser Arbeitsform am ehesten gerecht wird. Sie erhalten die Aufgabe, den Führungskräften das Konzept der situativen Führung zu erläutern.

a) Beschreiben Sie das Grundschema der situativen Führung. (10 P.)

b) Erläutern Sie die Bedeutung des Reifegrades für die situative Führung. (5 P.)

c) Erläutern Sie den Zusammenhang zwischen Reifegrad und angemessenem Führungsverhalten in diesem Modell. (10 P.)

4 Personal- und Organisationsentwicklung steuern

> **Situationsaufgabe 2: Personalentwicklung in einem international agierenden Unternehmen**
>
> Sie sind Personalreferent in der MediTop GmbH, einem mittelständischen Unternehmen mit 260 Mitarbeitern, das medizinische Geräte und Apparate für den OP-Bereich herstellt. Ihr Unternehmen ist in den vergangenen Jahren in Deutschland zum Marktführer geworden und hat Verbindungen in die USA und in den asiatischen Raum geknüpft. Die betriebliche Ausbildung wurde intensiviert. Für die nahe Zukunft stehen in der Personalentwicklung für verschiedene Mitarbeitergruppen Personalentwicklungsmaßnahmen an, z.B. interkulturelle Trainings und Sprachschulungen. Auch die Führungsgrundsätze der MediTop GmbH sollen überarbeitet werden, ein neues Leitbild soll das Unternehmen selbst und die Unternehmensphilosophie bekannter machen.
>
> Diese Situationsbeschreibung sollte bei allen Aufgaben berücksichtigt werden.

Aufgabe 1 (15 Punkte)

Sie erhalten den Auftrag, ein ganzheitliches Modell zur Förderung des Führungsnachwuchses zu erarbeiten.

a) Erläutern Sie Ihre Vorgehensweise. (10 P.)

b) Nennen Sie fünf Aspekte, die bei der Auswahl von Trainern in Qualifizierungsmaßnahmen von Führungsnachwuchskräften eine Rolle spielen.

Aufgabe 2 (20 Punkte)

Auf allen Stufen der Führungskräftenachwuchsförderung sollen Potenzialeinschätzungen stattfinden. Nur so können die zukünftigen Vorgesetzten individuell gefördert und gefordert und zielgerichtet mit dem größten Nutzen eingesetzt werden.

a) Was verstehen Sie unter einer Potenzialeinschätzung? (5 P.)

b) Nennen Sie fünf Methoden, mit denen das Potenzial einer Nachwuchsführungskraft ermittelt werden kann. (5 P.)

c) Erläutern Sie, was Sie unter einem Assessment-Center verstehen. (5 P.)

d) Erläutern Sie zwei geeignete Übungen in einem Assessment für Führungskräfte. (5 P.)

Aufgabe 3 (25 Punkte)

Mehrere Vorgesetzte, die für die Betreuung der angehenden Führungskräfte zuständig sind, berichten Ihnen von einer zunehmenden allgemeinen Unlust und Gleichgültigkeit

4.7 Situationsaufgaben zum Handlungsbereich 4

in dieser Gruppe, die sie sich nicht erklären können. Sie wollen gemeinsam die Ursachen dafür feststellen, um geeignete Gegenmaßnahmen treffen zu können.

a) Beschreiben Sie vor diesem Hintergrund das Entstehen von Motivkonflikten. (5 P.)

b) Mit welchen Reaktionen auf Motivkonflikte müssen Sie bei der Zielgruppe Nachwuchsführungskräfte rechnen? (10 P.)

c) Erläutern Sie mögliche betriebliche Ursachen für die Demotivation. (10 P.)

Aufgabe 4 (25 Punkte)

Für Ihr Unternehmen ist es aufgrund seiner internationalen Ausrichtung erfolgsrelevant, in den Katalog der Entwicklungsmaßnahmen solche aufzunehmen, die auf den Erwerb von interkulturellen Kompetenzen ausgerichtet sind.

a) Sie überlegen, ob Sie diese Maßnahmen eher intern oder extern durchführen sollten. Erläutern Sie, was Sie unter interner oder externer Qualifizierung verstehen. (5 P.)

b) Nennen Sie Vorteile interner und externer Qualifizierung. (10 P.)

c) Sie wollen interkulturelle Trainings von externen Anbietern durchführen lassen. Erläutern Sie vor diesem Hintergrund Auswahlkriterien für Anbieter und Trainer. (10 P.)

Aufgabe 5 (15 Punkte)

Die MediTop GmbH hat es sich zum Ziel gesetzt, zahlreiche Mitarbeiter in einer Fremdsprache zu qualifizieren. Dort, wo Basiskenntnisse nicht vorhanden sind, will das Unternehmen Computer-Based Training (CBT) einsetzen.

a) Nennen Sie Vorteile, die Sie sich von dieser Methode versprechen. (5 P.)

b) Erläutern Sie Merkmale und Regeln für den Einsatz von CBT. (10 P.)

4 Personal- und Organisationsentwicklung steuern

Lösungsansätze zu Situationsaufgabe 1

☞ Zu Aufgabe 1

a) Voraussetzungen

- Die Vorgesetzten müssen im Hinblick auf die neuen Gesprächsanforderungen geschult sein.
- Den Mitarbeitern müssen die Inhalte des Gespräches bekannt sein, damit eine offene Kommunikation zustande kommt.
- Die Mitarbeiter müssen die Möglichkeit einer Vorbereitung auf diese Gespräche haben.
- Das Sanktionsspektrum (Anerkennung, Lob, Tadel, Kritik) sollte Führungskräften und Mitarbeitern bekannt sein.
- Der Grad der Zielerreichung oder -abweichung muss eindeutig bestimmbar sein.
- Die Zielvereinbarungen müssen eindeutig formulierte Ziele enthalten, d.h. spezifisch auf den einzelnen Mitarbeiter zugeschnitten, messbar, attraktiv, erreichbar und terminiert sein.

b) Bestandteile des Leitfadens

- Eingehen auf die Zielvereinbarung, die mit dem Mitarbeiter abgeschlossen wurde
- Darstellung und Kommentierung des Ergebnisses durch den Mitarbeiter (Selbsteinschätzung)
- Einschätzung und Kommentierung durch den Vorgesetzten (Fremdeinschätzung)
- gemeinsame Analyse von abweichenden Einschätzungen
- Versuch der Ursachenfindung (betriebliche Einflüsse, Probleme im Arbeitsablauf, Verhinderungen in der Leistungserbringung seitens des Mitarbeiters, mangelnde Unterstützung durch das Unternehmen und/oder den Vorgesetzten, fehlende Kompetenzen und Qualifikationen)
- Konsequenzen aus der Zielerreichung in positiver und negativer Hinsicht
- neue Zielvereinbarung unter Berücksichtigung der vorliegenden Ergebnisse

c) Voraussetzungen für das Führen mit Zielvereinbarungen

- Vorhandensein einer Zielhierarchie, d.h. die Ableitung von Zielen aus Unternehmenszielen, Abteilungszielen usw.
- reibungsloses Funktionieren des Delegationsprinzips, d.h. die Unterscheidung in Handlungs- und Führungsverantwortung
- Übertragung von selbstständigen Aufgabenbereichen an den Mitarbeiter zusammen mit den erforderlichen Befugnissen
- Versorgung des Mitarbeiters mit allen zur Aufgabenerfüllung benötigten Informationen
- Möglichkeit der Mitbestimmung des Mitarbeiters bei den Zielvereinbarungsgesprächen, also nicht Führung durch Zielvorgaben

Lösungsansätze zu Situationsaufgabe 1

- ein attraktives Anreizsystem für den Mitarbeiter
- ein Kontrollsystem, das vom Mitarbeiter akzeptiert wird

Zu Aufgabe 2

a) Möglichkeiten der Individualisierung

- Ermittlung des individuellen Bildungsbedarfs durch Förder- und Entwicklungsgespräche
- enge Zusammenarbeit zwischen Vorgesetzten und Personalentwicklung bei der Auswahl von Qualifizierungsmaßnahmen
- Ermittlung des Entwicklungspotenzials des Mitarbeiters
- Überprüfung der Stellenbeschreibung, des Anforderungsprofils, der Funktionsbeschreibung und der Arbeitsplatzbeschreibung mit den Lernzielen der Qualifizierungsmaßnahme
- Sicherstellung einer gemeinsamen Evaluation der Qualifizierungsmaßnahme durch Mitarbeiter, Vorgesetzten und Personalentwicklung

b) Gestaltung der Rahmenbedingungen

- Aufstellung von klaren Lernzielen
- Einhaltung einer klaren Gliederung der Veranstaltung
- motivierendes Lernklima
- Vielfalt in den Lehr- und Lernmethoden
- hoher Praxisbezug
- Eingehen auf die individuellen Fragen der Teilnehmer
- Ansprechende schriftliche Unterlagen für die Teilnehmer
- Sicherstellung einer Nachbetreuung (»Hotline«)

c) Ursachensuche

- Hierarchieunterschiede in der Teilnehmergruppe verhindern häufig eine offene Kommunikation.
- Mitarbeiter können sich nicht auf das Seminar konzentrieren, sondern werden durch betriebliche Abläufe gestört (»wichtige« Telefongespräche, Unterschriften).
- Konflikte im Umgang der Teilnehmer miteinander werden in das Seminar hineingenommen.
- Es herrscht Angst davor, sich den internen Trainern gegenüber offen zu verhalten (Kritik an betrieblichen Gegebenheiten und Vorgesetzten).
- Es mangelt an pädagogischer und methodischer Kompetenz des Trainers.

d) Maßnahmen für Transfererfolg

- Auswertung der Erkenntnisse und Ergebnisse der Qualifizierungsmaßnahme
- Durchführung einer zweiten Beurteilung der Qualifizierungsmaßnahme mit einem entsprechenden Zeitabstand
- Erstellung eines gemeinsamen Umsetzungsplanes nach der Qualifizierungsmaßnahme

4 Personal- und Organisationsentwicklung steuern

- anschließendes Coaching durch den Vorgesetzten verstärkt die Akzeptanz beim Mitarbeiter
- Sichtbarmachung der Veränderungen als Ergebnis der erfolgreichen Qualifizierung

☞ Zu Aufgabe 3

a) Kompetenzbereiche

Schlüsselqualifikationen sind für alle Kompetenzbereiche notwendig und sinnvoll.

Fachkompetenz erfordert von Mitarbeitern berufliche Handlungskompetenz, d.h. das selbstständige Planen, Steuern und Kontrollieren von Arbeitsabläufen.

Methodenkompetenz zeigt sich insbesondere in der Flexibilität und Anpassungsfähigkeit von Mitarbeitern bei unterschiedlichen Aufgabenstellungen, in ihrem Umgang mit schwierigen Situationen, Problemen und Entscheidungen.

Sozialkompetenz und Humankompetenz werden in den neuen Arbeitsformen wie z.B. Gruppenarbeit, Projektarbeit, Mitwirkung in Qualitätszirkeln, TQM usw. gefordert. Hier sind Schlüsselqualifikationen für die Zusammenarbeit mit anderen gefragt: Kommunikationsstärke, Toleranz gegenüber anderen Meinungen, Umgang mit Konflikten und ein selbstbewusstes Gesprächsverhalten.

b) Bedeutung von Schlüsselqualifikationen für das Unternehmen

Schlüsselqualifikationen sind extrafunktionale Fähigkeiten, die mit der Bewältigung der unmittelbaren Aufgabe wenig zu tun haben, sondern mehr mit den Fähigkeiten zur Bewältigung von neuen Aufgaben und der Einstellung auf technischen und organisatorischen Wandel.

Die Bedeutung für das Unternehmen liegt darin, dass im Zusammenhang mit dem Wandel die Anforderungen an das selbstständige Denken und Handeln stärker werden. Nicht jede neue Qualifikation kann durch Entwicklungsmaßnahmen trainiert werden. Es muss vom Mitarbeiter ein hohes Maß an selbstständiger Planung, selbstständiger Durchführung und Selbstkontrolle verlangt werden, damit nicht nur seine persönliche Entwicklung im Unternehmen, sondern die Wettbewerbsfähigkeit des Unternehmens gefördert wird.

c) Drei Schlüsselqualifikationen im betrieblichen Kontext

Informationsbeschaffung

Benchmarking in allen Bereichen eines Unternehmens erfordert vom Mitarbeiter, sich den Zugang zu Datenbanken, Internet und Suchprogrammen zu verschaffen und die ermittelten Informationen auszuwerten.

Teamfähigkeit

Bei der Mitarbeit in Projekten ist diese Schlüsselqualifikation unerlässlich. Dazu gehört die Bereitschaft zur gemeinsamen Problemlösung und zum kollektiven Entscheiden für bestimmte Lösungen.

Planungsgeschick

Es geht insbesondere um die Planung des eigenen Arbeitsverhaltens und um die Organisation der eigenen Aufgabenbewältigung. Dazu gehört die Fähigkeit zum Zeitmanagement und Selbstmanagement.

d) Entwicklungsmaßnahmen

- Outdoor Trainings
- Projektarbeiten
- Selbstmanagementschulungen
- Kommunikationstrainings
- Konzentrations- und Gedächtnisschulungen

Zu Aufgabe 4

a) Grundschema

Das Konzept der situativen Führung geht davon aus, dass zwischen dem Verhalten des Vorgesetzten hinsichtlich seiner

- Aufgabenorientierung,
- Mitarbeiterorientierung,
- Auffassung von Partizipation

und der Arbeitssituation hinsichtlich

- Aufgabenstellung,
- Organisation,
- Erfahrungen,
- Gruppenstrukturen

Wechselwirkungen bestehen, die den Führungserfolg hinsichtlich

- Arbeitsleistung,
- Innovation,
- Zufriedenheit und
- gutem Betriebsklima

beeinflussen.

b) Reifegrad

Die Grundannahme des situativen Führungsmodells geht davon aus, dass der Führungsstil oder das Führungsverhalten eines Vorgesetzten in einer speziellen Situation bei einer bestimmten Aufgabe vom Reifegrad des Einzelnen oder der Gruppe abhängig ist.

Dieser Reifegrad kann stets nur in Verbindung mit einer konkreten Aufgabe gesehen werden. Kein Mensch kann daher in einem umfassenden Sinne als reif oder nicht reif bezeichnet werden.

Der Reifegrad hängt ab von der Leistungsmotivation, dem Verantwortungsbewusstsein und den Fähigkeiten und Fertigkeiten, die jeweils in einer bestimmten Aufgabe gezeigt werden.

Der Reifegrad kann mit einer Reihe von Tests ermittelt und vier Reifestufen zugeordnet werden.

c) Zusammenhang zwischen Reifegrad und Führungsstil

Der situativen Führung liegt die Erfahrung zugrunde, dass sich die Reife eines Mitarbeiters in seiner beruflichen Tätigkeit in der Regel entwickelt. Parallel dazu wird die Führungskraft Schritt für Schritt ihr aufgabenorientiertes Führungsverhalten reduzieren und sich zunehmend mitarbeiterorientiert verhalten.

Hat der Mitarbeiter dann ein mittleres Reifeniveau überschritten, so wird die Führungskraft wieder ihr Verhalten ändern. Sie wird zunächst ihre aufgabenorientierten und dann auch mitarbeiterorientierten Führungsaktivitäten einschränken. Ist ein Mitarbeiter oder eine Gruppe erst einmal in der Lage, sich selbst zu motivieren und zu bestätigen, benötigt man von der Führungskraft kaum mehr sozio-emotionale Unterstützung: Am Ende des Entwicklungsprozesses steht Selbstkontrolle statt Fremdkontrolle.

Die Führungsstile oder das Führungsverhalten, das in der situativen Führung eine Rolle spielt, wechseln nach Aufgaben- bzw. Mitarbeiterorientierung und Reife von anordnend, argumentierend, partizipierend zu delegierend.

Lösungsansätze zu Situationsaufgabe 2

Zu Aufgabe 1

a) Vorgehensweise

Ein ganzheitliches Konzept setzt bereits im Ausbildungsbereich an. Hier sollten Ausbildung und Studium miteinander verzahnt und Doppelqualifikationen in Form von anerkannten Abschlüssen angeboten werden.

Durch die Zusammenarbeit mit Hochschulen in Form von Praktika oder Betreuung bei Examensarbeiten kann der Führungskräftenachwuchs langfristig beobachtet und sukzessive in das Unternehmen integriert werden.

In einigen Unternehmen wird von den Führungskräften verlangt, dass sie nicht nur über eine technische oder kaufmännische Ausbildung, sondern darüber hinaus auch noch über praktische Erfahrungen im produktiven Bereich verfügen müssen.

Durch ein gezieltes Trainee-Programm können spezielle Eignungen und Neigungen angehender Führungskräfte beobachtet und gefördert werden. Dadurch wird das Risiko einer Fehlbesetzung verringert und gleichzeitig die innerbetriebliche Mobilität gefördert.

Führungskräfte sollten nicht nur im eigenen Unternehmen verschiedene Stagen absolvieren, sondern auch in konzernverbundenen oder befreundeten Unternehmen auf Austauschbasis im In- und Ausland eingesetzt werden.

Durch Übertragung von Sonderaufgaben und Beteiligung an Projekten kann der Horizont für den Führungskräftenachwuchs wesentlich erweitert werden.

b) Anforderungen an Trainer und Mentoren

- Auf die Erfahrungen des Personals achten, wünschenswert sind eigene Erfahrungen als Führungskraft (z.B. Wirtschaftssenioren).
- Auf die Erfahrungen von anderen Unternehmen zurückgreifen (Benchmarking).
- Besonders auf die Methoden- und Sozialkompetenz von Trainern und Mentoren achten.
- Nachwuchsführungskräfte bei Entscheidungen über Trainer und Mentoren beteiligen.
- Auf die Persönlichkeit des Trainers achten (Akzeptanz erzielen).

Zu Aufgabe 2

a) Begriff Potenzialeinschätzung

Potenzialeinschätzungen sind im Gegensatz zur Beurteilung zukunftsorientiert. Es wird versucht, auf diese Art und Weise eine Prognose des Führungs- und Leistungsverhaltens zu erzielen, die mit einer hohen Treffsicherheit ausgestattet ist. Diese Prognose kann allgemein langfristig erstellt werden oder aber im Hinblick auf Stellenbesetzungen sehr konkret erfolgen.

b) Methoden zur Potenzialermittlung

- Stärken-Schwächen-Analysen
- Assessment-Center
- Beauftragung mit Sonderaufgaben
- Einsatz in Projekten
- gezielte Potenzialinterviews
- Beratungs- und Fördergespräche
- Zeugnisanalysen

c) Begriff Assessment-Center

Unter einem Assessment-Center versteht man

- ein systematisches und flexibles Verfahren
- zur kontrollierten und qualifizierten Feststellung
- von Verhaltensleistungen und -defiziten,
- das von mehreren Beobachtern
- für mehrere Teilnehmer gleichzeitig
- in Bezug auf vorher festgelegte Übungen
- und bestimmte Anforderungen
- vornehmlich zur Mitarbeiterauswahl und -entwicklung
- in größeren Unternehmen eingesetzt wird.

d) Übungen im Assessment-Center

Postkorbübung

Wahrscheinlich die am häufigsten vorkommende Übung im AC-Kontext. Das Prinzip ist immer das gleiche: Bei sehr knapper Zeitvorgabe soll ein Eingangskorb mit Schriftstücken bearbeitet werden, meist wird ein Organisationsplan des Unternehmens mitgeliefert sowie ein Zeitplaner. Die Anforderungskriterien an den Teilnehmer sind meist auch identisch:

- Konzentrationsvermögen,
- Belastbarkeit,
- systematische Arbeitsweise,
- Problemerkennung und -analyse,

- Entscheidungsfreude,
- Risikoverhalten,
- Zeitmanagement.

Präsentation

Dem Teilnehmer wird kurzfristig ein Thema für eine Präsentation übergeben, das er zu bearbeiten hat. Dadurch können eine Reihe von potenziellen Fähigkeiten und Fertigkeiten festgestellt werden, die man von einer angehenden Führungskraft in einer solchen Situation erwarten kann:

- Selbstsicherheit,
- Kommunikationsverhalten vor einem Publikum,
- Überzeugungskraft,
- Strukturierungsfähigkeit,
- analytisches und logisches Denken,
- Zielgruppenorientierung,
- Rhetorik.

Organisationsaufgabe

Ausgehend von der Darstellung einer bestimmten Form der Aufbau- oder Ablauforganisation, meist eingebunden in einen Fall und versehen mit einer Mängelanalyse des Ist-Zustandes, soll der Teilnehmer Vorschläge zur Reorganisation machen. Dabei kommt es an auf:

- Problemerkennung und -analyse,
- Belastbarkeit,
- systematische Arbeitsweise,
- Arbeitstempo,
- Arbeitssorgfalt.

Als weitere Methoden und Übungen können beschrieben werden:

- Einzelinterview,
- Gruppendiskussion,
- Konfliktgespräch,
- Rollenspiel.

Zu Aufgabe 3

a) Entstehen von Motivkonflikten

Ein Motivkonflikt entsteht immer dann, wenn ein oder mehrere Motive nicht befriedigt werden können. Da unser Verhalten zur gleichen Zeit immer von mehreren Motiven gesteuert wird, setzen wir Prioritäten – das stärkere Motiv setzt sich durch. Wenn allerdings zwei gleich starke Motive aufeinandertreffen, kommt es zu einem Motivkonflikt. Es wird dann gleichermaßen ein Kettenprozess in Gang gesetzt: Ein dauerhaft unbefriedigtes Motiv führt zum Aufbau von Frustration. Hält dieser Zustand an, kann die individuelle Stressschwelle überschritten werden. Wird auch dies zum Dauerzustand, kommt es zur Bedrohung des Selbstwertgefühls, und als Reaktion wehren sich Psyche und Körper dagegen. Es kommt zu Abwehrmechanismen.

b) Reaktionen auf Motivkonflikte

Es gibt eine Fülle von Abwehrmechanismen, die alle die gleiche Zielsetzung haben: den Druck und die Spannung abzubauen, die sich durch den Konflikt aufgestaut haben.

Mögliche Reaktionen bei dieser Zielgruppe könnten sein:

Der Mitarbeiter richtet sein Verhalten nach dem des Mentors oder Vorgesetzten aus, um damit an dessen Erfolgen oder Status teilzuhaben. Dieses Verhalten führt bei der Person zu einer Erhöhung des Selbstwertgefühls. (»Radfahrertum«, Identifikation)

Aufgestaute Emotionen werden an unbeteiligte Dritte abgeleitet. Wegen einer nicht zufriedenstellenden Beurteilung in einem Trainee-Abschnitt fängt der Trainee mit einem Kollegen Streit an. (Verschiebung)

Nach einer Auseinandersetzung mit seinem Vorgesetzten oder Mentor fehlt der Mitarbeiter am nächsten Tag wegen starker Kopfschmerzen. (Flucht in die Krankheit, psychosomatische Erkrankungen)

Fehlschläge in der beruflichen Karriere wurden durch vorgeschobene »rationale« Erklärungen bemäntelt. Dem Misserfolg werden positive Seiten abgewonnen, oder ein nicht erreichtes Ziel wird im Nachhinein als ohnehin nicht erstrebenswert hingestellt. (Rationalisierung)

Der Mitarbeiter, der als Führungskraft seiner Aufgabe nicht gewachsen ist, vergräbt sich in Büroarbeit oder fällt in frühere Verhaltensweisen zurück. (Regression)

Der Mitarbeiter leidet unter seinen Niederlagen. Da in unserer Gesellschaft brachiale Aggression sozial geächtet ist und auch direkte Aggressionen gegen den Verursacher nicht opportun sind, tritt Aggression heute meist als indirekte, verbale Aggression auf, die sich etwa in ständigem, nicht berechtigten Kritisieren, Sticheln, Hetzen, Witzemachen oder Mobbing entlädt. (Aggression)

c) Betriebliche Ursachen

Bei dieser Zielgruppe können sehr wohl betriebliche Ursachen primär verantwortlich für das Verhalten sein, z.B.:

- Der Mitarbeiter wurde im Rahmen seiner Qualifizierung für einige Monate in eine Abteilung versetzt, wo er Probleme mit der Aufgabenstellung und/oder den Mitarbeitern hat.
- Laufbahn- und Nachfolgepläne zeigen, dass nicht alle Nachwuchskräfte Führungspositionen übernehmen können, egal, wie gut ihre Leistung sein wird.

- Betriebliche Strukturen und Abläufe verhindern weitgehend, dass der Mitarbeiter seine eigenen Ideen verwirklichen kann.
- Das Unternehmen verfolgt eine Produktpolitik, mit der sich der Mitarbeiter nicht identifizieren kann.
- Von dem Mitarbeiter wird verlangt, dass er während seiner Qualifizierung den größten Teil im Ausland verbringt, wozu er wegen seiner sozialen Beziehungen zu Hause nicht bereit ist.
- Führungsstil und erwartetes Führungsverhalten werden von der Nachwuchsführungskraft nicht akzeptiert.

Zu Aufgabe 4

a) Interne vs. externe Qualifizierung

Als intern werden alle Maßnahmen bezeichnet, bei denen die Verantwortung für die Zielsetzung, Planung und Durchführung beim Unternehmen selbst liegt. Das kann auch dann der Fall sein, wenn eine Veranstaltung in Räumen außerhalb des Unternehmens stattfindet oder wenn für bestimmte Themenstellungen betriebsfremde Referenten herangezogen werden.

Zu den externen Veranstaltungen zählen alle Kurse und Seminare, auf deren Zielsetzung und Gestaltung der Betrieb keinen unmittelbaren Einfluss hat. Die Verantwortung für die Programmkonzeption bzw. die Durchführung liegt vielmehr bei einem Weiterbildungsanbieter oder Unternehmensberater, selbst wenn die Initiative für die Behandlung bestimmter Problemstellungen gelegentlich vom Betrieb ausgegangen sein kann.

b) Vorteile interner und externer Qualifizierung

Vorteile interner Qualifizierung

- Firmenspezifische Themen werden kompetenter konzipiert und umgesetzt.
- Vertraulichkeit und Betriebsgeheimnisse bleiben gewahrt.
- Starkung des firmeninternen Kontakts.
- Bessere Integration mit Training on-the-job ist möglich.
- Homogener Teilnehmerkreis ist möglich.
- Kostengünstiger bei großen Teilnehmerzahlen.

Vorteile externer Qualifizierung

- Der Blick über den eigenen Zaun verhindert Betriebsblindheit.
- Neue Idee und Anregungen werden durch die Trainer vermittelt.
- Austausch mit Mitarbeitern anderer Unternehmen wird gefördert.
- Freieres Lernklima entsteht.
- Geeignete Referenten mit großer Methoden- und Sozialkompetenz stehen zur Verfügung.
- Kostengünstiger bei kleineren Teilnehmerzahlen.

4 Personal- und Organisationsentwicklung steuern

c) Auswahlkriterien für interkulturelles Training

Träger und Trainer

- Werden Referenzen genannt?
- Können Dritte nach ihren Erfahrungen befragt werden?
- Verfügen die Trainer über Berufs- und Branchenerfahrung?
- Wie gut kennen sich die Trainer mit Sprache und Kultur des Ziellandes aus?
- Welche Betreuung außerhalb der offiziellen Veranstaltung bietet der Träger an?

Lernziele, Lerninhalte und Zielgruppen

- Entsprechen die Lernziele der Veranstaltung dem aktuellen Bildungsbedarf?
- Sind die Trainingsinhalte genau umschrieben?
- Werden die betriebsspezifischen Probleme abgedeckt?
- Sind Lernziele und -inhalte auf die Zielgruppe zugeschnitten?
- Kann der vorgesehene Termin oder Zeitraum wahrgenommen werden?

Methoden, Medieneinsatz und Rahmenbedingungen

- Werden die Methoden im Angebot genannt?
- Sind diese Methoden den Zielen und Inhalten angemessen?
- Werden aktive Lern- und Lehrmethoden eingesetzt?
- Erhalten die Teilnehmer vorab schriftliche Unterlagen?
- Verfügt der Anbieter über zeitgemäße Einrichtungen?
- Entspricht der äußere Rahmen unseren Erwartungen?

Kosten und Kontrolle

- Was ist in den Kosten enthalten?
- Mit welchen Nebenkosten ist zu rechnen?
- Welcher Vorbereitungsaufwand entsteht im Betrieb?
- Besteht eine vertretbare Kosten-Nutzen-Relation?
- Könnte das Training auch intern durchgeführt werden?
- Sind in der Qualifizierung auch Erfolgskontrollen vorgesehen?
- Werden Hilfen für die spätere Umsetzung in die Praxis angeboten?
- Welche Folgeveranstaltungen werden angeboten?

Zu Aufgabe 5

a) Vorteile von CBT

- intensive Schulung von vielen Mitarbeitern in relativ kurzer Zeit
- individuelle Bestimmung von Lernzeit, -dauer und -tempo
- unabhängig von Seminarplänen und -räumen

- angstfreies und selbstverantwortliches Lernen (auch ohne IT-Erfahrung)
- bis zu 50 Prozent reduzierte Lernzeit
- individuell und unbegrenzt wiederholbare Lernsequenzen
- Einsparung von Trainingskosten

b) Merkmale und Regeln

- Beim Einsatz von CBT müssen die Vorkenntnisse und die Eignung der Mitarbeiter berücksichtigt werden.
- Für das Training dieser großen Gruppe sollte ein einheitliches Oberflächendesign geschaffen werden.
- Standardanwendungen sind zwar kostengünstig, aber Eigenentwicklungen berücksichtigen mehr die speziellen Bedarfe des Unternehmens (z.B. Fokus auf Business English oder schriftliche Handelskorrespondenz).
- Es sind lernunterstützende Maßnahmen zu schaffen (Handbücher, Übungen usw.).
- Kontakte zwischen Lernenden im Betrieb sind sinnvoll und sollten von der Personalentwicklung organisiert werden.
- Ganz ohne Trainer (= Prozessbegleiter) geht es jedoch nicht, bei auftretenden Schwierigkeiten sollte ein Ansprechpartner zur Verfügung stehen.
- Reine CBT-Programme eignen sich ausschließlich für kognitive Lernziele.
- Es sind störungsfreie Lernzeiten einzurichten.

Teil C

Vorbereitung auf das situationsbezogene Fachgespräch

1 Vorgaben der Prüfungsordnung

§ 3
Gliederung und Durchführung der Prüfung

[...]

(5) Das situationsbezogene Fachgespräch geht von einem betrieblichen Beratungsauftrag aus. Der betriebliche Beratungsauftrag wird als Vorlage für die Geschäftsleitung verstanden, in dem der Prüfungsteilnehmer/die Prüfungsteilnehmerin der Geschäftsleitung einen personalpolitischen Entscheidungsvorschlag vorlegt und präsentiert. Der Prüfungsausschuss stellt 14 Kalendertage vor der Prüfung das Thema, wobei die Themenvorschläge des Prüfungsteilnehmers/der Prüfungsteilnehmerin berücksichtigt werden sollen. Dazu soll der Prüfungsteilnehmer/die Prüfungsteilnehmerin zwei Themenvorschläge mit einer Grobgliederung einreichen. Der Prüfungsausschuss soll den Umfang des Themas begrenzen. Insgesamt soll das situationsbezogene Fachgespräch höchstens 30 Minuten dauern. In etwa zehn Minuten stellt der Prüfungsteilnehmer/die Prüfungsteilnehmerin mit geeigneten Medien seine/ihre Lösungsvorschläge dem Prüfungsausschuss vor. Davon ausgehend führt der Prüfungsausschuss in der verbleibenden Zeit ein Prüfungsgespräch.

§ 4
Anforderungen und Inhalte der Prüfung

[...]

(5) Im situationsbezogenen Fachgespräch soll der Prüfungsteilnehmer/die Prüfungsteilnehmerin nachweisen, dass er/sie in der Lage ist, sein/ihr Berufswissen in betriebstypischen Situationen anzuwenden und sachgerechte Lösungen vorzuschlagen. Insbesondere soll er/sie nachweisen, dass er/sie angemessen mit Gesprächspartnern innerhalb und außerhalb des Unternehmens oder der Organisation sprachlich kommunizieren kann und dabei argumentations- und präsentationstechnische Instrumente sach- und personengerecht einzusetzen versteht.

(Auszug aus der Prüfungsordnung)

Vorbereitung auf das situationsbezogene Fachgespräch

2 Themensuche und Gliederung

Idealerweise haben Sie in der Vergangenheit tatsächlich im Unternehmen einen Auftrag erhalten, den Sie bearbeitet und der Geschäftsleitung präsentiert haben. Dann sind Sie in Ihrer Präsentation sicher und in dem Gespräch authentisch und wenig angreifbar, denn Sie haben all das tatsächlich erlebt.

Registrieren Sie ansonsten alle Veränderungen, die sich in Ihrem Arbeitsbereich und dem Ihrer Kollegen in der jüngeren Vergangenheit ereignet haben. Neue Prozesse, Arbeitsanweisungen, Verbesserungen, Workshops und Trainings ergeben häufig brauchbare Themen für ein situationsbezogenes Fachgespräch.

In Ihrem Lehrgang haben Sie bestimmt die eine oder andere Gruppenarbeit mit einer klar umrissenen Aufgabenstellung absolviert, mit eigener Informationsbeschaffung, gemeinsamer Themenbearbeitung und abschließender Präsentation der Arbeitsergebnisse. Prüfen Sie, ob sich die Themenstellungen solcher Gruppenarbeiten möglicherweise für Ihr situationsbezogenes Fachgespräch eignen.

Sprechen Sie Ihre Dozenten rechtzeitig im Lehrgang auf eventuelle Schwierigkeiten an, ein geeignetes Thema zu finden. Sie sind bestimmt nicht allein in dieser Situation. Bitten Sie darum, einmal mit der Gruppe ein Brainstorming zur Themenfindung durchzuführen. Sie werden erstaunt sein, welche Themenvielfalt dabei herauskommt.

Wenn Sie an einem Seminar oder Fachvortrag teilnehmen, überlegen Sie, ob daraus nicht ein Teilthema für das situationsbezogene Fachgespräch geeignet ist.

Themenvorschläge

Zur Inspiration sind hier beispielhaft einige Themenvorschläge für das situationsbezogene Fachgespräch und Ihren Vortrag genannt:

- Verbesserung des Informationsflusses zwischen den HR-Bereichen innerhalb eines konzernverbundenen Unternehmens mit Hilfe des Extranets
- Systematische Durchführung von Fehlzeitengesprächen als ein Instrument eines konsequenten Fehlzeitenmanagements
- Einführung von Mitarbeitergesprächen mit Zielvereinbarungen
- Prüfung der Einführung einer elektronischen Personalakte als Beitrag zur Kostensenkung im Personalbereich
- Die Nutzung von Profilabgleichen als Instrument im Rahmen der Bildungsbedarfsanalyse bei der US AG
- Die Einführung von Potenzialanalysen im Rahmen der Personalentwicklung der XY AG
- Einbindung des HR-Bereiches der XY AG in den Informationsfluss des Intranets – ein Konzept zur Verbesserung der Informationen für die Belegschaft
- Erhebung, Auswertung und Darstellung von Fehlzeiten als Voraussetzung zur Einführung eines Fehlzeitenmanagements
- Einführung von regelmäßigen Beurteilungsgesprächen als Teil einer systematischen Personalentwicklungsplanung

2 Themensuche und Gliederung

- Datenschutz- und Datensicherungsprobleme bei der Einführung einer elektronischen Personalakte
- Erstellung von individuellen Qualifikationskatalogen zur gezielten und wirkungsvollen Mitarbeiterförderung bei der US AG
- Optimale Gestaltung von Rückkehrergesprächen durch Entwicklung eines Leitfadens für Vorgesetzte
- Überlegungen zur Einführung eines Qualitätsmanagements im Personalbereich – Analyse von QM-Systemen
- Der Übergang vom betrieblichen Vorschlagswesen zum Ideen-Management in der ABC GmbH – von der Prozessgestaltung über die Schulung zur Realisation
- Redesign des Prozesses »Bewerbermanagement« – Beseitigung von Schnittstellenproblemen und Suche nach Kosteneinsparpotenzialen

Was Sie nicht tun sollten

Sicher kursieren auch in Ihrem Lehrgang Präsentationen von Teilnehmern, die vor Ihnen die Prüfung geschafft haben. Vermeiden Sie es, solche Präsentationen für Ihre Zwecke zu kopieren; weniger weil man Ihnen eine Täuschung nachweisen könnte, sondern weil jede Präsentation untrennbar mit dem Vortrag des Prüflings verbunden ist und etwas sehr Individuelles darstellt. Und den Vortrag selbst können Sie nicht kopieren! Diese »Brüche« bemerkt ein erfahrener Prüfungsausschuss, vielleicht geben Sie ihm dadurch geradezu eine Steilvorlage für anschließende kritische Fragen.

Vermeiden Sie Themen, die nur theoretisch erörtert werden. Wenn Sie nur im Unterricht etwas von einer »Balanced Scorecard als Instrument des Personalcontrollings« gehört und nie in der Praxis damit gearbeitet haben, ist dies kein geeignetes Thema für Sie. Wenn Sie das Thema »Mitarbeiterbefragung als Methode für eine Betriebsklima-Analyse« reizt, weil die Fachzeitschriften und das Internet gerade voll mit entsprechenden Beiträgen und Beispielen sind, Sie aber im Fachgespräch weder einen Fragebogen und schon gar keine konkreten Ergebnisse vorweisen können, dann ist das ebenfalls sehr ungünstig.

Wie Sie Ihre Themenvorschläge einreichen

Sie haben das Recht, zwei Themenvorschläge zusammen mit je einer Grobgliederung nach Aufforderung bei Ihrer zuständigen IHK einzureichen.

Der Prüfungsausschuss wird diese Themen daraufhin prüfen, ob sie

- den Vorschriften der Prüfungsordnung entsprechen,
- in der vorgesehenen Zeit von zehn Minuten zu präsentieren sind,
- sich für ein Prüfungsgespräch eignen,
- sprachlich und inhaltlich korrigiert werden müssen.

Sie haben es in der Hand, schon durch Ihre Themenauswahl und Themengestaltung dafür zu sorgen, dass eins Ihrer vorgeschlagenen Themen vom Prüfungsausschuss akzeptiert wird.

Vorbereitung auf das situationsbezogene Fachgespräch

Da die Informationsbeschaffung für Ihre Themen zeitaufwendig ist, reichen Sie besser zwei Themen zu einem Themenbereich ein.

Also nicht:
Thema 1 »Die Einführung der Balanced Scorecard als Instrument des Personalcontrollings in unserem Unternehmen«
Thema 2 »Die Durchführung einer Mitarbeiterbefragung als Methode zur Messung der Mitarbeiterzufriedenheit in der ABC GmbH«

Sondern:
Thema 1 »Die Balanced Scorecard in unserem Unternehmen – die Umsetzung personalwirtschaftlicher Ziele in Perspektiven und Kennzahlen«
Thema 2 »Die Balanced Scorecard in unserem Unternehmen – die schrittweise Einführung des Instrumentes«

Oder:
Thema 1 »Erarbeitung eines Fragebogens zur Durchführung einer Mitarbeiterbefragung in der ABC GmbH«
Thema 2 »Auswertung und Ergebnisse einer Mitarbeiterbefragung bei der ABC GmbH«

So gehören die beiden Themenvorschläge jeweils zu einem Themenbereich oder Themenkomplex, sind aber gleichzeitig differenziert genug gestaltet und mit jeweils völlig unterschiedlichem Schwerpunkt ausgestattet.

Grobgliederung

Mit der Grobstrukturierung weisen Sie noch einmal auf die Schwerpunktsetzung in jedem Thema hin. Gleichzeitig dient die Grobgliederung dem Prüfungsausschuss als letzte Entscheidungshilfe für die Zuweisung eines Themas. Sie müssen sich also schon vor Einreichung der beiden Themen genauer damit befassen, welche Akzente Sie in Ihrer Präsentation setzen.

Hier zwei Gliederungsbeispiele zu den beiden Themen mit der Balanced Scorecard:

> **Thema 1 »Die Balanced Scorecard in unserem Unternehmen – die Umsetzung personalwirtschaftlicher Ziele in Perspektiven und Kennzahlen«**
>
> Grobgliederung
> 1 Vorstellung des Unternehmens
> 2 Das Konzept einer Balanced Scorecard in unserem Unternehmen
> 2.1 Beschreibung der personalwirtschaftlichen Ziele
> 2.2 Die vier Perspektiven in der Balanced Scorecard
> 2.3 Die Ableitung von Kennzahlen und Planungsgrößen aus den Perspektiven
> 2.4 Das Ergebnis – die Personal-BSC
> 3 Das Leistungsspektrum der Balanced Scorecard für unser Personalcontrolling
> 4 Kritischer Ausblick

> **Thema 2 »Die Balanced Scorecard in unserem Unternehmen – die schrittweise Einführung des Instrumentes«**
>
> Grobgliederung
> 1 Vorstellung des Unternehmens
> 2 Das Konzept einer Personal-BSC in unserem Unternehmen
> 3 Der Einführungsprozess der BSC in unserem Unternehmen
> 3.1 Kommunikation der Scorecard
> 3.2 Konkretisierung der Scorecard für jede Abteilung
> 3.3 Einführungsveranstaltungen für alle Mitarbeiterebenen
> 4 Problemfelder und Akzeptanzprobleme im Einführungsprozess

3 Medieneinsatz

Zusammen mit der Aufforderung zur Einreichung der beiden Themenvorschläge wird Ihnen Ihre Industrie- und Handelskammer auch mitteilen, welche Medien sie zur Verfügung stellt. In der Regel können Sie damit rechnen, dass Sie über

- Flipchart oder Tafel,
- Overheadprojektor und
- Pinnwand

verfügen.

Wenn Sie Laptop und Beamer benutzen wollen, müssen sie diese Geräte in der Regel selbst mitbringen. Denken Sie in diesem Falle bitte auch an nötige Verlängerungskabel.

Das sonstige Präsentationsmaterial wie

- Schreibfolien,
- Folienstifte,
- Laser-Pointer,
- Nadeln für die Pinnwand,

Vorbereitung auf das situationsbezogene Fachgespräch

- Packpapier,
- Kartenmaterial für die Pinnwand,
- Markierstifte usw.

bringen Sie sicherheitshalber selbst mit.

Über die inhaltliche Kompetenz für das situationsbezogene Fachgespräch verfügen Sie nach Ihrer gründlichen Vorbereitung selbstverständlich. – Zeigen Sie jetzt, dass Sie auch die erforderliche Methoden- und Sozialkompetenz besitzen. Nutzen Sie alle Medien, die Ihnen zur Verfügung stehen, aber achten Sie auf die Dosierung. Eine zehnminütige »Folienschaufelei«, ob mit dem Overheadprojektor oder dem Beamer, führt nicht nur beim Bewertungskriterium »Methodeneinsatz« zu deutlichen Punktabzügen.

Ausführlichere Informationen zur Nutzung von Präsentationsmedien finden Sie in Teil A dieses Buches.

Tipps für Ihren Vortrag

☐ Bringen Sie rechtzeitig in Erfahrung, was Sie an Technik mitbringen müssen. Sprechen Sie mit dem zuständigen Mitarbeiter bei Ihrer IHK darüber. Oft ist es sogar möglich, den Prüfungsraum vorher in Augenschein zu nehmen. Sie wissen dann, ob Sie eine Leinwand oder nur Raufasertapete erwartet, wo die nächste Steckdose sitzt und ob Sie ein Verlängerungskabel oder eine Mehrfachsteckdose benötigen.

☐ Fertigen Sie Handouts zu Ihrer Präsentation an und verteilen Sie diese zu Beginn der Prüfung – vielleicht zusammen mit einem Folder, in dem Ihr Unternehmen, seine Produkte und Dienstleistungen dargestellt werden.

☐ Umfangreiche Tabellen gehören nicht auf Folie, sondern auf Papier. Verteilen Sie diese während der Präsentation an die Ausschussmitglieder; aber im Gegensatz zu den Handouts erst, wenn Sie darauf zu sprechen kommen. Dies verschafft Ihnen nicht nur eine kleine Atempause, auch die Prüfer werden es Ihnen danken.

☐ Halten Sie z.B. den Fragebogen einer Mitarbeiterbefragung zum Verteilen bereit. Im Prüfungsgespräch können Sie viel besser Rede und Antwort stehen, wenn den Prüfern dieser Bogen vorliegt. Das gilt auch für andere konkrete Ergebnisse Ihrer Arbeit, z.B. eine abgeschlossene Betriebsvereinbarung, ein neu eingeführtes Formular, einen Beurteilungsbogen usw.

☐ Ihnen steht eine begrenzte Zeit zur materiellen Vorbereitung zur Verfügung, die nicht zur Prüfungszeit zählt. Nutzen Sie diese Zeit und legen Sie alle Materialien griffbereit in der richtigen Reihenfolge an Ihrem »Arbeitsplatz« zurecht.

☐ Prüfen Sie die Technik vor Ort! Wenn Sie mit dem Beamer arbeiten, sorgen Sie dafür, dass die erste Folie aufgeblendet wird (Titelfolie). Nur so können Sie sicher sein, dass Sie am Anfang der Präsentation nicht noch Einstellungen am Laptop vornehmen müssen. Bedenken Sie, dass es bei einer Beamerpräsentation eventuell technische Pannen geben kann. Nehmen Sie einen kompletten Satz an ausgedruckten Folien mit, um im Bedarfsfall schnell auf den Overheadprojektor ausweichen zu können.

☐ Vertrauen Sie nie darauf, dass der Overheadprojektor den richtigen Abstand zur Leinwand hat. Legen Sie die erste Folie auf, schalten Sie das Gerät ein und nehmen Sie das Ergebnis aus der Entfernung wahr. Manche Overheadprojektoren dürfen währen der Präsentation nicht ausgeschaltet werden, da sie einige Zeit benötigen, um hochzufahren. Denken Sie auch daran, den Spiegel vorher hochzuklappen und machen Sie sich mit einem möglichen Lampenwechsel (Schalter oder Riegel) vertraut.

☐ Legen Sie für die Pinnwand ausreichend Nadeln griffbereit hin. Sorgen Sie für frisches Packpapier, wenn Sie Beschriftungen anbringen wollen.

Sicher präsentieren – wirksamer vortragen

Die Ratgeberliteratur zu diesem Thema ist sehr umfangreich. Deshalb finden Sie im Folgenden einmal eine Präsentation, die nicht ausschließlich auf die Prüfungssituation, sondern eher auf betriebliche Erfordernisse zugeschnitten ist. Sie werden jede Menge Anregungen für Ihre Prüfungsvorbereitung finden.

Meine Ziele – Warum stelle ich mich dem Publikum?

- Soll ich die Präsentation überhaupt halten?
  - Erhebliche Vorbereitungszeit.
  - Vollständige Akzeptanz der Inhalte ist notwendig.
  - Ist die Präsentation wirklich wichtig?
- Wer will, dass ich präsentiere?
  - Wer ist mein Auftraggeber?
  - Warum gerade ich?
  - Thema passend zum Publikum?
- Was will ich erreichen?
  - Klare Botschaft vorhanden?
  - Will ich informieren, motivieren, schulen, Entscheidungen vorantreiben, beruhigen, Flagge zeigen, Gefühle beeinflussen?

Wer hört zu? – Zuhörer- und Situationsanalyse

- Zuhöreranalyse
  - Anzahl, Alter, Zusammensetzung, Vorgesetzte, Ausbildung
  - freiwillige oder erzwungene Teilnahme
  - Persönliche Kontaktaufnahme vorher möglich?
- Situationsanalyse
  - Wie viel Zeit samt Diskussion steht zur Verfügung?
  - Präsentationssituation: Raumgröße, Raumform, Sitzordnung, Medienausstattung, Aufmerksamkeit und Stimmung der Zuhörer
  - Einziger Vortragender oder Teil einer Vortragsserie?
- Raum erkunden und umräumen
  - Sitzen, stehen oder gehen?

Vorbereitung auf das situationsbezogene Fachgespräch

Themenwahl – „Tränen des Abschieds"

- Der Mut zur Lücke
  - Weniger bringt mehr!
  - Wenige Teilthemen als Schwerpunktthemen auswählen.
  - Vorgespräche mit Teilnehmern erleichtern die Auswahl.
- KISS: Keep it simple (and) stupid.
  - Reduktion auf das Wesentliche
  - Veranschaulichung von Komplexität
- Maximal drei Schwerpunkte und eine Botschaft
  - Mehr als drei Kernaussagen werden vergessen.
  - Jede Präsentation braucht eine „message".
  - Diese muss plakativ, einleuchtend und einprägsam sein.
- Schlagzeile: „Fetzige" Titelwahl
  - als Thesen- oder Frageform oder Provokation
  - erleichtert den Einstieg.

Nutzenorientierung – Vom Vortrag zum Wegtrag

- Die Botschaft muss beim Empfänger ankommen!
- Sie wollen Themen, Ideen oder Lösungen „verkaufen"!
- Mehr Wissen ist nicht mehr Nutzen.
- Ihr Publikum merkt den Unterschied zwischen „nett anzuhören" und „wirklich nützlich".
- Werden Sie zum „Dolmetscher" zwischen Ihrem Thema und Ihren Zuhörern!

Ich wäre nicht ungehalten, wäre der Vortrag ungehalten!

Damit der Vortrag nicht zum Irrgarten wird …

Behaltensleistung (hoch / niedrig)

- Primäreffekt
- Rezenseffekt

am Anfang — in der Mitte — am Schluss

Behaltensleistung in Abhängigkeit von der Position

3 Medieneinsatz

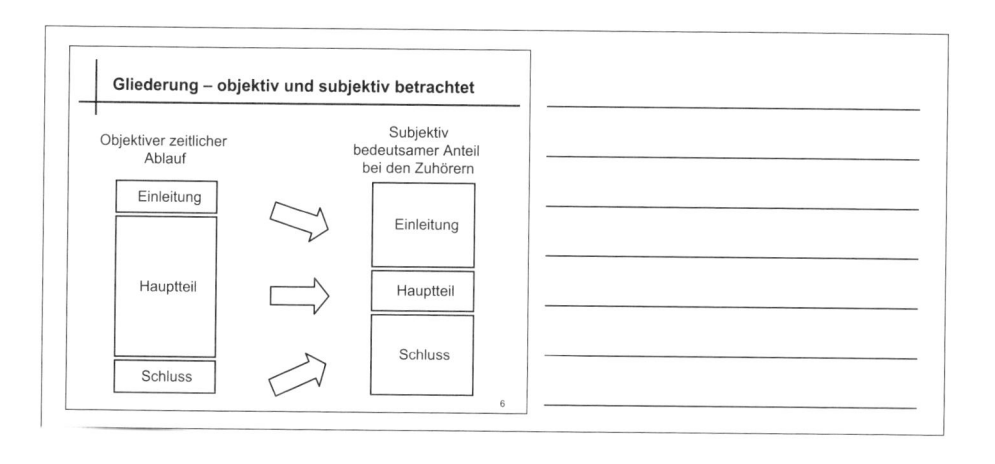

Gliederung – objektiv und subjektiv betrachtet

Objektiver zeitlicher Ablauf
- Einleitung
- Hauptteil
- Schluss

Subjektiv bedeutsamer Anteil bei den Zuhörern
- Einleitung
- Hauptteil
- Schluss

Planung: auf die Reihe bringen!

- Verzetteln – Planen mit Haftnotizen
- Grobstruktur auf FlipChartBogen quer übertragen
  - E (15 %)= – H 1 – H 2 – H 3 – S (15 %)
  - Päckchen Haftzettel besorgen
  - Alle Inhalte, Themen, Teilthemen auf Haftzettel schreiben
  - In die Felder der Grobstruktur fixieren
  - Haftzettel über Medien und Inszenierungsideen in anderer Farbe hinzufügen – besser erst eine Nacht drüber schlafen
- Mitdenker suchen
- Planung per MindMap
  - vom Konkreten zum Abstrakten
  - von dem Beispiel zur Definition
  - von der Story zur praktischen Anleitung
- Planen Sie „Knautschzonen" ein.

Aufbauschema einer Präsentation

- Einleitung
  - Erlebtes Beispiel/Anekdote
  - Definition
  - Zitat/Sprichwort
  - Zeitungsartikel/Zeitungsmeldung
  - Gegensatz zum Thema
  - Rhetorische Frage
  - Zahlen/Statistik
- Hauptteil
- Schluss
  - Knappe Zusammenfassung
  - Zitat/Sprichwort
  - Ausblick ins Gegenteil
  - Diskussionslinie vorgeben

Vorbereitung auf das situationsbezogene Fachgespräch

Vortragsbausteine und ihre Zusammenstellung (1)

- Die Reihung
Wie Tagesordnungspunkte in einer Konferenz
  - Betriebliche Sozialleistungen in unserem Unternehmen
  - Die Kostenproblematik unserer Sozialleistungen
- Die logische Kette
Vom Ausgangsbaustein her konzipieren und gedanklich verknüpfen
  - Freiwillige Sozialleistungen sind der Kern unseres Anreizsystems
  - Die Sozialleistungen müssen bezahlbar bleiben
  - Höherer Nutzen bei gleichen Kosten
  - Das Cafeteriasystem unter Kosten/Nutzen-Aspekten
- Die zeitliche Kette
geschichtliche Stufe, persönliche Entwicklungsstufen, Stufungen in der Forschung

9

Vortragsbausteine und ihre Zusammenstellung (2)

- These, Antithese, Synthese
Betrachtung aus zwei extremen Blickwinkeln und deren Zusammenführung
  - Freiwillige Sozialleistungen als wirtschaftliche Ziele des Unternehmens
  - Freiwillige Sozialleistungen als soziale Ziele aus der Sicht der MA
  - Die Auflösung des Zielkonfliktes – das Cafeteriasystem
- Das Allgemeine und das Besondere berücksichtigen
vom Allgemeinen zum Besonderen (deduktiv) oder umgekehrt (induktiv)
  - Die Entwicklung der Sozialleistungen in der Bundesrepublik
  - Benchmarking – Freiwillige Sozialleistungen in unserer Branche
  - Individualisierung der Sozialleistungen durch Cafeteriasysteme
- IST-SOLL-Analyse
  - Ich will Ihnen einen Überblick über unsere Sozialleistungen geben ...
  - Dieses Ergebnis ist nicht befriedigend, denn wir wollen ...
  - Deshalb schlage ich vor, dass ...

10

Vortragsbausteine und ihre Zusammenstellung (3)

- Pro – Kontra – Fazit
  - Cafeteriasysteme sind sinnvoll – sie sind nutzensteigernd.
  - Cafeteriasysteme sind verwaltungsaufwendig und produzieren neue Kosten.
  - Dann brauchen wir ein schlankes Modell eines Cafeteriasystems.
- Problem – Ursachen – Lösungen
  - Unsere betrieblichen Sozialleistungen kosten viel und bringen wenig.
  - Ursache ist die fehlende Akzeptanz dieses „Gießkannenprinzips".
  - Die Mitarbeiter sollen bei unterschiedlichem Budget individuelle Leistungen erhalten.
- Ziel – Planung – Durchführung – Bewertung
  - Ziel ist eine Versorgung der MA mit bedürfnisgerechten Sozialleistungen.
  - Dies erfordert die Ermittlung solcher Leistungen durch eine Befragung.
  - Im Anschluss daran müssen „Menükarten" mit Sozialleistungen erarbeitet werden.
  - Diese Vorgehensweise hat eindeutig Vorteile – höherer Nutzen bei gleichen Kosten.

11

3 Medieneinsatz

Einstiegstechniken

- Aktueller Bezug
  - „Die Auswertung unserer Mitarbeiterbefragung hat ergeben ..."
- Direkt-Technik
  - „Begrüßung, Vorstellung der Person, Anlass und Thema der Rede, Ziel der Rede ..."
- Humorvoller Einstieg
  - „Witz, Anekdote, Bild auflegen, Karikatur ..."
- Fragenbündel
  - „Wie fangen wir die Kosten auf, was ist in Zukunft noch bezahlbar, was wollen die Mitarbeiter überhaupt haben, wohin führt das Ganze ...?"
- Originelle Formulierungen
  - „Unser Sozialleistungssystem ist die Krankheit, für deren Heilung es sich hält."
- Provokationen
  - „Haben Sie wirklich nichts Besseres zu tun, als sich diesen Vortrag anzuhören?"

12

Blickkontakt mit Manuskript

- Manuskript mit möglichst großen Buchstaben und möglichst vielen Absätzen schreiben!
- Zwischen den einzelnen Zeilen große, zwischen den Absätzen sehr große Zwischenräume lassen!
- Manuskript nur halbseitig beschreiben – also eine Hälfte des Blattes frei lassen!
- Jede Zeile nach Möglichkeit so konzipieren, dass sie einen Sinnzusammenhang bildet und leicht mit einem Blick wahrgenommen werden kann
- Manuskript in folgendem Rhythmus vortragen:
  - Zuhörer mit einem Rundumblick ansehen!
  - Blick senken. Text einer Zeile aufnehmen!
  - Blick heben. Blickkontakt herstellen! Zeile wiedergeben!
  - Moment verharren. Blickkontakt halten!
  - Blick senken. Text einer Zeile aufnehmen usw.

„Pausen"

13

Blickkontakt mit Stichwortzettel

- Als Material eignen sich DIN-A6-Karteikarten.
- Karteikarten durchnummerieren.
- Stichworte sorgfältig auswählen.
- Bei Zitaten, Kernaussagen usw. ganzen Text niederschreiben und später ablesen! (= Ausnahme von der Regel!)
- Stichwortkarten immer als Satz in der Hand behalten!
- Hinweise auf Einsatz von Folien, Übungen aufnehmen!
- Persönliche Vortragshilfen einarbeiten! Pausen, Stimmlage, bestimmte Blickrichtungen bei speziellen Adressaten usw.!

„Stichwortzettel"

14

Vorbereitung auf das situationsbezogene Fachgespräch

Muntermacher: damit alle wach bleiben!

- Zuhörer ganz persönlich „anklicken"!
  - Querbezüge herstellen
  - Zuhörer- oder Abteilungsnamen einbauen
  - Persönliches Ansprechen der Zuhörer mit Namen
  - Funktionsbereiche ansprechen (Marketing/Entwicklung)
  - Benutzen Sie „Sie-Botschaften".
- Interaktionen – Dialoge pflegen
  - Methode USA – gleich am Anfang die Zuhörer fragen
  - Zuhörer miteinander ins Gespräch bringen
  - Doppel-Dank für Zuhörerfragen
  - Unpassende Fragen parken
- Signale setzen – Aufmerksamkeit wecken
  - Storys, Vergleiche, Irritationen, Provokationen, wörtliche Rede
  - Medienwechsel, Medienmix
  - Vorankündigungen als Aufmerksamkeitssignale

15

Finale: den Schlusspunkt setzen

- Perspektiven aufzeigen
- Weiterdenken
- Prognose abgeben
- Hinweise auf Anschlussthemen
- Literaturhinweise, Adressen
- Meinungsbild (Statementrunde)
- Keine „Danke"-Folien

16

Abschlussdiskussion: die letzte Klippe meistern

- Teilnehmer werden nochmals aktiv
- Feedback für den Vortragenden
- Möglichkeit des „Nachjustierens"
- Abschließende Akzente setzen
- Vorher schon eine Frage-Antwort-Atmosphäre aufbauen
- Reibungspunkte anbieten
- Jetzt Handouts verteilen
- Zeit und Diskussionsleitung vorab klären
- „Hat noch irgendjemand irgendwelche Fragen?" (Killerphrasen vermeiden)
- Zuerst alle Fragen sammeln
- Vorsicht: Dialogfalle

17

3 Medieneinsatz

Visualisierungsmöglichkeiten

- Visualisierungen
  - unechte Visualisierung
    - nur Text
  - echte Visualisierung
    - Abbildungen
    - Strukturen
    - Diagramme
    - Abläufe

Visualisierung: Reize für Augenmenschen

- Auge   84 %
- Ohr   11 %
- Geruch   3,5 %
- Tastsinn   1,5 %
- Geschmack 0,1 %

„Bild schlägt Ton"

Vorteile der Visualisierung

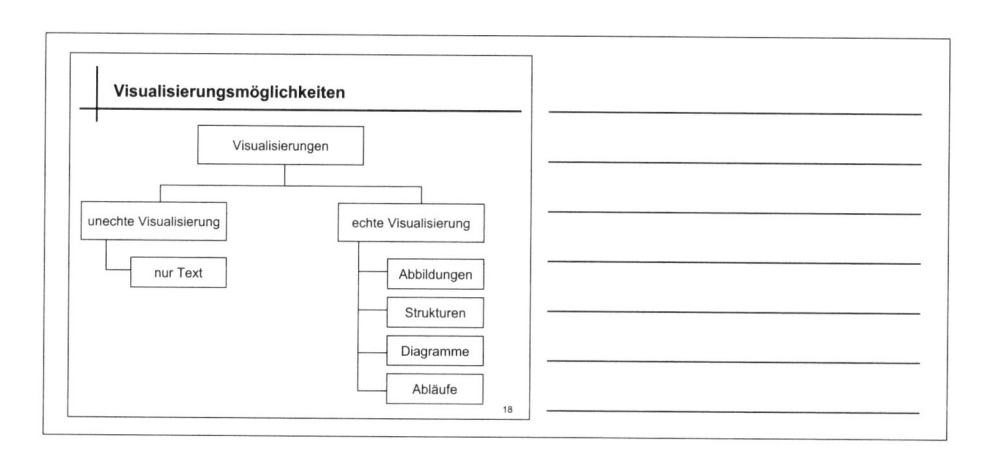

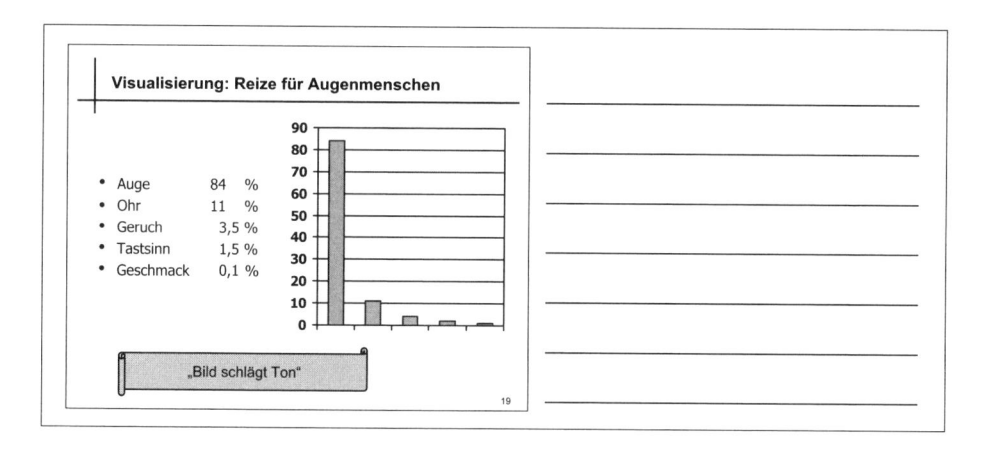

- Nutzt den dominanten visuellen Sinneskanal bei der Informationsaufnahme.
- Spricht die unterschiedlichen Funktionsweisen der beiden Gehirnhälften an.
- Verkürzt den Redeaufwand.
- Liefert einen roten Faden für den Vortrag.
- Setzt Schwerpunkte.
- Verbessert die „Haftfähigkeit" der Information bei den Zuhörern.

Vorbereitung auf das situationsbezogene Fachgespräch

Bei der Visualisierung beachten

- Jede Information, die mehr als 3–5 Minuten in Anspruch nimmt, visualisieren.
- Sie muss auch auf 5–8 Meter Entfernung noch wahrnehmbar sein.
- Nur die Kerninformation visualisieren.
- Sauber gliedern.
- Nur Stichworte, keine ganzen Sätze verwenden.
- Die grafische Qualität ist eher sekundär.

> Die Visualisierung hat die Funktion, den Präsentierenden zu unterstützen, der Präsentierende hat nicht die Funktion, die Visualisierung zu unterstützen …

Tageslichtprojektor

Vorteile

- Wiederholte Verwendung möglich
- Einfach und schnell vorzubereiten
- Leicht als Handouts zu kopieren
- Fast überall vorhanden
- Auch bei großen Gruppen einsetzbar
- Hülle als Stichwortmanuskript verwenden

Nachteile

- Folienschaufelei
- Kurzfristmedium, nur während der Projektionsdauer sichtbar
- Bindet Aufmerksamkeit stark an Projektionswand
- Es ist immer nur eine Folie präsent

Flip-Charts

Vorteile

- Leicht zu transportieren
- Kein Strom nötig
- Gut vorzubereiten
- Mehrfachverwendung
- Dauermedium
- Leichte Handhabung
- Spontane Idee realisieren
- Synchrone Betrachtung von mehreren Charts möglich

Nachteile

- Korrekturen nur schwer möglich
- Schlecht archivierbar
- Schlecht dokumentierbar
- Umblättern kann stören
- Nur für kleinere Gruppen
- Kopieren von Bildern usw. nicht möglich

3 Medieneinsatz

Metaplan-Tafel

Vorteile

- Leicht zu ergänzen und umzusortieren
- Abläufe/Vorgehensweisen/ Verfahrensschritte gut darstellbar
- Gruppenergebnisse gut darstellbar
- Dauermedium, laufend präsent
- Kann (inter-) aktiv gestaltet werden

Nachteile

- Spezielle Wände nötig
- Umgang mit dem Medium relativ schwierig
- Nur für kleine Gruppen geeignet
- Schwer dokumentierbar (nur über Fotos)

PC-Präsentationen

Vorteile

- Leicht vorzubereiten
- CD, Sticks leicht transportierbar
- Kann sofort verändert, ergänzt werden
- Bewegte Bilder möglich
- Nahezu ständiger Blickkontakt
- Simulationen möglich
- Schnelles Vor- und Rückblättern
- Leichtes Erstellen von Handouts
- Man kann eine Seite schrittweise aufbauen

Nachteile

- Hoher technischer Aufwand
- Nicht alle Systeme kompatibel
- Bei fremden Geräten Funktionsfähigkeit prüfen
- Kenntnisse in speziellen Programmen nötig
- Oft alleiniges Medium
- Fast immer nur fertige Folien

Vorbereitung auf das situationsbezogene Fachgespräch

4 Fragen für das Prüfungsgespräch

Das Prüfungsgespräch findet unmittelbar im Anschluss an Ihre Präsentation statt. Die Fragen der Prüfer ergeben sich also im Wesentlichen aus Ihrer Präsentation. Sie sollten sich in der Vorbereitung daher einen Katalog mit zu erwartenden, möglichen Fragen (und den entsprechenden Antworten) erstellen.

Sollten Sie zusätzliche Folien vorbereitet, aber nicht eingesetzt haben, nehmen Sie diese dennoch zur Prüfung mit. Manche Fragen im Prüfungsgespräch lassen sich so viel besser beantworten, und es spricht für Ihre gründliche Vorbereitung.

Seien Sie gefasst auf Fragen zum Arbeits- und Sozialrecht – viele Themen haben eine arbeitsrechtliche Relevanz. Prägen Sie sich dazu die Gesetze und entsprechende Paragrafen ein. Dies gilt analog für Fragen nach Kosten und Nutzen für Ihre Projekte und Maßnahmen.

Seien Sie durchaus selbstkritisch in Ihren Antworten. Wenn Sie z.B. eine Balanced Scorecard eingeführt und dafür nicht die nötige Resonanz und Akzeptanz bei Betriebsrat und Mitarbeitern gefunden haben, tragen Sie dies vor. Sie können nicht dafür »bestraft« werden, dass Ihr Ergebnis nicht den Erwartungen aller Mitarbeiter entspricht. Wenn Sie Fehler bei einer Mitarbeiterbefragung gemacht haben, geben Sie dies ruhig zu und machen Sie gleichzeitig einen Vorschlag, wie Sie es in Zukunft anders und besser machen würden.

Argumentieren Sie im Prüfungsgespräch, wie etwas in Ihrem Unternehmen gemacht wurde, und nicht, wie es im Lehrbuch steht. Wenn Sie sagen, dass Sie mit Ihrem Fragebogen zur Mitarbeiterzufriedenheit brauchbare Ergebnisse erzielt haben, kann Ihnen kein Prüfer das Gegenteil beweisen.

Wenn Sie nicht mit allen thematischen Aspekten der Präsentation selbst zu tun hatten, teilen Sie den Prüfern bei entsprechenden Fragen mit, dass Sie z.B. die Balanced Scorecard zusammen mit anderen Kollegen in einer Projektgruppe erarbeitet oder die Mitarbeiterbefragung im Team durchgeführt haben.

Wenn Sie zum Ablauf Ihrer Präsentation oder zum Methodeneinsatz kritische Einwände hören, vermuten Sie nicht gleich das Schlimmste. Es ist den Prüfern häufig wichtig, zu erfahren, warum Sie etwas so und nicht anders gemacht haben. Stehen Sie also zu Ihrer Präsentation – Sie haben lange genug dafür gearbeitet!

5 Beispielpräsentationen

Wir haben Ihnen nachfolgend vier Präsentationen von Prüfungsteilnehmern im Handout-Format zur Verfügung gestellt. Dabei sind Hinweise auf die Unternehmen entfernt und das Layout ist vereinheitlicht worden. Wir haben uns auch bewusst jeder Visualisierung und Animation enthalten. Spätestens seit dem vorangestellten Abschnitt über wirksame Präsentationen wissen Sie um deren Bedeutung. Uns kam es hier in erster Linie darauf an, zu zeigen:

5 Beispielpräsentationen

- wie die Themen inhaltlich bearbeitet wurden,
- wie die Präsentation gegliedert ist,
- wie die Schwerpunktsetzung aussieht.

Trotz bzw. gerade wegen der verschlankten Darstellungsweise sind wir überzeugt, dass Ihnen diese Beispielpräsentationen wichtige Anregungen geben. Jeder Präsentation ist auch ein Katalog von Fragen zum Prüfungsgespräch angehängt. Wer will, kann sich also auch hierin noch üben.

Beispielpräsentation 1: Vertrauensarbeitszeit

Vertrauensarbeitszeit

Leistungsorientierung
statt
Präsenzkontrolle

1

Ausgangssituation im Unternehmen

- Feste Arbeitszeiten
- Unterschiedliche Auslastung der Mitarbeiter
- Kurzfristige, teure Übergangslösungen
- Hohe Mehrarbeitszuschläge
- Wettbewerbsprobleme

2

Vorbereitung auf das situationsbezogene Fachgespräch

Ziele eines neuen Arbeitszeitmodells

- Entkopplung von Gehalts- und Arbeitszeit
- Wegfall der Mehrarbeitszuschläge
- Ökonomischer Arbeitseinsatz
- Reduzierung von Verwaltungskosten
- Steigerung der Attraktivität und Wettbewerbsfähigkeit

Was ist Vertrauensarbeitszeit

- Ein besonderes Arbeitszeitmodell
- Hohe Arbeitssouveränität des Mitarbeiters
- Aufgabenerfüllung ist die Messlatte
- Transparente Planung wird ermöglicht
- Vertrauen und Freiräume statt Anweisungen und Kontrolle

Voraussetzungen für die Einführung

- Vertrauenskultur im Unternehmen
- Einverständnis des Betriebsrates
- Management by Objectives
- Kompetente Führungskräfte
- Leistungsorientierte Vergütung
- Eigenverantwortliche Mitarbeiter

5 Beispielpräsentationen

Vorteile für die Mitarbeiter?

- Eigene, flexible Arbeitszeitgestaltung
- Berücksichtigung individueller Bedürfnisse
- Partizipation bei Zielvereinbarungen
- Leistung wird belohnt
- Mehr Verantwortung im Unternehmen

6

Schwierigkeiten bei der Einführung

- Zusammenarbeit mit dem BR
    - Zustimmung gem. § 87, 1 Nr. 2 BetrVG
    - Überwachungsaufgaben nach § 80, 1 Nr. 1 BetrVG
    - Überprüfung der Mindestruhezeit nach § 5, 1 ArbZG
- Aufzeichnungspflicht gem. § 16, 2 ArbZG
- Überlastungssituationen bei den MA
- Widerstand bei autoritären Vorgesetzten
- Verschlechterung des Betriebsklimas

7

Problemlösung durch Vertrauenszeit?

- Stimmung im Unternehmen abklären
    - Mitarbeiterbefragung zur Vertrauensarbeitszeit
- Bei positiver Rückmeldung:
    - Voraussetzungen prüfen
    - Probleme offen diskutieren
    - Probeweise Einführung
    - Feedback auswerten

8

Vorbereitung auf das situationsbezogene Fachgespräch

BAG – Urteil zur Vertrauensarbeitszeit

- Überwachungsaufgaben des BR
  - Einhalten der ges. Bestimmungen § 80, 1 Nr. 1 BetrVG
  - Beachten der Ruhezeiten nach § 5, 1 ArbZG
- Arbeitgeberpflicht zur Aufzeichnung der Arbeitszeiten nach § 16, 2 ArbZG
- Auflage
  - Der AG hat seinen Betrieb so zu organisieren, dass die gesetzlichen und tariflichen Bestimmungen eingehalten werden.

9

Beispiele für Fragen im Prüfungsgespräch

- In dem alten Modell mit festen Arbeitszeiten haben Sie als Nachteil die unterschiedliche Auslastung der Mitarbeiter herausgestellt. Was waren die Ursachen dafür?
- Inwiefern hatten Sie Wettbewerbsprobleme bei dem Modell mit festen Arbeitszeiten? Worin bestanden diese Probleme? Sind sie wirklich ursächlich dem alten Arbeitszeitmodell zuzurechnen?
- Wer steuert den von Ihnen angesprochenen ökonomischen Arbeitseinsatz bei der Vertrauensarbeitszeit? Und wer kontrolliert, ob dieser wirklich ökonomisch ist?
- Sie haben unter anderem das Ziel einer Reduzierung von Verwaltungskosten im Auge. Welche Kosten entstehen bei der Implementierung der Vertrauensarbeitszeit? Haben Sie vorab eine Kosten-Nutzen-Analyse erstellt? Sind alle Kosten der Einführung und der Arbeit mit diesem Modell für Sie erfassbar und messbar?
- Sie weisen zu Recht darauf hin, dass auf beiden Seiten ein Vertrauen in die Anwendung dieses Modells vorhanden sein muss, dass es im Unternehmen eine Vertrauenskultur geben muss. Ist diese bereits vorhanden, mit anderen Worten, besitzen Ihre Mitarbeiter bereits die »Reife«, die notwendig für den Umgang mit diesem Modell ist?
- Welche »vertrauensbildenden Maßnahmen« haben Sie vorgesehen?
- Vertrauen ist gut – Kontrolle ist besser! Welche Formen der Missbrauchskontrolle haben Sie vorgesehen?
- Voraussetzung für die Einführung von Vertrauensarbeitszeit ist bei Ihnen ein Management by Objectives. Welche Möglichkeiten der Einwirkung haben Ihre Mitarbeiter in den Zielvereinbarungsgesprächen?
- Eine weitere Voraussetzung stellt für Sie die Einführung einer leistungsorientierten Vergütung dar – wahrscheinlich im Zusammenhang mit der Frage nach dem Grad der Zielerreichung. Welche Formen existieren in Ihrem Unternehmen?
- Wir vermuten, dass Sie nicht ohne Grund das BAG-Urteil zur Vertrauensarbeitszeit an den Schluss Ihrer Präsentation gestellt haben. Wie haben Sie die darin angesprochene Aufzeichnungspflicht nach § 16, 2 ArbZG in Ihrem Unternehmen umgesetzt?

5 Beispielpräsentationen

Beispielpräsentation 2: Fehlzeitengespräche

Fehlzeitengespräche

Systematische Durchführung
als Instrument
eines konsequenten Fehlzeitenmanagements

Das Unternehmen

- Mittelständisches Unternehmen im Elektronikbereich
- 150 Mitarbeiter, 30 Angestellte und 120 Arbeiter
- Kunden sind Industrieunternehmen in ganz Deutschland
- Maßgeschneiderte Produkte von der Idee zur Serie
  - Projektmanagement
  - Beschaffung
  - Produktion
  - Reparaturservice

Fehlzeiten – IST-Zustand

Ergebnisse im Vergleich der letzten beiden Jahre
Anstieg insgesamt von 3,5 % auf 5,7 %!
- Spitzenwerte im März und April 2007 mit 7,8%!
- Besonders auffällige Abteilung Reparaturservice!
- Auffällig hohe Kurzkrankheiten bei jüngeren MA!
  - häufig ohne Krankmeldung
  - häufige Arztbesuche während der Arbeitszeit
- Relativ niedrige, aber lange Fehlzeiten bei älteren Mitarbeitern
  - immer mit Arbeitsunfähigkeitsbescheinigungen

Vorbereitung auf das situationsbezogene Fachgespräch

Einstieg ins Fehlzeitenmanagement

- Definition der Größe „Krankenstand"
- Entwicklung des Krankenstandes in den letzten Jahren
- Arbeiten mit dem Kalendarium
- Verteilung der Fehlzeiten auf die Betriebsteile
- Entgeltfortzahlungskosten darstellen
- Sparbeträge dokumentieren bei Rückgang der Fehlzeiten
- Kritische Gruppen identifizieren (Alter, Geschlecht usw.)

Fehlzeitenmanagement – Instrumente

- Informelle Maßnahmen
- Disziplinarische Maßnahmen
- Belohnende Maßnahmen
- Betriebliche Gesundheitsförderungen Prävention
- Fehlzeiten- und Rückkehrergespräche

Folgen von Fehlzeiten im Unternehmen

- Mehrbelastung der Kollegen durch Überstunden/ schlechtes Betriebsklima
- Schwierigkeiten in der Urlaubsplanung/ Urlaubsverzicht
- Probleme mit der Personaleinsatzplanung
- Ersatz des fehlenden Personals
- Einarbeitung von Aushilfen
- Entgeltfortzahlung
- Unzufriedene Kunden
- Qualitätsverlust

5 Beispielpräsentationen

Stufenkonzept – Überblick

- **Stufe 1 – Begrüßungsgespräch**

  „Schön, dass Sie wieder da sind!"

  - Mitarbeiter
  - direkter Vorgesetzter

- **Stufe 2 – Mitarbeitergespräch**

  „Haben Sie schon gewusst, dass … ?"

  - Mitarbeiter
  - direkter Vorgesetzter

Stufenkonzept – Überblick

- **Stufe 3 – Signalgespräch**

  „Wir müssen darüber reden!"

  - Mitarbeiter
  - direkter Vorgesetzter
  - nächsthöherer Vorgesetzter

- **Stufe 4 – Personalgespräch**

  „So wird es nicht weitergehen!"

  - Mitarbeiter
  - direkter Vorgesetzter
  - Vertreter des Personalwesens

Stufe 1 – Begrüßungsgespräch

„Schön, dass Sie wieder da sind!"

Information
- Was ist inzwischen in der Abteilung passiert?
- Was steht in den nächsten Stunden, Tagen an?

Befragung
- Wie geht es Ihnen?
- Sind Sie wieder voll einsatzfähig?
- Hat Ihre Krankheit mit dem Betrieb zu tun?

Ergebnis
- Freundliche Atmosphäre
- Alle freuen sich auf den „alten Kollegen".

Vorbereitung auf das situationsbezogene Fachgespräch

Stufe 2 – Mitarbeitergespräch

„Haben Sie schon gewusst, dass ... ?"

Information
- Hinweis auf bisherige Fehlzeiten
- Was ist alles liegengeblieben?

Befragung
- Gibt es einen Zusammenhang mit der vorherigen Krankheit?
- Können wir etwas tun, um zu helfen?

Ergebnis
- Freundliche, aber sachliche Atmosphäre
- Einsicht, dass Fehlen dem Arbeitsablauf schadet und Kollegen Mehrarbeit übernehmen müssen.

Stufe 3 – Signalgespräch

„Wir müssen darüber reden!"

Information
- Hinweis auf Fehlzeitenstruktur
- Mehrbelastungs- und Kostensituation

Befragung
- Was unternehmen Sie gegen die Fehlzeiten?
- Werden Sie weiterbehandelt?

Ergebnis
- Sachliche und bestimmte Atmosphäre
- Letzte Chance vor massiveren Schritten

Stufe 4 – Personalgespräch

„So wird es nicht weitergehen!"

Information
- Stand der Fehlzeiten in den letzten Monaten/Jahren
- Keine Perspektive für weitere sinnvolle Zusammenarbeit
- Arbeitsverhältnis ist gefährdet.

Befragung
- Sind Sie sich über die Folgen im Klaren?
- Wollen Sie überhaupt noch für uns arbeiten?

Ergebnis
- Es können unmittelbar danach Personalentscheidungen getroffen werden.
- Nur durch massive Veränderungen kann der MA die Kündigung abwenden.

Beispiele für Fragen im Prüfungsgespräch

- Ein Anstieg der Fehlzeitenquote von 3,5 Prozent auf 5,7 Prozent innerhalb von 24 Monaten ist in der Tat außergewöhnlich. Hat es in dieser Zeit gravierende Veränderungen in Ihrem Unternehmen gegeben, auf die Sie diesen Anstieg zurückführen können?
- Ihr Unternehmen arbeitet nicht saisonabhängig. Was sind Ihrer Meinung nach die Ursachen für die »Aussetzer« in den Monaten März und April?
- Mit der Ermittlung des Ist-Zustandes haben Sie ja schon den ersten Schritt in die richtige Richtung getan. Gibt es von der zeitlichen Lage der Fehlzeiten her bereits ein auffälliges »Strickmuster«? Haben Sie eine Häufung bei Brückentagen oder im Zusammenhang mit Feiertagen feststellen können?
- Wie, in welchen Intervallen und wann erfassen Sie die Fehlzeiten?
- Sie wollen mit dem Kalendarium arbeiten. Legen Sie dem Mitarbeiter im Gespräch auch dieses Kalenderblatt mit seinen Fehlzeiten vor? Welche Wirkung erhoffen Sie sich dadurch?
- Sie haben in der Liste Ihrer Instrumente auch betriebliche Gesundheitsförderungen als präventive Maßnahme vorgesehen. Was gehört im Einzelnen dazu und wie findet diese Prävention statt?
- Sie wollen auch belohnende Maßnahmen einsetzen. Wie sehen diese aus, handelt es sich um Anwesenheitsprämien? Wenn dies der Fall ist, welche Vor- und Nachteile können Ihnen bei der Gewährung von Anwesenheitsprämien entstehen?
- Welche Kosten entstehen Ihnen direkt und indirekt durch die Fehlzeiten?
- Auch die Schulung der Führungskräfte für Rückkehrgespräche kostet Geld. Haben Sie Ihrer Geschäftsleitung einmal vorgerechnet, ob sich der Einsatz dieser Mittel auch in finanzieller Hinsicht lohnt?
- Wie gehen Sie mit Mitarbeitern um, die völlig uneinsichtig gegenüber den von ihnen zu vertretenden Fehlzeiten sind?
- Sie haben ein Vier-Stufen-Modell vorgeschlagen, hätten es nicht zwei Stufen auch getan?
- Gibt es schon messbare Erfolge, d.h. können Sie wirklich eine Reduzierung der Fehlzeiten feststellen, die ursächlich auf Ihr Fehlzeitenmanagement zurückzuführen ist?

Vorbereitung auf das situationsbezogene Fachgespräch

Beispielpräsentation 3: Personalentwicklung

Erstellung eines Konzeptes
und eines Strukturplans für die

Personalentwicklung

in einem mittelständischen
Unternehmen des Sonderfahrzeugbaus

1

Unternehmensdarstellung

Firma	SOMAG GmbH Hannover
Gründung	1952
Branche	Nutzfahrzeugbau, Sonderfahrzeuge
Mitarbeiter	ca. 380
Produkte	– Fahrzeuge für die Abfallwirtschaft
	– Feuerwehrfahrzeuge
	– Fahrzeuge für Stadtreinigung und Kanalbau
Kunden	überwiegend Kommunen und Landkreise

2

IST-Zustand der Personalentwicklung

- Keine eindeutige Zuordnung in der Organisation von PE-Maßnahmen (Personalabteilung oder Fachabteilung)
- Ungleiche Chancen für die Mitarbeiter zur Teilnahme an PE-Maßnahmen
- Es existiert so gut wie keine Erfolgskontrolle.
- Für Weiterbildungsanbieter existieren unterschiedliche Ansprechpartner im Betrieb.

3

5 Beispielpräsentationen

SOLL-Zustand der Personalentwicklung

- Zentrale Organisation der gesamten Personalentwicklung über den Personalbereich
- Jeder Mitarbeiter soll die Weiterbildung erhalten, die er für die Arbeit an seinem jetzigen oder künftigen Arbeitsplatz benötigt.
- Erfolgskontrollen nach Durchführung einer PE-Maßnahme
- Einbindung der Personalentwicklung in das Personalcontrolling

Strukturplan für das PE-Konzept

Ermittlung des Bildungsbedarfs
⇩
Weiterleitung der Bedarfsmeldung an den Personalbereich
⇩
Zusammenstellung von Angeboten verschiedener Anbieter
⇩
Buchung und Organisation des Trainings durch PE
⇩
Transferkontrolle nach der WB

Information über die Abläufe

- Geschäftsleitung über das neue Konzept informieren
- Weiterleitung einer Kopie an den Betriebsrat (Berücksichtigung der §§ 96–98 BetrVG)
- Vorstellung durch den Bereichsleiter Personal während des nächsten Führungskräftetrainings
- Veröffentlichung im Intranet
- Information der Mitarbeiter mit der nächsten Gehaltszahlung

Vorbereitung auf das situationsbezogene Fachgespräch

Vorteile des neuen Konzepts

- Alle Mitarbeiter bekommen die Chance zu einer Personalentwicklungsmaßnahme.
- Regelmäßige Anpassung an neue/s Technologien/Programme/Software/Know-how
- Kontrolle der Maßnahmen im Hinblick auf
  - Kosten
  - Nutzen
  - Erfolg
- Entlastung der Führungskräfte bei der Organisation der Qualifizierungen
- Nutzung von Rabatten bei den WB-Anbietern

7

Beispiele für Fragen im Prüfungsgespräch

- Sie sprechen von ungleichen Chancen der Mitarbeiter für Entwicklungsmaßnahmen nach dem alten Modell. Wäre dies nicht ein Fall für ein Führungskräftetraining gewesen – etwa für einen Workshop »Optimierung von Fördergesprächen«?
- Sie wollen eine Zentralisierung der gesamten Personalentwicklung erreichen? Welche Rolle spielen die Führungskräfte in diesem neuen Modell? Was ist deren Aufgabe?
- Gibt es nach wie vor Schnittstellen zwischen dem Personalbereich und den Vorgesetzten? Wer ermittelt z.B. den Bildungsbedarf in Ihrem neuen Konzept? Die Vorgesetzten? Sind die Führungskräfte dazu in der Lage?
- Mit welchen Methoden wollen Sie in Zukunft den Bildungsbedarf ermitteln?
- Bei der Personalentwicklung geht es einerseits um Bildung und Qualifizierung, andererseits um die bestmögliche individuelle Förderung der Mitarbeiter. Wie ermitteln Sie diese Bedürfnisse der Mitarbeiter?
- Ist in Zukunft der Personalbereich in der Lage, die Bedarfsmeldungen durch die Vorgesetzten inhaltlich zu bearbeiten?
- In der Personalentwicklung werden interne und externe PE-Maßnahmen durchgeführt. Welche Maßnahmen überwiegen bei Ihnen? Nach welchen Kriterien legen Sie fest, ob eine Maßnahme intern oder extern durchgeführt wird?
- In dem neuen Strukturplan sehen Sie im Anschluss an die Trainings auch Transferkontrollen vor. Sind dies die einzigen Formen einer Evaluation? Wie kontrollieren Sie den unmittelbaren Seminar- oder Trainingserfolg?
- Sie wollen ein Personalentwicklungscontrolling einführen. Wo setzt dieses Controlling an? Welche Teilbereiche sind Gegenstand dieses PE-Controllings?
- Wie erfassen Sie Kosten für Personalentwicklungsmaßnahmen und welche Kostenstellen werden damit belastet?
- Wie verwirklichen Sie in dem neuen Konzept die Chancengleichheit im Hinblick auf PE-Maßnahmen, die Ihnen ja ein berechtigtes Anliegen ist?

5 Beispielpräsentationen

Beispielpräsentation 4: Potenzialanalysen

Ein Konzept zur
Einführung von

Potenzialanalysen

in eine bestehende
Personalentwicklung
in der Sparkasse Musterhausen

Die Sparkasse Musterhausen

- Regionale Sparkasse mit 86 Filialen
- ca. 1.400 Mitarbeiter, davon
  - 23 MA im Personalbereich
  - 20 MA in der Personalentwicklung, d.h.
    - Ausbildung
    - Weiterbildung
    - Fördermaßnahmen
    - eigenes Trainingszentrum
- Personalentwicklung ist Profit-Center
- Zusammenarbeit mit Fachhochschulen und freien Trainern

Voraussetzungen für Potenzialanalysen

- Vorhandensein einer strategischen Unternehmensplanung (Leitbild)
- Quantitative und qualitative Personalbedarfsplanung
- Stellenbeschreibungen und Anforderungeprofile
- Mitarbeiterbeurteilungen
- Jahresmitarbeitergespräche
- Zielvereinbarungen

Vorbereitung auf das situationsbezogene Fachgespräch

Die Situation in der PE der Sparkasse

- Eine potenzialorientierte Förderung der Mitarbeiter wurde in der Vergangenheit nicht praktiziert.
  - Die Notwendigkeit ist den Führungskräften nicht bewusst.
  - Es war kein konkreter Anlass vorhanden, sich mit dem Thema zu befassen.
  - Die Führungskräfte waren mit der jährlichen Mitarbeiterbeurteilung „ausgelastet".
  - Es sind keine geeigneten Instrumente für eine Potenzialanalyse im Unternehmen vorhanden.

Kritische Analyse der IST-Situation

- Die bevorstehende Umstrukturierung der Sparkasse erfordert eine Neubewertung der Fähigkeiten der Mitarbeiter.
- Fehlende Stärken-Schwächen-Profile lassen keine strategische und individuelle PE zu.
- Keine Laufbahn- und Nachfolgeplanung wegen fehlender objektiver Einschätzungen der Eignung
- Gefahr der Abwanderung von MA wegen fehlender Entwicklungsperspektiven

Gründe für die Einführung

- Gewinnung von Informationen über das zukünftige Leistungsverhalten von Mitarbeitern
- Vermeidung von Fehlbesetzungen bei der anstehenden Restrukturierung der Sparkasse
- Förderung einer offenen Unternehmenskultur durch Transparenz von Personalentscheidungen
- Erhöhung der Identifikation der MA mit dem Unternehmen
- Gezielte Personalentwicklung bei gleichzeitiger Kostenreduzierung

Methoden und Instrumente

- Potenzialbeurteilungen durch den Vorgesetzten als Teil der Fördergespräche
- Potenzialinterviews durch externe Fachkräfte
- Teilnahme an Assessment-Centern
- Beauftragung von ausgesuchten Mitarbeitern mit Sonderaufgaben
- On-the-job und Near-the-job-Maßnahmen
- Selbsteinschätzungstest
- 360-Grad-Beurteilungen

Kritischer Ausblick

- MA werden auf vielfältige Art und Weise informiert.
- Eine Befragung ergab eine hohe Akzeptanz bei den Mitarbeitern, jedoch
- eine deutlich niedrigere Akzeptanz bei Führungskräften.
- Unterstützung durch Unternehmensberater und/oder Fachhochschule ist nötig und zugesagt.
- Das neue Instrument erfordert intensive Schulung.

Beispiele für Fragen im Prüfungsgespräch

- Ihre Personalentwicklung haben Sie als Profit-Center ausgestaltet. Können Sie uns bitte schildern, aus welchen Gründen dies geschah? Ist die Personalentwicklung outgesourct worden oder nach wie vor ein Teilbetrieb innerhalb der Sparkasse?
- Sie stellen hohe Anforderungen an die Voraussetzungen für die Einführung von Potenzialanalysen. Welche davon sind bei Ihnen bereits realisiert?
- In welchen Bereichen der Sparkasse werden Zielvereinbarungsgespräche geführt? Auf welche Akzeptanz stoßen diese Zielvereinbarungsgespräche bei den Mitarbeitern?
- Wenn doch bereits Beurteilungen und Jahresmitarbeitergespräche zum Repertoire Ihres Unternehmens gehören, warum sehen die Führungskräfte keine Notwendigkeit von Potenzialanalysen? Bedurfte es tatsächlich erst der Restrukturierungsmaßnahme?
- Welche Strukturveränderungen sollen durch diese Restrukturierungsmaßnahme erreicht werden?

Vorbereitung auf das situationsbezogene Fachgespräch

- Sie haben alles an Methoden und Instrumenten zur Analyse der Mitarbeiterpotenziale angeführt, was gut und teuer ist. Welche Methoden sind denn bereits zum Einsatz gekommen? Mit welchem Erfolg?
- Gibt es Kosten-Nutzen-Überlegungen bei Ihnen, d.h. haben Sie sich Gedanken über die direkten und indirekten Kosten gemacht, die im Zusammenhang mit der Einführung von Potenzialanalysen entstehen? Wie werden diese Kosten verrechnet? Der Personalbereich ist ein Profit-Center. Handelt es sich um Overheadkosten oder werden die Kosten spitz verrechnet?
- Womit erklären Sie sich die geringe Akzeptanz bei den Führungskräften, was die Einführung angeht? Kann es Ihrer Meinung nach sein, dass bei den Führungskräften so etwas wie eine »Belastungsgrenze« erreicht ist?
- Sie arbeiten mit einer Fachhochschule zusammen. Welche Unterstützung erhalten Sie von der Hochschule? Welchen Vorteil hat die Hochschule von der Zusammenarbeit?
- Sie schlagen als Analyseinstrument vor, die bisherigen Mitarbeiterbeurteilungen zu einer 360-Grad-Beurteilung »aufzubohren«. Nun sind Beurteilungen nach Ihrer eigenen Darstellung vergangenheitsorientiert. Welchen Nutzen versprechen Sie sich für die Potenzialanalysen?

Autorenverzeichnis

Stefan von Andrian

Berater, Moderator, Change Coach, Visual Facilitator und Autor mit den Schwerpunkten: Beratung und Begleitung von Menschen und Organisationen in Veränderungsprojekten; Redaktion, Moderation und Visualisierung in Kommunikationsprozessen; Kompetenzentwicklung für Führungskräfte und Multiplikatoren. Erfahrungen: Change-Management-Beratung und Führungskräfteentwicklung; Chefredaktion (Magazin für Führung, Kommunikation und Wandel); Unternehmenskommunikation (Siemens-Nixdorf, IBM); Projekt Technologische Innovation (Deutsche Gesellschaft für Internationale Zusammenarbeit/Brasilien). Qualifikationen: Systemischer Team- und Einzelberater (GST); Change-Management-Berater (PROSCI); eDactic-Trainer (Lufthansa School of Business); Trainer für das persolog Persönlichkeits-Modell sowie Visual Facilitator. Publikationen: Fachbücher und -beiträge zu Führung, Kommunikation und Wandel. Fundament: Sozial- und Wirtschaftsgeographie (Dipl.-Geograph), Kommunikationswissenschaften (Dipl.-Journalist).

Kontakt: buero@von-andrian.de

(Teil A, Kapitel 1)

Dr. Dietmar Franke

Nach juristischem Studium, Referendarzeit und Promotion langjährige Tätigkeit in leitenden Funktionen des industriellen Personalmanagements. Seit 1999 selbstständiger Unternehmensberater, Dozent und Fachbuchautor auf den Gebieten des Arbeitsrechts und des Personalmanagements. Beratungsschwerpunkte (u.a.): Unternehmensbezogene Lösung arbeitsrechtlicher Probleme, Zusammenarbeit mit dem Betriebsrat, Arbeitszeitmodelle, Entgeltfindung und -gestaltung (Vergütungsmodelle).

Kontakt: dr.dietmar.franke@t-online.de

(Teil B, Kapitel 2.1 und 2.6)

Autorenverzeichnis

Dr. Frank Frieß

Studium der Soziologie, Sozialpsychologie und Philosophie; Tätigkeit im Personalmanagement sowie als Regional-Serviceleiter bei der Saarbrücker Zeitung Verlag und Druckerei GmbH; Verlagsleiter beim Pfälzischen Merkur, Zweibrücken. Derzeit Leiter des Hochschulreferates Fundraising an der TU München, freiberuflicher Trainer und Coach.

Kontakt: frank.friess@mytum.de

(Teil B, Kapitel 4.1 bis 4.3, 4.5 und 4.6)

Dr. Martin Hartmann

Studium der Pädagogik, Soziologie und Politikwissenschaften in München und Frankfurt; nach Hochschultätigkeit und Promotion mehrere Jahre Projektleiter in der Medienforschung und -beratung; als Journalist in London tätig; seit über 20 Jahren Trainer und Berater bei train – Gesellschaft für Personalentwicklung in Bonn und Traunstein mit den Schwerpunkten: Präsentations-, Moderationstechniken, Interviewtechniken, Krisenkommunikation, Coaching für Präsentationen und Besprechungen, Pressearbeit und Publikationen.

Kontakt: Martin.Hartmann@train.de; www.train.de

(Teil A, Kapitel 2)

Cornelia Lindow

Personalfachkauffrau (IHK) und Sozialversicherungsfachangestellte; langjährige Tätigkeit als Leiterin des Personalmanagements eines mittleren Akutkrankenhauses der Paracelsus-Kliniken Deutschland GmbH & Co. KGaA sowie als Stellvertretung der Verwaltungsdirektion. In dieser Position Mitgestaltung der strategischen Ausrichtung des Krankenhauses, Planung der Personalkosten, Sicherstellung der Personalbeschaffung, des Personaleinsatzes und der Personalfreisetzung. Beratung der Führungskräfte in arbeits-, betriebsverfassungs- und tarifrechtlichen Fragestellungen und deren Umsetzung.

Kontakt: cornelia.lindow@paracelsus-kliniken.de

(Teil B, Kapitel 2.4 und 2.7)

Rainer Röpnack

Studium der Pädagogik mit dem Schwerpunkt Beratungspsychologie, Sozialpädagogik; Betriebswirt im Sozial- und Gesundheitswesen; mehrere Jahre Leitungserfahrung im sozialen Bereich; Seit 1991 Trainer und Berater bei train, seit 2006 in freiberuflicher Tätigkeit. Tätigkeitsschwerpunkte: Marketing- und Organisationsberatung für mittelständische Dienstleistungsunternehmen, Führungskräftecoaching, Besprechungscoaching, Supervision von Arbeitsgruppen, Präsentationen, Selbstorganisation am Arbeitsplatz, Selbstmanagement, Moderation von Workshops und Besprechungen.

Kontakt: rainer.roepnack@t-online.de; www.rainer-roepnack.de

(Teil A, Kapitel 2)

Prof. Dr. Achim Weiand

Professor für Betriebswirtschaftslehre, insbesondere Personalentwicklung, an der Hochschule Neu-Ulm. Davor Leiter der Personalentwicklung bei der ZF Getriebe GmbH (Saarbrücken), danach Leiter Management Development bei der Veba AG/E.ON AG (Düsseldorf) und anschließend Leiter Personalbetreuung und -entwicklung in der Viterra AG (Essen). Seit 2001 Professor für Internationales Management mit dem Schwerpunkt Personal und Organisation in internationalen Unternehmen an der Hochschule Hof.

Kontakt: achim.weiand@hs-neu-ulm.de

(Teil B, Kapitel 1.4)

Burckhard Zicke

Nach dem Studium der Betriebswirtschaft mit Schwerpunkt Personalwesen in Lehrgängen der Aufstiegsfortbildung tätig, zunächst als Dozent, bis 2005 als Fachbereichsleiter für berufliche Fortbildung und Firmenschulung bei einem großen Weiterbildungsträger. Seit 2002 Mitglied in der Expertenkommission und in Arbeitskreisen beim Deutschen Industrie- und Handelskammertag (DIHK). Erfahrungen in der Umsetzung handlungsorientierter und ganzheitlicher Bildungskonzepte in Zusammenarbeit mit der Universität Hamburg und dem Bundesinstitut für Berufsbildung. Seit 2005 als Unternehmensberater mit den Arbeitsschwerpunkten Personalorganisation und Organisationsentwicklung, Personalentwicklung, -förderung und -führung, Anwesenheits- und Fluktuationsmanagement.

Kontakt: burckhard.zicke@t-online.de.

(Teil B, Kapitel 1.1 bis 1.3, 1.5 bis 1.9, 2.2, 2.3, 2.5, 2.8, 3.1 bis 3.6, 4.4 bis 4.7 sowie Teil C)

Autorenverzeichnis

Dr. Frank Zils

Studium der Theologie, Erwachsenenbildung, Human Resource Management; Management-Trainee-Programm Deutsche Lufthansa AG (Führungskräfteentwicklung); Leiter Personalentwicklung CS&P Bildungsmanagement GmbH, Schwerpunkt Führungskräfteentwicklung und strategieorientierte Personalentwicklung; Leiter Personalentwicklung und stellvertretender Personalleiter der Saarbrücker Zeitung Verlag und Druckerei GmbH. Derzeit Human Resource Director Pharma Division of Johnson & Johnson (Janssen-Cilag GmbH).

Kontakt: fzils@its.jnj.com

(Teil B, Kapitel 4.1 bis 4.3, 4.5 und 4.6)

Alexander Zoll

Studium der Rechtswissenschaft und Betriebswirtschaft; Certified Performance Technologist (International Society for Performance Improvement); Ausbildung zum Hypnosystemischen Coach und Berater am Milton Erickson Institut in Bonn; mehrjährige Projektleitung in der Beratung bei einem Kommunikationsunternehmen; Einsätze als Berater und Trainer in Europa, Zentralamerika und Asien; Schwerpunkte bei train: Führung und Kommunikation, Präsentation und Moderation; Gesprächsführung und Coaching von Gruppen und Einzelpersonen, Train the trainer, Personal- und Organisationsentwicklung.

Kontakt: Alexander.Zoll@train.de; www.train.de

(Teil A, Kapitel 2)

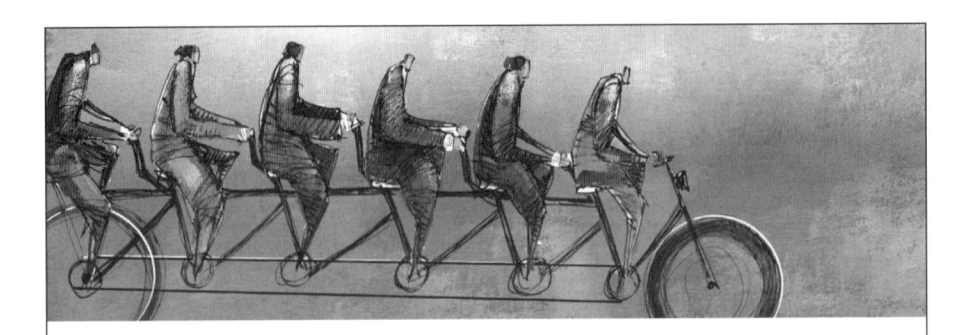

Demografie im Blick –
Herausforderung Personalmanagement

Wie Sie die Leistungs- und Wettbewerbsfähigkeit Ihres Unternehmens auf heutigem Niveau beibehalten und das steigende Durchschnittsalter Ihrer Belegschaft einkalkulieren, zeigt Ihnen dieser Herausgeberband. Experten aus Wissenschaft und Praxis diskutieren das Phänomen des „Demografischen Wandels" im Kontext von HR-Management.

Erfahren Sie mehr zu den zentralen Handlungsfeldern und Instrumenten des demografieorientierten Personalmanagements und lernen Sie aus Erfahrungsberichten und Praxisbeispielen von Unternehmen unterschiedlicher Branchen und Größen.

Gehen Sie mit der Zeit – und auf die veränderten Ansprüche Ihrer Mitarbeiter ein!

Prof. Dr. Jutta Rump / Silke Eilers (Hrsg.)
Demografieorientiertes Personalmanagement
Hintergründe und Handlungsansätze
1. Auflage 2014, 192 Seiten, broschiert
EUR 39,00, ISBN 978-3-472-08581-2

Ihre Bestellwege:
Tel.:   02631-801 22 22
Fax: 02631-801 22 23
E-Mail: info@personalwirtschaft.de

Kostenlose Leseprobe und Bestellung: www.personal-buecher.de

Das führt zum Erfolg.   **Personal**wirtschaft **Buch**

Wirksame Mitarbeitergespräche statt Pflichttermine

Dieses Buch unterstützt Sie als Personalverantwortliche bei der Vorbereitung und Durchführung von Mitarbeitergesprächen. Für 42 verschiedene Arten von Mitarbeitergesprächen liefert es die relevanten Hintergrundinformationen, Fragen zur Gesprächsvorbereitung, Gestaltungsbausteine, Beispieldialoge und Gesprächstipps:

- Art, Anlass und Hintergrund des Mitarbeitergesprächs
- Ziel, Sinn und Zweck des Mitarbeitergesprächs
- Empfohlene Frequenz und Dauer des Mitarbeitergesprächs
- Navigationsfragen zur Gesprächssteuerung
- Mögliche Kommunikationsklippen und Einwandbehandlung
- Handhabung der Gesprächsergebnisse und Follow-up

Jochen Gabrisch
Die Besten im Gespräch
Leitfaden für erfolgreiche Mitarbeitergespräche
von Auswahl bis Zielvereinbarung
1. Auflage 2014, 248 Seiten, broschiert
EUR 39,00, ISBN 978-3-472-08570-6

Ihre Bestellwege:
Tel.: 02631-801 22 22
Fax: 02631-801 22 23
E-Mail: info@personalwirtschaft.de

Kostenlose Leseprobe und Bestellung: www.personal-buecher.de

Das führt zum Erfolg.

Personalwirtschaft **Buch**